中国财税体制改革 30年回顾与展望

ZHONGGUO CAISHUI TIZHI GAIGE
30 NIAN HUIGU YU ZHANWANG

贾　康　赵全厚　编著

人民出版社

目　录

第一章

财税体制改革成为中国经济市场化改革的重要突破口之一

以 1978 年党的十一届三中全会召开为标志，中国进入改革开放的新时代。以邓小平为核心的第二代中央领导集体拨乱反正，重新确定实事求是的思想路线，开始领导中国在改革开放中由计划经济向社会主义市场经济转变。改革开放以来的 30 年时间里，中国国民经济现代化建设取得举世瞩目的伟大成就，国家综合实力明显增强，充分证明了市场经济取向改革的正确性。财税体制改革则是中国总体经济体制改革和经济社会转轨的一个重要组成部分。

第一节　计划经济的弊端和改革开放的必然逻辑

一、计划经济的弊端

按照马克思列宁主义经典理论对计划经济的设想，计划经济是通过全社会成员共同占有生产资料，并在国家的统一计划下按照社会需要进行生产和消费。这种制度可以避免资本主义制度下因生产资料私有制、生产无政府状态和市场竞争所造成的浪费和"两极分化",使社会生产力和社会公平都达到前所未有的高度。但是,一旦计划经济建立起来,人们就发现要实现原来预期的计划经济优越性是非常困难的。

（一）计划经济的封闭性和工业化过程中的扭曲性配置

自 1949 年以来,中国在一个相当长的历史时期内地缘政治环境没有很大改善,除一段时间内苏联的一些有条件的经济援助外,基本上没有外部资金注入,国际贸易往来规模很小。要完成中国工业化的资本积累,只能靠国民经济内部从三个方面的自我积累、自力更生:

1. 剥夺非公有经济

新中国成立初期,在无条件接收了 100 多亿元的原国民党官僚资本之后,不久即通过农业合作化与公私合营对农业、手工业和资本主义工商业进行社会主义改造,使公有经济特别是国有经济迅速壮大。

2. 剥夺本国农业剩余

1953 年国家开始实行农产品统购统销政策,一方面是为了确保国家工业的原料和城市居民生活的供应;另一方面也是用低价购进农产品、高价卖出工业品、扩大"剪刀差"的办法,为国家积累建设资金。有资料显示,新中国成立后,农业部门每创造 100 元价值,通过价格机制转移到工商部门的比例,1952 年为 17.9 元,1957 年为 23 元,到 1978 年则达到25.5 元。1958 年以后开始实行的人民公社体制,更从制度上保证了国家的控制能力有效地渗入农村的基层组织,从而使国家在整个工业化进程中能够源源不断地从农业中汲取剩余。

3. 剥夺国民经济其他部门的剩余

长期以来,我国一直实行低利率、低汇率、低能源与低原材料价格、低工资及低福利的政策,人为压低重工业发展的成本,使重工业拥有超额垄断利润。这种扭曲的宏观政策不但很难实现经济结构的优化,而且造成人民生活水平长期没有大的改善。

（二）计划经济的内在不足和中国式的"大起大落"

在典型的集中计划经济体制下,经济计划安排一般是首先由中央计划部门收集有关资源状况、生产能力与消费需求的各种信息，然后计算稀缺资源应当怎样在不同部门、不同地区和不同生产单位之间配置，以期获得最大的产出；最后根据计算的结果，编制统一的国民经济计划，并把这个计划层层分解下达，直到基层单位执行。由于各方面经济因素的复杂性和多变性，中央计划部门不可能掌握社会一切经济活动的全部信息，全社会也不可能做到一丝不苟地执行中央制订的经济计划。尤其是，当时的中国还处于工业化前期，传统农业和小生产者所占比重还很大，远没有达到生产社会化的程度。因此，计划经济赖以发挥优越性的关键——足够信息的及时获得和及时处理，就成为制订正确计划的最大难题。而且这种困难状态几乎看不到因工业化的进展和计划人员工作水平的加强而明显改善的迹象。计划决策者难于及时获得足够的信息，不仅是因为经济本身的复杂多变和手段的落后，还因为这些信息是经过许多机构或人员收集和转达的，在此过程中，有关机构和人员很自然地根据自己的认识和偏好（里面除个人利益外，还有阶层、集团、单位、行业、地区等多种因素在起作用），对信息加以过滤甚至扭曲。例如陈云在1954年2月主持编制第四稿"一五"计划草案时就说："现在的问题是，财政收入越算越少，而投资越算越多，因此要确实计算每个项目的单价。各部门不要故意把次要项目算进去，而把重要项目有意漏掉。"[①] 客观地看，制订计划的方法也有问题。第一个五年计划时期，我们是学习苏联的计划制订方法，即以主要产品平衡的方法来制订五年计划和年度计划。但是由于当时我国农业还是靠天吃饭，并且在国民经济中占很大比重，因此即使计划数字很精确，仍然有许多不确定因素。正如毛泽东在1964年6月讨论"三五"计划时所说："过去制订计划的方法基本上是学习苏联的，先定下多少钢，然后根据它来计算要多少煤炭、电力和运输力量，再计算要增加多少城镇人口、多少福利；钢的产量变小，别的跟着减。这是摇计算机的办法，不符合实际，行不通。这样计算，把老天爷计算不进去，天灾来了，偏不给你那么多粮

---

① 张友仁、李克明：《社会主义经济理论发展史》，北京大学出版社1991年版。

食，城市人口不增加那么多，别的就落空。"① 从编制第二个五年计划开始，我们试图探索符合中国实际的计划方法，但是这种探索并不成功。毛泽东曾试图以"三套计划"的方式处理发挥潜力、调动中央地方各层面积极性的问题。1958 年，毛泽东在杭州会议和南宁会议讨论的基础上拟定并转发全党的《工作方法六十条》中明确要求经济计划制定三本账。中央两本账：第一本是必成的计划，这一本公布；第二本是期成的计划，不公布。地方也搞两本账：第一本即中央的第二本账，这在地方是必成的；第二本账，在地方是期成的。全国评比，要以中央的不公布的第二本账为标准。这种合计起来"三本账"的工作安排，体现了追求高指标、计划层层加码的政治指导规范，在现实生活中"逼迫"和"引致"出较普遍的脱离实际、好大喜功、瞎指挥、报喜不报忧甚至弄虚作假的不良行为，矛盾积累到物资极度紧张，比例严重失调，整个经济运行难以为继，便不得不以"调整"来收拾局面。总的看，中国在这种计划经济运行方式的探索中，实际的运行轨迹是比苏东国家"加大油门与紧急刹车交替出现"更为剧烈的中国式的国民经济"大起大落"。20 世纪 50 年代后期经历"大跃进"的大起大落之后，又曾经历了 20 世纪 70 年代初期和后期的大起大落。而直到 1978 年改革开放时止，除第一个五年计划外，我国始终没有制订出一个正式的五年计划。

（三）僵化和缺乏内在激励机制

在单一公有制和计划经济体制下，企业、个人都处于自上而下的金字塔形的行政权力等级中，自主性很小，僵化的运行机制抑制了企业活力和个人聪明才智的发挥，而且工作绩效很难与其收益挂钩，普遍存在缺乏激励机制的问题。正如当时流行的一副对联所描写的那样："人财物各有所管，产供销互不见面"，横批是"书记难当"。中央决策层也看到了这种弊病，曾经实行过几次权力下放的改革，试图改变局面，但每次都是

---

① 党校政治经济学教材联合编写组：《马克思、恩格斯、列宁、斯大林、毛泽东关于社会主义经济理论问题的部分论述》，新华出版社 1984 年版。

"一放就乱",不得不重新回到中央集权。

（四）经济体制具有明显的不稳定性

新中国成立后，在统一全国财经的基础上，逐步建立起高度集中的计划经济体制。这对于集中当时有限的财力、物力，成功地度过国民经济恢复期，支持抗美援朝战争，顺利完成第一个五年计划，起到了重要的作用。但实践也不断表明，实行中央权力高度集中的体制，不利于发挥地方和企业的积极性，限制了生产力的发展。于是，1956 年毛泽东发表了《论十大关系》和《关于正确处理人民内部矛盾问题》，号召寻找中国自己的工业化道路。在 1957 年后，我国开始了经济体制改革的尝试。第一次是 1958 年进行的以下放企业管理权为中心的改革，明确规定给予地方一定范围的计划、财政、企业、事业、物资、人事的管理权，但实际效果不仅不理想，反而引出了"大跃进"中的经济秩序混乱等新问题，不得已从 1959 年开始特别是在 20 世纪 60 年代初经济调整时期，又把下放给地方的大部分企业陆续收归国务院有关部委管理，原下放给地方的权力也基本收回。但随着国民经济的好转，又明显可以看出中央集中过多限制了地方经济的发展，因此从 1970 年起又开始了以向地方分权为中心的体制变动。伴随企业下放，逐步实行了中央与地方间在财政收支、物资分配与基本建设方面的"大包干"。但这一次放权不仅仍然没有解决发挥地方积极性的问题，反而在"文化大革命"中加剧了经济生活中的无政府状态。为克服"文化大革命"中盲目下放企业所造成的混乱，从 1977 年开始，重新调整了部分企业的隶属关系，上收了部分财政、税收、物资管理权。简言之，在改革前的 29 年，我国的计划经济体制并没有形成一套规范的制度，基本上处于行政性的集权与分权的交替状态，自始至终没有摆脱"一放就乱"、"一收就死"的困境。

（五）计划失误纠正不灵，成本太高，甚至不得不动用政治运动的严厉手段

从 1951 年开始的"增产节约"运动几乎年年要进行一次，以反对官僚主义为中心的整党、整风等运动也几乎每隔几年就来一次。这也说明，

党和政府为纠正因信息不对称和缺乏激励机制而导致的低效率而不得不采取政治运动的形式。尽管如此,因计划失误造成的浪费和低效率仍然十分严重。以改革开放前最受重视的钢铁工业来说,1958 年以后长远规划和年度计划多变,造成钢铁企业方案、设计多变,成为影响投资效果的重要因素。例如,酒泉钢铁厂从 1958 年到 1980 年方案变了 6 次,还未定下来,规模在 400 万吨到 50 万吨之间摆动,建了 20 多年只有一座高炉在生产。1970 年动工的午阳钢铁厂,建厂 4 年后发现矿石有问题,把联合企业改为特殊钢厂,采、选、烧、耐火、炼焦工程全部停建,窝工 6 年不能投产。而"一五"、"二五"计划期间新建或扩建的鞍山、本溪、武汉、太原几个大钢铁厂,长时间停留在原有规模水平上,有的到 1980 年甚至连设计的水平也未达到。由于在"大跃进"时期和 20 世纪 70 年代初期提倡"多搞中小"、"搞具有独立工业体系的省、区",结果巨量的投资花掉了却形成不了多大的生产能力,而且由于工艺设备落后,浪费和亏损额很大。从 1957 年到 1976 年,我国吨钢生产能力平均费用为 920 美元,比苏联同期的平均费用高 37%[①]。

从以上特征可以看出,我国原来实行的计划经济体制不但不符合客观经济规律,而且处于极不稳定的变动状态之中,与苏东典型的集中计划经济体制也具有明显差别。

二、改革开放的必然性

毋庸讳言,高度集中的计划经济体制在新中国成立初期曾经起过重要作用,但是由于这种体制存在的种种弊端,越来越不适应现代化生产发展的要求,束缚生产力的解放,使整个经济失去生机与活力。所以,对这种高度集中的行政命令型计划经济体制进行根本性的改革势在必行,否则就不可能实现我国的现代化。改革的核心问题就是要从根本上改变束缚生产力发展的原有经济体制,建立充满生机与活力的新经济体制。中国改革开

---

① 薛暮桥:《薛暮桥回忆录》,天津人民出版社 1996 年版。

放的总设计师邓小平，在"文化大革命"期间一次次走在江西的"邓小平小道"上时，就已深思熟虑了这个根本性的问题。当"文化大革命"一结束，他便以异常明确的方式向全党和全国人民指出，不改革就是死路一条，就会亡党亡国。

1978 年 12 月 18—22 日，党的十一届三中全会在北京隆重召开。全会高度评价关于"实践是检验真理的唯一标准"的讨论，决定停止使用"以阶级斗争为纲"、"无产阶级专政下继续革命"的口号，做出了"把全党工作重点和全国人民的注意力转移到社会主义现代化建设上来"的战略决策。这是一次具有伟大转折意义的大会，是中国改革开放新时代开始的标志。随后，中国的改革路径带有明显的"渐进"与"由农村到城市"的特征，即改革的第一步是首先在农村实行家庭联产承包责任制，在少数沿海地方试办经济特区，然后将改革推进到城市；在对国有企业进行放权让利改革的同时，允许非公有制经济的合法存在和成长；而宏观层面在对高度集中的计划经济进行改革的时候，首先以分权环节的财政分权为突破口，其后逐步放开产品和要素市场价格和减少指令性计划。经过 30 年的改革，中国的经济效率得到了空前的提高，产业结构趋于合理化，已经从一个中央计划经济转变为市场在资源配置中发挥主要作用的经济，工业化、城镇化、信息化、经济全球化步伐大大加速，其宏伟绩效举世瞩目。

第二节　分权化改革："解锁"高度
集中的计划经济体制

党的十一届三中全会提出的改革目标主要是针对我国经济管理体制权力过于集中的弊端。为此，提出简政放权，调动各方面发展经济的积极性。这样，实行分权化改革就成为进行经济体制改革的首要选择。

如前所述，在改革开放前，我国也曾经实行过放权改革，但陷入"一放就乱，一统就死"的怪圈而无成效。究其原因是因为当时的分权未触动传统体制的根基——政企关系。一方面，企业仅是行政体制的附属物，缺乏自我发展能力；另一方面，计划体制下的条块分割对社会资源的配置造成极大浪费损失。在此次分权改革中，汲取以往教训，促使利益关系沿着政府向企业放权让利的方向进行调整，而同时，在宏观层面首先选择财政体制为突破口，实行中央政府向地方政府的分权。其主要方向和步骤是：

一、在政府与企业方面，注重政府对企业的放权让利

1979 年 5 月，中央选择 8 家企业实行企业利润留成试点，到 1980 年 6 月，全国已有 6600 个企业成为扩权试点单位，试点企业的产值占国营企业产值的 60%。1983 年 1 月及 1984 年 10 月，两步"利改税"的推行使企业税后留利得以进一步提高。同时，为界定政府与企业之间的关系，中央赋予全民所有制企业以一定的生产计划权、产品定价权、工资和奖金分配权、资金使用权、劳动人事权及横向经济联合权等。这些政策为企业独立经营创造了必要条件。

二、在中央政府与地方政府方面，中央赋予地方以更大的财权与事权

基于调动地方积极性和转嫁中央财政负担两个主要方面的考虑，从 1980 年开始，中央开始实行"划分收支，分级包干"的新财政体制，由中央"一灶吃饭"改为中央与地方"分灶吃饭"，由"一年一定"改为"五年一定"，由"总额分成"改为"分类分成"。1985 年，在第二步"利改税"的基础上，地方财政包干制度以税收依行政隶属关系的归属作为划分收入的依据，重新确定收支范围和包干基数，实行"划分税种，核定收支，分级包干"的体制。1988 年到 1990 年，中央对不同地区又采取"收入递增包干"、"总额分成"、"上解额递增包干"等 6 种不同包干

办法。与此同时，地方政府获得了诸多原属中央政府的经济管理事权，如基本建设计划审批权、物价管理权、利用外资审批权、外贸及外汇管理权等，一些原由中央部委管辖的企业也下放给地方政府管理。除此之外，中央还授予少数地方政府、经济特区、经济技术开发区、中心城市等一定的"经济特权"。

　　财税体制改革之所以必然成为启动我国经济改革的一个突破口，是因为在改革初期，首要的是要在维护国民经济基本运转的同时打破旧体制约束而引入新体制的活力，并使新旧体制配置资源的能力和范围发生此消彼长的变化，使新的体制逐渐酝酿、形成。由于国民经济无法"停车检修"，传统体制的计划功能在中国不宜以"大爆炸"式改革一夜取消，而国家财政是高度集中的计划财政，绝大部分经济资源控制在财政范围，因此财政作为计划体制下资源配置的枢纽可以首先松动，成为渐进式改革中"解锁"传统体制在宏观层面的突破口，以便让体制内的一部分资源和体制外的资源能够寻找自发组合的方式，这就是财政放权让利的先导性和渐进性。放的是一部分资源配置权，让的是地方层面配置资源的范围，从而在计划体制的边界上跟随地方分配权的扩大，才有了企业自主权的扩大、多种所有制形式的生长、企业和个人收入分配比重的提高、银行经营业务的扩大、物资流通的放松等等，而这一切正是在形成以利益为导向、以供求为平衡机制、以资本社会动员和形成为核心的市场化体制的雏形。正因为如此，决策层选择财税体制改革作为我国经济改革的重要突破口，发挥改革先导的作用。党的十一届三中全会以后，党中央提出要认真总结历史经验，对经济体制逐步进行全面改革，并要求以扩大地方和企业的财权为起点，以财税体制改革为突破口，先行一步。

　　中国渐进性改革的过程可明显划分为两个阶段。第一阶段：财政通过逐步退出传统的资源配置领域推动经济运行机制的市场化，以行政性分权的方式探索自身职能向公共化内涵的转变。从改革开始一直到社会主义市场经济体制基本框架建立起来之前，是我国从计划向市场转轨的一个比较长的量变积累期和试验期，时间跨度大致从 1978 年到 1992 年。第二阶段是自 1992 年我国确立以社会主义市场经济体制为改革的目标模式，并已经初步建立起社会主义市场经济体制的基本框架后至今，我们进入了市场经济体制的完善时期。特别是从 1994 年开始，国家财政进行了根本性财政制度改革，通过经济性分权建立起适应市场经济体制要求的以分税制为基础的分级财政体制框架，其后逐渐将财政公共化的目标定位于弥补市场失灵，同时在这一过程中通过增量拓展和存量的结构性调整，继续完成传统职能的退出和对改革进程的驾驭。

不仅如此，在资源配置方式的转型过程中，财政还必须继续承担确保社会经济基本稳定的任务，这其中包括保持财政—国有企业的纽带关系（税收）以确保基本的平衡能力、支撑能力；保持对经济建设的较大投入以确保对经济总量的基本维持能力；保持对利益受损者的补贴以确保转轨的平滑度。这时的财政既要主动推进改革，又综合地承担着改革所带来的损失和成本，收支矛盾加大，压力重重。

第三节　以财税体制改革启动我国的经济体制改革

一、财政分权化改革成为我国经济体制改革突破口的必然性和基本效应

财政分权，就政府间财政关系的角度而言，是指通过法律等规范化形式界定中央（或联邦）政府和地方各级政府间的财政收支范围时，赋予地方政府较大的预算管理权限，其核心是使地方政府具有更多的财政自主权。20 世纪 80 年代，在全世界范围出现了财政分权的浪潮。据世界银行统计，截至 20 世纪 90 年代中期，全世界人口超过 500 万的 75 个发展中国家中，有 62 个进行了程度不同的财政分权改革（世界银行，1997）。中国作为最大的发展中国家，在经济转型过程中也进行了财政分权化改革，而且正是通过财政分权化改革，开启了中国的整体经济改革。

　　在党的十一届三中全会确立了实事求是的思想路线和改革开放大方向之后，我国具有制度变迁意义的财政分权改革是肇始于 20 世纪 80 年代初的"分灶吃饭"体制变革。这一分权化的财税体制改革在国民经济调整、改革的大背景下先行一步，于改革启动初期扮演了为推进整体改革"铺路搭桥"的角色。上一节已论及，只有先从财力分配格局入手，向地方政府放权，才能使传统的计划经济体制有所松动，为以后计划、物价、工资、企业等方面的改革提供空间。可见，当时把"分灶吃饭"式财政分权体制的实施作为宏观层面中国市场化改革的突破口，是中央决策层出于战略考虑主动向地方放权让利，以缩小国家干预范围、逐步增强市场的调节作用。如果中央政府总是高度集中经济分配权力，那么地方和企业就缺乏经济活力和创新动力，也无法打开市场发育的空间。因此，我国经济改革的第一阶段，以微观层面的农村联产承包责任制（"包产到户"）的推行和少数局部"经济特区"的建立为突破口的同时，宏观层面上需要通过财政体制的调整，率先打破"大一统"的传统计划经济体制、释放旧体制所压抑的活力、酝酿新机制的渐进形成。从实践来看，其效果体现为三个方面：一是促进经济增长和分配结构的变化。改革首先在农村启动，主要的政策是增加投入，提高农产品收购价格，以联产承包责任制调整生产关系和分配结构，增加农民的积极性和收入；企业改革方面，主要是财政试验对国有企业的放权让利和推出对非国有中小企业的税收优惠政策。在这些改革中，国民收入分配结构发生着深刻变化，增强了企业自主发展能力，也提高了居民收入水平。二是引致经济运行和资本积累模式的变化。在改革价格机制、建立商品交换关系方面，财政采取了供给方、需求方双向补贴的方式来努力抵消通货膨胀的影响，实现平稳过渡。为此，财政补贴支出曾迅速增长。1978 年财政用于支持价格改革的补贴支出为11.14 亿元人民币，到 1992 年已增加到 321.61 亿元。在资本积累模式方面，国民收入分配结构的调整带来了家庭部门收入比重的上升和社会资金的增加，进而促进了相应的"储蓄投资"动员机制的形成，金融逐步替代财政成为社会资本积累的主要渠道。三是发生了财政自身地位与状况的变化。在放权让利过程中，国家财政收入占国内生产总值的比重从 1978 年的 31.2% 连续下滑，到 1994 年降到 11.2%；中央财政收入占全国财政收入的比重由 1979 年的 46.8% 下降到 1992 年的 38.6%。财政在减收增支的压力下，连年赤字，当时只能通过大量增加银行借款来维持运转，1979 年财政向银行借款 90.2 亿元人民币，占当年财政支出的 7.1%，1992 年借款额达到 1241.1 亿元，占当年财政支出的 28.3%。此外，还重新运用国债手段弥补资金缺口。

在改革初始阶段，财政体制先行改革的制度激励效果是明显的：一方面，通过体制上分配方面的率先分权打破了"大一统"的高度集权格局，放权让利的实质是扩大了地方配置资源的权力，形成了各地在其隶属关系内以及在体制边界外开展创新的空间和积极性；另一方面，国民收入分配格局的重大变化促进了多元化市场主体的形成和有力配合了后续的计划、价格、物资、人事等方面的渐进改革以及市场化价格机制（包括各种生产要素的价格）的渐进形成。

二、改革初期的财政经济形势和调整措施：为启动改革提供适宜的环境

粉碎"四人帮"以后，面对当时的社会经济形势，中央在决策上采取了一系列政策措施来调整经济，逐步促使国民经济走上良性发展道路，并为大规模的制度变革提供了相对宽松的环境。

（一）改革初期的财政经济形势

1. 国民经济出现生机

1976 年 10 月上旬，中共中央政治局代表人民的意志，毅然粉碎了以江青为首的"四人帮"集团，从"十年浩劫"危难中挽救了党和国家，使中国进入了新的历史发展时期。其后，国民经济开始出现生机，摆脱了停滞下降的局面。1977 年和 1978 年，农业以至整个国民经济都有较明显的恢复。

农业总产值，1977 年比 1976 年增长 1.7%，1978 年比 1977 年增长

9%。粮食产量1976年是5726亿斤，1978年增加到6095亿斤。棉花产量1976年是4111万担，1978年增加到4334万担。油料作物总产量1976年是8016万担，1978年增加到10436万担。年末生猪存栏数1976年是2.8亿头，1978年增为3亿头。

工业总产值，1977年比1976年增长14.3%，1978年比1977年增长13.5%。从1976年到1978年，主要的工业产品中，钢由2046万吨增加到3178万吨，增长55.3%；原煤由4.83亿吨增加到6.18亿吨，增长28%；原油由8176万吨增加到1.04亿吨，增长19.3%；发电量由2031亿度增加到2566亿度，增长26%；化肥由524万吨增加到869万吨，增长66%；化纤由14.6万吨增加到28.5万吨，增长95%。

从1976年到1978年，铁路货运量增长31%，社会商品零售总额增长16%，进出口总额增长53.6%，财政收入增长44%，城市职工中有40%的人提高了工资，人民生活有所改善。

2. **财政状况有所好转**

由于国民经济迅速恢复，财政状况也有所好转。1977年财政总收入为874.46亿元，比1976年增长12.6%；总支出为843.53亿元，比1976年增长4.6%；收支相抵，结余30.93亿元，扭转了过去连年收入完不成计划、支大于收的状况。1978年财政总收入为1121.12亿元，比1977年增长28.2%；总支出为1110.95亿元，比1977年增长31.7%；收支相抵，结余10.17亿元。1978年的财政收入，在上年收入大幅度增长的基础上，又增加了246.66亿元，全年收大于支，略有结余。总之，经过1977年、1978年两年的努力，我国已经由"四人帮"横行时财政收入停滞下降的状况转变为收入大幅度增长；国家财政由困难重重，每况愈下，转变为财源扩大，能够基本上保证生产建设发展的需要。这是国家财政经济状况好转的综合反映。

3. **经济工作的新失误及其对财政的影响**

在国民经济迅速恢复的同时，由于经济指导思想上对于十年动乱所造成的严重后果估计不足，对于长期以来存在的"左"倾错误未能认真清理，在新的情况下又出现了急于求成的新的失误。

1978 年 2 月 5 日，中共中央政治局将国家计委所报《关于国民经济计划汇报要点》（以下简称《汇报要点》）连同《1978 年国民经济计划主要指标》批转各地区、各部门贯彻执行。《汇报要点》所确定的生产建设指标和奋斗目标超越了现实的可能性，脱离了国情。《汇报要点》提出，从 1978 年开始到 20 世纪末的 23 年，在经济上要分三个阶段，打几个大战役。第一阶段，在"五五"计划后三年，重点是打好农业和燃料、动力、原材料工业这两仗，为"六五"大上做准备。第二阶段，在"六五"计划期间，各项生产建设事业都要有一个较大的发展，提高到一个新的水平。到 1985 年，钢搞到 6000 万吨，原油搞到 2.5 亿吨。为了实现生产上的高指标，相应地拟定了基本建设的大计划，提出在工业方面，新建和续建 120 个大项目，其中主要有 30 个大电站，8 个大型煤炭基地，10 个大油气田，10 个大钢铁基地，9 个大有色金属基地，10 个大化纤厂，10 个大石油化工厂，十几个大化肥厂以及新建续建 6 条铁路干线和 5 个大港口。第三阶段，在 2000 年以前，全面实现农业、工业、国防和科学技术现代化（以下简称四个现代化），使我国国民经济走在世界的前列。到那个时候，粮食总产量要达到 13000 亿—15000 亿斤，钢产量达到 13000 万—15000 万吨。农业将成为世界第一高产国家，许多省的工业水平将赶上和超过欧洲的某些工业发达国家。这个《汇报要点》构成了华国锋在第五届全国人民代表大会第一次会议上所做的政府工作报告的重要内容。按照这样的发展计划，从 1978 年到 1985 年的 8 年间，需要的基本建设投资相当于过去 28 年的总和。这样大的建设规模和增长速度，实际上从资源、财力、技术力量和建设周期来说，都是不可能实现的。

1978 年 7 月 9 日，国务院召开长达两个月的务虚会议。会议的主题是研究加快我国四个现代化建设的速度问题。会议正式提出要组织国民经济新的大跃进，要以比原来的设想更快的速度实现四个现代化。强调要放手利用外资，大量引进国外先进技术设备。

在这种急于求成的思想指导下，1978 年不断追加基本建设投资，扩大国外引进规模。在未经充分论证和综合平衡的情况下,仓促上马,引进了22个耗能大的项目。这就加剧了原已长期存在的积累与消费、农轻重以及工业内部等重要国民经济比例关系的失调,引起和加重了财政经济的困难。

当时的"左"倾思想反映到财政上,是对有利条件看得多,对存在的问题和困难估计不足,除了基建投资追加过多,国外技术引进过急之外,对职工奖金的发放范围和标准也掌握得不够好,以致奖金发放失控。这些支出,都不是一次性的,必然对以后年度的财政平衡产生不利影响。

4. "调整、改革、整顿、提高"方针的提出

党的十一届三中全会以后的几个月,中央和地方的一些领导同志,经过对现实情况进行深入调查研究,认识到国民经济比例失调的严重性。1979年3月,李先念、陈云根据国民经济中存在的问题,向中共中央提出了对国民经济进行调整的建议。其内容,除了建议在国务院设立财政经济委员会外,还提出以下六点认识和建议:

(1)前进的步子要稳。不要再折腾。必须避免反复和出现大的马鞍形。

(2)从长期来看,国民经济能做到按比例发展就是最快的速度。

(3)现在的国民经济是没有综合平衡的,比例失调的情况是相当严重的。

(4)要有两三年的调整时期,才能把各方面的比例失调情况大体上调整过来。

(5)钢的指标必须可靠。搞钢不仅要重数量,而且更要重质量。要着重调整我国所需要的各种钢材之间的比例关系。钢的发展速度,要照顾到各行各业发展的比例关系。由于钢的基建周期长,不仅要制订5年至7年的计划,而且要制订直到2000年的计划。

(6)借外债必须充分考虑还本付息的支付能力,考虑国内投资能力,做到基本上循序进行。

1979年4月,中共中央召开了中央工作会议,讨论了当时的经济形势和党的对策。在这次会议上中共中央正式提出了对国民经济进行"调整、改革、整顿、提高"的八字方针。

调整、改革、整顿、提高这四个方面，在当时来说，调整是中心，是关键。之所以这样说，是因为国民经济严重比例失调是当时经济发展的主要障碍。如果不把这种严重失调的比例关系调整过来，各行各业就不能协调发展，企业的整顿工作也会受到影响，经济管理体制大的改革也难以进行，整个国民经济就无法走上健康发展的轨道。当然，这并不是否定其他三个方面的重要性，它们之间是互相联系、互相促进的。

（二）财政促进国民经济调整的措施

调整国民经济，是在中共中央领导下实现全党工作重点转移，进行现代化新长征的具有战略意义的一项举措。在调整国民经济的过程中，国家财政的重要任务就是通过合理的财政分配，积极促进国民经济合理调整，其主要内容有：

1. 配合农村政策的调整，增加农民收入，促进农业发展

国家财政为了配合农村政策的调整，主要采取了以下几方面措施：

（1）较大幅度地提高农副产品的收购价格。从 1979 年夏收开始，国家提高了粮、棉、油、麻、甘蔗、甜菜、猪、牛、羊、鱼、蛋、蚕茧等 18 种主要农副产品的收购价格，平均提高 24.8%，其中粮食统购价格提高 20%，棉花、油料收购价格分别提高 15% 和 25%。同时对粮食、棉、油实行超购加价 50% 的政策。这是中华人民共和国成立后对农副产品提价幅度和提价范围最大的一次，极大地调动了农民发展生产、踊跃交售农副产品的积极性。1979 年粮食征购 1045.1 亿斤，比上年增加 59.3 亿斤；食用植物油收购 21.9 亿斤，比上年增加 5 亿斤；肥猪收购 1.29 亿头，比上年增加 0.2 亿头；棉花按生产年度计算，从 1979 年 9 月到 12 月底，累计收购量比上年增加 22 万担。由于提价，当年增加农民收入 70 多亿元。由于农副产品收购价格提高后，国家销售价格不变，形成了购销价格倒挂，需要财政向商业部门给予价格补贴。国家财政 1979 年用于这方面的补贴达 78 亿元，1980 年又增加到 168 亿元。

（2）减免一部分农村税收。1979 年国家对低产缺粮区规定了农业税的起征点，起征点以下的免税，共免征农业税 47 亿元（当时农业税征实物），此外对农村社队企业还适当提高了工商所得税的起征点，适当放宽了新办社队企业减免税的年限，并且规定民族自治县（旗）和边境县的社队企业免征工商所得税 5 年。各项减税免税的数额，全年共达 20 多亿元。农村税收负担的减轻，对发展农村粮食生产和多种经营，增加收入，起了很好的作用。

（3）增加发展农业的资金投入。1979 年国家支援农业的各项资金安排达 174 亿元。其中，基本建设拨款为 62 亿元，比上年增加 11 亿元。支援农村社队支出和各项农业事业费 90 亿元，比上年增加 13 亿元。1980 年在财政十分困难的情况下，国家仍安排了支援农业的各项资金达 150 亿元，其中基本建设拨款 48 亿元，支援农村社队支出及各项农业事业费 82 亿元，同时对支农资金的分配贯彻重点使用的原则。

以上各项措施是新中国成立以来城乡、工农关系方面的一次重大调整，也是国民收入和国家财政分配方面的一次重大调整，对国民经济的发展具有积极深远的意义。

2. 通过财政补贴，保证中央关于提高农副产品收购价格政策的贯彻

在大幅度提高农副产品收购价格的同时，为保证人民生活水平的不断提高和商品流通的不断扩大，国家继续采取稳定销价的方针，对商业经营农副产品的购销差价继续实行财政补贴政策。

（1）对经营粮油的价格补贴。国家对农副产品购销价差补贴，首先在粮食经营方面实行。为了调动农民的生产积极性，党的十一届三中全会决定从 1979 年夏粮上市起，将粮食统购价格提高 20%，并在此基础上将超购加价幅度从原来的 30% 提高到 50%，同时相应提高油料、棉花等农副产品的收购价格。粮油统购价格提高后，粮油统销价格没有变动，继续采取由国家财政补贴的办法，平均每卖一斤粮国家要补贴一角多钱。

在此期间，国家财政除了支付经常性的粮食补贴外，还积极安排资金解决粮食方面的特殊问题。1982 年，国家平价粮食供应出现缺口，决定将议价收购的粮食平价销售，议价与平价粮食的差价，全由国家财政负担，为保证粮食供应发挥了重要作用。1983 年，粮食大面积丰收，为了鼓励地方多收购粮食，国家决定对 1983 年粮食年度计划外多购多上调给中央的粮食，由中央财政支付每斤二分二厘的费用。1983 年到 1985 年，这项费用补贴达到 24 亿元，有力地支持了企业经营活动，促进了粮食生产和流通。

粮油购销价格倒挂，对于稳定物价，安定人民生活有着积极作用，但是随着粮食生产的发展以及城镇人口的增加，国家财政的负担也逐年加重。1980 年国家财政的粮油价差补贴，超购粮油加价补贴，粮食企业亏损补贴支出共计 108.01 亿元，比 1979 年增加 47.39%；1982 年为 147.21 亿元，又比 1980 年增加 36.29%；1984 年达到 207.29 亿元，比 1982 年增加 40.81%，成为国家财政的一个沉重负担。

（2）对经营棉花的价格补贴。1979 年，根据党的十一届三中全会决定，棉花收购价格提高，并以 1976 年至 1978 年三年平均收购量作基数，实行超基数收购部分加价 30% 的办法。同时，鉴于北方棉产区生产基础差、产量低，为促进其发展，对北方棉产区又给予 5% 的价外补贴。在提高收购价时，为稳定物价，不影响工业生产和人民生活，棉花供应价和销售价格都没有提高，收购价提高部分，包括新收购价与原价的价差，北方棉区 5% 的价外补贴，及超购加价款，均由国家财政给予补贴。为了进一步促进棉花生产，1980 年国家又将棉花收购价格提高 10%，新提高的收购价价差及相应提高的北方产棉区 5% 的价外补贴，均由财政负担。

（3）对经营肉、禽、蛋、菜的补贴。国家对国营商业企业经营肉、禽、蛋、菜等商品的补贴，早在 20 世纪 50 年代就开始了，但对企业经营肉、蛋、禽商品发生的亏损，1980 年以前，不分亏损原因一概由财政承担。这种将企业经营性亏损也包下来的办法不利于企业改善经营管理，扭亏为盈。1980 年，国家开始对企业政策性亏损部分，实行核定定额、减亏分成，超亏不补的办法，这种办法，对促进企业挖掘潜力，减少经营性亏损起到了一定作用。但由于政策亏损和经营性亏损不易划分，亏损定额很难定得比较准确，一些地区在亏损不断增加的同时，企业却获得大量减亏分成，凸显了这种办法本身存在的缺陷。

3. 安排劳动就业，增加职工工资，实行奖励制度，提高城镇居民的消费水平

"十年动乱"中，城镇职工平均工资基本没有提高，增加就业也很有限。1979 年国家通过各种就业途径安排城镇待业人员以及国家统一分配的大、中专应届毕业生共 903 万人，1980 年又安排了 700 万人，以后每年都有适当安排。伴随着增加就业、提高工资，企业奖励制度也得到恢复，使城镇居民收入和消费水平得到提高。

4. 为满足人民消费需要，适当增加发展轻纺工业的资金

改革开放初期，为了满足人民对轻工产品的需求，解决这些方面的供给不足，国家适度增加了发展轻纺工业的投资，甚至动用了大量外汇从国外引进了成套棉纺加工设备，有效解决了当时纺织品严重短缺状态。

5. 控制固定资产投资规模，提高投资效益

加强固定资产投资管理，控制和压缩固定资产投资规模，提高投资效益，以调整国民收入分配中的积累与消费的比例关系，是这次经济调整的重要任务。在重新肯定建设规模的大小必须同国家的财力、物力相适应的正确方针的同时，对已经膨胀了的固定资产投资规模，及时果断地进行了控制和压缩。在整个"六五"时期，国家预算内基本建设投资规模每年的增长速度控制在 10% 至 25% 之间，未出现大起大落，投资效益也比较好。国家预算内基本建设固定资产交付使用率回升到 73.8%，其中 1981 年达到 86.6%，超过了"一五"时期平均 83.6% 的水平。

6. 集中资金，保证国家重点建设

1979 年至 1981 年，一方面国家的财政收入有所减少，急需进行的重点建设缺乏资金；另一方面，地方、企业自有资金增加较多，被用来投入不少在当地看来是急需的建设，但是这样势必难以完全符合全国范围的整体需要，也难以防止和克服建设中的盲目性。如果国家的重点建设得不到保证，能源、交通等基础设施上不去，国民经济的全局活不了，各个局部的发展就必然受到很大限制，即使一时一地有某些发展，也难以实现供产销的平衡，因而不能持久。为此，国家财政主要采取了如下政策措施：

（1）征集能源交通重点建设资金。为了集中必要资金进行能源交通重点建设，促进国民经济的健康发展，国务院于 1982 年 12 月 1 日发布了《关于征集国家能源交通重点建设基金的通知》，决定在"六五"计划的后三年，再增加 200 亿元的能源交通重点建设投资。这些投资除了由财政、银行负责解决 80 亿元以外，用征集"国家能源交通重点建设基金"的方式解决。为此，国务院于同年 12 月 15 日发布了《国家能源交通重点建设基金征集办法》，规定从 1983 年起，除地方的农（牧）业税附加、中小学校学杂费收入、国营企业大修理基金、油田维护费和育林基金以外，一切国营企业、事业单位、机关团体、部队和地方政府的各项预算外资金，以及这些单位所管的城镇集体企业交纳所得税后的利润，均应按各项资金当年实际收入数的 10% 征收国家能源交通重点建设基金，上缴中央财政安排使用。但为了鼓励地方征收国家能源交通重点建设基金的积极性，地方超额完成任务的部分，留给地方使用。

后又鉴于预算外资金增长过快，固定资产投资增长过猛，为了有效地调节资金的流向和流量，以确保国家的重点建设的需要，1983 年 6 月中央工作会议确定，国家能源交通重点建设基金原征收范围的征收比例一律由 10% 提高到 15%，并确定征收范围扩大到城镇小集体企业和农村社队企业，其征收比例为 10%。执行结果，1983 年征集能源交通重点建设基金 93 亿元，1984 年征集了 122.45 亿元，1985 年征集了 146.79 亿元。这对于加强能源交通等重点建设，搞活国民经济全局，发挥了重要的积极作用。

（2）发行国库券。为了调整和稳定国民经济，适当集中各方面的财力进行现代化建设，国务院决定从 1981 年开始发行国库券。"六五"计划中具体规定，从 1981 年到 1985 年每年发行国库券 40 亿元。1981 年的国库券，发行对象是企业和地方政府，实际完成 48.66 亿元。1982 年，国库券发行对象扩大到个人，实际完成 43.83 亿元（其中向人民群众发行了 20 亿元）。1983 年实际完成 41.58 亿元。1984 年实际完成 42.53 亿元。1985 年实际完成 80.61 亿元。除 1981 年用于弥补财政赤字外，主要用于增加能源交通运输方面的重点建设投资。

（3）中央财政向地方财政借款。由于"十年动乱"的严重破坏和归还历史旧账等原因，国家财政从 1979 年起连续几年发生赤字，中央财政非常困难。为了解决中央财政困难和适当集中资金进行重点建设，中央财政不得不向地方财政借款，1981 年借款 70 亿元，1982 年又借款 40 亿元。1983 年通过调改财政管理体制，将中央财政向地方财政借款数改为调减地方财政的支出包干基数，并相应调整地方财政收入的分成比例和补助数额。从 1983 年起，中央财政不再向地方财政借款。

7. 开展财政纪律大检查

为了加强财政监督，整顿财政纪律，以保证国民经济调整顺利进行，国务院于 1980 年 4 月上旬从中央各部门抽调 138 人，组成 28 个工作组，分别到各省、直辖市、自治区协助当地党委和政府开展了以全面检查核实 1979 年财政支出为内容的财政纪律大检查。这次检查工作，领导重视，力量集中，上下结合，自查、互查和重点检查结合，达到了预期目的，推动了增产节约、整顿财政纪律和加强财政财务工作。

第四节　传统体制下财政体制运行的特征及评价

从新中国成立到改革开放之前，根据不同时期的政治经济形势，经过不断调整，我国逐步形成了与计划经济体制相配套的高度集中的财政管理制度。实践证明，这种财政体制存在一系列缺陷。

一、我国高度集中财政管理制度的基本特征

（一）财政管理体制的基本指导思想

从新中国成立初期，到改革开放前，我国财政管理体制的基本指导思想是：统一领导，分级管理。

统一领导，即是指中央的统一领导，主要包括政策统一、计划统一、制度统一。政策统一，指国家关于财政经济的路线、方针、措施必须统一，并在全国各地贯彻执行。计划统一，指国家财政收支计划的统一。中央、地方都按统一要求编制财政收支计划，纳入国民经济和社会发展计划，统一组织国家预算的编制、执行和决算工作。制度统一，指重要财政法律制度由中央统一制定。

分级管理，指在保持中央统一领导的前提下，给各地区、各部门和单位一定的财权、自主权，以调动其积极性，促进地方经济和各项社会事业发展。我国在 1952 年、1954 年、1958 年和 1971 年，曾多次改革财政管理体制，下放财权，但由于种种原因，未达到预期目的。党的第一代领导集体中的主要领导人曾多次提及要给各地区、各部门和单位一定的自主权。如毛泽东在《论十大关系》中专门讲到中央与地方关系。但受经济工作指导方针严重失误的影响和极"左"思想及长达十年之久的"文化大革命"冲击，这些主张并未很好地在现实工作中得到积极探索和完善，在统一领导与分级管理的关系上，经历了"放、乱、收、死"的循环，基本保持了中央高度集中、带有统收统支色彩的财政体制格局。

（二）高度集中财政管理体制的主要方面

高度集中的财政管理体制，从根本上讲，是由传统体制下社会资源配置方式决定的。高度集中的计划经济体制必然要求高度集中的财政管理体制。计划经济是通过行政命令、计划指标配置社会资源的，而财政作为国家筹集运用资金，实现国民经济和社会发展计划的主要工具，其管理体制和运行机制，自然要服从、服务于这种资源配置方式，深深地打上计划经济体制的烙印。可从预算体制、税收体制、基本建设财务体制及企业财务体制等不同角度，分别简述传统财政管理体制的运行。

1. 预算管理体制

预算管理体制是财政管理体制的核心，其根本任务是在中央与地方，及地方各级政府之间划分预算资金管理权限。在传统体制下，预算管理以企事业单位的行政隶属关系为标准，划分中央与地方财政收支范围，即属中央管理的企事业单位、行政机构为中央财政收支范围，属地方管理的企事业单位、行政机构为地方财政收支范围。这也是新中国成立后企事业单位隶属关系频繁上收下划的重要背景原因：讲放权，一大批企事业单位下放地方；讲集中，一大批企事业单位上收中央。在预算管理权限划分上，主要管理权集中在中央，地方管理权限较小。尽管 1950—1978 年间预算管理体制多次调整，但只是中央集中程度有所不同，绝大部分时间段都是以集权为特征的。在机动财力安排上，地方有一定的预备费，支出结余也留给地方财政，不过，这些资金数额很小。在预算外资金安排上，为满足各部门、各地区和各单位某些预算难以顾及的需要，将一部分财政性资金由其自收自支，自行管理，但直到改革开放前，预算外资金相当于预算内资金的比例并不大。在民族地区预算管理权限上，给民族地区较多的照顾，如民族地区预备费为预算支出的 5%，高于一般地区；每年增加一笔民族自治地方补助费，作为解决一些特殊性开支的专款；民族自治地方财政收入超收部分全部留用，中央不参与分成等。改革开放前，相对稳定的预算管理体制是"总额分成，一年一定"，即中央和省级为代表的地方"一对一"地确定每一年度的收入分配方案。

2. 税收管理体制

在税收管理体制方面，税收管理权主要集中于中央，地方税收管理权很小。具体说：立法权集中于中央，地方没有立法权，税收条例、实施细则都由中央颁布，各地区只能制定某些具体执行办法；解释权与立法权相对应，也集中于中央；开征、停征权由中央统一掌握，地方无权开征新税，未经中央批准，也不能停征已开征税种。下放地方管理的地方性税种，各地区有较大管理权限，但不能随意停征；税目税率调整权，以中央为主，地方有一定调整权，如农业税的地区差别比例税率，各地区可根据上级下达的平均税率，结合实际情况确定；减免税权主要由中央和省、直辖市、自治区两级掌握，各地区有一定减免权。

3. 国有企业财务管理体制

财政对国有企业实行统收统支的财务管理体制，在前两节已述及，概括地讲,就是:利润全上交,亏损国家补,投资国家拨,福利按工资比例提。

4. 基本建设财务管理体制

财政对基本建设实行无偿拨款管理体制。在传统体制下,基本建设支出居各项财政支出首位,财政成为最重要的社会投资主体,基本建设财务管理体制对国民经济运行和国民经济发展计划,具有举足轻重的影响。新中国成立后,对基本建设财务管理体制进行了多次改革尝试:1954 年中国人民建设银行成立,隶属财政部,专门办理基本建设拨款;1958 年曾试行投资包干体制,当时规定,在年度确定的基本建设投资额的基础上,在不降低生产能力、不推迟交工日期、不突破投资总额、不增加非生产性建设比重的条件下,将基本建设投资交由建设部门和单位统一掌握,自行安排,包干使用。原定建设工程竣工之后,投资如有节约,留给建设部门和单位另行使用。同年建设银行被撤销;在国民经济调整时期,1962 年恢复建设银行;1970 年 4 月,建设银行并入中国人民银行;1972 年 4 月,恢复建设银行建制。总之,这一时期的基本建设财务管理体制没有突破财政按国民经济计划无偿拨付基建投资的模式,建设银行几经沉浮,也只是专门办理财政基建拨款的部门,虽有一定监督功能,但与真正意义的银行完全不可同日而语。该体制之下,基本建设投资责、权、利脱节,缺乏内在的投资约束机制。基建投资项目由计划部门审批、立项,列入国民经济计划,财政部门按国民经济计划编制国家预算,安排基本建设支出,将资金拨付给建设银行,建设银行根据审批的基建计划,为建设单位提供资金,并监督资金使用。建设项目成功,皆大欢喜,一旦失败,计划、财政、建设银行也很难单独承担责任。统收统支下的建设部门、单位,更没有基本建设投资风险之虑。因而争项目、争投资以及随之极易发生的基本建设规模失控,成为计划经济体制下的顽症。

二、以非税收入为主的财政收入制度

传统体制下所形成的财政收入机制是一种特殊的收入体制,其主要内容有:

（一）以低价统购农副产品和低工资制为条件，财政收入得以
"超常"扩大

20世纪50年代，国家先后颁布的《关于粮食的计划统购计划供应的命令》和《国营企业、事业和机关工资等级制度》，奠定了我国实行农副产品统购销和城镇职工低工资制度的基础。这种制度，为国家财政集中超常水平的财政收入提供了可能。在农副产品统购销制度下，农民要按国家规定的价格将剩余农副产品统一卖给国家，由国家按计划统一供应给城镇工商业部门和城镇居民消费。它使政府可以通过农副产品的低价统购和低价统销，从农业中聚集起一大批资源，并转移给城镇工商业部门和城镇居民。低价的农副产品，不仅降低了工业的原材料投入成本及商业营业成本，也使城镇居民获得了实物福利并降低了工商业的劳动投入成本。由国家统一掌管国有企业、事业和机关单位的工资标准，统一组织这些单位职工工资的升级，政府可以通过压低工资标准来控制工商业的劳务投入成本。在低成本的基础上，工商业获得较高的利润。政府通过财政上的统收，将工商业部门的高利润集中到国家手中，形成了超常水平的财政收入，使财政收入占国民收入的比重，得以在相当长的时间保持在30%以上（1978年为37.2%）的高水平。

在为期近30年的时间里，在很大程度上正是凭借着这样一种特殊的财政收入机制所提供的超常水平的财政收入，政府的职能才得以正常履行。

通过农副产品低价这一形式，20多年间农民承担了总额约6000亿元的"价格暗税"。1956年以后，城镇职工经常性的工资升级被中止。在1957年至1977年的20年间，只有1959年、1963年和1971年进行了小范围、小幅度的工资升级。其中，1959年的升级面仅有2%；企业留利率也一直很低，1978年只有3.7%。城镇职工的收入水平，在1952—1978年这26年中，年平均工资总共才增加了170元，年均增长率为1.3%。而且，其中有13年还是较上年下降的。至于农民的收入，到1978年，农民家庭年人均纯收入也只有133.57元。

（二）国营企业利润几乎全额上缴

以低价收购农副产品和低工资制、工商企业获得高利润为基础，国家财政对国有企业实行统收统支，企业创造的利润（纯收入）基本都上缴国家财政，企业能够自主支配的财力极其有限。国有企业利润上缴成为传统体制下财政收入的主要形式，1950—1978 年，国家财政管理体制、企业财务管理体制虽多次调整，但这一财政收入的主要机制基本未变。

"一五"时期，曾建立了企业奖励基金制度和主管部门超利润分成制度。这一时期，工业企业在完成国家规定的计划指标后，可以分别从计划利润和超计划利润中按一定比例提取企业奖励基金。从 1954 年开始，以主管部门为考核单位，实行超计划利润分成。超计划利润 60% 上缴国家，40% 留给企业主管部门。当时的企业和主管部门从利润中取得的奖励基金、超计划利润留成，主要用于发展生产，一部分用于社会主义竞赛奖金和职工福利。职工正常的奖励和劳保福利主要在成本中开支。整个"一五"时期，共提取企业奖励基金和超计划利润留成 21.4 亿元，占同期企业收入的 3.75%。

1958 年"大跃进"时期实行利润分成制度。以各工业部门"一五"时期拨付的四项费用，加上企业奖励基金和 40% 的超计划利润为基数，由国家核定各工业部门的利润分成比例，再由企业主管部门按企业的具体情况核定企业留成比例。

1963—1965 年调整时期，恢复了一度取消的企业奖励基金制度。"十年动乱"期间，取消企业奖励基金制度，统并为职工福利基金。企业奖励基金制度的废除使我国国有企业利润分配变成了彻底的统收统支，即企业实现的利润几乎全部上缴国家，企业不得持有除职工福利基金之外的任何基金。

1978 年恢复企业基金制度。规定企业在完成国家各项计划指标后，可以按工资总额的 5% 提取企业基金。主管部门或企业还可以从超计划利润中再提取一定比例的企业基金。同时恢复了职工奖金制度。

（三）国有企业固定资产折旧上缴制度

在传统体制下，不仅国有企业实现利润基本全部上缴财政，而且企业固定资产折旧亦由财政集中。在经济性质上，固定资产折旧是固定资产消耗的价值补偿部分，应留给企业，用于维持简单再生产的正常进行。尽管在当时大批国有企业新建投产，还未进入固定资产更新改造时期，财政集中固定资产折旧投入国家经济建设，有一定合理性，但这为后来大量国有企业设备老化时技术改造力量不足，生产经营陷入困难，留下了隐患。

国有企业固定资产折旧上缴的财政收入机制直到1978年改革开放后才得以改变，逐步取消。

（四）国有、集体经济税收收入居次要地位

在1950—1978年的财政收入中，税收的地位、作用经历了两个不同阶段。在国民经济恢复和社会主义改造时期，国家非常重视税收，不仅为国家经济建设积累资金，而且注意发挥税收调节功能，有力地支持了经济恢复与社会主义改造。1956年社会主义改造完成后，理论界出现"非税论"，认为社会主义制度建立后，公有制内部分配关系不需要税收。1958年曾在部分城市搞"利税合一"试点，试图取消税收，以失败而告终。但"非税论"的影响根深蒂固，加之极"左"思潮冲击，税收对社会主义经济建设的功能作用被贬低甚至否定。1958年、1973年的税制改革，都以合并税种、简化税制为重点。1973年税制改革后，只剩工商税、工商所得税等为数不多的税种。因此总体而言，在财政收入运行机制中，税收收入居于次要地位。据统计，1956—1978年期间，企业收入占国家财政收入的52.45%，而税收收入仅占国家财政收入的46%。

当然，税收在财政收入机制中的地位也与计划经济运行机制密切相关。在传统体制下，国有企业不是独立经济实体，是政府附属物，国家对企业统收统支，企业职工工资长期不做调整，职工收入与企业盈亏无关，企业纯收入是以利润形式上缴财政，还是以税收形式上缴财政，对企业及职工都无关紧要。而且，当时还急于使集体经济向国有经济过渡。可见，不存在发挥税收功能优势的客观经济条件。

三、事无巨细大包大揽的财政支出体制

在传统的计划经济模式下，国家财政顺理成章地在社会资源配置中扮演主要角色。全社会如同一个大工厂，国家财政便是大工厂的财务部。社会再生产过程的各环节都由统一的财政计划加以控制，企业部门财务在很大程度上失去了独立性，成为国家财政的基层环节。财政职能延伸到社会各个微观主体，包揽生产、投资，乃至职工消费，几乎覆盖了包括政府、企业、家庭在内的所有经济活动。这一大而宽的财政支出机制具体表现为：

（一）经济建设支出浩大，财政成为社会投资主体

传统财政理论认为，社会主义财政是生产建设型财政，是社会再生产的主要构成要素。企业没有投资权，没有能力扩大再生产，国家财政成为社会投资主体，经济建设支出占财政支出的 60% 以上，重要支出项目有基本建设拨款、流动资金支出等。

在计划经济体制下，基本建设拨款居财政支出首位，占国家财政支出的 30%—40%。高额基建拨款支出，对国家财政收支及整个国民经济运行都会产生决定性影响，有的年份采取先确定基建盘子，再安排其他财政支出的办法。财政对各部门、各地区、各单位基建拨款的多少，很大程度上决定该部门、地区、单位的发展速度以及国民经济的规模、结构。受急躁冒进、急于求成思想影响，加之基本建设投资责、权、利脱节，传统体制下普遍存在"投资饥饿症"，基本建设规模膨胀，这也成为国民经济比例关系失调、经济发展大起大落的主要原因。基建拨款剧烈变动的年份，也往往是国民经济波动起伏很大的时候。

除基本建设拨款外，国家财政还承担为国有企业供应主要的流动资金的任务。当时的流动资金分为定额流动资金和非定额流动资金，分别管理。定额流动资金指满足企业正常生产经营所需资金，由财政部门定期核定。非定额流动资金是企业季节性、临时性资金需要。

在计划经济体制下，国有企业定额流动资金主要由财政无偿拨付，非定额流动资金几经变革，主要由银行供应。1950—1978 年，国有企业流

动资金供应管理体制的演变主要有：1951—1954 年，实行定额流动资金由财政和银行分别供应；1955—1957 年，流动资金计划数额全部由财政供应；1958 年，恢复定额流动资金由财政银行分别供应的办法；1959—1961 年下半年，全部流动资金都由银行供应，即"全额信贷"；1962—1965 年，定额流动资金全部由财政供应；1966—1971 年，在核定的流动资金占用总额内，由财政、银行分别供应；1972—1978 年，恢复定额流动资金由财政供应的办法。

（二）财政包揽各项社会事业

在传统财政支出运行机制中，财政除承担国防、外交、行政经费等国家政权建设支出外，还几乎包揽了科技、教育、文化、卫生等社会事业。这主要表现在两个方面：

1. 国家财政筹集巨额资金，投资兴建各项社会事业

新中国成立后的一段时间，在极其困难的条件下，国家财政筹集资金，建立了比较完整的科技、教育、文化、卫生等社会事业体系。各项社会事业的发展，促进了我国经济建设和社会的文明进步。不过，这些社会事业长期主要由国家举办，财政负荷沉重，资金匮乏，反过来，又制约了这些社会事业的进一步繁荣发展。

2. 国家财政实际上承担国有企业职工"从摇篮到坟墓"的社会保障体系

与统收统支，高就业、低工资体制相适应，国有企业为职工建立了"从摇篮到坟墓"的社会保障制度。职工住房、医疗、离退休金等由企业支付，这在财政统收统支体制下，与财政拨款无异，而行政事业单位职工福利，由财政直接支出。这种独特的社会保障制度，随着人口的增加，国有企事业单位的扩展，管理漏洞越来越大，财政负担日益加重，各种弊端也日益显露出来。

四、对我国传统财政运行机制的简要评述

纵观中国近现代社会发展道路及现代化进程，传统财政管理体制和运

行机制扮演了承前启后的重要角色，既完成了时代赋予的历史使命，又以自身弊病的逐渐显露，为人们认识财税体制改革的必要性和紧迫性提供了现实的佐证并推动改革。

（一）传统体制下的财政体制与运行机制为中国社会主义经济建设和社会发展做出了巨大贡献

新中国成立后，中国走上社会主义道路，实行计划经济，建立高度集中的经济管理体制，这是历史与当时现实条件下的必然选择。从新中国成立到 1978 年，尽管经历了 1958 年"大跃进"、十年"文化大革命"等重大挫折，我国社会主义经济建设和社会发展还是取得了相当大的成就，与计划经济体制相适应的财政管理体制及其运行机制发挥了重要作用：

第一，在迅速医治战争创伤，稳定金融物价，恢复国民经济的过程中，为新中国的建立和巩固做出了历史贡献。新中国成立初期面对的形势是：国民党政权留下了长达 12 年的恶性通货膨胀，物价飞涨，民族工业奄奄一息，工人大量失业，部队仍在前线扫清残敌，开支浩大，而各地财税政策尚不统一，收入组织缓慢，新生的国家政权还不巩固。中央果断采取统一财政经济方针，实行统收统支，高度集中的体制，在很短时间内迅速稳定了金融物价，使国家财政经济形势好转，1951 年国家财政收支实现平衡，略有结余，为恢复国民经济、改善人民生活，打击投机资本，支持抗美援朝战争，巩固新生的国家政权，建立了历史功绩。

第二，支持了社会主义制度的建立。凭借统收统支、高度集中的财政运行机制，国家筹集巨额建设资金，投资兴建大批国有企业，同时积极推进社会主义改造，把资本主义工商业改造为国有经济，使国有企业掌握了经济命脉，成为国民经济主导力量。国家财政还支持、配合对农业、手工业的社会主义改造，建立集体所有制经济。随着公有制经济发展，社会主义改造完成，社会主义制度在我国正式确立，这是中国社会发展史上一次翻天覆地的变革，在一个半殖民地、半封建的国家，依据马克思主义基本原理，把社会主义理想变为现实。在此历史进程中，财政体制、机制发挥了重大作用。

第三，支持建立比较完整的国民经济体系，特别是工业体系。计划经济体制下，国家利用特殊的财政收入机制，大而宽的财政支出机制，高度集中的管理体制，筹集巨额建设资金进行大规模经济建设，建立了比较完整的国民经济体系，特别是独立的、门类较齐全的工业体系，明显改变了中国社会的发展进程，把中国由一个贫穷落后的农业国，变成了初具规模，走上工业化道路的新兴国家。据统计，1950—1978 年，国家预算内基本建设支出累计达 5621.56 亿元，奠定了我国工业化的基础。

第四，支持发展各项社会事业，促进社会全面进步。国家通过高度集中的财政体制，举办科技、教育、文化、卫生等各项社会事业，建立起比较全面的国有事业单位体系，几乎覆盖了所有的社会事业领域，在许多方面都是从零开始，为新中国的经济发展和社会进步提供了条件。

（二）传统体制下长期实行的统收统支、高度集中的财政运行机制，其弊病随中国经济社会发展而逐渐显露，带来了不可忽视的消极影响

计划经济体制下的财政体制与运行机制，在我国大规模工业化建设初期，对于集中全国的人力、物力、财力，进行重点建设，无疑发挥了巨大的作用，建立了历史功绩。但随着社会主义经济建设规模不断扩大，经济关系日趋复杂，人民物质文化生活需求不断提高，这种体制与运行机制的弊病逐渐显露。

第一，高度集中的财政体制和运行机制，使权力过分集中，政府职能膨胀，压抑了各地区、各部门及各单位的积极性、创造性，不利于社会生产力的长期持续发展。以低价收购农副产品和低工资制为基础的特殊财政收入形成机制，使国家财政几乎集中了物质生产部门创造的所有纯收入；大而宽的财政支出机制，高度集中的财政管理机制，使国家财政控制了各地区、各部门及各企事业单位的支出，财政取代企业微观决策职能，并包办各项社会事业，宽泛的财政职能严重限制了各地区、各部门、各企事业单位的积极性、创造性，难以适应经济事务千差万别丰富的多样性，不利于充分发挥各方潜力，提高资源配置效益和促进社会生产力的进一步发展。

第二，传统体制下的财政运行机制，忽视物质利益原则，不利于调动劳动者的积极性和创造力。统计资料表明，在 1957—1977 年这 20 年间，城镇职工工资基本没有提高，农民收入徘徊不前。1978 年农村家庭人均年纯收入只有 133.57 元，农村贫困人口达 2.5 亿人。正是在这一时期，国家利用以低价收购农副产品和低工资制为基础的特殊财政收入形成机制，以及高度集中的管理机制，积累资金，进行大规模投资。在短短的几十年间，迅速改变了旧中国落后的国民经济结构，建立了比较完整的国民经济体系，1970 年工业总产值已占全社会总产值的 60%（1950 年这一指标为 27.9%）。然而，传统体制下的财政运行机制，长期忽视人民生活水平的提高，"重经济建设、轻人民生活"，背离了社会主义生产目的。当然，在我国这样一个人口众多、经济文化落后、地区发展不平衡的发展中大国进行现代化建设，为了人民群众的长远利益、根本利益，在一定时期内，做出一些眼前利益的牺牲是能够理解的，但长期实行高度集中体制，人民生活多年处于贫困状态，就会严重挫伤和损害劳动者的积极性，甚至动摇对社会主义制度的信心。

第三，传统体制下的财政体制、机制迟迟没有走向规范化、法制化。改革开放之前的 29 年间中国财政运行的体制变动频繁，在大部分年份，地方收支指标、分成比例都由中央审核批准，一年一变。到 1978 年止，财政分配领域还没有一项规定、制度完成立法程序成为国家正式法律，税收、企业收入、预算、基本建设财务等财政分配主要环节，其依据都是行政法规。因而，可以说改革开放之前 29 年的财政体制，在规范化和法制化方面，具有明显欠缺，不利于形成清晰、稳定的制度体系和提高运行效益。

总之，这种高度集中的财政管理体制，由于中央政府基本上实行统收统支，忽视了各地方、各部门和各企业的经济利益和经济自主权，成为妨碍我国经济发展活力的重要因素，成为经济市场化改革需要打破的重要环节。

第五节　财政分权化改革的路径选择和阶段划分

中国传统的计划经济体制是一种财政主导型的经济体制，因而财政压力也通常是中国经济体制变革的一种直接原因。1978—1979 年，由于"文革"遗留问题堆积如山，百废待兴急需大量支出，而新的经济工作失误又加大了增支因素，因此出现巨额财政赤字。在财政压力之下，以改革求转机，也成为一种十分现实的推动因素。在计划经济体制下，国家通过计划和财政将社会资源控制在自己手中，改革则首先要表现在逐步放松对资源的管制，解决资源控制权过度集中在中央政府的局面，以激活地方政府和企业的积极性。

我国财政体制的改革是在党的十一届三中全会后实行的，主要有以下几个方面：

1. 从 1978 年年底开始，对国营企业试行企业基金办法，以及各种形式的利润留成办法和盈亏包干办法。

2. 从 1979 年起对农垦企业实行财务包干办法。

3. 从 1979 年起对基本建设单位进行由财政拨款改为贷款的试点。

4. 从 1980 年起，国家对省、直辖市、自治区实行"划分收支，分级包干"的财政体制。

5. 从 1980 年起对文教、科学、卫生事业单位、农业事业单位和行政机关试行预算包干办法。

6. 从 1980 年起对少数城市和少数企业进行利改税的试点和税收制度上一些其他改革的试点。1983 年 4 月，利改税改革全面展开，税利并存逐步发展到以税代利，使国有企业走上独立的商品生产经营者位置，国家与企业的分配关系趋于规范和稳定。

以上改革举措，不但涉及中央同地方的关系，而且重点已被放到改进国家与企业的财政关系上。

一、以"分灶吃饭"方式开启政府间财政关系改革

前已述及，选择财政制度改革作为中国经济体制改革的突破口，是由于高度集中的财政体制"统收统支"了大部分资源，并且主要集中在中央政府，因此改革的初始路径就应该是通过分配的权力下放来调动地方和微观主体的积极性，以促进经济的发展和财政收入的增长。

基于此，采取了"分灶吃饭"的分权方式改革政府间财政关系，以扩大地方政府的经济资源支配能力。其主要内容和主要推进步骤是：

1. 1980 年，中国的经济体制改革在宏观层面以财税体制改革作为突破口率先进行。改变过去中央政府的高度集中财政管理体制，在中央和省级为代表的地方间的财政分配关系方面，实行"划分收支、分级包干"的预算管理体制。

2. 1985 年在两步利改税完成后，"分灶吃饭"体制在表述上调整为"划分税种，核定收支、分级包干"的预算管理体制。

3. 1988 年，为了配合国有企业普遍推行的承包经营责任制，开始实行多种形式的地方财政包干办法，包括"收入递增包干"、"总额分成"、"总额分成加增长分成"、"上解递增包干"、"定额上解"和"定额补助"等。

4. 1994 年，为了进一步规范政府与企业及政府间的收入分配制度，打破对企业的行政隶属关系控制体系，促进公平竞争和解决中央政府收入占财政收入比重过低的问题，从而与社会主义市场经济的改革目标模式相配套，实行了分税制财税体制改革并延续至今。

如果考察改革开放初始十余年中央和地方财力的变化，我们可以发现：地方财政收入占全部预算内收入的比重，从 1979 年的 79.8% 演变到 1993 年的 78.0%，中间有所下调，但大体居于高位，而地方预算内支出占全部预算支出的比重，则从 1979 年的 48.9%，经小幅下降后自 20 世纪 80 年代前期起一路上升，1992—1993 年已高达 70% 左右，说明地方对中

央的净上解大幅减少，地方预算内可支配财力明显增加。如果考虑到同期地方财政预算外财力的猛增，地方实际可支配财力的扩大就更为可观了。不仅如此，在中央政府可支配财力中，债务构成比重越来越大，最高年份的 1994 年，用于弥补赤字额的债务占中央财政本级支出的 32%，而且用于债务还本付息的支出还未包括在中央政府的经常性支出之内，只能靠借新债还旧债来维持。显然，地方政府掌握财力的大幅度提高，主要是财政分权化的逻辑结果（见表 1－1）。

表 1－1　中央和地方预算内可支配财力比重

（单位:%）

年　份	预算内收入		预算内支出		中央赤字债务依存度
	中央	地方	中央	地方	
1979	20.2	79.8	51.1	48.9	20
1980	24.5	75.5	54.3	45.7	10
1981	26.5	73.5	55	45	—
1982	28.6	71.4	53	47	2
1983	35.8	64.2	53.9	46.1	5
1984	40.5	59.5	52.5	47.5	6
1985	38.4	61.6	39.7	60.3	—
1986	36.7	63.3	37.9	62.1	9
1987	33.5	66.5	37.4	62.6	7
1988	32.9	67.1	33.9	66.1	15
1989	30.9	69.1	31.5	68.5	17
1990	33.8	66.2	32.6	67.4	14
1991	29.8	70.2	32.2	67.8	21
1992	28.1	71.9	31.3	68.7	22
1993	22	78	28.3	71.7	22
1994	55.7	44.3	30.3	69.7	32
1995	52.2	47.8	29.2	70.8	29
1996	49.4	50.6	27.1	72.9	24
1997	48.9	51.1	27.4	72.6	22

年 份	预算内收入		预算内支出		中央赤字债务依存度
	中央	地方	中央	地方	
1998	49.5	50.5	28.9	71.1	30
1999	51.1	48.9	31.5	68.5	42
2000	52.2	47.8	34.7	65.3	45
2001	52.4	47.6	30.5	69.5	44
2002	55	45	30.7	69.3	47

注: 预算收入构成中不含债务收入成分, 同样, 预算支出构成中不含债务还本付息开支和利用国外借款收入安排的基本建设支出。由于地方不许发债, 因此, 中央赤字债务依存度是按照财政总收支 (不含国内外债务成分) 的差额除以当年中央政府本级支出 (不含债务还本付息等) 得出的。

(资料来源: 根据《中国统计年鉴》和《中国财政年鉴》数据整理)

值得注意的是: 我国改革开放的进程同时也是市场化取向逐渐明朗与市场化程度逐渐提高的进程。在这一大背景下, 财政体制的改革有其鲜明的阶段特征。简要地说, 改革开放前的"统收统支"和"总额分成, 一年一定"财政体制属于集权模式。改革开放以来, "分灶吃饭"("分级包干")、"分税分级"财政体制属于分权模式, 其中"分级包干"的形式属于行政性分权模式, "分税分级"的形式则基本上转为经济性分权模式。从这种演变考察, 我国财政体制的变迁大体上经历了集权模式——行政性分权模式——经济性分权模式这样一条轨迹。

以"分灶吃饭"的"分级包干"为基本形式的财税体制改革, 虽然还受内在的行政性分权逻辑的制约, 但其分权已带来不同于以往的运行特点: 第一, 地方政府的地位上升并为了促进本地经济发展和财政收入的提高而积极地为当地企业提供较宽松的环境。第二, 地方政府出于追求政绩和当地繁荣局面的考虑, 扶植乡镇企业、私营企业、外资企业等非国有经济成分或非公有制经济成分的发展, 使"体制外经济"比重上升, 造成了市场主体多元化格局。第三, 地方政府"先斩后奏"等形式的自主实践在取得正面效果之后, 往往要求中央政府以"推广成功经验"等形式

"追认"其"合法性",于是由模棱两可的"擦边球"、自发组织的"局部试验"而导致"规则"的修改与重新认定,从而以较低的成本实现了制度变迁。然而,作为一种行政性分权模式,"分灶吃饭"、"分级包干"形式的财税体制改革与经济市场化也存在着内在的冲突,表现于以下几个方面:第一,不能根本改造按照"条块分割"的行政隶属关系控制企业和组织财政收入的体制弊病,难以真正使企业公平竞争。第二,不能构造长期稳定的体制环境,引发短期行为。各种形式的"几年不变"的改革方案频繁交替,降低了经济活动的可预期性,诱发地方政府的行为短期化。第三,倾向于市场分割,降低经济效率。地方政府一方面从中央政府那里争夺各种体制性资源和各种优惠政策,一方面在本地区追求局部利益最大化,各地的滥行减免税、低水平重复建设、市场分隔和地方保护主义措施纷纷出台,演化成"诸侯经济",割裂了统一市场,妨碍了竞争机制的发育,也劣化了产业结构。

1994 年全面推行的"分税制"财税体制改革虽还保留了按隶属关系划分企业所得税的旧体制"尾巴",但基本上已属于经济性分权模式,可以称得上是渐进式改革中的重大突破。经济性分权模式的优点是:首先,有利于使各类企业公平竞争,建立和完善社会主义统一市场体系,消除行政隶属关系控制带来的市场分割与封锁,使各地区、各类型、各层次的市场相互衔接,构成有机整体,改变混乱的市场秩序,建设规范的市场规则。其次,有利于形成规范、稳定的中央、地方关系,加强宏观调控,在中央财政实力增强的基础上,综合使用财政政策、货币政策等调控工具,达到经济总量和结构平衡。最后,有利于企业改革与国有经济重组。以不再按企业隶属关系组织财政收入为切入点,打破"条块分割",促进了现代企业制度的建立和国有经济的重组,为解决经济体制改革的深层矛盾提供了条件。迄今为止,尽管"分税制"财政体制还有许多方面有待于逐步完善和变革,但多年来的实践说明,其基本方向是值得充分肯定和坚持的。

二、逐步以"利润留成"、"利改税"、"税利分流"和企业"产权明晰"方式，确立国有企业在市场经济中的微观市场主体地位

如前所述，1978 年以来中国财税体制改革的一个重要特征就是在走向市场化的过程中实行分权化。而且，从行政性分权过渡到经济性分权的背景就是市场的发育，其中伴随着国有企业管理制度的改革。改革伊始，财政就通过放权让利、逐步松动国有企业的经济束缚来努力搞活企业，逐步塑造市场化的微观主体。其大致历程是：

第一，从 1978 年年底至 1984 年 9 月，企业改革的基本思路是：改革高度集中的计划经济管理体制，通过扩大企业的经营管理自主权来增强企业活力。在这一阶段，在计划制订、产品销售、利润留成等方面，政府给企业下放了一些权力，特别是实行了企业留利制度和两步"利改税"，使国有企业在发展生产、奖励职工和改善职工集体福利等方面有了一定的财力，增强了企业活力。

第二，1984 年 10 月党的十二届三中全会通过了《中共中央关于经济体制改革的决定》，拉开了城市经济体制全面改革的序幕，国有企业改革的基本思路为：强调政企分开、所有权和经营权分开，实行多种经营方式。一些小企业实行了租赁经营；一些企业采取承包经营方式；少数企业进行了股份制改造的试点，企业的自主权进一步扩大。

第三，从 1987 年到 1993 年年底，是强调转换企业经营机制的阶段。在具体做法上，注重推行多种方式的承包经营责任制，国务院颁布了《全民所有制工业企业承包经营责任制暂行条例》、《〈企业法〉实施条例》，制定了《全民所有制工业企业转换机制条例》，进一步明确了赋予企业 14 项经营自主权。其后，随着承包制的一些缺陷表现得日趋明显，开始探索"税利分流"的企业改革路径，在部分地区进行了税利分流改革试点。随着指令性计划的减少和价格的不断放开，国有企业被逐步推入市场。

　　第四，从 1994 年开始，中国企业改革进入了建立现代企业制度的新阶段。1993 年 11 月，党的十四届三中全会通过了《关于建立社会主义市场经济体制若干问题的决定》，明确指出，中国国有企业改革的方向是建立适应市场经济要求的"产权明晰、权责明确、政企分开、管理科学"的现代企业制度；并指出，国有企业实行公司制，是建立现代企业制度的有益探索，具备条件的国有大中型企业，要根据自己的不同情况，改组成有限责任公司和股份有限公司。即要以理顺产权关系、实行政企分开、明确责权、加强企业管理为核心，深化企业产权制度及相关体制的配套改革，逐步建立与社会化大生产和市场经济发展相适应的现代企业制度，使国有企业真正成为自主经营、自负盈亏、自我发展、自我约束的法人实体和市场竞争的主体，为建立社会主义市场经济新体制构造基础。与此同时，全国人大颁布了《公司法》，标志着我国国有企业改革进入了新阶段，即建立现代企业制度、进行企业制度创新的新阶段。随着 1994 年的财税配套改革，企业承包制基本让位于较规范的"依法纳税、公平竞争"模式。

　　1994 年 11 月，国务院决定，在百户国有大中型企业中进行建立现代企业制度的试点，经过一年多的准备，1996 年试点开始，截止到 1997 年年底，在百户试点企业中，有 98 户企业的试点方案得到批复，主要按公司形式改制，包括股份有限公司和有限责任公司。总体上看，试点工作为全面的国有企业制度创新探索了办法，积累了一些经验，起到了一定的示范作用。此后，更广泛的股份制试点工作迅速推开。一方面，原有的股份公司按照《公司法》进行规范，重新登记；另一方面，积极扩大国有企业股份制试点的范围，促进国有企业向现代企业制度转变。1997 年 9 月，党的十五大对深化国有企业改革做出部署，主要目标是，用 3 年左右的时间，通过改革、改组、改造和加强管理，使大多数国有大中型亏损企业摆脱困境，力争到 20 世纪末，使大多数国有大中型骨干企业初步建立起现代企业制度。在对国有大中型企业进行现代企业制度改革的同时，对国有小型企业采取了改组、联合、兼并、租赁、承包经营和股份合作制、出售、破产等形式的改革，加快搞活国有小型企业的步伐。

企业的制度变迁，与财税体制的变革密切相联，特别是通过两步"利改税"的实施，完成了从国营企业利润上缴到依法交纳所得税的转变。1994 年建立了以增值税为核心的新的流转税制，将国有、集体、私营企业所得税统一合并为内资企业所得税，并用税法规范企业税前列支项目和扣除标准。统一税率、公平税负，基本上理顺了国家与企业的分配关系并构建了企业间的公平竞争关系。与此同时，财政在促进企业制度变迁的过程中也逐步形成了以税收为主的规范的公共收入制度、同时财政支出结构日益向公共化领域倾斜。

在改革开放以前，国家财政收入主要由企业上交收入（包括利润上交和折旧基金上交）和各项税收构成。此外还有其他种类的规费、资源管理收入、公产收入、罚没收入和接受援助收入等（见表 1-2）。随着经济改革的深化，国有企业自主权的扩大，在国家预算内收入中税收收入的比重日渐上升（见表 1-3）。而"企业收入"项目则迅速萎缩，这和国有企业独立财权的扩大是相应的。税收份额扩大的另一个重要原因则是源于改革开放后个体、私营和外商经济的迅速发展。非国有经济和政府没有资

表 1-2　国家财政收入的构成

（单位:%）

年　份	企业收入	工业收入	各项税收	工商税收	农业税收	债务收入	其他
1950	13.4	6.8	75.1	36.9	29.3	4.6	6.9
1955	41.4	17.9	46.9	32.1	11.2	8.4	3.6
1960	63.9	37.7	35.6	28.1	4.9	—	0.5
1965	55.8	45.7	43.2	35.0	5.4	—	1.0
1970	57.2	42.3	42.4	35.0	4.8	—	0.4
1975	49.1	40.4	49.4	42.7	3.6	—	1.5
1980	40.0	41.4	52.7	46.2	2.6	4.0	3.2
1981	32.5	38.2	57.8	49.4	2.6	6.7	3.0

（资料来源:《中国统计年鉴》）

表1-3 国家预算内收入分项目构成

（单位：%）

年 份	各项税收	企业收入	亏损补贴	基金和收费	其他
1979	46.91	43.18	0	0	9.9
1980	49.29	37.52	0	0	13.19
1981	53.57	30.08	0	0	16.35
1982	57.74	24.45	0	0	17.8
1983	56.74	17.6	0	6.8	18.86
1984	57.66	16.85	0	7.45	18.04
1985	101.79	2.18	−25.29	7.32	13.99
1986	98.53	1.98	−15.31	7.4	7.4
1987	97.32	1.95	−17.12	8.19	9.66
1988	101.41	2.17	−18.94	7.89	7.47
1989	102.35	2.39	−22.47	11.01	6.73
1990	96.08	2.67	−19.71	10.77	10.2
1991	94.94	2.37	−16.2	11.26	7.62
1992	94.65	1.72	−12.77	8.79	7.61
1993	97.85	1.14	−9.46	6.08	4.39
1994	98.25	0	−7.02	3.4	5.37
1995	96.73	0	−5.25	2.17	6.35
1996	93.28	0	−4.55	1.5	9.78
1997	95.18	0	−4.26	1.19	7.89
1998	93.79	0	−3.38	1.15	8.44
1999	93.35	0	−2.53	1.1	8.09
2000	93.93	0	−2.08	1.1	7.05
2001	93.38	0	−1.83	1.02	7.43
2002	93.3	0	−1.37	1.05	7.03
2003	92.18	0	−1.04	1.07	7.79
2004	91.55	0	−0.83	1.14	8.14
2005	90.93	0	−0.61	1.13	8.56
2006	89.81	0	−0.46	1.15	9.5

（资料来源：根据《中国财政年鉴》及财政部网站数据整理得出）

产及收益上交这种联系，主要以税收的形式与国家发生缴纳关系。税收收入作为规范稳定的公共收入来源，是市场经济国家公共收入的主导形式，税收收入日益成为我国的财政收入绝对主体的同时，也在一定程度上意味着国有企业日益成为独立的市场主体以及其他所有制企业的长足发展。

财政对国有企业的放权让利，同时也造成了预算收入占国民生产总值比重的下降。表 1-4 反映了改革开放以来我国财政收入、国内生产总值及其财政收入占国内生产总值比重的变动情况。

表 1-4 国家财政收入占国内生产总值的比重

年 份	财政收入（亿元）	国内生产总值（亿元）	财政收入占国内生产总值的比重（%）
1979	1146.38	4038.20	28.4
1980	1159.93	4517.80	25.7
1981	1175.79	4862.20	24.2
1982	1212.33	5294.70	22.9
1983	1366.95	5934.50	23.0
1984	1642.86	7171.00	22.9
1985	2004.82	8964.40	22.4
1986	2122.01	10202.20	20.8
1987	2199.35	11962.50	18.4
1988	2357.24	14928.30	15.8
1989	2664.90	16909.20	15.8
1990	2937.10	18547.90	15.8
1991	3149.48	21617.80	14.6
1992	3483.37	26638.10	13.1
1993	4348.95	34634.40	12.6
1994	5218.10	46759.40	11.2
1995	6242.20	58478.10	10.7
1996	7407.99	67884.60	10.9
1997	8651.14	74772.40	11.6
1998	9875.95	78345.2	11.7
1999	11444.08	82067.5	12.8

续表

年 份	财政收入 （亿元）	国内生产总值 （亿元）	财政收入占国内生产总值的比重 （%）
2000	13395.23	89468.1	13.5
2001	16386.04	97314.8	14.9
2002	18903.64	105172.3	15.7
2003	21715.25	117390.2	16.0
2004	26396.47	136875.9	16.5
2005	31649.29	183084.8	17.3
2006	39373.2	209407	18.8

注：财政收入中不含债务收入。

（资料来源：根据《中国财政年鉴》及财政部网站数据整理得来）

三、中国财税改革的阶段划分

从 1979 年到 20 世纪 90 年代初，是中国在尚未确立市场经济目标模式的情况下于渐进改革的探索中向市场经济转变的时期。1978 年以后，随着改革开放的推进，在农村，政社合一的人民公社解体，农民及乡镇企业摆脱了政府的直接管理，获得了生产经营自主权而焕发活力；在城市，随着国有企业的"简政放权"，以及个体经济、私营经济和"三资"企业的迅速发展，政府缩小指令性计划范围，放松对市场的控制，使越来越多的企业经营活动脱离了政府的直接干预，市场调节的范围越来越大。到 1992 年党的十四大正式提出市场经济改革目标模式、强调市场调节的基础作用以后，市场取向的改革进入了新的改革阶段。与此相呼应，财政体制也进入了实行经济性分权建立分税分级体制的新时期。

简而言之，1978 年以后的中国财政体制变动过程可以划分为三大阶段：一是党的十一届三中全会以后放权让利、建立财政"分灶吃饭"的分级包干体制；二是 20 世纪 90 年代前期构建中央与地方之间以划分税种为基础的适应社会主义市场经济体制的分级财政体制；三是 1998 年以后实施以建立公共财政框架为取向的全面创新。

第二章

从行政性分权到经济性分权：我国财政管理体制的变革

改革开放以来，我国的财政管理体制经历了一系列变革，逐步形成了较为规范的政府—企业关系和政府间财政关系。其中，重大的体制变革主要有：1980 年开始的以"分灶吃饭"为特征的财税体制改革逐步打破了原来高度集中的财政管理体制，调动了地方政府的积极性和促进了地方经济的发展，也为其他方面的改革提供了条件；1994 年以后，随着市场经济体系的逐步确立和税收体系的建立和健全，财政体制的变革逐步走向较规范的分税制财政体制，基本上奠定了适应市场经济的现代财税体系框架。回顾 30 年来的财政体制关系的变革，其演进的路径和脉络大致可分为以 1994 年财税配套改革为界的前后两大阶段：1994 年之前为各级政府"按行政隶属关系控制企业"不变而实行地方扩权；1994 年之后则进入了各级政府不再按照行政隶属关系控制企业、同时各级政府间按税种划分收入的"经济性分权"阶段。

第一节 行政性分权阶段的财政体制
变革：1980—1993 年

从 1980 年开始到 1993 年，伴随着我国的行政性分权，政府间财政体制也开始了以"分灶吃饭"为特征的一系列变革。

1978 年 12 月 18 日召开的党的十一届三中全会是中国共产党历史上具有深远意义的一次重要会议。它结束了粉碎"四人帮"以来的两年中各项工作在徘徊中前进的局面，做出了把党和国家的工作重点转移到社会主义现代化建设上来的战略决策。1979 年 4 月，中央工作会议提出了对整个国民经济实行"调整、改革、整顿、提高"的方针。在这两次重要的会议上，中央明确提出要在彻底清理"左"倾错误思想的基础上，认真总结历史经验，对经济体制逐步进行全面改革，并要求以财政管理体制为突破口，改革先行一步。根据这个精神，1980 年开始，财政管理体制相继进行了一系列的改革。

一、原有中央与地方财政管理体制的内容和存在的主要问题

1980 年以前，我国财政管理体制的基本特征是高度集中，近乎统收统支。但是，也曾做过大力度下放权力的尝试，只是都为时甚短。在不同时期和不同条件下，财政体制的状况有所不同。

分阶段来看，从 1949 年中华人民共和国成立到 1968 年以前，我国曾实行过两种财政体制。一种是高度集中统一的财政管理体制，即国家财权、财力主要集中在中央，对地方基本上采取统收统支的办法。在 1950 年我国建立社会主义财政之初和 1961—1963 年的三年调整时期，我国所实行的大体上是这种类型的财政体制。另一种是划分财政收支、适当下放财权的分级财政管理体制。在执行过程中，具体采用过"划分收支、分

级管理"、"以收定支、五年不变"、"收支挂钩、总额分成"等多种形式。这种划分财政收支、适当下放财权的分级财政管理体制的特点是：中央在集中了相当大的财权和财力的前提下，适当给地方一定的机动性和经济利益。新中国成立以后到 1968 年以前的大多数年份，我国所实行的都是这种财政体制。

1968—1976 年，我国处于"文化大革命"的"十年动乱"时期，这个时期是国家财政极度紧张，问题最多的时期。在这段时间，财政在国民经济分配体系中的地位大大削弱，财政投资结构畸形发展，国民经济重大比例关系严重失调，整个国民经济几乎濒于崩溃。从财政收支情况看，"文化大革命"的十年中，累计财政收入与支出相抵，表面上只有 19 亿元的财政赤字。但是，这种平衡实际上是在紧缩支出、停办或缓办许多事业的情况下实现的，而且是在采取一些非常措施，大规模动员社会财力的前提下得以实现的，是极不正常的。19 亿元财政赤字的背后隐藏着的问题成堆，积重难返，"后遗症"极其严重。① 因此，在"文化大革命"期间，迫于应付动乱的局面，财政体制变动频繁，曾先后采取过 5 种财政管理体制。依照时间顺序，这 5 种财政管理体制是：

1. 高度集中统一的收支两条线体制

1968 年，为了保证地方必要的财政支出，在中央和地方之间暂时实行全部收入上缴中央，地方全部支出由中央财政分配的办法。

2. "总额分成，一年一变"财政体制

1969—1970 年，在只执行了一年的"收支两条线"体制之后，又回归自 20 世纪 60 年代初相对稳定实行的"总额分成，一年一变"的管理体制，每年在中央与地方间逐省（自治区、直辖市）确定收入分成的具体比例，相应安排支出。

3. "收支包干"财政体制

1971—1973 年，适应经济体制"大下放"，财政实行收支"大包干"

---

① 关于"文化大革命"对财政经济影响的进一步分析请参阅陈如龙主编：《当代中国财政（上册）》，中国社会科学出版社 1988 年版，第 260—265 页。

体制。这种体制的主要内容是：每年根据国民经济计划指标核定地方财政收支总额。收大于支的地区，由地方包干上缴中央财政；支大于收的地区，由中央按差额包干补助，地方包干使用。地方上缴和中央补贴数一般是核定后不再调整，超收或节支全归地方。

4. "比例分成制"

1974—1975 年又将"大包干"财政体制改为"收入按固定比例留成（即地方所负责组织的计划收入中，按一定比例提取归地方的财力，当时称'旱涝保收'），超收部分另定分成比例，支出按指标包干"的财政体制。

5. "收支挂钩、总额分成"财政体制

这种体制是 1976 年实行的。

1976 年 10 月，我国取得了粉碎"四人帮"的胜利，从危难中挽救了中国共产党和中国革命，使社会主义经济建设进入了新的历史发展时期。但是，在这个新时期的开始，在财政经济方面面临的形势是严峻的，任务也是十分艰巨的。在这个阶段，需要调整和逐步改变国民经济中一些重大比例严重失调状况，消除生产建设、流通、分配领域中的混乱现象，解决城乡人民生活中多年积累下来的一系列问题，亟须进行经济和财税体制改革。正是在这种背景下，从 1977 年到 1979 年的三年左右时间里，我国对财政管理体制改革进行了初步的探索，大体上实行过 4 种财政体制。

首先，1977 年开始在江苏省试行"固定比例包干"的财政体制。其主要内容是：①按照 1977 年对江苏省的计算口径，参照前几年该省预算总支出占预算总收入的比例确定固定包干比例，一定四年不变；②比例确定后，地方的支出从留给地方的收入中自行解决，多收多支，少收少支，自求平衡；③除遇特大自然灾害等事件外，上缴和留用的比例一般不做调整；④省的年度预算仍要上报中央批准。这个办法在试行后的第一年，由于缺乏经验，包干范围确定等不够适当，1978 年通过协商，做了必要调整，缩小了包干范围，并相应降低了江苏省留成比例。"固定比例包干"体制实际上是将预算体制"条块结合，以条为主"，改为"条块结合，以块为主"的分级管理的雏形。它在一定程度上扩大了地方财权，有利于调动地方当家理财的积极性。同时，也简化了手续，避免了一年一度在分配收支指标时争多论少的现象。

其次，1978 年在部分省、市试行"增收分成，收支挂钩"后又改为"收支挂钩，超收分成"的体制。为了进一步调动各方面的积极性，促进增产增收，经国务院批准，1978 年开始在 10 个省、市试行"增收分成，收支挂钩"的体制。这种体制的主要内容是：①地方预算支出，仍同地方负责组织的收入挂钩，实行总额分成；②地方预算收支指标及中央和地方的收入分成比例，仍是一年一定；③地方机动财力的提取，按当年实际收入比上年增长部分确定的分成比例计算，实现地方机动财力与地方预算收入增长部分挂钩，地方多增收可以多得机动财力。从当时情况看，这种体制的实施对于调动地方积极性、增加财政收入有一定的积极作用。但是，由于 1978 年经济工作指导思想上仍然存在"左"的错误，片面追求产值，盲目扩大基建，致使国民经济比例严重失调。在国家预算方面，也出现了"寅吃卯粮"、财政虚收的现象；收入增加，支出基数也扩大了。结果，使增加的收入中有相当多的部分分给了地方，地方财力增加（1978 年地方的滚存结合增长 64%），中央预算则出现支大于收的现象。这个体制只执行了一年，除江苏实行的"固定比例包干"体制，5 个少数民族自治区和云南、青海实行民族自治地方的财政管理体制以外，其他各省、市又暂时改为"收支挂钩、超收分成"的过渡办法。

此外，1979 年在少数民族地区实行特殊体制。1979 年中央规定，在广西、内蒙古、新疆、宁夏、西藏 5 个少数民族自治区和云南、青海两省，实行核定基数、超收全部留用的财政体制。如出现短收，确有困难者，另行商量处理。

总之，从 1977 年到 1979 年 3 年中，我国对财税体制改革进行了初步的探索，为 1980 年以后的改革积累了一定的经验。但是，这 3 年实行的几种财政体制，从实践过程看，也存在着不少问题，概括起来主要表现在两个方面：一方面是体制本身不完善，存在一些明显的体制矛盾。例如，每年核定财政收支，一年一变，年初吵"盘子"，年中吵"追加"，年底吵"遗留问题"等等，矛盾很多。财政体制本身矛盾最突出的一点，就是高度集中、吃"大锅饭"的局面依然存在。在这种体制下，地区间的财力差异虽然较为平均，但因地方政府财政缺乏自主权，影响了其积极性的发挥，进而阻碍了地区经济的发展和居民福利水平的改善。

其后，随着全局层面改革开放的帷幕拉开，在新时期以下放权力为导向的财政分权化改革成为中国 30 年财政管理体制改革的逻辑起点。

二、1980—1985 年间的"分灶吃饭"财税体制改革及其主要内容

1978 年，党的十一届三中全会决议明确指出："现在我国经济管理体制的一个严重缺点是权力过于集中，应该有领导地大胆下放，让地方和工农业企业在国家统一计划的指导下有更多的经营管理自主权……采取这些措施，才能充分发挥中央部门、地方、企业和劳动者个人四个方面的主动性、积极性、创造性。"1979 年 4 月，中共中央召开了中央工作会议，在讨论当时的经济形势和对策后，正式提出对国民经济进行"调整、改革、整顿、提高"的八字方针。这条方针的一个重要内容，就是要求在认真总结历史经验的基础上，对经济管理体制进行全面改革，要求结合调整，以财政体制作为改革的突破口，先行一步。

经济体制改革工作，当时是在中央和国务院领导下，由原国务院财政经济委员会牵头，组织各有关方面的力量，包括在中央和在地方工作的同志、做理论工作和做实际工作的同志，一起进行。

由于多年来经济体制方面积累的问题很多，需要先从有利于带动整个经济改革的一个环节做起。当时正处于思想上拨乱反正，工作上实现转折，百业待举、百废俱兴的时期，各方面要办事，普遍遇到财政资金问题，希望手中有一定的财权。因此，上下左右要求改革财政管理体制的呼声很高。有许多同志认为财政管理体制集中过多，管得过死，束缚了企业和地方的积极性，不利于经济的发展。主张经济体制改革首先要扩大地方

和企业的财权，财政管理体制的改革是当务之急。于是，中央考虑以财政作为突破口，先从财政管理体制改起。为此，财政部专门成立了体制改革领导小组，组织力量在江苏试行办法的基础上设想了几个方案，反复进行比较，提出从 1980 年起，在全国大多数省、直辖市、自治区试行江苏式的财政管理体制，即"收支挂钩，全额分成，比例包干，三年不变"的办法，同时，在四川进行"划分收支，分级包干"财政管理体制的试点。当时，人们把这两种办法称为"江苏式体制"和"四川式体制"。在 1979 年 10 月，又一次讨论了改革财政管理体制问题，这时大家一致主张全国试行四川式的财政体制，并确定四川省 1980 年先走一步，其他地区做好准备工作后再试行。在 1979 年年底召开的全国计划会议又提出财政管理体制改革要加快步伐，要求在会议期间就把体制定下来。会上经过算账协商，财政部在原定方案的基数上让了 30 多亿元，确定了各地的财政收支包干基数和财政收入的留缴比例或补贴定额。1980 年 2 月，由国务院颁发了关于实行"划分收支，分级包干"财政管理体制的暂行规定，付诸实施。

（一）1980 年的"划分收支、分级包干"财政体制

我国幅员辽阔，如何正确处理中央与地方的财政分配关系，调动地方增收节支、当家理财的积极性，始终是经济体制上的主要问题之一。根据党的十一届三中全会以后中央的有关决定精神，国务院于 1980 年 2 月颁发的《关于实行"划分收支、分级包干"的财政管理体制的暂行规定》中，决定从 1980 年起实行财政管理体制改革。根据中央的有关精神，这次财税体制改革总的指导思想是：既要有利于促进经济的调整和发展，又要有利于财政的平衡稳定；既要有利于调节和保护各方面的经济利益，又要有利于促使微观经济活动符合宏观决策的要求。因此，改革必须在巩固中央统一领导和统一计划，确保中央必不可少的开支的前提下，明确划分各级财政的权力和责任，做到权责结合，各司其职，各尽其责，充分发挥中央和地方两个积极性，共同承担国家财政收支的责任，保证和促进整个国民经济持续、稳定、协调发展。改革的基本内容是，从 1980 年年初起，

除北京、天津、上海3个直辖市继续实行"收支挂钩，总额分成，一年一定"的财政体制以外，对各省、自治区统一实行"划分收支、分级包干"的财政体制。并在此前提下，对不同地区，根据具体情况，采取了不同的做法。大体上有以下几种：

第一种，四川、陕西、甘肃、河南、湖北、湖南、安徽、江西、山东、山西、河北、辽宁、黑龙江、吉林、浙江等省，实行"划分收支、分级包干"的办法。所谓划分收支，就是按照隶属关系，明确划分中央和地方的收支范围。在收入方面：中央企业收入、关税收入归中央财政，作为中央财政的固定收入；地方企业收入，盐税、农牧业税、工商所得税、地方税和地方其他收入归地方财政，作为地方财政的固定收入。经国务院批准，上划给中央部门直接管理的企业，其收入作为固定比例分成收入，中央分80％，地方分20％。工商税则作为中央和地方的调剂收入。在支出方面：中央所属企业的流动资金，挖潜改造资金和新产品试制费，地质勘探费，国防战备费，对外援助支出，国家物资储备支出，以及中央级的文教卫生科学事业费，农林、水利、气象等事业费，工业、交通、商业部门事业费和行政费等，归中央财政支出；地方的统筹基本建设投资，地方所属企业的流动资金、挖潜改造资金和新产品试制费，支援农村人民公社支出和农林、水利、气象等事业费，工业交通、商业部门事业费，城市维护费，行政管理费等，归地方财政支出。有些特殊开支，如特大自然灾害救济费，支援经济不发达地区的发展资金等，则由中央专项拨款。所谓分级包干，就是按照划分的收支范围，以1979年收入预计数字为基数计算，地方收入大于支出的，多余部分按比例进行调剂；个别地方将工商税全部留下后收入仍小于支出的，由中央给予定额补助。分成比例和补助数额确定以后，5年不变。在包干的5年当中，地方多收了可以多支，少收了就要少支，自行安排预算，自求收支平衡。实行这个办法的好处是，有利于地方在5年内统筹规划生产建设和各项事业的发展，有利于促进增产节约，增收节支，也有利于鼓励先进，鞭策落后。

第二种，对广东、福建两省实行"划分收支，定额上交或定额补助"

的特殊照顾办法。在财政收入方面，除中央直属企业、事业单位的收入和关税划归中央外，其余收入均作为地方收入。在财政支出方面，除中央直属企业、事业单位的支出归中央外，其余的支出均作为地方支出。按照上述划分收支的范围，以这两个省 1979 年财政收支决算数字为基数，确定一个上缴或补助的数额，一定 5 年不变。执行中收入增加或支出结余全部留归地方使用。广东、福建两省靠近港澳，华侨多，可用资源比较丰富，具有加快经济发展的许多有利条件。中央确定，对这两省对外经济活动实行特殊政策和灵活措施，给地方更多的自主权，使之利用优越条件，抓住有利的国际形势，先走一步，把国民经济尽早搞上去。在财政体制上，对广东省实行"划分收支，定额上交"的包干办法，对福建省实行"划分收支，定额补助"的包干办法。这种办法的特点是，包干的范围宽一些，地方的好处多一些，目的是为了促进这两省尽快发展，并努力为国家多创造外汇收入。

第三种，内蒙古、新疆、西藏、宁夏、广西 5 个民族自治区和云南、青海、贵州 3 个少数民族比较多的省，实行民族自治地方财政体制，保留原来对民族自治地区的特殊照顾，并做两条改进：一条是对这些地区也采取包干的办法，参照上述第一种办法划分收支范围，确定中央补助的数额，并由一年一定改为一定 5 年不变。另一条是地方收入增长的部分全部留给地方，中央对民族自治区的补助数额每年递增 10%。有了这两条改进，党和国家的民族政策在财政上得到了较充分的体现。

第四种，江苏省继续试行固定比例包干办法。粉碎"四人帮"以后，为了加快财政经济体制改革的步伐，探索体制改革的新路子，从 1977 年起就在江苏省试行固定比例包干的财政管理体制，即根据江苏省历史上地方财政支出占收入的比例，确定一个上缴、留用的比例，一定 4 年不变。由于当时财政收支平衡情况较紧，1977 年暂定上缴 58%，留用 42%，1978 年至 1980 年上缴 57%，留用 43%。这个办法实行一年以后，由于为全国服务的建设项目江苏省难以承担，又调整了包干范围和留交比例，改为上缴 61%，留用 39%。这个办法适当扩大了地方财力，使地方可以根据自己的财力办更多的事情。

实行分级包干的预算管理体制，是国家财政管理体制的一次重大改革，在收支结构、财权划分和财力分配等方面，都发生了很大变化。同原财政体制比较，新的财政体制有以下几个特点：

第一，由"一灶吃饭"改为"分灶吃饭"。分为中央一个灶，地方20多个灶，打破了吃大锅饭的局面。收入有明确的划分，谁的企业管好了，好处就归谁所有。支出也有明确划分，谁的支出冒了，就由谁负责。财政收支的平衡，也要由大家来考虑和承担。这种体制，是在中央统一领导和计划下，各过各的日子，有利于调动两个积极性，有利于经济的调整和整顿。

第二，财力的分配，由"条条"为主改为"块块"为主。过去各项财政支出，原则上都由"条条"分配，地方很难统筹安排、调剂使用。"分灶吃饭"以后，对于应当由地方安排的支出，中央各部不再"条条"下达指标，改由地方根据中央的方针政策、国家计划和地方的财力统筹安排。这样做，大大增加了地方的财政权限，有利于因地制宜地发展地方生产建设事业。

第三，分成比例和补助数额由一年一定改为5年一定。过去每年要核定收支，一年一变，年初吵指标，年中吵追加，年底吵遗留问题，矛盾很多。分灶吃饭后，一定5年不变，使地方"五年早知道"，便于地方制订和执行长远规划，发展地方的经济和社会事业。

第四，寻求事权和财权统一，权利与责任统一。这种财政体制是根据计划与财政实行两级管理的原则设计的，财政的收支范围又是根据企事业单位的隶属关系划分的。谁管的企业，收入就归谁支配；谁管的基建、事业，支出就由谁安排。其事权与财权比较统一，而且分灶吃饭，自求平衡，权利与责任也挂得比较紧。

其后的实践证明，"分灶吃饭"的预算体制迅速显示了比之原体制的优越性。它不仅扩大了地方的财权，同时也加强了地方的经济责任，因而促使地方各级领导大大加强他们对财政工作的指导；它使地方有了发展本地区生产建设事业的内在经济动力和能力，促使各地努力挖掘本地区的生产、物资和资金的潜力，合理地、节约地、有重点地安排和使用资金，提高资金的使用效果，不断增加财政收入；由于节约归己，促使地方在狠抓增产增收的同时，十分注意节约支出，反对浪费，精打细算，严格财经纪律，许多地方还改变了领导乱点头、乱批条子的做法，实行了"一支笔"审批开支；由于"分灶吃饭"，自己过自己的日子，促使地方加快了国民经济结构调整的步伐。但是，这种体制在执行过程中，也逐渐暴露出一些缺陷，比如，统收的局面已被打破，统支的局面却没有完全打破，地方发生一些当地财力解决不了的事情，还是向中央要钱。中央财政收入逐年下降，而中央财政支出却未减少，致使中央财政相当困难，国家重点建设资金缺乏保证，以致中央财政不得不很快向地方财政借款以弥补缺口。

专栏2-1 "划分收支、分级包干"的财政管理体制在执行过程中暴露出的问题

　　1980年的财政管理体制改革对整个国民经济的发展起到了积极的作用。但是，也还存在一些问题和不足之处。主要表现在：

　　1. 中央财政困难较大，收支难以平衡。造成这一困难的原因：一是中央财政直接的收入少，回旋余地有限。二是改革财政体制是在国家财政收支不平衡的基础上进行的，计算是以1979年的收支作为基数的，由于1979年10月预计的收支差额小，后来从实际执行的结果看，收支差额较大。这样中央财政就亏空了一块。而在与各地商定财政包干基数和收入留交比例的过程中，中央虽然对地方的开支压缩了10%，可是后来，又多照顾了地方几十亿元，中央财政的收支差额又扩大了。当时指望由以后年度增产增收来弥补。但在执行过程中，由于国民经济的调整和其他种种原因，国家财政收入没有增加，包括1979年在内连续三年下降，这个差额也没

能补上。三是体制确定以后，中央财政出现了一些新的减收增支的因素。例如，由于农副产品提高收购价格和超购加价比例，中央财政每年要多支付一笔很大的超购加价款；由于国际市场变化和进出口商品结构变化等措施，中央外贸企业收入变化很大；特别是1978年大量利用外资引进成套设备，每年增加相当数额的还本付息。

2. 财政管理体制改革和整个经济体制的改革没有配套。财政管理体制改革比其他方面的经济体制改革先行了一步，财政管理体制的基数和比例定死了，以后经济上的每一步改革，都会涉及财政问题，例如调整产品的价格、调整银行利率、利改税的试点，以至提高或降低某种税率等都会同地方财政利益发生矛盾，在某种程度上影响到一些经济措施的实施。后来逐步改为实行"总额分成，比例包干"办法，这是原因之一。

3. 收入划分方法也存在一些问题。这几年在调整国民经济中采取了许多重大的经济措施，如提高农副产品收购价格、提高职工工资、安排劳动就业、扩大企业财权等，对企业利润影响较大，因而作用地方固定收入的企业收入增长慢，甚至暂时下降，而作为调剂收入的工商税每年都有稳定的增长。有的地区的工商税大部分归中央，地方分成比较少，影响到地方的利益。这是后来逐步改为实行"总额分成，比例包干"办法的另一个原因。

4. 实行"划分收支、分级包干"的办法以后，一些地方为了争取财源，在一定程度上助长了盲目建设、重复建设、经济封锁、画地为牢的弊病。

——摘自：田一农、朱福林、项怀诚著：《论中国财政管理体制的改革》，经济科学出版社1986年版，第3页。

1983年，在总结前三年实践经验的基础上，对分灶吃饭的财政体制又做了一些调整和改进，主要有：

第一，1981 年适当缩小了地方财政的包干范围，将原由中央安排的科技三项费用和挖潜改造资金不再列作包干范围，改由中央财政专项拨款。这次调整没有相应改变地方的分成比例和补助定额，暂时采取由地方专项上缴的办法处理。

第二，1983 年对各省、自治区的分成比例或补助定额进行了一次较大的调整。这次调整的内容包括：从 1980 年年初至 1982 年 10 月底止，企事业单位因隶属关系变化而需要调整的基数；提高银行贷款利率以后地方收入转中央的部分；大豆提价增加补贴的因素；取消农用柴油优待价补贴影响地方收入的部分以及地方财政支出中增加军队转业干部经费的部分等。1981 年收回的科技三项费用和挖潜改造资金也随同一起调整了分成比例和补助定额。此外，前两年中央向地方的借款也相应地调整了分成比例和补助定额。

第三，从 1983 年起，除广东、福建两省继续实行大包干财政体制外，有相当一部分省、直辖市、自治区实行收入固定比例总额分成的包干办法。

第四，由于国家预算有赤字，中央财政困难，将中央财政向地方财政的借款改为调减地方的支出包干基数，或者减少补助数额予以解决。

第五，将卷烟、酒两种产品的工商税划归中央财政收入，以限制其盲目发展。

第六，凡是中央投资兴建的大中型企业的收入，属中央财政收入；中央与地方共同投资兴建的大中型企业的收入，按投资比例分成。

第七，从 1983 年起将县办工业企业的亏损，由二八分担办法（即中央财政负担 80%，县财政负担 20%）改为由中央财政和县财政各负担一半的办法。

这些调整说明，"分灶吃饭"后，在包干的内容和范围上，并不是内容越多越好，范围越大越好。在经济调整和改革过程中，对一个地区来说，若财政收入不稳定，划分收支的办法也难以稳定。

（二）1985 年的"划分税种，核定收支，分级包干"的财政管理体制

1984 年 10 月，第二步"利改税"改革措施已经出台，使国家和企业、中央财政和地方财政的收入分配情况发生了很大变化，客观上要求进一步改革财政体制，以适应这种变化，并在新的形势下，进一步贯彻责、权、利相结合的原则，正确处理中央与地方的财力分配关系，把改革推向前进。由于进行了国营企业"利改税"改革，因此在财政体制设置上原来打算从 1985 年起，全国各省、自治区、直辖市普遍实行"划分税种、核定收支、分级包干"的财政体制，即按第二步"利改税"后的税种设置，划分中央和地方收入，按隶属关系划分中央和地方支出。后来由于 1985 年几种地方税种开征的条件尚未成熟，"利改税"本身有待进一步改进和完善；同时，全社会固定资产投资规模过大，消费基金增长过猛的局面还未根本扭转；在经济体制转轨的过程中，国家宏观控制手段和其他方面的改革还不配套，财政体制进行较大的改革，一步跨到彻底按税种划分的条件还不具备。因此，国务院决定，在"七五"计划时期的前几年全国暂时实行"划分税种基础上的总额分成"办法，即按地方固定收入和中央地方共享收入加在一起，同地方支出挂钩，分地区确定一个分成比例，实行总额分成。这种办法尽管是过渡性的，但它在前几年"分灶吃饭"的基础上又前进了一步，并且为今后过渡到划分税种的财政体制做了一个铺垫。

专栏 2－2　1985 年财政体制调整的背景分析

　　一、1980 年财政体制在执行中取得的成就和表现出来的主要问题

　　　从执行中的情况看，1980 年财政体制在扩大地方财权的同时，也加强了地方的经济责任，从而促使地方各级领导加强了对本级财政工作的领导；由于收支范围明确，地方收入留用比例或享受补助数额五年不变，使地方有了发展本地区生产建设事业的内在经济动力和能力，尽可能地挖掘本地区

生产、物资和资金的潜力，合理使用财力，提高经济效益，不断增加财政收入；由于节约归己，促使地方比较注意节约支出，精打细算，同时也严格了财经纪律；由于"分灶吃饭"，在规定的范围内自收自支，也提高了地方对国民经济结构调整的重视。但 1980 年的财政体制在执行中也出现了一些问题。主要表现在以下几个方面：一是措施不配套。由于当时正在进行经济调整，减收增支的因素比较多，对已经实行"分灶吃饭"体制的地方财政产生一定的冲击。因此，尽管在体制中规定包干指标"一定"五年或几年不变，但由于经济形势的变化，在执行中不得不进行调整，有些甚至变动很大。二是实行这种体制导致资金过于分散，加剧了中央财政收不抵支的困难。尽管随后国家对 1980 年财政体制在执行过程中又做了一些局部调整，但大的格局依然未变，需要进行进一步的调整。

二、政治经济形势的发展变化，特别是财务体制和税制的改革变化，给财税体制改革创造的条件和提出的要求

1984 年 10 月 20 日，党的十二届三中全会做出的《中共中央关于经济体制改革的决定》（以下简称《决定》）既为中国经济体制的全面改革指示了方向，也为财政体制的改革规定了新的任务，提出了新的要求。《决定》把建立具有中国特色的、充满生机和活力的社会主义经济体制、促进社会主义生产力的发展作为这次经济体制改革的基本任务，这同样也是财税体制改革的基本任务。为完成这项任务，要求财税体制改革必须紧密围绕"增强企业活力，特别是增强全民所有制的大中型企业活力"这一整个经济体制改革的中心环节来进行，主要是解决好国家与企业、职工与企业两个方面的关系，在服务国家计划和管理的前提下，扩大企业自主权，保证广大劳动者在企业中的主人翁地位，既在全局上保证国民经济的统一性，又在局部上保证企业经营上的灵活性、多样

性和进取性。《决定》提出，我国社会主义经济"是在公有制基础上的有计划的商品经济"，一方面"必须自觉依据和运用价值规律"，另一方面，"必须有计划地指导、调节和行政的管理"。因此，财税体制改革必须正确处理计划与市场、宏观控制与微观搞活、集权与分权之间关系，使微观经济的活动符合宏观决策的要求。《决定》还提出，"在改革价格体系的同时，还要进一步完善税收制度，改革财政体制和金融体制"。同时又明确指出，"越是搞活经济，越要重视宏观调节"。因此，财税体制改革，必须积极参与和配合其他各方面的改革，通过改革，为正确运用财政政策和经济杠杆，充分发挥筹集资金、调节经济和加强宏观管理的职能作用创造条件。

如果说，党的十二届三中全会的《决定》为财税体制改革提出了进一步的要求，规定了基本任务。那么，始于1983年的"利改税"和工商税制改革，则为财政体制的进一步改革创造了条件。国营企业实行由上交利润改为交纳所得税（简称"利改税"）的改革，是在总结党的十一届三中全会以后到1982年各项财政经济体制改革的经验，根据党的十二大精神和党的十二届三中全会《决定》的要求，按照国务院的统一部署进行的。"利改税"共分两步进行：第一步从1983年6月1日开始实施；第二步从1984年10月1日起实行。两步"利改税"为财政体制的进一步改革创造了以下一些条件：（1）实行"利改税"的结果，使企业不再完全按行政隶属关系上缴利润，有利于合理解决"条条"与"块块"、中央与地方的经济关系，有利于进一步完善财政管理体制。（2）使国营企业应当上缴财政的收入，上缴方式由"税利并存"逐步过渡到完全的"以税代利"，从而为按照税种划分中央与地方两级财政收入的范围提供了基本条件。

——摘自：项怀诚、姜维壮：《中国改革全书（1978—1991）——财税体制改革卷》，大连出版社1992年版。

根据党的十二届三中全会《中共中央关于经济体制改革的决定》精神，国务院决定，从 1985 年起，各省、自治区、直辖市一律实行"划分税种、核定收支、分级包干"的新的预算管理体制。其基本原则是：在总结前几年预算管理体制经验的基础上，存利去弊，扬长避短，继续坚持"统一领导，分级管理"的原则，进一步明确各级财政的权利和责任，做到权责结合，充分发挥中央和地方两个积极性，新的预算管理体制的各项规定如下：

1. 基本上按照"利改税"第二步改革以后的税种设置，划分各级财政收入

（1）中央财政固定收入。中央国营企业的所得税、调节税；铁道部和各银行总行、保险总公司的营业税；军工企业的收入；中央包干企业的收入；中央经营的外资企业的亏损；粮、棉、油超购加价补贴；烧油特别税；关税和海关代征的产品税、增值税；专项调节税；海洋石油、外资合资企业的工商统一税、所得税和矿区使用费；国库券收入；国家能源交通重点建设基金；其他收入。

石油部、电力部、石化总公司、有色金属总公司所属企业的产品税、营业税、增值税，以其 70% 作为中央财政固定收入。

（2）地方财政固定收入。地方国营企业的所得税、调节税和承包费；集体企业所得税；农牧业税；车船使用牌照税；城市房地产税；屠宰税；牲畜交易税；集市交易税；契税；地方包干企业收入；地方经营的粮食、供销、外贸企业亏损；税款滞纳金、补税罚款收入；城市维护建设税和其他收入。尚待开征的土地使用税、房产税和车船使用税，将来也列为地方财政固定收入。

石油部、电力部、石化总公司、有色金属总公司所属企业的产品税、营业税、增值税，以其 30% 作为地方财政固定收入。

（3）中央和地方财政共享收入。产品税、营业税、增值税（这三种均不含石油部、电力部、石化总公司、有色金属总公司四个部门所属企业和铁道部以及各银行总行和保险总公司交纳的部分）；资源税；建筑税；盐税；个人所得税；国营企业奖金税；外资、合资企业的工商统一税、所

得税（不含海洋石油企业缴纳的部分）。

2. 仍按隶属关系划分各级财政支出

（1）中央财政支出。中央基本建设投资；中央企业的挖潜改造资金、新产品试制费和简易建筑费；地质勘探费；国防费；武装警察部队经费；人民防空经费；对外援助支出；外交支出；国家物资储备支出；以及中央级的农林水利事业费，工业、交通、商业部门事业费，文教科学卫生事业费，行政管理费和其他支出。

（2）地方财政支出。地方统筹基本建设投资，地方企业的挖潜改造资金、新产品试制费和简易建筑费，支援农业支出；城市维护建设费，地方的农林水利事业费，工业、交通、商业部门事业费，文教科学卫生事业费，抚恤和社会救济费，行政管理费（含公安、安全、司法、检察支出），民兵事业费和其他支出。

（3）对于不宜实行包干的专项支出。如特大自然灾害救济费、特大抗旱和防汛补助费、支援经济不发达地区的发展资金、边境建设事业补助费等，由中央财政专案拨款；不列入地方财政支出包干范围。

3. 区分不同情况实行上解、分成、补助

各省、自治区、直辖市，按上述规定划分财政收支范围后，凡地方固定收入大于地方支出的，定额上解中央；地方固定收入小于地方支出的，从中央、地方共享收入中确定一个分成比例，留给地方；地方固定收入和中央、地方共享收入全部留给地方，还不足以抵拨其支出的，由中央定额补助。收入的分成比例和上解、补助的数额确定以后，一定5年不变。地方多收入可以多支出，少收入就要少支出，自求收支平衡。

为了适应经济体制改革中变化因素较多的情况，有利于处理中央与地方之间的关系，在1985年和1986年两年内，除了中央财政固定收入不参与分成以外，把地方财政固定收入和中央、地方财政共享收入加在一起，同地方财政支出挂钩，确定一个分成比例，实行总额分成。

4. 广东、福建两省继续实行财政大包干办法

广东、福建原定上解或补助数额，应根据上述收支范围和"利改税"

第二步改革后的收入转移情况，进行相应的调整。

5. 对民族自治区的和视同民族地区待遇的省的办法

对民族自治区和视同民族地区待遇的省，按照中央财政核定的定额补助数额，在 5 年内，继续实行每年递增 10% 的办法。

6. 对实行经济体制改革综合试点的城市的办法

经国务院批准实行经济体制改革综合试点的重庆、武汉、沈阳、大连、哈尔滨、西安、广州等城市，在国家计划中单列以后，也实行全国统一的财政管理体制。

7. 其他相应规定

在财政体制执行过程中，由于企业、事业单位的隶属关系改变，应相应地调整地方的分成比例和上解、补助数额，或者单独进行结算。由于国家调整价格，增加职工工资和其他经济改革措施，而引起财政收支的变动，除国务院另有规定者外，一律不再调整地方的分成比例和上解、补助数额。中央各部门未经国务院批准和财政部同意，均不得对地方出台减收增支的措施。

三、1988—1993 年多种形式的地方财政包干体制

（一）实行包干体制的背景

1985 年的财政体制执行中出现的主要问题是：（1）十几个财政收入较多、上解比较大的地区，由于地方留成较少，组织财政收入的积极性受到影响，从而出现了减税让利过多，有些地区搞"藏富于企业"、财政收入增长缓慢、个别地区甚至出现财政收入"滑坡"现象，影响了国家财政的稳定与平衡；（2）中央财政经过几年下放财权，中央本级直接组织的收入占全国财政收入的比例逐年下降，中央负担的支出又有增无减，在预算执行中又新开了一些减收增支的口子，中央财政也发生困难。

针对这些问题，1988 年 7 月 28 日，国务院发布了《关于地方实行财政包干办法的决定》，从 1988 年开始执行。

（二） 财政包干体制的形式

全国 39 个省、自治区、直辖市和计划单列市，除广州、西安两市财政关系仍分别与广东、陕西两省联系外，对其余 37 个地方分别实行不同形式的包干办法。这主要有：

1. "收入递增包干"办法

这种办法是：以 1987 年决算收入和地方应得的支出财力为基数，参照各地近几年的收入增长情况，确定地方收入递增率（环比）和留成、上解比例。在递增率以内的收入，按确定的留成、上解比例，实行中央与地方分成；超过递增率的收入，全部留给地方；收入达不到递增率，影响上解中央的部分，由地方用自有财力补足。实行这个办法的地区有 10 个，它们的收入递增率和留成比例分别为：北京市 4% 和 50%；河北省 4.5% 和 70%；辽宁省（不包括沈阳市和大连市）3.5% 和 58.25%；沈阳市 4% 和 30.29%；哈尔滨市 5% 和 45%；江苏省 5% 和 41%；浙江省（不包括宁波市）6.5% 和 61.47%；宁波市 5.3% 和 27.93%；河南省 5% 和 80%；重庆市 4% 和 33.5%。

2. "总额分成"办法

这种办法是：根据前两年的财政收支情况，核定收支基数，以地方支出占总收入的比重，确定地方的留成和上解中央比例。实行这个办法的地区有 3 个，它们的总额分成（地方留用）比例为：天津市 46.5%：山西省 87.55%；安徽省 77.5%。

3. "总额分成加增长分成"办法

这种办法是：在上述"总额分成"办法的基础上，收入比上年增长的部分，另定分成比例，即每年以上年实际收入为基数，基数部分按总额分成比例分成，增长部分除按总额分成比例分成外，另加"增长分成"比例。实行这个办法的地区有 3 个，它们的总额分成比例和增长分成比例分别为：大连市 27.74% 和 27.26%；青岛市 16% 和 34%；武汉市 17% 和 25%。

4. "上解额递增包干"办法

这种办法是：以 1987 年上解中央的收入为基数，每年按一定比例递增上交。实行这个办法的地区有广东和湖南，它们的上解额和递增包干比例分别为：广东省 14.13 亿元和 9%；湖南省 8 亿元和 7%。

5. "定额上解"办法

这种办法是：按原来核定的收支基数，收大于支的部分，确定固定的上解数额。实行这个办法的地区有三个，它们的上解额分别为：上海市 105 亿元；山东省（不包括青岛市）289 亿元；黑龙江省（不包括哈尔滨市）2.99 亿元。

6. "定额补助"办法

这种办法是：按原来核定的收支基数，支大于收的部分，实行固定数额补助。实行这个办法的地区有 16 个，中央对它们的补助数额分别为：吉林省 1.07 亿元；江西省 0.45 亿元；福建省 0.5 亿元（1989 年开始执行）；陕西省 1.2 亿元；甘肃省 1.25 亿元；海南省 1.38 亿元；内蒙古自治区 18.42 亿元；广西壮族自治区 6.08 亿元；贵州省 7.42 亿元；云南省 6.73 亿元；西藏自治区 8.98 亿元；青海省 6.56 亿元；宁夏回族自治区 5.33 亿元；新疆维吾尔自治区 15.29 亿元；湖北省和四川省划出武汉、重庆两市后，由上解省变为补助省，其支出大于收入的差额，分别由两市从其收入中上缴省一部分，作为中央对地方的补助。两市上缴本省的比例分别为：4.78% 和 10.7%（见表 2-1）。

表 2-1　多种形式财政包干体制一览表

包干方式	内容	省、市、自治区名称
收入递增包干	以 1987 年决算收入和地方应得的支出财力为基数，参照各地近几年的收入增长情况，确定地方收入递增率（环比）和留成、上解比例	北京市 4% 和 50%； 河北省 4.5% 和 70%； 辽宁省（不包括沈阳和大连）3.5% 和 58.25%； 沈阳市 4% 和 30.29%； 哈尔滨市 5% 和 45%； 江苏省 5% 和 41%； 浙江省（不包括宁波市）6.5% 和 61.47%； 宁波 5.3% 和 27.93%； 河南省 5% 和 80%； 重庆市 4% 和 33.5%

续表

包干方式	内容	省、市、自治区名称
总额分成	根据前两年的财政收支情况，核定收支基数，以地方支出占总收入的比重，确定地方的留成和上解中央比例	天津市 46.5%； 山西省 87.55%； 安徽省 77.5%
总额分成加增长分成	在"总额分成"办法的基础上，收入比上年增长的部分，另定分成比例，即每年以上年实际收入为基数，基数部分按总额分成比例分成，增长部分除按总额分成比例分成外，另加"增长分成"比例	大连市 27.74% 和 27.26%； 青岛市 16% 和 34%； 武汉市 17% 和 25%
上解额递增包干	以 1987 年上解中央的收入为基数，每年按一定比例递增上交	广东省 14.13 亿元和 9%； 湖南省 8 亿元和 7%
定额上解	按原来核定的收支基数，收大于支的部分，确定固定的上解数额	上海市 105 亿元； 山东省（不包括青岛市）289 亿元； 黑龙江省（不包括哈尔滨市）2.99 亿元
定额补助	按原来核定的收支基数，支大于收的部分，实行固定数额补助	吉林省 1.07 亿元； 江西省 0.45 亿元； 福建省 0.5 亿元（1989 年开始执行）； 陕西省 1.2 亿元；甘肃省 1.25 亿元； 海南省 1.38 亿元； 内蒙古自治区 18.42 亿元； 广西壮族自治区 6.08 亿元； 贵州省 7.42 亿元； 云南省 6.73 亿元； 西藏自治区 8.98 亿元； 青海省 6.56 亿元； 宁夏回族自治区 5.33 亿元； 新疆维吾尔自治区 15.29 亿元； 湖北省（不包括武汉）4.78%； 四川省（不包括重庆）10.7%

　　此外，各省、自治区、直辖市和计划单列市所属市、县的财政管理体制，由各地人民政府根据国务院的上述决定精神和当地的情况，自行研究决定。

（三）财政包干制述评

和1985年的财政体制相比，1988年对上海、江苏、重庆等17个财政收入上解比例较大的省、直辖市和计划单列市所实行的"地方财政大包干"体制，标志着承包机制被正式纳入预算管理体制。这种新的财政体制在执行过程中充分显示了它不同于原体制的特点：一是透明度高，使地方更加关心财政收入的增长，有利于调动地方组织财政收入的积极性。从几个改进办法看，地方每年所应得到的好处更明确了。例如，在实行"收入递增包干"的体制下，地方财政收入超过递增率的部分，全部留给地方；在"总额分成加增长分成"体制下，地方每年财政收入比上年增长部分，给地方另加分成比例；在"上解额递增包干"体制中，除了保证递增上解中央的部分以外，收入增加的部分全部留给地方。此外，新体制还规定，包干比例一定3年不变，同时，还将税源比较分散的13个地方税种下放地方管理。由于地方对每年应得的好处"早知道"，地方能从财政收入的增长部分中得到较多的好处，这样在一定程度上消解了原体制"鞭打快牛"的问题，有利于调动各级政府组织财政收入的积极性，增强了地方财政的自给能力和经济实力。二是使地方财政也承担一定的风险与压力。一方面，体制规定各级政府"要认真照包干办法办事，包盈包亏都由地方自行负责。地方在预算执行中遇到的问题，除特大自然灾害可由中央适当补助外，都应由地方自己解决"。另一方面，由于改革不断地深入，许多增支减收因素出台，将对地方财政收支产生影响。上述两方面情况，都必将对地方平衡预算增加一定的风险和压力。

总之，1988年的财政包干体制作为我国财税体制改革的一种过渡性办法，是为了适应当时"分灶吃饭"框架下的经济发展和改革需要，对解决财政工作中出现的问题、促进经济的发展具有积极作用。但是，作为一种过渡办法，这种"财政包干体制"的不足之处也随着时间的发展而日益明显。主要表现为：

1. 造成财力分散，弱化了中央政府的宏观调控能力

财政包干体制下，在地方增加的收入中，地方财政留得多，中央财政

分得少，导致中央财政在新增收入中的份额逐步下降，宏观调控能力弱化。实行财政包干体制的头两年，即 1988 年和 1989 年，地方组织的财政收入比上年增加的部分，中央财政只分得不到 5%，而地方财政却分到90% 以上。

2. 强化地方利益机制，不利于结构优化调整和统一市场形成

财政包干体制还对产业政策产生逆向调节，地方政府受利益驱动支持高税率产业发展，导致长线更长、短线瓶颈制约更明显、地区间产业结构趋同，不利于国家产业政策的实施和产业结构的调整。其主要原因在于：财政包干体制按企业隶属关系划分企业所得税，按属地征收原则划分流转税，把工商企业税收同地方政府财政收入紧紧地联系起来，使地方政府从地方利益出发，竞相发展见效快、税高利大的项目。盲目扩大产量，保护本地产品销售，妨碍国家统一市场的形成，不利于有限资源的合理利用，也不利于政企职能分开和企业公平竞争。

3. 财政包干体制的形式很不规范

财政包干体制多是中央政府与地方政府一对一谈判确定的，讨价还价因素很多，对各省、自治区、直辖市没有一个统一的政策，不能体现公平与效率原则。有的实行定额上解包干，有的实行上解额递增包干，有的实行收入递增包干，等等。政策不统一，各省、自治区、直辖市获得的利益也不统一，有的从中获益多，有的从中获益少，不利于社会主义市场经济条件下的平等竞争。

4. 基数核定方法不科学

基数核定指每一次体制调整都以地方政府前期的既得财力为主确定基数。由于不同的财政体制形式和许多客观因素的变化，都对既得利益形成发生重要影响作用，因此既得利益并非公正。同时，在税法相对统一，税收征管权力相对集中的背景下，经济发展水平差异决定着各地方政府的税基规模，因此，既得利益中含有非主观努力的成分，保既得利益的做法却将这些因素固定化、合法化了。

随着改革与发展的推进，建立统一、科学和规范化的财政管理体制成为建立社会主义市场经济体制、正确处理政府与企业之间、中央政府与地方政府之间财政关系的迫切任务。这最终导致在经过了积极、深入的探讨和部分地方的试点之后，1994 年实行财税制度根本性的改革，建立以分税制为基础的分级财政框架。

第二节　进入"经济性分权"阶段的"分税制"财税体制配套改革

1992 年 10 月，党的十四大确立了建立社会主义市场经济体制的改革目标模式。在新的历史时期，要为建立中国特色的社会主义而奋斗，培育和发展市场体系，加快社会主义市场经济的形成。国家财政要为社会主义市场经济的建立创造条件，从而进一步加快财税体制改革的步伐，逐步建立与市场经济相适应的现代财税体制。

为了实现建立社会主义市场经济体制的总体目标，我国各项经济体制都要按照市场经济的要求逐步进行改革。在财政体制方面，原有的财政体制采取了多种形式的包干办法，既不规范，也不能适应社会主义市场经济的要求，需要进一步加以改革。1993 年 11 月 14 日，《中共中央关于建立社会主义市场经济体制若干问题的决定》中明确指出"社会主义市场经济必须有健全的宏观调控体系，宏观调控的主要任务是：保持经济总量基本平衡，促进经济结构优化，引导国民经济持续、快速、健康发展，推动社会全面进步。宏观调控主要采取经济办法，……建立计划、金融、财政之间互相配合的制约的机制，加强对经济运行的综合协调"。该《决定》指出近期财税改革的重点：一是把现行地方财政包干制改为在合理划分中央与地方事权基础上的分税制，建立中央税收和地方税收体系。二是按照统一税法、公平税负、简化税制和合理分权的原则，改革和完善税收制度。三是改革和规范复式预算制度。

1993年以前，我国在财税体制改革方面进行了不断的探索，实行过多次改革。到1993年，中央对地方实行的包干体制达到6种形式，包括收入递增包干、上解额递增包干、定额上解、总额分成、总额分成加增长分成、定额补助。财政包干体制在一定的历史条件下，对调动地方增收节支的积极性，促进地方经济发展起到了一定的积极作用。但是，随着社会主义市场经济的发展，包干体制已经越来越不适应改革和发展的需要，其弊端也日益暴露，客观上需要进行相应的变革。党中央、国务院在1993年5月着手研究社会主义市场经济体制改革方案时，将财政体制与税收体制一起纳入了国家经济体制改革的总体方案，拉开了分税制财税体制改革的序幕。

在此之前，1992年，经过国务院批准，在辽宁、浙江、新疆、天津、沈阳、大连、青岛、武汉、重庆等九个省（市、自治区）进行了分税制财政管理体制改革的试点。试点表明，实行分税制能够比较合理地解决中央与地方的财政分配关系，能够有效地解决财政包干体制存在的某些弊端。

专栏2-3 关于实行"分税制"财政体制试点办法

（财政部，1992年6月5日）

自1980年以来，国家财政管理体制进行了三次较大的改革。这次改革对调动地方增收节支的积极性，保证财政收入增长，促进国民经济的持续发展，起了积极的作用，但也存在一些问题。为了进一步推进改革，经国务院同意，在"八五"期间，中央对部分地区实行"分税制"财政体制试点。"分税制"办法如下：

一、收入的划分。分税制体制将各种收入划分为中央财政固定收入、地方财政固定收入、中央和地方财政共享收入。

（一）中央财政固定收入，包括关税和海关代征的产品税、增值税、工商统一税，烧油特别税，特别消费税，专项调节税，外资、合资海洋石油企业的工商统一税、所得税，烟酒提价专项收入，中央基建贷款归还本息收入，中央所属国营企业所得税、调节税、上缴利润和政策性亏损补贴，中央部门所属的中外合资企业所得税，铁道部、各银行总行和保险总公司的营业税，债务收入以及其他应属于中央的收入。

改变原来石油部、原电力部、石化总公司、有色金属总公司所属企业产品税、增值税、营业税70%部分作为中央财政固定收入的办法，将其并入一般产品税、增值税、营业税中，实行新的中央和地方分成办法。

（二）地方财政固定收入，包括农牧业税，城市维护建设税，车船使用税，房产税，屠宰税，牲畜交易税，集市交易税，契税，奖金税，印花税，筵席税，农林特产税，地方国营企业所得税、调节税、上缴利润和政策性亏损补贴，集体企业所得税，外资企业和地方部门所属的中外合资企业所得税，城乡个体工商业户营业税、所得税，私营企业所得税，个人所得税，个人收入调节税，国营企业工资调节税，地方基建贷款归还的本息收入，盐税，工商税收税款滞纳金、补税罚款收入以及其他收入。

（三）中央和地方财政共享收入，包括产品税，增值税，营业税，工商统一税，资源税。分享比例分为两档，少数民族地区，实行中央和地方"二八"分享，其他地区一律实行"五五"分享。

二、支出的划分

（一）中央财政支出：包括中央统管的基本建设投资，挖潜改造和新产品试制费，简易建筑费，地质勘探费，支持农业支出，国防费，武装警察部队经费，人民防空经费，对外援助支出，外交支出，以及中央级的农林水利事业费、工交商部门事业费、文教科学卫生事业费、行政管理费、公检法支出，国内外债务还本付息支出，中央负担的价格补贴支出，其他支出。

（二）地方政府支出：包括地方统筹的基本建设投资，地区企业的挖潜改造和新产品试制费，简易建筑费，支援农业支出，城市维护建设费，地方农林水利事业费、工交商部门事业费、文教科学卫生事业费、行政管理费、公检法支出、民兵事业费、价格补贴支出，其他支出等。

（三）由中央掌管的专项支出：包括特大自然灾害救济费，特大抗旱和防汛补助费，支持经济不发达地区发展资金，边境建设事业补助费，粮油加价款等，这些支出由中央财政统一管理，实行专案拨款，不列入地方财政支出包干范围。

三、对试点地区，按照上述划定的收支范围进行计算。凡地方财政固定收入加上分享收入大于地方财政支出基数的部分，一律按5%的比例递增包干上解；凡地方财政固定收入加上分享收入小于地方财政支出基数的部分，由中央财政给予定额补助，对少数民族地区，给予适当照顾。

四、基数的确定。各地区的收支基数，以1989年的决算数为基础，在进行必要的因素调整后加以确定。

五、原实行固定比例分成和专项收入，继续执行现行办法。

（一）中央和地方按固定比例分成的收入，包括能源交通重点建设基金、国家预算调节基金、耕地占用税、城镇土地使用税、保险公司上交收入，以及列收列支的专款收入（包括征收排污染收入、征收城市水资源费收入、电力建设资金、社会保险基金、下放港口以港养港收入和教育费附加收入等），这些收入不列入"分税制"体制范围，仍按现行办法执行。

（二）外贸企业出口退税由中央和地方共同负担，其中：中央财政负担80%，地方财政负担20%。

（三）为了控制烟酒的盲目发展，把卷烟和酒的产品税分成办法，由现行的环比增长分成办法改为定比增长分成办法，增长分成比例不变。定比的基数按 1991 年实际征收额来核定。

六、关于金库收入的报解。

实行"分税制"财政体制后，中央财政固定收入直接交入中央金库，地方财政固定收入直接交入地方金库，中央财政和地方财政共享收入按照中央和地方的分享比例，由税务部门用专用缴款书分别就地交入中央金库和地方金库，缴款书格式另行下达。不列入包干范围的收入继续按现行有关规定执行。按"分税制"体制办法计算，有上解任务的地区应递增上解中央的数额，在每月底前按月平均数交入中央金库，中央补助地方的数额，也由中央按月拨付。

七、实行"分税制"财政体制后，中央各部门不要干涉有关地方财政收支事项，未经国务院批准或财政部同意，不准擅自开减收增支的口子。经济改革将继续深入发展，对财政收支都会有所影响，除国务院有特殊规定者外，收支基数一律不做调整。

经过一定的前期准备，从 1994 年起，我国财政管理体制进行了根本性的变革，即实行"分税制"财税体制改革，建立以"分税制"为基础的分级财政体制。1994 年的财税体制改革的实质，是按照市场经济全局的要求，从"行政性分权"转为"经济性分权"。这次改革的着力点集中在解决改革开放前面十几年中由于局限在"条块分割"行政隶属关系控制体系内"放权"、"让利"所导致的企业无法公平竞争和搞活、财政体制关系紊乱、财政实力过弱、中央财政调控能力不足、地方低水平重复建设严重等问题，关键内容是以构建分税分级财政体制来正确处理政府与企业、中央与地方两大基本经济关系，为适应市场经济客观要求，实现财政职能的转轨和正确处理政府与市场的关系奠定基础。

一、1994 年分税制财税体制改革的原因

这一时期分税制财税体制改革的原因，主要是为克服"分灶吃饭"包干体制所表现出来的日益严重的弊端，适应新时期经济体制改革和社会经济迅速发展的要求，正确处理中央与地方、政府与企业的分配关系，调动各方面积极因素，以利于建立社会主义市场经济新体制和实现我国的社会主义现代化。

（一）实行分税制财政体制是我国建立社会主义市场经济的客观要求

1993 年，党的十四届三中全会通过了《中共中央关于建立社会主义市场经济体制若干问题的决定》，特别指出要"积极推进财税体制改革。近期改革的重点，一是把现行地方财政包干制度改为在合理划分中央与地方事权基础上的分税制，建立中央税收和地方税收体系。维护国家权益和实施宏观调控所必需的税种列为中央税；同经济发展直接相关的主要税种列为共享税；充实地方税税种，扩大财源，合理确定中央财政收入和地方财政收入的比例。实行中央财政对地方的返还和转移支付的制度，以调节分配结构和地区结构，特别是扶持经济不发达地区的发展和老工业基地的改造。二是按照统一税法、公平税负、简化税制和合理分权的原则，改革和完善税收制度"。[①]

同时又指出："合理划分中央与地方经济管理权限，发挥中央和地方两个积极性。宏观经济调控权，包括货币的发行、基本利率的确定、汇率的调节和重要税种税率的调整等，必须集中在中央。这是保证经济总量平衡、经济结构优化和全国市场统一的需要。我国国家大，人口多，必须赋予省、自治区和直辖市必要的权力，使其能够按照国家法律、法规和宏观政策，制订地区性的法规、政策和规划；通过地方税收和预算，调节本地

[①]《中共中央关于建立社会主义市场经济体制若干问题的决定》，载《人民日报》1993 年 11 月 17 日，第 1 版。

区的经济活动；充分运用地方资源，促进本地区经济和社会发展。"

1993 年八届全国人大一次会议的《政府工作报告》强调："要进一步改革财政税收体制，完善复式预算制度，强化财政预算约束。理顺中央与地方、国家与企业的分配关系，改革方向是实行中央与地方的分税制和国有企业的利税分流。要不断总结经验，逐步扩大试点范围。"①

把建立社会主义市场经济体制与财税体制改革紧密结合起来，并以财税体制改革为突破口，是因为改革是各种利益的再分配，而财政是调节各方面利益的枢纽，财税体制改革不能不成为实行全面经济体制改革的先行者。

（二）财政包干制产生的弊端和实行分税制财税体制改革的迫切性

分税制实施之前，我国实行的是大包干的财政体制，这种体制虽然调动了地方的积极性，但却严重地削弱了中央的财政实力，影响了宏观经济的运行。为了改变这些状况，分税制财税体制改革成为必然。

分税制是通过对税种和税收管理权限的划分确立政府间财力分配关系的一种财政管理体制。

在一个以税收为主要收入形式的国家里，中央政府和地方政府财政收入的分配集中体现为税收收入的分配。但并非所有对税收收入的分配形式都可称为分税制，如果中央将一国的全部税收收入集中起来，然后按某一标准和比例分给地方；或者中央和地方根据某种体制实行收入大包干，中央和地方税收收入捆在一起分成，再实行上缴或补助，都不是分税制。这些收入分配形式在我国都实行过，虽然也是基于对税收收入的分配，但它们由于不具备按税种或税源划分各级政府税收收入的特征，因而不能称为分税制。

分税制所要解决的基本问题，或者说分税制的核心内容，是按照税种划分中央和地方各级政府的收入，各级政府进而按照各自的收入安排支出，组织本级的预算平衡（不排除必要的政府间转移支付）。

---

① 《八届全国人大一次会议政府工作报告》，载《人民日报》1993 年 4 月 2 日，第 1 版。

虽然我国 20 世纪 80 年代以后财税体制改革有一系列进展，但直至 1994 年实行"分税制"改革前，普遍实行的"分灶吃饭"框架内的财政包干制，却始终未能消除传统体制的弊病，主要问题表现在：

1. 束缚企业活力的发挥

各级政府"条块分割"地按照行政隶属关系控制企业，是传统体制的根本弊病所在。在改革之后实行的"分灶吃饭"财政体制中，由于是按照行政隶属关系组织各级政府的财政收入，因而这一弊病于政府财力分配中以体制因素形式得到延续，只不过在行政性分权格局中，行政隶属关系控制总的说从以"条条为主"变为以"块块为主"，由行政部门单一的指令变为指令加上企业实际很难违拗的"商量"和暗示。相应而来的是各级政府始终热衷于尽力多办"自己的企业"和对"自己的企业"过多干预与过多关照，"放权"难以真正放到企业——尽管国家"减税让利"走到了"山穷水尽"的地方，多数国有企业仍然迟迟不能"搞活"。搞不"活"的另一面是搞不"死"，企业经营不善，亏损严重，照样由政府搭救，基本上不存在规范的优胜劣汰、存量重组的机制，《破产法》对绝大多数国有企业形同一纸空文。也正是与行政隶属关系控制网络紧密相联，国营企业的行政级别，始终对企业行为有十分重大的影响，厂长经理，总是作为行政系统"官本位"阶梯中某个台阶（级别）上的一员，这一身份与市场经济要求他们扮演的企业家身份在不断地发生冲突。因为这两种身份必然要接受不同的信号导向，追求不同的目标，前者遵照行政系统的信号和官阶升迁的目标，而后者遵照市场的信号和企业长远赢利的目标。结果必然是企业的所谓"双重依赖"问题，而且在前述体制环境中，国有企业厂长经理对于上级行政主管的依赖（或跟从），必然是更为主导性的和"荣辱攸关"的。于是，企业自主经营仍步履维艰，大量的行政性直接控制或变相的行政控制，以及各种老的、新的"大锅饭"，难以有效消除。

2. 强化地方封锁、地区分割的"诸侯经济"倾向，客观上助长了低水平重复建设和投资膨胀

"分灶吃饭"财政包干体制与过去的"总额分成"体制相比，固然提高了地方政府理财的积极性，但这种积极性在增加本级收入动机和扭曲的市场价格信号的导向下，必然地倾向于多办"自己的企业"，多搞那些生产高税产品和预期价高利大产品的项目。因而地方政府热衷于大上基建，兴办一般营利性的项目，特别是加工工业项目，不惜大搞低水平的重复建厂，不顾规模经济效益和技术更新换代的要求，并且对本地生产的优质原料向其他地区实行封锁，对"自己的企业"生产的质次价高产品强行在本地安排销售和阻止其他地区的优质产品进入本地市场。国家对烟、酒等产品规定高税率，本来是要达到限制其生产、消费的"寓禁于征"的政策意图，但在这种体制下，高税率却成了地方政府多办小烟厂、小酒厂以增加本级收入的刺激因素，发生了明显的"逆调节"。遍地开花的"小纺织"、"小轧钢"、"小汽车（装配）"等项目均与体制因素有关。收入上解比重较高的地区，地方政府还有明显的"藏富于企业"倾向，即对组织财政收入不积极，有意让企业多留利之后，再通过收费摊派等手段满足本级财力需要。尽管这些低水平重复建设、地区封锁、市场分割的做法，从每一个局部的角度，都可以举出一系列"正当理由"，但从全局看，却推动投资膨胀、加剧结构失调，对构建统一市场、提高整体效益、促进企业公平竞争和国民经济协调发展，产生了不利的影响，并阻碍地方政府职能从注重投资于一般营利性企业向注重基础设施、公共服务和发展第三产业的方面转变。

3. 中央和地方的关系仍缺乏规范性和稳定性

各级财政支配的财力在极大的程度上取决于地方上解、中央补助或共享分成的比例和基数的高低，而这些比例或基数的核定又缺乏充分的客观性，难以避免种种"讨价还价"因素，各地都倾向于增加支出基数，压缩收入基数，提高分成比例。同时，预算支出虽"分级包干"，但在许多具体事项上并不能划清范围，结果"包而不干"，最后矛盾集中反映为中央财政"打破了统收，却实际并未打破统支"的困难局面；中央日子过不下去，又反过来向地方财政寻求财力，"分灶"之后调整基数和让地方"做贡献"的做法屡屡发生。

4. 国家财力分散，"两个比重"过低；地方缺少必要的税权和稳定财源，央缺乏必要的宏观调控主动权

由于在体制上不能保证政府财力必要的集中程度和中央地方间合理的分配关系，一方面，在各行其是的减税让利超过合理数量界限的情况下，财政收入（不包括内外债）占国内生产总值的比重由 1979 年的 28.4% 滑落到 1993 年的 12.6%；另一方面，随地方分权，中央财政收入占全国财政收入的比重由 1979 年的 46.8% 下降为 1993 年的 31.6%。就财力分配关系而言，地方、中央各有突出问题；地方政府财权虽比改革前有所扩大，但却没有从本地实际出发所应具有的必要的税利选择权、税率调整权和建立、健全地方税种的权力。在我国这样一个地区差异十分显著的大国，地方税权太小，不利于因地制宜地筹措财力和形成地方性的稳定财源。与此同时，就总体而言，中央财政本级组织的收入不能满足本级支出的需要，因而必然依靠地方财政的收入上解来平衡中央级收支。这种情况在世界各国是极罕见的，在很大程度上促成了中央政府调控能力的弱化和中央财政的被动局面，宏观政策意图的贯彻难以得到充分的财力保证。

总而言之，"分灶吃饭"代表的财力分配的行政性分权，还没有能够跳出传统体制把企业禁锢于"条块分割"行政隶属关系之中的基本格局，也未找到处理中央、地方关系的比较合理、稳定、规范的形式，因而难以适应社会主义市场经济发展的客观要求。

财政包干制存在的弊病和引发的诸多财政问题，说明这一财政体制再也无法继续下去了，建立统一的、科学的和规范化的新的财政体制已成为必然的选择。

二、实行分税制财税体制改革的指导思想

1. 正确处理中央与地方的分配关系，调动两个积极性，促进国家财政收入合理增长

既要考虑地方利益，调动地方发展经济，增收节支的积极性，又要提

高中央财政收入在国家财政收入中所占的比重，适当增加中央财力，增强中央政府的宏观调控能力。为此，中央要从新体制下财政收入的增量中适当多得一些，以保证中央财政收入的稳定增长。

2. 合理调节地区之间财力分配

既要有利于经济发达地区继续保持较快的发展势头，又要通过中央财政对地方的税收返还和转移支付，扶持经济不发达地区的发展和老工业基地的改造。同时，促使地方加强对财政支出的约束。

3. 坚持统一政策与分级管理相结合的原则

划分税种不仅要考虑中央与地方的收入分配，还必须考虑税收对经济发展和社会分配的调节作用。中央税、共享税以及地方税的立法权都要集中在中央，以保证中央政令统一，维护全国统一市场和企业平等竞争。税收实行分级征管，中央税和共享税由国家税务机构负责征收，共享税中地方分享的部分由国家税务机构直接划入地方金库，地方税由地方税务机构负责征收。

4. 坚持整体设计与逐步推进相结合的原则

分税制改革既要借鉴国外经验，又要从我国实际出发。在明确改革目标的基础上，力求规范化。但必须抓住重点，分步实施，逐步完善。针对收入流失比较严重的状况，通过划分税种和分别征管堵塞漏洞，保证财政收入的合理增长；要先把主要税种划分好，其他收入的划分逐步规范；作为过渡办法，现行补助、上解和一些结算事项继续按原体制运转；中央财政收入占全部财政收入的比例要逐步提高，对地方利益格局的调整也宜逐步进行。总之，通过渐进式改革，先把分税制基本框架建立起来，在实行中逐步完善。

三、1994 年分税制财税体制改革的内容

1993 年 12 月 15 日，国务院发布了《关于实行分税制财政管理体制的决定》，新体制从 1994 年 1 月 1 日起在全国实行。分税制财政体制主要由 3 个方面的内容所构成，即中央与地方税收的划分、中央与地方事权和

支出的划分、中央对地方税收返还数额的确定。

（一）中央财政与地方财政税收划分

中央和地方的税收是根据事权和财权相结合的原则划分的，将维护国家利益、实施宏观调控所必需的税种划分为中央税；把同经济发展直接相关的税种划分为中央与地方共享税；将适合地方征管的税种划分为地方税，并充实地方税种，增加地方收入。

中央财政固定税收及收入有:关税,海关代征消费税和增值税,消费税,中央企业所得税,地方银行和外资银行及非银行金融企业所得税,铁道部门、各银行总行、各保险总公司等集中缴纳的收入(包括营业税、所得税、利润和城市维护建设税),中央企业上缴利润,外贸企业出口退税。

地方财政固定税收及收入有：营业税（不含铁道部门，各银行总行，各保险总公司集中交纳的营业税），地方企业所得税（不含上述地方银行和外资银行及非银行金融企业的所得税），地方企业上缴利润，个人所得税，城镇土地使用税，固定资产投资方向调节税，城市维护建设税（不含铁道部门，各银行总行，各保险总公司集中交纳的部分），房产税，车船使用税，印花税，屠宰税，农牧业税，农业特产收入征收的农业税（简称农业特产税），耕地占用税，契税，遗产和赠予税，土地增值税，国有土地有偿使用收入等。

中央与地方共享税收有：增值税（中央分享75%，地方分享25%），资源税（海洋石油资源税归中央，此外的资源税归地方），证券交易税（中央和地方各分享50%）。

（二）中央财政与地方财政支出划分

根据财权与事权相统一的原则，在划分税收的同时，又划分了中央财政与地方财政的支出范围。

中央财政支出有：国防费，武警经费，外交和援外支出，中央级行政管理费，中央统管的基本建设投资，中央直属企业技术改造和新产品试制费，地质勘探费，由中央财政安排的支农支出，由中央负担的国内外债务的还本付息支出，以及中央本级负担的公检法支出和文化、教育、卫生、科技等各项事业支出。

地方财政支出有：地方行政管理费，公检法支出，部分武警经费，民兵事业费，地方统筹的基本建设投资，地方企业技术改造和新产品试制费，支农支出，城市维护建设费，地方文化、教育、卫生等各项事业费，价格补贴支出以及其他支出。

（三）中央财政对地方税收返还额的确定

实行分税制财政体制时，为了保持地方的既得利益而逐步达到改革目标，一方面按照国务院《关于分税制财政管理体制的决定》，实行中央和地方的税种划分、支出划分，使分税制如期实施，另一方面对原包干体制下的分配格局暂时不做变动，原体制下中央对地方的补助继续按规定补助。原体制下地方上解收入仍按不同体制类型执行：实行递增上解的地区，继续递增上解；实行总额分成的地区和原分税制试点的地区，暂按递增上解办法，即按 1993 年实际上解数和核定递增率，每年递增上解。通过这种办法过渡一段时间再逐步规范化。

确定税收返还基数，主要有以下几个方面的事项：

1. 核定税收返还基数

分税制财政体制的各项基数，均以 1993 年实际数字为计算依据。涉及税制变化的流转税，按照 1992 年企业税收普查比例调整确定。其中，地方上划中央的收入，按地方 1993 年财政决算数计算；中央下划地方的收入，按中央财政 1993 年决算数计算；商业批发和零售营业税、信用社所得税、临时经营营业税等，按税务部门 1992 年报表反映的实际入库数计算。税制改革前的产品税、增值税、批发和零售营业税、工商统一税、以及原中央本级的流转税等，按普查资料进行转换，以转换后净上划中央的消费税和增值税 75% 部分作为 1993 年中央对地方的税收返还基数。

2. 调整税收返还递增率

按照国务院《关于实行分税制财政管理体制的决定》，1994 年以后，税收返还额在 1993 年基数基础上逐年递增，递增率按全国增值税和消费税（以下简称"两税"）平均增长率的1:0.3确定。即上述"两税"全国平均每增长1%，中央财政对地方的税收返还增长0.3%。按照这个办法，收入增长较慢的省、自治区、直辖市，可以根据返回系数多得一些增量，但不利于调动收入增长快的省、自治区、直辖市的积极性。为了有利于调动各地组织财政收入的积极性，1994年8月，经国务院批准，将递增率改为按本地区的增值税和消费税的增长率的1:0.3系数确定。

3. 确定收入增长目标及奖励

1994年实行分税制财税体制改革后，为了充分调动地方各级政府组织收入的积极性，确保上划中央的"两税"收入的增长，经国务院批准，中央对各省、自治区、直辖市和计划单列市分别核定了"两税"的收入增长目标。

确定"两税"收入增长目标的依据主要有两条：一是1994年上半年主要经济指标完成情况。主要包括：全国乡及乡以上工业总产值增长18.8%，社会消费品零售总额增长25.6%，"两税"收入比上年同期增长24%。二是1993年各地区"两税"收入增长情况。参考以上指标，全国"两税"收入增长目标确定为16%。这个增长率既能保证中央财政对地方的税收返还的资金需要，又可以使各地经过努力达到这个增长目标。

考核增长目标的办法是："两税"收入达到1994年增长目标的，承认1993年税收返还基数，并按1:0.3系数增加对地方的税收返还；1994年"两税"数额低于上年的，相应扣减税收返还基数；"两税"收入没有达到1994年增长目标，但高于上年基数的，中央承认其税收返还基数，并按1:0.3系数增加对地方的税收返还，但要按完成数低于增长目标影响中央的部分，从当年税收返还额中扣减。

为了鼓励各地超收，经国务院同意，对1994年"两税"超过增长目标的地区，对其超过部分中央给予一次性奖励，超收部分另加1:0.3系数返还地方。

4. 实行"双轨"运行的体制

根据国务院《关于实行分税制财政管理体制的决定》，1994 年实行分税制以后，为了维护地方既得利益，对原包干体制的分配格局暂时不做变动，过渡一段时间再逐步规范化。原包干体制确定的中央对地方的定额补助继续按规定补助。

5. 核定资金调度比例

分税制财税体制改革后，消费税和增值税的 75% 上划中央，并按上划数作为基数每年返还地方。在预算执行中，为了避免大量资金上划、下拨，保证中央和地方财政及时用款，经财政部与人民银行协商，采取核定各地资金调度比例的方法，解决资金往返划拨的问题。核定资金调度比例的方法是：

上解地区：由于实行分税制财政体制后，原体制上解额继续保留，因此在核定资金调度比例时，对税收返还数大于原体制上解数的地区，将原体制上解数抵顶税收返还数后，再按抵顶后的中央应返还数占消费税和增值税 75% 的比例，作为该地区的资金调度比例，由地方国库按比例从中央库每月收到的消费税和增值税 75% 中预抵，转入地方库；对税收返还数小于原体制上解数的上解地区，资金调度比例为 0，地方将抵顶后的差额按月平均数额上解中央财政。

补助地区：资金调度比例按中央核定的税收返还数占消费税和增值税 75% 的比例，作为该地区的资金调度比例，由地方按此比例从中央库每日收到的消费税和增值税 75% 中预抵，转入地方库。原中央财政给地方的定额补助仍按原办法均衡拨付。

6. 实行减免税返还办法

税制改革后，所有企业都要依法纳税，但考虑到有的省、自治区、直辖市政府已经对一些项目和企业做了减免税的决定，为了使这些企业有一个过渡期，在制止和取缔越权减免税的同时，国务院确定，对 1993 年 6 月 30 日以前，经省政府批准实施的，未到期的地方减免税项目或减免税企业，重新报财政部和国家税务总局审查，确认后，从 1994 年起，实行先征税后退还的办法。这部分税收中属中央收入部分，由中央财政统一返还给省、自治区、直辖市政府，连同地方收入部分，由省、自治区、直辖市政府按政策规定统筹返还给企业，用于发展生产。这项政策执行到 1995 年。

这项政策的范围覆盖的是国务院批准的投入产出总承包和省级以上人民政府正式文件批准的未到期的减免税。凡以税还贷，越权减免，临时性、一次性困难减免，省政府授权地、市、县制定的减免税，以及已经实行即征即退办法的国家重点企业、校办企业、福利企业、外商投资企业的减免税，都不能列入返还范围。

7. 沿海开放城市开发区新增收入全部留用

为了进一步促进 14 个沿海经济技术开发区的发展，经国务院决定，实行分税制后，国务院批准的 14 个沿海开放城市的经济技术开发区，1994 年至 1995 年，继续实行新增财政收入全留的优惠政策。此项政策到期后，不再延续。同时享受这一政策的还有武汉、芜湖、重庆、杭州、沈阳、长春、哈尔滨、北京、乌鲁木齐 9 个城市设立的经济技术开发区以及宁波市大榭岛土地成片开发区。开发区上缴中央的新增收入，由两部分组成，一是随原体制上解的部分，二是实行分税制后，中央集中的增量。对原体制上解的返还，以 1993 年实际返还数为基数，加原体制递增率计算确定。对分税制增量上缴的返还，计算出全部增量以后，要做两项扣除：第一，由于在计算中央对地方的税收返还时，已将开发区的全部收入包括在内，并按 1:0.3 系数递增返还，所以要将递增返还部分扣除；第二，对拿到超目标奖励的地区，在兑现奖励政策时，已将开发区新增"两税"超目标的部分，加 1:0.3 系数计算了递增返还，因此在计算开发区新增收入返还时，也要做扣除。

8. 改革原体制中央与地方结算办法

实行分税制财政体制后，中央财政与地方财政之间的收入范围发生了较大的变化，本着提高工作效率，简化结算手续的原则，从 1994 年起，对中央与地方之间的财政结算办法进行适当的调整。将原先的 46 项结算项目简化为 15 项。主要内容包括：

（1）取消原结算项目 22 项。

（2）对原有 21 个项目实行定额（或定额加递增）结算。这些项目多年来数额相对固定，为了提高结算工作效率，合并为一个项目。

（3）继续保留和新增结算项目共 14 项，包括"能源交通重点建设基金分成的结算"、"国家预算调节基金分成的结算"等；新增项目包括："考核 1994 年'两税'增长目标完成情况的结算"、"1994 年中央返还省政府批准的减免税的结算"、"1994 年开发区新增收入返还的结算"等。

四、分税制财税体制改革的配套措施

财政是调节各层级、各行业、各部门分配关系的枢纽，财政体制的改革必然涉及国家预算制度、税收制度、企业初次分配和社会经济的各方面。为了保证分税制财政体制的顺利实施，巩固分税制改革的效果，同时采取了相关的配套改革措施。

（一）改革国有企业利润分配制度

根据建立现代企业制度的基本要求，结合税制改革和实施《企业财务通则》、《企业会计准则》，合理调整和规范国家与企业的利润分配关系。从 1994 年 1 月 1 日起，国有企业统一按国家规定的 33% 税率交纳所得税，取消各种包税的做法。考虑到部分企业利润上交水平较低的现状，作为过渡办法，增设 27% 和 18% 两档照顾税率。企业固定资产贷款的利息列入成本，本金一律用企业留用资金归还。取消对国有企业征收的能源交通重点建设基金和预算调节基金。逐步建立国有资产投资收益按股分红、按资分利或税后利润上缴的分配制度。作为过渡措施，可根据具体情况，在一段时间内对 1993 年以前注册的多数国有全资老企业实行税后利润不上交的办法，同时，微利企业缴纳的所得税也不退库。

（二）同步进行税制和税收管理体制改革，建立以增值税为主体的流转税体系，统一企业所得税制，并将国税、地税机构分别设立

从 1994 年 1 月 1 日起，结合财政分税制改革，对税制也配套实施了

建立以增值税为主体的流转税体系、统一企业所得税、简并个人所得税、调整改进其他各项税收制度的改革举措，并且分设中央税务机构和地方税务机构。此前，我国只有一套税务机构，中央税收主要依靠地方税务局征收。分设中央税务机构和地方税务机构，分别征税，是这次分税制改革的一个重要特点。国家税务局负责征收中央固定收入和中央与地方的共享收入，地方税务局负责征收地方固定收入。分设税务机构，分别征收，有利于中央财政和地方财政收入稳定增长。

（三）改进预算编制办法，硬化预算约束

实行分税制之后，中央财政对地方的税收返还列入中央预算支出，地方相应列入收入；地方财政对中央的上解列入地方预算支出，中央相应列入收入。中央与地方财政之间都不得互相挤占收入。改变中央代编地方预算的做法，每年由国务院提前向地方提出编制预算的要求。地方编制预算后，报财政部汇总成国家预算。

（四）建立适应分税制需要的国库体系和转移支付制度

根据分税制财政体制的要求，原则上一级政府一级财政，相应要有一级金库。在执行国家统一政策的前提下，中央金库与地方金库分别向中央财政和地方财政负责。实行分税制以后，地方财政支出有一部分要靠中央财政税收返还来安排。为此，要建立中央财政对地方税收返还和转移支付制度并且逐步规范化，以保证地方财政支出的资金需要。

五、1994 年以后中央和地方收入划分的调整和变动

1994 年以后，根据分税制运行情况和宏观调控的需要，我国税收制度和税收政策又进行了一系列调整，对中央与地方税收收入的划分也做了一些调整，主要措施有：

（一）税收分享安排的调整

1994 年后，分税制财政体制中关于税收分享安排所做的调整主要有：

1. 证券交易（印花）税分享比例的调整

分税制初期，证券交易印花税中央与地方各分享 50%。根据《国务

院关于调整证券交易印花税中央与地方分享比例的通知》（国发［1996］49 号）的规定，自 1997 年 1 月 1 日起，将证券交易印花税收入分享比例调整为中央 80%，地方 20%。1997 年，根据《国务院关于调整证券（股票）交易印花税税率的通知》（国发明电［1997］16 号）的规定，将证券（股票）交易印花税由原来对买卖双方各征 3‰调高到各征收 5‰，其中，调高税率增加的收入全部作为中央财政收入。由此，中央与地方证券交易印花税分享比例折算为，中央 88%，地方 12%。2000 年，根据《国务院关于调整证券交易印花税中央与地方分享比例的通知》（国发明电［2000］4 号）规定，将证券交易印花税分享比例由中央 88%、地方 12%分 3 年调整到中央 97%、地方 3%。即 2000 年中央 91%、地方 9%；2001年中央 94%、地方 6%；从 2002 年起中央 97%、地方 3%。

2. 金融保险营业税分享比例的调整

为了发挥税收的调控作用，进一步理顺国家与金融、保险企业之间分配关系，促进金融保险企业间平等竞争，保证国家财政收入，国务院决定，从 1997 年 1 月 1 日起，将金融保险营业税税率由 5%提高到 8%。提高营业税税率后，除各银行总行、保险总公司缴纳的营业税仍全部归中央收入外，其余金融、保险企业缴纳的营业税，按 5%税率征收的部分归地方财政收入，提高 3 个百分点征收的部分归中央财政收入。后来为了支持金融保险行业的改革，从 2001 年起，国务院决定，金融保险业营业税税率每年下调 1 个百分点，分 3 年将金融保险业的营业税税率降至 5%，中央分享部分也随之取消。

3. 实施了所得税收入分享改革

分税制改革时曾经设想，按照建立社会主义市场经济体制的要求，打破企业隶属关系，对企业所得税实行分率共享或比例共享，但是由于当时条件还不成熟，暂维持原划分格局不变。随着政府机构改革的实施、企业改革的深化以及地区间经济发展格局的变化，按企业隶属关系等划分所得税收入的弊端日益显现：一是强化了政府干预，不利于深化企业改革和推进企业跨隶属关系的兼并重组；二是不利于公平竞争；三是收入混库问题日益突出，不利于征收管理；四是不利于扭转地区间财力差距扩大的趋势。针对这些问题，在深入调查研究和广泛征求地方意见的基础上，国务院决定，从 2002 年 1 月 1 日起实施所得税收入分享改革，将按企业隶属关系等划分中央与地方所得税收入的办法改为中央与地方按统一比例分享。根据《国务院关于印发所得税收入分享改革方案的通知》（国发［2001］37 号）及《国务院关于暂将中国石油天然气股份有限公司、中国石油化工股份有限公司缴纳的企业所得税继续作为中央收入的通知》（国发［2002］18 号）的规定，自 2002 年 1 月 1 日起，除铁路运输、国家邮政、中国工商银行、中国农业银行、中国银行、中国建设银行、国家开发银行、中国农业发展银行、中国进出口银行、中国石油天然气股份有限公司、中国石油化工股份有限公司以及海洋石油天然气企业缴纳的所得税继续作为中央收入外，其他企业所得税和个人所得税收入由中央与地方按比例分享。2002 年所得税收入中央与地方各分享 50%；2003 年以后中央分享 60%、地方分享 40%。并明确中央因改革所得税收入分享办法增加的收入，全部用于对地方主要是中西部地区的一般性转移支付。为了保证所得税收入分享改革的顺利实施，妥善处理地区间利益分配关系，规定跨地区经营企业集中缴纳的所得税，按分公司（子公司）所在地的企业经营收入、职工人数和资产总额三个因素在相关地区间分配。

所得税收入分享改革自 2002 年 1 月 1 日起实施后，国家税务局、地方税务局征管企业所得税、个人所得税的范围暂不做变动。自改革方案实施之日起新登记注册的企事业单位的所得税，由国家税务局征收管理。

（二）改革出口退税负担机制

从 1985 年开始实行出口退税政策以来，我国的出口退税负担机制经历了多次变革。1985—1988 年，中央外贸企业、工贸企业的退税由中央财政负担，而地方外贸企业、工贸企业的退税则由地方财政负担。从 1988 年开始，所有的出口退税都由中央财政负担。1991 年之后，地方财政又负担了地方外贸企业 10% 的出口退税。1993 年地方财政的负担比例提高至 20%。1994 年分税制改革时，出口退税改由中央全部负担，并规定地方负担部分以 1993 年为基数专项上解，以后年度按此定额结算。

1998 年实施积极财政政策后，由于外贸出口增幅远远超出年初计划以及出口退税增长高于国内增值税增长，尽管中央出口退税预算指标一再增加，但出口退税应退数和实退数仍存在差距，使得欠退税情况越来越严重。1999—2004 年中央财政收入年均增长率仅为 18.6%，而同期出口退税额年均增长却达到了 37.3%，是财政收入增幅的 2 倍多。有关资料显示，全国累计应退未退税额，2001 年年底为 1440 亿元，2002 年年底为 2000 亿元，2003 年年底达到 3256 亿元。

市场经济国家一般将增值税作为中央收入。作为共享收入的国家，一般也先将增值税全部收归中央，扣除出口退税后再将剩余的部分按照地方分享比例转移支付给地方。我国分税制改革后，出口退税由中央全部负担，与增值税实行中央与地方共享的体制不符，中央负担沉重，出口欠退税较多。经国务院批准，2004 年 1 月 1 日起我国实施出口退税机制改革。这次改革的指导思想和基本原则是："新账不欠，老账要还，完善机制，共同负担，推动改革，促进发展"。改革的主要内容是：一是适当降低出口退税率。本着"适度、稳妥、可行"的原则，区别不同产品调整退税率。二是加大中央财政对出口退税的支持力度。从 2003 年起，中央进口环节增值税、消费税收入增量首先用于出口退税。三是建立中央和地方共同负担出口退税的新机制。从 2004 年起，以 2003 年出口退税实退指标为基数，对超基数部分的应退税额，由中央和地方按 75∶25 的比例共同负担。四是推进外贸体制改革，调整出口产品结构。通过完善法律保障机制等，加快推进生产企业自营出口，积极引导外贸出口代理制发展，降低出口成本，进一步提升我国商品的国际竞争力。同时，结合调整出口退税率，促进出口产品结构优化，提高出口整体效益。五是累计陈欠退税由中央财政负担。对截至 2003 年年底累计欠企业的出口退税款和按增值税分享体制影响地方的财政收入，全部由中央财政负担。其中，对欠企业的出口退税款由中央财政从 2004 年起采取全额贴息等办法负担。这一机制不仅有利于促进外贸体制改革，支持外贸发展，维护政府的形象和信誉，解决出口退税资金不足的问题，而且可以使出口退税与地方利益挂钩，强化地方政府防范和打击骗取出口退税犯罪行为的责任。

2004 年开始实施的出口退税机制改革，是为促进外贸体制改革，保持外贸和经济持续健康发展做出的一项重大决策。实践表明，出口退税机制改革总体运行良好，取得了明显阶段性成效。但新机制运行中也出现一些新情况和新问题，如地区负担不均衡，一些地方政府采取措施干预外贸发展等。在广泛征求地方意见的基础上，并与商务部、国家税务总局等部门充分协商，经国务院批准，在维持 2004 年经国务院批准核定的各地出口退税基数不变的基础上，对超基数部分，从 2005 年 1 月 1 日起，中央、地方按照 92.5:7.5 的比例分担；各省（自治区、直辖市）根据本地实际情况，自行制定省以下出口退税分担办法，但不得将出口退税负担分解到乡镇和企业，不得采取限制外购产品出口等干预外贸正常发展的措施；对所属市县出口退税负担不均衡等问题，由省级财政负责统筹解决；出口退税改由中央统一退库，地方负担部分年终专项上解。上述调整体现了党和政府一贯提倡的实事求是的工作作风，对解决地区间负担不均衡问题，维护全国统一市场，确保出口退税资金及时足额到位，促进外贸出口与经济持续健康协调发展具有重要意义。

（三）税收制度和政策的调整

为了适应社会经济发展形势，实行分税制改革后，我国税制也进行了一些大的变革，程度不同地影响了政府间财政分配关系（见表 2-2）。主要有：

1. **固定资产投资方向调节税的停征**

根据《财政部、国家税务总局关于固定资产投资方向调节税有关政策问题的通知》（财税［1999］228 号），决定从 1999 年 7 月 1 日起停征固定资产投资方向调节税。

2. **农村税费改革和农业税的取消**

从 2001 年大规模开始的以"三个取消，两个调整，一个改革"为主要内容的农村税费改革；2004 年以后国家逐步取消了农业税和农业特产税。

表 2 - 2　调整后的中央地方收入划分情况

	中央固定收入	中央与地方共享收入	地方固定收入
现行分税制体系	关税，海关代征消费税和增值税，消费税，地方银行和外资银行及非银行金融企业所得税，铁道部门、各银行总行、各保险公司总公司等集中缴纳的收入（包括营业税、所得税、利润和城市维护建设税），未纳入共享范围的中央企业所得税、中央企业上缴的利润等	增值税、资源税、证券交易税。增值税中央分享 75%，地方分享 25%；纳入共享范围的企业所得税和个人所得税中央分享 60%，地方分享 40%；资源税按不同的资源品种划分，海洋石油资源税为中央收入，其余资源税为地方收入；证券交易税中央分享 97%、地方分享 3%	营业税（不含铁道部门、各银行总行、各保险公司总公司集中缴纳的营业税），地方企业上缴利润，城镇土地使用税，城市维护建设税（不含铁道部门、各银行总行、各保险公司总公司集中缴纳的部分），房产税，车船使用税，印花税，耕地占用税，契税，遗产和赠予税，土地增值税，国有土地有偿使用收入等

（四）逐步建立相对规范的政府间转移支付制度

1994 年实行的分税制改革，在重新划分中央财政与地方财政收入的基础上，相应地调整了政府间财政转移支付数量和形式（见表 2 - 3），除保留了原体制中央财政对地方的定额补助、专项补助和地方上解外，根据中央财政固定收入范围扩大、数量增加的新情况，建立了中央对地方的税收返还制度，其目的在于保证地方既得利益，实现新体制的平稳过渡。税收返还以 1993 年的返还额为基数，以后逐年递增，即 1993 年中央将净上划中央的收入返还地方，自 1994 年开始，税收返还额在 1993 年基数上逐年递增，递增率按各地增值税和消费税的平均增长率的 1:0.3 系数确定，即上述两税每增长 1%，中央对地方的税收返还增长 0.3%。此外：

——考虑到我国现阶段全面实行规范化转移支付制度条件还不成熟，因此，从 1995 年起，实行了过渡期转移支付办法。其基本思路是，参考国际通行做法，按照规范和公正的原则，根据客观因素计算确定各地区的标准财政收入和标准财政支出，以各地标准财政收支的差额作为财政转移支付的分配依据。而且，基于"因素法"的一般性转移支付制度的实施，不仅调节了省与省之间的财力分配差距，也促进了地方转移支付制度建设。大部分省份陆续研究制定了省以下转移支付办法，规范、客观、公正的转移支付制度在全国范围内逐步形成。

——根据《国务院关于印发所得税收入分享改革方案的通知》（国发［2001］37号）规定，中央因所得税收入分享改革增加的收入，按照公平、公正的原则，采用规范的方法进行分配，对地方主要是中西部地区实行转移支付。经国务院总理办公会批准，中央通过所得税收入分享改革增加的收入全部进入一般性转移支付，实行统一分配，原来的过渡期转移支付概念不再沿用。

——1999年中央出台了提高低收入者收入水平的一系列政策。考虑到地区之间财政状况相差较大，各地对增加支出的承受能力不一样，因此，中央决定，实施这些政策所增加的支出，北京、上海、江苏、浙江、广东、福建和山东等7个沿海经济发达地区由当地政府自行解决，财政困难的老工业基地和中西部地区由中央财政给予适当补助。为此，中央政府实施了调整收入分配政策的转移支付。

——2001年中央又出台两次调整工资政策，并对财政困难的老工业基地和中西部地区的增加工资支出给予适当补助。

——为配合西部大开发战略的实施，国务院决定，从2000年起加大对民族地区（包括民族省区和非民族省区的民族自治州）的转移支付力度，以支持民族地区发展。资金来源：一是预算安排，即中央财政在2000年安排民族转移支付资金10亿元的基础上，以后每年按一定比例递增。二是增值税增量返还，即将民族地区上缴中央金库的增值税每年比上年增长部分的80％留给民族地区。其中，增值税增量返还的一半与来源地增值税收入挂钩，直接留给地方，以调动地方增收积极性；增量返还的另一半，连同预算安排的专项资金一起，根据客观因素进行分配，以体现公平原则。

——配合农村税费改革，实施农村税费改革转移支付。"三农"问题长期困扰我国经济和社会发展，党中央、国务院历来十分重视，农村税费改革就是解决"三农"问题的重要措施之一。为推动农村税费改革顺利实施，中央财政有必要对地方财政的减收给予适当补助。

——取消农业特产税、降低农业税税率转移支付。为贯彻落实党的十六届三中全会决定和中央农村工作会议精神，继续推进农村税费改革，进一步减轻农民负担，调动农民种粮积极性，保障粮食安全，促进全面建设小康社会，根据《中共中央、国务院关于促进农民增加收入若干政策的意见》（中发〔2004〕1号）有关规定，从2004年起，取消除烟叶外的农业特产税和全面取消农业税（含牧业税、农业税附加），由此减少的地方财政收入，沿海发达地区原则上自行消化，粮食主产区和中西部地区由中央财政适当给予转移支付补助。地方财政减收额原则上以2002年为基期，按农业特产税和农业税实收数（含附加）计算确定。中央财政补助比例分别为中西部粮食主产区100%、非粮食主产区80%、东部粮食主产区（含福建）50%。

——县乡财政奖补转移支付。针对县乡财政困难，2005年中央财政下达了《关于切实缓解县乡财政困难的意见》，从完善体制、创新机制、加强管理等方面提出了缓解县乡财政困难的综合性措施，争取用三年左右的时间，使县乡财政困难状况得到较大缓解。作为缓解县乡财政困难的核心措施，中央财政从2005年起，按照"以奖代补"的思路，安排150亿元资金，建立"三奖一补"县乡财政困难激励约束机制，旨在进一步缓解县乡财政困难。所谓"三奖"，一是指对财政困难县政府增加税收收入和省市级政府增加对财政困难县财力性转移支付给予奖励；二是对县乡政府精简机构和人员给予奖励；三是对产粮大县给予奖励。"一补"是对以前缓解县乡财政困难工作做得好的地区给予补助。

——年终结算财力补助。年终结算财力补助是指在办理年终结算时分配下达的财力补助资金。该项补助常用于解决其他补助没有涵盖的特殊性、一次性困难，解决这些困难所需要的支出或者先由地方政府负担，或者由地方政府负担有困难，到年终由中央政府和地方政府办理单独结算时，由中央政府分配下达。主要项目包括固定资产投资方向调节税暂停征收财政减收转移支付、实施天然林保护工程影响地方减收转移支付、退耕还林还草减收转移支付及其他转移支付等。对这些项目的补助一般都有严格的补助范围和补助期限规定。比如，财政部《2002年实施天然林保护工程后中央对地方财政减收转移支付》中规定该项转移支付的期限为5年，5年以后，根据林区财政收入状况，逐步减少。此外，2002年退耕还林还草财政减收转移支付的补助办法，对于补助范围、补助数额和补助年限也做出了明确的规定。

——在专项转移支付方面，一是为配合实现中央宏观政策目标，新增了一些专项转移支付项目。如配合西部大开发，保护和改善西部生态环境，对天然林保护工程、退耕还林还草工程以及由此造成的财政减收等实施转移支付；补助地方下岗职工基本生活费等社会保障类支出、贫困地区基础教育等。二是改进专项转移支付资金分配办法，加强资金监管。大多数专项转移支付都已采用客观因素分配，有专门的管理办法，不仅提高了资金使用效率，还有利于从源头上防止腐败。

表2-3　1995—2005年中央对地方财力性转移支付统计表

(单位：亿元)

年份	合计	一般性转移支付	民族地区转移支付	调资转移支付	农村税费改革转移支付	县乡财政奖补资金	其他财力性转移支付
1994	136						136
1995	191	21					170
1996	159	35					124
1997	193	50					143
1998	210	61					149
1999	381	75		108			198
2000	669	85	25	217			342
2001	1217	138	35	632	80		332
2002	1580	279	39	817	245		200
2003	1863	380	55	901	305		222
2004	2605	745	77	994	523		266
2005	3813	1121	159	1476	662	150	245
合计	13017	2990	390	5145	1815	150	2527

(资料来源：李萍主编：《中国政府间财政关系图解》，中国财政经济出版社2006年版，第52页)

六、省以下财政管理体制的改进

根据现行"统一领导、分级管理"的财政体制管理原则，省以下财政管理体制由各地在中央统一领导下，根据具体实际情况确定。从 1994 年起，在中央对省实行分税制后，各地也比照中央对省的分税制框架，在进一步明晰省以下各级政府事权的基础上，陆续实行了分税制财政管理体制。与此同时，初步建立了相对规范的省以下转移支付制度，转移支付规模逐年扩大。

《国务院关于印发所得税收入分享改革方案的通知》（国发〔2001〕37 号）规定，所得税收入分享改革后，各地区要相应调整和完善所属市、县的财政管理体制，取消按企业隶属关系分享所得税收入的做法。据此，2002 年全国大多数地区相应调整了省以下财政管理体制。针对省以下财政管理体制存在的问题，2002 年 12 月 26 日国务院下发了《国务院批转财政部关于完善省以下财政管理体制有关问题意见的通知》（国发〔2002〕26 号），对省以下财政管理体制的调整和完善提出了指导性意见，要求在中央对省的分税制财政体制框架下，针对省以下体制运行中存在的突出矛盾和问题，根据本地实际情况，进一步规范地方各级政府间收入划分，合理界定各级政府的事权，调整各级财政的收支范围，完善了省以下分税制财政体制，调动了地方各级政府发展经济和增加收入的积极性。截至 2005 年年底，全国共有 17 个省区全面调整完善了省以下财政管理体制，14 个省区部分调整了省以下财政管理体制。

尽管我国省以下政府间财政关系有所规范，但突出的问题是基层财政的困难还没有有效缓解，省级政府财力集中度高，转移支付力度不足，造成省级以下纵向财力差距过大。从全国各级地方政府的财力分布情况看，省、地（市）两级的财力约占地方全部财力的 60%，而财政提供经费的行政事业人员只占地方全部行政事业人员的 30%；县乡两级财力只占约 40%，而需财政提供经费的人员却占 70%。由于财力分布格局不合理，部分地区基层财政困难反而日益突出。因此，为了巩固和发展农村税费改革的成果，提高基层执政能力，维护基层政权和社会稳定，一些地区在省以下财政体制方面进行了"省直管县"财政体制管理方式的改革试点和扩大推行，以减少财政管理层次，扩大县级行政审批权限，提高行政效率和资金使用效益。所谓"省直管县"财政管理体制，是指省级财政直接管理地（市）级和县（市）级财政，地方政府间在事权和支出责任、收入的划分，以及省对下转移支付补助、专项拨款补助、各项结算补助、预算资金调度等方面，都由省级财政直接对地（市）和县（市）级财政。虽然福建、黑龙江、广西等省（区）的市、县两级财政在资金调度等方面仍有一定关系，但县级财政体制、转移支付等主要职能等已经属于省级直管，因此也列入了"省直管县"范围。需要说明的是，尽管至 2007 年已至少有 18 个省级区域较全面地或部分地实行了"省直管县"体制，但由于这项改革是在现行行政管理体制框架下进行的，大部分地方并没有完全隔断地市级财政与县级财政的关系，省里一般要求地市继续加大对县级的扶持，并要履行好地市对县级的监督、指导等职能。

与此同时，逐步完善乡镇财政管理体制改革试点，对经济欠发达、财政收入规模小的乡镇，推行由县财政统一管理乡镇财政收支的办法，对一般乡镇实行"乡财县管"方式。所谓"乡财县管乡用"的财政管理方式，其主要内容是：在乡镇预算管理权不变、乡镇财政资金所有权和使用权不变、财务审批权不变的前提下，以乡镇财政为主体，由县财政部门管理并监督乡镇财政收支，实行"预算共编、账户统设、收入统管、支出统拨"的财政管理方式。2004 年，安徽省在全省范围内推行了"乡财县管乡用"的财政管理方式，其他省（区）也很快酝酿和实施了这项改革。到 2007 年，全国已有 28 个省级区域较全面地或部分地实行了"乡财县管乡用"（亦简称"乡财县管"）体制。

从 2005 年起，中央财政另外拿出 150 亿元对地方实施"三奖一补"政策，即对财政困难县乡政府增加县乡税收收入，以及省市级政府增加对财政困难县财力性转移支付给予奖励；对县乡政府精简机构和人员给予奖励，促进县乡政府提高行政效率和降低行政成本；对产粮大县给予奖励；

对以前缓解县乡财政困难工作做得好的地方给予补助。该项政策实施的目标是：通过继续增加财力性转移支付和不断创新省对县及县对乡财政管理模式，力争在三年时间内，使县乡财政困难状况有明显的缓解。这一举措说明，中央政府已经实质性涉足对省以下财政体制建设的督导和规划。

在逐步构建省以下财政体制的过程中，为缩小省区内财力水平差异、实现基本公共服务能力均等化，各省还逐步建立和完善了省对下转移支付制度。近年来，我国省对下转移支付的主要特点如下：

1. 注重建立转移支付中的激励机制

一是建立转移支付和财政收入增长的关联机制，激励市县发展经济，增加财政收入，提高收入质量。大部分省区都采用了这一办法，但在具体实施上各省区间差别较大。如江西省、广东省和黑龙江省均根据各市县财政收入增长率与全省市县财政收入平均增长率之差的一定比例（江西、广东各为 50%；黑龙江为 30%）确定激励系数，高于平均增长率的市县按此系数增加转移支付数额，低于平均增长率的市县则减少转移支付；安徽规定，2004—2007 年各县税收收入每年环比增收部分，省财政按增收额（年增长率超过 30% 的按 30% 计算）的 20% 奖励发展资金；河南省对财政收入增长较快，收入质量提高、基本保障到位的市县，由省政府给予一定的奖励；吉林省对市州本级上划省级的共享收入，当年增长幅度超出市州本级财政收入增长幅度部分，省财政按超出数额的 30% 给予返还，对县（市）按超出数额的 40% 给予返还；辽宁省对全省 40 个县（市）（不含大连所属县市）省级共享收入在 2007 年之前全部实行定比增量返还，对 22 个省扶贫开发工作重点县和少数民族县缴纳的中央级企业所得税也一并给予环比增量返还；贵州省对县级收入实行增长与奖励挂钩的"两保一挂"政策，并对 48 个困难县给予财政返还。

二是建立转移支付和财政收支平衡的关联机制。浙江、四川、重庆、云南、甘肃等省、直辖市实施了这一政策。浙江省的"两保两挂"政策规定，在市县保持当年财政收支平衡和消化历年赤字的前提下，体制补助和奖励与地方财政收入增长挂钩。四川省建立了对市县财政收支和管理的动态综合考核体系，选取市县财政保障行政事业单位职工工资和离退休费发放情况等四项指标进行综合考评，根据考评情况相应增加或减少转移支付数额。

三是体现控制财政供养人员增长的机制。如吉林省按全省县级财政供养人数占总人口的比重确定各地财政供养人数，对比重高于县级平均水平的，一律按县级平均比重计算财政供养人数，确定工资性支出和公用经费支出。湖南在转移支付测算时依据分档比例方法，先将县（市、区）按总人口规模分档，测算同一档次内财政总供养人口占该档次总人口的平均比重，再按照奖惩原则，在该档次内凡财政供养人口实际供养系数高于同档次内平均系数的，标准财政供养人口数按平均系数计算；反之，按实际值加两者差额的15%计算。

四是部分省份单独设立激励性转移支付。2005 年，山东省比照中央财政"三奖一补"办法，设置专项资金，对辖区内财政困难县增加县乡税收收入、市级政府增加对所属财政困难县的财力性转移支付、县乡政府精简机构和人员、财政困难县按时归还政府债务给予奖励，并对产粮大县给予奖励。重庆市通过统一选取反映下辖区县经济发展状况和财政收支管理的指标，按照财政收入、财政支出、财政平衡和债务管理四个方面，分别赋予0.1—0.3 的考核系数，据此测算对相关区县的激励性转移支付。

五是对不享受一般性转移支付的市县实施的激励。如浙江省实行了"亿元县上台阶"政策和对市县的"两保两联"政策。四川省对地方一般预算收入首次超过一定数额的县市，省财政分别给10 万—45 万元不等的奖励。江苏省对没有享受转移支付补助的市县，按照不同的标准人均财力规模，对市县地方财政收入当年上交省的新增额给予一次性的奖励。

2. 建立最低财力保障机制

为保障财政困难县的基本支出需要，安徽、陕西、广东等省份在兼顾省级财力可能及各县实际需要的基础上，建立了最低财力保障机制。

安徽省规定，对标准人均财力在 1.5 万元以下的县，省财政按其标准人均财力与 1.5 万元的差额予以补助，其中：标准人均财力在 1.3 万（不含 1.3 万) —1.5 万元之间的县，省财政按其标准人均财力与 1.5 万元的差额补助 60%；对财政特别困难的标准人均财力低于 1.3 万元的县，省财政按其标准人均财力与 1.5 万元的差额补助 80%。对不享受财力补差的县及财力补差后仍少于 2003 年一般性转移支付补助数额的县，按 2003 年一般性转移支付数额补齐。

2005 年，陕西省根据省内 2004 年县级总体财力水平，以年人均 1.2 万元为标准建立最低财力保障机制，对按标准财政供养人数计算的年人均财力在 1.2 万元以下的县区，依据各县区标准财政供养人数，按照 1.2 万元的支出标准计算标准支出，对总财力低于此标准支出部分全额补齐。

广东省在按照编制数计算县级和市级人均可支配财力补助标准分别为 10800 元、15000 元的基础上，对低于补助标准线的市县，按照补助标准线给予补足。

江苏省将标准人均财力低于 11000 元的县（市）列入转移支付范围，对各地标准人均财力与 11000 元的差额，省补助 50%。

3. 转移支付补助资金向老、少、边等财政困难地区倾斜

各地主要通过设立专门的转移支付项目以及提高一般性转移支付系数两种方式，对民族地区、革命老区、边境地区的财政困难市县进行倾斜和照顾。

（1）设立转移支付项目

截至 2004 年，湖南、甘肃、广西等 8 省区实施了民族地区转移支付；海南、贵州等 5 省设立了困难地区转移支付；广西、湖北等 5 省出台了革命老区转移支付；全国 9 个边境省区中，内蒙古和广西单独设立了边境转移支付。分配办法上，各地做法不同：

一是采用"因素法"，按照一定的转移支付系数，对相关市县的标准财政收支缺口或收入缺口进行补助，如青海的"民族自治州转移支付"、贵州的"年底一次性困难补助"、海南的"民族地区转移支付"等。

二是"人头法"，如湖南的"贫困地区转移支付"和"革命老区转移支付"，其中，贫困地区转移支付的测算公式为：某地贫困地区转移支付补助 = 该地绝对贫困人口数 × 贫困地区转移支付标准。式中贫困地区转移支付标准按照贫困县市转移支付资金总量和贫困县市绝对贫困人口总数确定，全省统一。

三是定额补助，如海南省的"贫困县市定额转移支付"和内蒙古自治区的"边境转移支付"。海南省规定，将每年用于革命老区转移支付资金的20%，平均分配给11个国定、省定贫困市县。

四是实施来源地返还办法，湖南、海南两省的民族地区转移支付采用这种办法。如湖南将省内民族县市剔除税收返还后净上划的"两税"，按照一定的系数，直接返还给来源地。

（2）提高一般性转移支付系数

河北、湖北、吉林、广东、广西等五省区采用这种办法。河北省对少数民族县、国家和省级扶贫开发工作重点县，在其各自一般性转移支付系数基础上增加1%。湖北省对民族县和贫困县在客观性转移支付补助的基础上，增加转移支付系数15%；广东省在实施最低财力保障机制时，对少数民族县另按编制数人均500元标准增加补助。

综上所述，1994年分税制财政体制的改革是我国改革开放之后财政体制的一次重大改革。实行分税制，在经济性分权的新境界中促进了企业的公平竞争，按市场经济要求规范与调动了各级地方政府的理财积极性。各地顺应分税制的要求，积极调整政府职能和培育财源，有力地促进了地方经济的发展。从分税制运行的实际效果看，第一，革除了按照行政隶属关系控制企业、组织财政收入的旧体制痼疾，使企业不分大小、不论行政级别，在税法面前一律平等，依法照章该交国税交国税，该交地方税交地方税，终于划出了多年寻求的企业作为市场主体"公平竞争的一条起跑线"。第二，较稳定地规范了政府间财政关系。按税种划分收入，使中央与地方之间的财力分配趋于稳定和明晰，减少了中央与地方之间相互挤占收入的情况；各级政府的收支范围、权限和责任进一步明确；配套建立的转移支付制度有助于均衡地区间差异。第三，提高了财政收入增长速度、"两个比重"和中央调控能力。在1994年以前的几年，中国财政收入每年的增加额大致在200亿—300亿元之间。1994年以后，财政增长速度越来越快，年均增长

1000 亿—2000 亿元左右。2003 年财政收入增长约 3000 亿元，2007 年则达到了年度增收 1.2 万亿元以上的幅度。与此相应，我国财政收入占 GDP 的比重逐年提高，2007 年已达到 20% 左右。中央财政收入占全部财政收入的比重，在实行分税制后也从不足 30% 的低水平上升到 50% 以上，显著增强了中央政府应履行的宏观调控、减少地区间差异等方面的能力。

第三章

建立健全政府
公共收入体系

公共收入是指政府为履行其职能而筹集的一切资金的总和。在市场经济条件下，较为规范的公共收入主要包括：（1）税收收入。公共税收是公共收入的主要形式，构成公共收入的绝大部分。（2）非税收入。非税收入也是公共收入的一种重要形式，虽然其在公共收入总额中只占相对较少的份额。（3）公债收入。公共债务也是公共收入的重要补充形式，是作为弥补公共收支差额或者从事项目建设等目的而产生的。

在我国计划经济时期，国有和集体经济成分占绝对主导地位，利用税收工具组织收入和进行经济调节的重要性难以显现，因此经过税制调整，尤其是1973年的税制大精简，形成了以企业上缴收入为主的财政收入格局。改革开放以来的市场化取向改革，使我国税制的建设又进入了一个新的时期。

专栏3-1　1973年简并税制

　　　　发生于"文化大革命"期间的1973年的简并税制，是以合并税种、简化征税办法为内容的一次税制调整。主要内容是将企业缴纳的各种税，除保留工商所得税外，全部简并为"工商税"一种税，并在全国范围内实施，从而使我国工商税收制度进一步趋向单一化和过度简化。由于"非税论"（即认为"社会主义条件下的税已不是税")的影响，在生产资料所有制的社会主义改造基本完成以后，人们认为商品的范围和价值规律作用的范围已经很小，税收调节经济的作用也很小了，税收的主要职能是组织财政收入、积累资金。税收制度和征税办法越简化越适合社会主义经济发展的需要。因此，早在 1964 年就着手研究简并税制问题。财政部在总结各地试点经验的基础上，于 1971 年 6 月提出了实行"工商税"的意见，并草拟了《工商税条例》。1972 年 3 月 31 日，国务院向各省、直辖市、自治区发布了《中华人民共和国工商税条例（草案）》。经过将近一年的扩大试点，自 1973 年起在全国范围内全面推行。这次税制简并的主要内容是：（1）合并税种，即把工商统一税及其附加和企业缴纳的城市房地产税、车船使用牌照税、盐税、屠宰税合并为工商税。（2）简化税目、税率。工商税以行业结合产品设计税目、税率。税目由过去的 108 个减为 44 个，税率由过去的 141 个减为 82 个。（3）改变一些征税办法，下放一些管理权限。主要是取消对"中间产品"的征税，原则上按企业销售收入计算征税。对于新兴工业、"五小"企业、社队企业、综合利用、协作生产等，各省、直辖市、自治区可以根据具体情况确定减税、免税。（4）调整了少数行业的税率，对于大多数行业保持原来的负担水平。对农机、农药、化肥、水泥的税率有所降低，对印染、缝纫机和部分化工原料的税率有所提高。这次简并工商税收制度，对国营企业只征收工商税一种税，对集体企业只征收工商税和工商所得税两种税。至于城市房地产税、车船使用牌照税和屠宰税，则只对个人和外侨等继续征收。随着税制的大大简化，税收的作用也越来越小，不仅大大削弱了其调节经济的职能作用，在组织收入方面也受到局限和束缚。

——摘自：http://baike.baidu.com/view/48631.htm。

20 世纪 80 年代之后，随着经济的发展和改革的深化，我国公共收入体系逐步向适应市场经济的方向变化，税收收入比重逐步扩大，公债管理制度日益完善，各种非税收入也逐渐纳入较为规范的渠道。其中，政府在税制建设方面的改革探索，为 20 世纪 90 年代中期之后的现代税收制度的建立打下了良好的复合税制基础。

第一节　逐步构建现代税收制度

一、20 世纪 80 年代初期和中期的税制改革

为了全面贯彻党的十一届三中全会所制定的路线、方针、政策，我国财税部门实事求是，解放思想，认真总结新中国成立以来税制建设的历史经验和教训，纠正了一系列轻视税收工作、扭曲税收作用的错误思想，提出了从我国国情出发，按照经济规律办事，扩大税收在财政收入中的比重，充分发挥税收的经济杠杆作用，为社会主义现代化建设服务的指导思想。从 1978 年年底起，各级税务机构迅速恢复和加强，税务干部队伍很快得到了大力充实。从税制上来说，财税部门从 1978 年年底、1979 年年初就开始研究税制改革问题，提出了包括开征增值税、国营企业所得税和个人所得税等内容的初步设想与实施步骤，并确定，为了配合贯彻国家的对外开放政策，第一步先行解决对外征税的问题。

从 1980 年 9 月到 1981 年 12 月，第五届全国人民代表大会第三次会议和第四次会议先后通过并公布了《中外合资经营企业所得税法》、《个人所得税法》和《外国企业所得税法》。同时，国务院明确规定对中外合资企业、外国企业和外国人继续征收工商统一税、城市房地产税及车船使用牌照税。这样，就初步形成了一套大体适用的涉外税收制度，适应了我国对外开放初期引进外资，开展对外经济技术合作的需要。在建立涉外税制的同时，财税部门就改革工商税制和国营企业利润分配制度做了大量的

调研工作，并在部分地区进行了试点。在此基础上，财政部于 1981 年 8 月向国务院报送了《关于改革工商税制的设想》，并很快获得批准。1982 年 11 月，国务院向第五届全国人民代表大会第五次会议提交的《关于第六个五年计划的报告》提出了包括"利改税"在内的今后三年税制改革的任务，并获得了会议的批准。在此期间，国务院还批准开征了烧油特别税，发布了《牲畜交易税暂行条例》①。

（一）国营企业"利改税"和税制改革

"利改税"既是企业收入分配制度改革，也是税收制度改革。作为企业改革和城市改革的一项重大措施，1983 年，国务院决定在全国试行国营企业"利改税"，即将新中国成立以后实行了 30 多年的国营企业向国家上缴利润的制度改为缴纳企业所得税的制度，并取得了初步的成功。这一改革从理论上和实践上突破了国营企业只能向国家缴纳利润，国家不能向国营企业征收所得税的禁区。这是国家与企业分配关系改革的一个历史性转变。不仅如此，"利改税"也正式启动了我国税制建设的新步伐。

1. "利改税"第一步改革

经国务院批准，从 1983 年 6 月 1 日起，在全国范围内，对国营企业实行"利改税"第一步改革。第一步"利改税"是一种税利并存的模式。即：把国营企业过去上缴国家的利润改为在大中型企业按 55% 的比例向国家缴纳所得税；小型企业按八级超额累进税率缴纳所得税。税后利润在保证企业合理留利之后，再按固定比例、定额包干、递增包干和调节税等多种办法上交财政。

"利改税"的第一步改革同利润留成、利润包干等办法相比，有较大的进步。它把企业的大部分利润用征收所得税的办法上交国家，以法律形式把国家与企业的分配关系固定下来，有利于加强企业的经营管理和稳定国家财政收入，较好地处理国家、企业和职工个人三者的利益关系。1983 年实行"利改税"第一步改革的工业企业有 28110 个，占赢利工业企业

---

① 刘佐：《中国税制改革 50 年》，载《当代中国史研究》2000 年第 9 期。

数的 88.6% 。这些企业 1983 年完成的工业总产值比上年增长 9% ，实现利润比上年增长 10.9% 。企业在 1983 年比 1982 年新增加的 42.2 亿元利润中，缴纳所得税和上缴利润占 61.8% ，企业留利占 38.2% ；在企业留利中，企业所得占 24.9% ，职工所得占 13.3% ；做到了在新增长收入的分配上国家得大头、企业得中头、个人得小头。在保证国家得大头的前提下，实行"利改税"的工业企业，1983 年留利显著增加，比 1982 年增长 25.8% ，扩大了企业财权，调动了企业和职工的积极性。

2. "利改税"第二步改革和工商税制的改革

"利改税"第一步改革是成功的，但还不完善。主要问题是：税种比较单一，难以充分发挥税收调节经济的杠杆作用；税后利润的分配办法仍然比较复杂，国家与企业分配关系还没有定型；某些企业之间留利悬殊的问题没有很好解决。

因此，中央决定，从 1984 年 10 月 1 日起进行"利改税"第二步改革。"利改税"第二步改革的指导思想是：要进一步处理好国家同企业的分配关系，从根本上解决企业吃国家"大锅饭"的问题，并且为解决职工吃企业"大锅饭"的问题创造条件；既要保证国家财政收入的稳定增长，又要使企业在经营管理和发展上有一定的财力保证和自主权，在政策上使企业感到有奔头，有更大的后劲；要发挥税收经济杠杆的调节作用，体现国家的奖励和限制政策，并缓解价格不合理所带来的一些矛盾，以利于国民经济的调整和改革。

"利改税"第二步改革的基本内容是：将国营企业应当上缴国家的财政收入按十一个税种向国家缴税，也就是由"税利并存"逐步过渡到完全"以税代利"，税后利润归企业自主安排使用。具体说来，概括为以下几点：

（1）把现行工商税按性质分为产品税、增值税、营业税和盐税 4 种税。同时，把产品税的税目划细，适当调整税率，以更好地发挥税收调节生产和流通的杠杆作用。

（2）对某些采掘企业开征资源税，以调节由于自然资源开发条件的差异而形成的级差收入，促进企业加强经济核算，有效管理和利用国家资源。

（3）恢复和开征房产税、土地使用税、车船使用税和城市维护建设税这 4 种地方税，以利于合理地、节约地使用土地、房产，适当解决城市维护建设的资金来源。

（4）对赢利的国营企业开征所得税。国营大中型企业按计税利润 55％的比例税率缴纳所得税；国营小型企业按新的八级超额累进税率缴纳所得税。

（5）对国营大中型企业还要征收调节税。调节税率按企业的不同情况分别核定。以核定后的 1983 年利润为基数，对基数部分依率计征，对增长部分实行减征，减征的幅度由"利改税"第一步的 60％改为 70％，计算方法由环比改为定比，时间由 3 年不变改为一定 7 年不变。这样改变是为了进一步推动企业改善经营管理，使企业在增产增收中能够得到更多的好处。

（6）适当放宽小型企业的标准，使符合条件的小型企业能够逐步过渡到国家所有、自主经营、依法纳税、自负盈亏的管理体制。新定的八级超额累进所得税率，调整了累进的起点和级差。老的八级超额累进税率的起点是 300 元，全年应纳税所得额超过 8 万元的部分，按 55％的税率缴纳所得税；新的八级超额累进税率的起点提高到 1000 元。全年应纳税所得额超过 20 万元的部分，按 55％的税率缴纳所得税。新的八级超额累进税率的平均税负比老八级超额累进税率降低了 3％—5％，减轻了小型企业的税收负担。

（7）对亏损企业和微利企业继续实行盈亏包干办法。亏损企业实行亏损包干，超亏不补，减亏分成，一定 3 年不变的办法。在限期内扭亏为盈的，根据不同情况，在一定期限内，给予适当的减税照顾，使其能维持 1983 年留利水平。在这个基础上实行微利包干，减收不补，超收分成，也是一定 3 年不变。

实行"利改税"的改革，既是企业收入分配体制的改革，又是我国税制的改革。因为这次改订的税种、税目和税率，不仅适用于国营企业，而且适用于集体企业和个体工商户（不适用于外资企业和中外合资企业）。因此，它实质上是工商税制的一次全面改革。通过这一改革，使我国的工商税制，改变了过去税种过于简单的格局，初步建立起一套以流转税和所得税为主体，与其他各税种相配合的复合税制。它比较适应我国新时期的多种经济成分、多种经营方式、多种经济渠道的经济情况，可以多层次、多环节地发挥调节作用。

专栏 3 – 2　利改税

　　　　将国有企业财政缴款中的上缴利润改为缴纳所得税，是国家参与国有企业纯收入分配制度的一种改革。中国在确立了有计划的商品经济体制以后，要求国有企业从过多的行政干预中摆脱出来，成为自主生产经营、独立核算、自负盈亏的经济实体，其资产所有权仍归国家，但企业拥有长期使用权。国家在参与企业纯收入分配时，放弃以资产权利为依据的利润上缴方式，改为以政治权力为依据的缴纳所得税方式，借以理顺国家与企业的分配关系，克服大锅饭的弊端，促进企业经济责任制的建立，并为财政体制的改革准备必要的条件。为此，1983 年进行了国有企业"利改税"第一步改革，之后，又于 1984 年进行了第二步改革。"利改税"的理论观点尽管存在某些不妥之处，但对于在税收理论界和实际工作中，破除非税论、适应经济体制改革的需要，促进单一税制向复税制过渡，促成工商税收制度的全面改革，以税收法律形式调整并固定国家与企业的分配关系，保证财政收入的稳定增长等，都有一定的意义。由于当时外部经济条件和配套改革不尽完备，加上"利改税"从指导思想到制度设计都存在一定问题，这项改革未能全部达到预期目的。之后，人们通过实践，比较清楚地认识到国家对国有企业纯收入的分配，既应依据政治权力，同对其他经济形式一样征收所得税，又应依据资产权利，参与企业所得税后的利润分配。这种分配关系和分配形式，构成税利分流理论。

——作者根据相关资料整理。

3. 税利分流改革

（1）税利分流的内涵。1987 年，财政部针对第二步"利改税"中出现的一些问题，提出了实行税利分流改革的设想，把国家和国营企业的利润分配关系概括为"税利分流、税后还贷、税后承包"，即把国营企业上缴给国家的利润分解为两个层次。第一个层次是，国营企业实现的利润，先以所得税的形式上缴国家；第二个层次是，企业税后利润的一部分以利润形式上缴国家，利润的其余部分留归企业自主使用。固定资产投资借款，由原来的用缴纳所得税前的利润归还改为由企业用税后留用利润、固定资产折旧及其他可以用于生产发展的、可以自主使用的资金归还。国家适当降低所得税税率，以增强企业的还款能力。

（2）税利分流的意义。税利分流改革，是理顺国家与国营企业利润分配关系的重大措施，符合政企职责分开、所有权和经营权适当分离的改革方向。它把激励机制与约束机制统一起来，把微观搞活与宏观调控统一起来，把深化财税体制改革与促进其他改革统一起来，有利于推进整个经济体制改革，建立社会主义商品经济的新体制。其意义如下：

第一，实行税利分流，有利于增强国家的宏观调控能力。国家运用税收和利润两个内涵不同的经济杠杆和行政手段，来组织收入和调节经济运行，使国家的财政收入随企业收入的增加而增加，从而提高国家对宏观经济的调控能力，有效地引导社会投资方向，促进产业结构的优化，提高宏观经济效益。

第二，实行税利分流，有利于完善企业经营机制，增强应变能力。实行税利分流后，国家和企业利益共享、风险共担。生产增长、效益提高时，国家多得，企业多留；反之，国家少得，企业也要少留。因此，不仅增强了企业的应变能力，也有利于激发企业努力发展生产，改善经营管理，提高效益。同时还贷机制的改革，还有利于约束企业的投资行为，可以增强借贷双方的经济责任，促使借贷双方都注重投资效益。

第三，实行税利分流，有利于企业进行平等竞争。实行税利分流，统一所得税制和税率后，国营企业和其他不同类型的企业一样，依法承担缴纳所得税义务，在这方面有了一个平等竞争的外部条件。这不仅有利于巩固全民所有制经济，也可促进各种经济成分的共同发展，适应社会主义商品经济发展的需要。

（3）推进税利分流试点的步骤。中共中央、全国人大和国务院对试行税利分流问题十分重视，多次肯定了税利分流改革的方向。自1988年3月，七届全国人大一次会议肯定税利分流的方向后，财政部在重庆市市属国营企业中进行了试点。1989年在总结重庆市试点经验的基础上，财政部和国家体改委联合发布了《关于国营企业实行税利分流的试点方案》。该《方案》提出，税利分流改革要有利于增强企业活力，完善经营机制，建立自我约束机制；在国家与企业利益分配关系上，必须兼顾国家与企业的利益；要有利于税制规范和统一。其具体内容主要是：①在适当降低国营企业所得税税率的基础上，统一所得税制。将现行大中型企业的55%的比例税率和小型企业的八级超额累进税率统一改为比例税率，税率定为35%。②取消"税前还贷"和按还款额提取职工福利基金和职工奖励基金的办法，企业固定资产借款用企业留用资金归还。根据一些企业借款余额过大的实际情况，采取区别对待的过渡办法。即以1988年年底为界，划分新老贷款，凡老贷款的本金，一律用留用资金归还；用留用资金归还老贷款确有困难的企业，根据情况用税前利润、税后利润以及企业留用资金各还一部分的办法。③税后利润需要上缴国家的部分，实行税后多种形式的承包办法，其余留归企业。

（4）税利分流改革的成效。从各地试点的实践看，税利分流改革已经取得了明显的成效。主要表现在：①国家与企业的利润分配格局趋向合理稳定。以试点最早的重庆市的工业企业为例，国家所得、企业留利和利润还款三者占可分配利润的比例，在全面实行第二步"利改税"的1985

年为 45∶34∶21；在 1987 年则为 26∶45∶29；在进行税利分流试点的 1988 至
1990 年的三年间，经济情况变化很大，1988 年经济高速增长，1989 年发
展速度下降，1990 年大幅度滑坡。而国家所得、企业所得和还款三者的
比例 1988 年为 27∶40∶33；1989 年为 29∶45∶26；1990 年为 32∶39∶29。三年
平均大体为 30∶40∶30。说明了在经济波动较大的情况下，国家与企业之间
利润分配结构不仅比较稳定，而且趋向合理。②初步实现了国家与企业利
益共享、风险共担。实行税利分流后，企业无论实现利润多少，都必须按
规定税率上缴所得税。由于所得税具有弹性调节功能，因此在经济增长
时，国家财政收入和企业的留利都可以相应增长；经济滑坡时，风险由国
家与企业共同承担。③还贷机制的转变抑制了投资膨胀，但没有影响企业
的发展后劲。重庆市属国营工业试点前的 1985 年至 1987 年，新增借款年
均递增率为 26.9%，而试点后注意投资效益，加强可行性研究、论证，
慎重立项，1988 年到 1990 年，新增借款年均递增率为 17.8%，比前三年
下降了 9.1 个百分点。新增借款的增长幅度虽然下降了，但仍然高于同期
重庆市工业总产值的增长幅度，也高于同期经济效益的增长幅度。试点企
业新增借款的增长幅度有所下降，但还款的责任感强了，这就不会影响企
业的发展。④体现了税后承包办法的激励作用和约束作用。税利分流改革
试点方案，从实际情况出发，注意了与现行承包制的衔接，规定企业所得
税后利润应当上缴财政的部分，可以用承包的形式上缴，在实践中取得了
一定的效果。1990 年八个试点地区的工业试点企业中，有些由盈变亏，
这些企业尽管不缴所得税，但税后承包利润仍要按合同规定上缴，对保证
财政收入体现了约束作用。

　　税利分流试点的初步成效表明：中央关于通过试点逐步推进税利分流
改革的决策是正确的。但是，由于客观经济环境的影响，试点中仍存在不
少问题，一些微利企业对按统一比例缴纳所得税和税后还贷的承受能力比
较差；一些地方和部门对承包企业自行放宽政策，扩大了税利分流试点企
业的利益；同时试点办法自身也还有一些不完善的地方。因此，怎样更有
效地根据国家产业政策的要求，与有关方面积极配合，合理地解决企业老

贷款的问题；怎样使试点办法更好地兼容原则性和灵活性，进一步调动各方面试点积极性以及税后承包改为按资分利的问题等等，在当时都列入了有待于进一步研究的问题。

（二）建立涉外税收法规，促进对外开放

1. 涉外税收法规

为了适应对外经济关系发展的需要，有关部门从1979年开始着手调查研究，参照国际惯例，拟定有关涉外税收法规。

涉外税收法规的政策精神是：在坚持独立自主、自力更生的前提下，吸收外资，引进先进技术，为四个现代化建设服务。三个涉外所得税法就是根据这一政策精神，总结中国税收实践经验，参照国际税收惯例，结合国民经济发展的新形势和新情况而制定的。在维护国家权益的前提下，体现了税负从轻、优惠从宽、手续从简和对等待遇的原则和特点。

1980年至1981年，先后经五届人大三次、四次会议审议，通过颁布了《中外合资经营企业所得税法》、《个人所得税法》和《外国企业所得税法》，并经国务院批准由财政部分别公布了这3个税法的实施细则。1984年，国务院又公布了经济特区及14个开放城市对外税收的有关规定，以及其他一些有关涉外税收的规定。经过短短几年时间，初步建立起一套比较完整的涉外税收法规。在此期间，中国的税务机关也陆续建立了涉外税收机构，办理涉外税收业务，并同一些国家签订了避免双重课税协定和其他单项税收协定，使中国的对外税收从立法到执法，开始走上了正轨。

2. 涉外税收的优惠

为了强化对外开放，吸引外国投资，我国对外商投资采取了多种税收优惠措施，主要有：

（1）加工装配、补偿贸易涉外税收的优惠。

（2）经济特区和沿海14个港口城市涉外税收的优惠。如在所得税方面，对在经济特区内开办的中外合资经营、合作经营企业，外商独资经营企业，其从事生产、经营所得和其他所得一律按15%的比例税率征收所得税。经济特区人民政府还可以根据需要减征或免征地方所得税；对在开发区内开办的中外合资经营、中外合作经营、外商独立经营的生产性企业，从事生产、经营所得和其他所得，减按 15% 的税率征收企业所得税。外商将从企业分得的利润汇出境外，免征所得税。外商在中国境内没有设立机构而来源于开发区的股息、利息、租金、特许权使用费和其他所得，除了依法免征所得税的以外，都减按 10% 的税率征收所得税，等等。

实践证明，这一阶段中国逐步建立起来的涉外税收法规，基本上适应了对外开放的新形势，通过涉外税收工作的开展，维护了国家的权益，促进了对外经济的交往，在利用外资、引进先进技术、扩大对外贸易等方面都发挥了较好的作用。

二、20 世纪 80 年代后期逐步构建适应市场经济发展的税收制度

随着经济体制的改革和市场经济的发展，国民经济结构呈现出多元化趋势，客观上需要逐步建立起一套以流转税和所得税为主体、其他各税种相配合的多税种、多环节、多层次的复合税制，在保证国家财政收入和进行宏观调控中发挥作用。为此，在 20 世纪 80 年代后期，我国进一步积极地改革与完善税收制度。

（一）建立健全所得税制度

建立健全所得税制度，对于正确处理国家与企业、个人之间的分配关系，深化改革、促进经济发展，具有深远的影响。因此，所得税改革在税制改革乃至整个经济体制改革中占有重要的地位。

1. 改进国营企业所得税制度

为克服"利改税"遗留的缺陷，统一完善所得税制，体现国家对国有资产的所有权职能，进一步理顺国家与企业的分配关系，在重庆市税利分流试点的基础上，1989 年 3 月，财政部、国家体改委发布了《关于国营企业实行税利分流的试点方案》，扩大试点范围。试点的基本内容是：按照既有利于增强企业活力、完善企业经营机制和自我约束机制、并为企

业创造平等竞争的条件，又有利于税制规范化的原则，改变现行大中型企业按 55% 的比例税率和小型企业按八级超额累进税率征收所得税的办法，在试点地区对所有赢利的国营企业一律改按 35% 的比例税率征收所得税；取消调节税，将原来应缴的调节税并入缴纳所得税以后的利润，并将原来含所得税的上缴利润承包，改为所得税后上缴利润承包，推行多种形式的承包办法。

2. 调整城乡个体工商业户所得税

我国对个体经济历来都是征收所得税的。1963 年以前，一直按照《工商业税条例》中有关所得税的规定执行。1963 年调整所得税时，规定对个体经济适用十四级全额累进税率，并对全年所得额在 1800 元以上的实行加成征税。党的十一届三中全会后，为扩大劳动就业、搞活市场、鼓励扶持个体经济适当发展，经国务院批准，从 1980 年起对个体工商业户所得税做了适当调整，由各地比照八级超额累进税率自定征收办法，减轻了税收负担。但在实际执行中，各地做法不一，税负很不平衡。为公平税负，鼓励竞争，加强管理，正确处理国家与个体工商业户的分配关系，促进城乡个体经济的健康发展，国务院于 1986 年 1 月发布了《中华人民共和国城乡个体工商业户所得税暂行条例》，规定对从事工业、商业、服务业、建筑安装业、交通运输业及其他行业，经工商行政管理部门批准的城乡个体工商业户，从 1986 年开始按上述暂行条例规定征收所得税。城乡个体工商业户所得税，按十级超额累进税率征收，最低一级，年所得额不超过 1000 元的，税率为 7%；最高一级，年所得额超过 30000 元的，税率为 60%。对年所得额超过 50000 元的部分，加征 10%—40% 的所得税。

3. 开征私营企业所得税

随着个体经济的恢复和发展，私有资产规模不断扩大，以雇佣劳动关系为基础的私营企业也产生和逐步发展起来。到 1987 年年底，全国私营企业已有 22.5 万户，雇工总数约 360 万人。私营企业在促进生产、活跃市场、扩大就业、满足人民生活需要等方面，显示了积极的作用。对私营企业的存在，国家在法律和政策上给予了肯定。为了保护私营企业的合法利益，调动私营企业经营者的积极性，调节私营企业的收入，加强对私营经济的引导、监督和管理，1988 年 6 月 25 日，国务院发布了《关于征收私营企业投资者个人收入调节税的规定》。规定对私营企业投资者参加经营取得的工资收入，征收个人收入调节税；对私营企业投资者将私营企业税后利润用于个人消费的部分，按 40% 的比例税率征收个人调节税；但对用于发展生产基金的部分，国家不再征税。

4. 开征个人收入调节税

党的十一届三中全会以后，随着改革开放政策的实施，在工农业生产发展的基础上，城乡人民个人收入水平普遍提高，特别是个人取得收入的渠道有了很大的变化，除了过去作为主要收入来源的工资以外，还有种种奖金、劳务报酬、技术转让收入、承包所得以及股息、红利收入等。有相当一部分社会成员的个人收入已大大高于同期人均收入水平。为了调控消费基金增长，缓解社会成员之间收入过分悬殊的问题，以更好地贯彻按劳分配的原则，走共同富裕的道路，1986 年 9 月，国务院发布了《中华人民共和国个人收入调节税暂行条例》，决定从 1987 年 1 月 1 日起，对个人收入开征个人收入调节税。该《条例》规定，个人收入调节税的纳税义务人是具有中国国籍、户籍，并在中国境内居住，取得应纳税收入的公民。应纳税的个人收入包括：工资、薪金收入；承包、转包收入；劳务报酬收入；投稿、翻译取得的收入；利息、股息、红利收入；经财政部确定征税的其他收入。个人收入调节税根据收入来源不同，设计了两种税率，分别计算征收。一种是把工资、薪金收入，承包、转包收入，劳务报酬收入，财产租赁收入，合并为综合收入，采用超额累进税率。另一种是对专利技术转让、稿酬、利息等项收入，采用 20% 的比例税率。超额累进税率按全国不同类别的工资地区，划分为四个档次，每个档次都确定一个计税基数，未超过计税基数三倍的部分免税，从超过地区计税基数三倍的部分起，按超过的倍数实行累进税率。纳税人每月综合收入超过计税基数三倍至四倍的部分，税率为 20%；超过四倍至五倍的部分，税率为 30%；超过五倍至六倍的部分，税率为 40%；超过六倍到七倍的部分，税率为

50%；超过七倍以上的部分，税率为60%。

个人收入调节税的开征，有利于贯彻改革、开放、搞活的方针，促进经济体制改革顺利进行，调节公民个人之间的收入水平和增强公民依法纳税意识。

（二）进一步改革流转税

1984年9月18日，国务院发布了《中华人民共和国产品税条例（草案)》、《中华人民共和国增值税条例（草案)》和《中华人民共和国营业税条例（草案)》，标志着我国在经济发展要求之下一个新的流转税体系初步建立起来。但是这一流转税体系受当时各种主客观条件的限制，不可避免地还存在着一些缺陷和问题。一是增值税的征收范围过窄，工业环节重复征税的现象仍然普遍存在；对出口产品不能实行彻底退税，影响了对外贸易的进一步发展等。二是增值税征收制度不规范，税率档次多，扣除范围不一致，计算方法复杂而又不统一，出现了高税率低扣除、低税率高扣除和未征税扣除的现象，造成税制复杂、税负不平衡、税务部门和企业双方扯皮，使增值税普遍调节、稳定收入的合理性和优势没有得到很好发挥。三是在产品税、增值税和营业税结构的组合中，也存在着与经济发展不适应、不合理的问题，不利于流转税聚集财政收入和调控经济功能的发挥。

针对这些问题，根据税制必须适应生产专业化发展，促进国际经济交往和商品经济发展的要求，国家采取了一系列完善流转税制度的改革措施。

1. 调整增值税和产品税的征税范围

为了逐步解决重复征税问题，从1985年开始，首先选择了纺织品作为扩大增值税征收范围的对象，先后在武汉、上海两地进行试点，在取得经验的基础上，1986年2月，财政部发出了《关于对纺织品试行增值税的通知》，同年5月又发布了《关于对日用机械、日用电器、电子产品和搪瓷制品、保温瓶试行增值税的通知》，将纺织品和日用机电产品等纳入增值税的课税范围。1987年年初，又对化学短纤维、服装、中成药和兽药四种产品实行了增值税，把整个纺织行业和制药业都纳入了增值税的征收范围。1987 年 10 月，财政部发出了《关于调减部分轻工产品的税收负担和扩大增值税试行范围的通知》，对征收产品税的轻工产品（烟、酒等少数特殊消费品除外）、玻璃及其制品等，也实行了增值税，进一步扩大了增值税的征收范围。1988 年 6 月，财政部发出《关于对建材、有色金属等产品试行增值税的通知》，进一步将建筑材料、有色金属等产品和部分矿产品纳入了增值税的征收范围。1988 年 3 月，国家税务局又发出了《关于对工业性加工、工业性修理、修配改征增值税的通知》，对已经实行增值税的工业企业从事工业性加工和工业性修理、修配业务，由征收营业税改为征收增值税。

这样，经过 5 年的改革，征收增值税和产品税的范围发生了很大变化。从征收税目上看，产品税的税目由 270 个减少到 96 个，增值税已由过去的几个行业几个产品试行，发展到除卷烟、酒、石化、电力等产品以外的大部分工业产品。由于增值税范围的扩大，大大缓解了流转税重复征税的矛盾，促进了经济体制改革和国民经济的发展。从收入规模上看，1988 年，增值税收入占工商税收的比重由 1985 年的 13.29% 上升到 25.05%，占产品税、增值税的比重，由 1985 年的 21.49% 上升到 43.7%，增值税已成为中国税收体系中的重要税种之一。

2. 规范增值税的征收制度

在扩大增值税征收范围的过程中，对增值税的征收制度也进行了改革和完善。在总结几年来增值税实践经验的基础上，参照国际惯例，1987 年 3 月，财政部发布《关于完善增值税征核办法的若干规定》，对征收增值税的扣除项目范围、适用税率和计税方法等都做了统一规范。

第一，在扣除项目的范围上，由原来只扣除主要原材料或零部件，增加到扣除原材料、燃料、动力、低值易耗品、包装物和支付的委托加工费等 6 项，即把固定资产以外的物化劳动部分，都列入了扣除范围，为彻底排除重复征税的因素、最终实现税收负担合理化创造了条件。

第二，在税率的使用上，由原来分产品换算税率、税率档次多样化，逐步朝着简化税率方向发展，把差别税率的使用限制在一定范围内，初步形成14%的基本税率，从而向实现增值税税率规范化目标迈进了一大步。

第三，在计税方法上，由最初的"扣额法"与"扣税法"并用，统一到"扣税法"，并由"购进法"与"实耗法"并用，逐步向"购进扣税法"过渡。这一改进，将有利于建立增值税凭发票注明税款扣税制度的实施。

3. 调整营业税若干政策，增设新的营业税税目

营业税开征初期，对国营商业企业经营的商品批发业务，只就石油、五金、交电、化工四类商品征收营业税。执行中由于有的征税，有的不征税，出现了税负不公平。根据1985年7月30日国务院常务会议的精神，财政部于1985年9月发出通知，对国营商业企业（包括国营物资、供销、外贸、医药、文教及其他国营企业）经营其他商品的批发业务取得的收入，从1985年11月1日起征收营业税。与此同时，为了贯彻国务院批转国家计委等5个部门《关于铁道部门实行经济承包责任制方案的通知》精神，财政部决定，从1986年1月1日起，对铁道部直属铁路局运营业务收入的营业税税率，由15%降为5%。1986年12月，财政部发出《关于对国营建筑安装企业承包工程收入恢复征收营业税的通知》，决定从1987年1月1日起对国营建筑安装企业承包建筑安装工程、修缮业务及其工程作业所取得的收入，一律恢复征收营业税。

随着经济体制改革的深入进行和对外开放方针的贯彻实施，经济生活中出现了一些新的情况。如有的地区出现了典当业，转让土地使用权以及转让其他经济权益的行为越来越普遍。为了适应这些新情况，发挥税收调节经济的作用，贯彻公平税负的原则，统一税收政策，1988年5月18日，财政部发布了《对典当业征收营业税有关问题的通知》，1990年8月22日，财政部又发出了《关于营业税增设"土地使用权转让及出售建筑物"和"经济权益转让"税目的通知》，这样，营业税的税目就由原来的11个增加到14个，使一切有营业收入的单位都应依法纳税的原则得到了进一步贯彻，同时也进一步发挥了营业税调节经济的作用。

（三）建立、完善和恢复具有特定项目的税种，拓宽税收调节经济的领域

1. 在建筑税的基础上改征固定资产投资方向调节税

建筑税自 1983 年 10 月开征，在配合国家计划管理、控制投资规模、调整投资结构、集中资金保证国家重点建设方面，都取得了一定成效。但是，由于多种原因，固定资产投资领域仍然面临着投资规模难以有效控制，投资结构不合理和投资分散等严峻问题，说明建筑税的调节力度有限，调控作用难以充分发挥，其主要原因：一是调节范围有限，仅对自筹资金进行约束，不利于控制固定资产投资规模；二是差别税率设置不科学，仅按国家计划内外和是否属于楼堂馆所划分适用税率，没有很好地体现产业政策，不能有效地解决投资结构不合理的问题；三是管理办法不够严格，措施缺乏刚性，特别是越权减免税的现象较为普遍，源泉控制办法很不完善，税收流失和偷漏拖欠税款的现象比较严重。为了适应新的形势，1989 年党的十三届五中全会决定，改建筑税为固定资产投资方向调节税。其征收范围包括在我国境内所有单位和个人用于固定资产投资的各种资金。这同建筑税只对自筹投资征税相比有了明显改进，征税面和税基扩大，调节、监督的范围拓宽，强化了引导投资方向的作用。

2. 开征特别消费税

1988 年，生产消费流通领域出现了彩色电视机、小轿车等商品供求矛盾突出、经营渠道混乱、倒买倒卖牟取暴利的现象，严重损害国家和消费者的利益，扰乱了经济秩序。为了整顿和治理这种现象，调节消费，减少进口用汇，国务院决定从 1989 年 2 月起对彩色电视机实行专营，对小轿车加强销售管理，同时开征特别消费税。根据国务院的决定，1989 年 2 月和 4 月，国家税务局先后发出了《关于对彩色电视机征收特别消费税的通知》和《关于对小轿车征收特别消费税有关问题的规定》两个文件，制定了彩色电视机和小轿车特别消费税的具体征税办法。

开征特别消费税，在治理整顿彩色电视机和小轿车流通领域的混乱状况、调节供求关系、维护国家和消费者的利益方面，起到了积极的作用。

3. 改革和完善房产税

为了搞好城镇建设，促进合理建房，加强对房产的管理，发挥税收的经济杠杆作用，1986 年 9 月，国务院发布了《中华人民共和国房产税暂行条例》，从当年 10 月 1 日起实施。

新的条例同 1951 年《城市房地产税暂行条例》比较，对房产征税的部分做了较大的调整，一是扩大了征收范围，由原来只对核定的城市征收，扩大到所有城市、县城、建制镇和工矿区征收；二是调整了税率，年税率由原来房价的 1.8% 或房租的 18%，分别改为按房产余值的 1.2% 和按房产租金收入的 12% 征收；三是简化了计税依据，对从价征税的部分由过去规定按评定的标准房价计算，改为按房产价值一次减除 10%—30% 后的余额征税；四是增加了减免税规定，对个人自有自用非营业用房产，国家机关、人民团体、军队自用房产、宗教寺院、公园、名胜古迹自用的房产等，给予减免税照顾。

4. 恢复征收印花税

印花税在 1958 年简化税制时并入了工商统一税。1981 年，国务院批转财政部《关于工商税制改革的设想》中，明确提出要恢复征收印花税。随着经济体制改革的深入，经济情况发生了巨大的变化，商品经济迅速发展，资金、劳务、技术、信息、房地产等市场相继兴起，经济交往中书立和领受凭证已成为普遍现象；同时，一些经济法律、法规陆续制定和实施，为开征印花税提供了客观经济环境。1988 年 10 月 1 日起，对在中国境内书立、领受应税凭证的单位和个人，根据应纳税凭证的性质，分别按比例税率或按件定额征收印花税。

5. 开征筵席税

筵席税属于恢复征收的地方税种。1950 年 1 月政务院公布的《全国税政实施要则》，决定在全国开征特种消费行为税，1951 年 1 月，政务院发布《特种消费行为税暂行条例》，规定了筵席、冷食、电影戏剧及娱乐、舞场、旅馆 5 个税目。1953 年取消了特种消费行为税，把筵席税目并入营业税。改革开放以来，随着国民经济的迅速发展，人民生活水平明显提高，同时也出现了一些追求高消费的倾向。为了运用税收手段引导合理消费，提倡勤俭节约的社会风尚，1988 年 9 月 22 日，国务院发布了《中华人民共和国筵席税暂行条例》，对在中国境内设立的饭店、酒店、宾馆、招待所以及其他饮食营业场所举办筵席的单位和个人，征收筵席税。筵席税按次从价计征，税率为 15%—20%，起征点为一次筵席支付人民币金额 200—500 元。

6. 建立城镇土地使用税

开征城市土地使用税的目的，是为了合理利用城镇土地，用经济手段对土地进行控制和管理，调节不同地区、不同地段之间的土地级差收入，促使土地使用者节约用地，提高土地使用效益。从实际执行的情况看，它对加强城镇土地管理，建立地方税体系，增加财政收入，起到了明显的效果。

早在新中国成立初期，中国就开征了地产税。1951 年，政务院颁布的《城市房地产税暂行条例》，规定在城市中合并征收房产税和地产税，称之为城市房地产税。1973 年简化税制时，把对国内企业征收的城市房地产税并到工商税中。1984 年进行第二步"利改税"和工商税制全面改革时，决定恢复征收这个税种。根据宪法规定，城市土地属于国家所有。农村和城市郊区的土地，除由法律规定属于国家所有的以外，一律属于集体所有。因此，恢复征税后，采用地产税的税名已不符实，所以改名为土地使用税。当时，考虑到城镇使用土地涉及面广，情况复杂，暂时没有开征。经过几年反复调查研究，1988 年 9 月 27 日，国务院发布了《中华人民共和国城镇土地使用税暂行条例》，决定从 1988 年 11 月 1 日起，对在城市、县城、建制镇和工矿区使用应税土地的单位和个人征收土地使用税。城镇土地使用税以纳税人实际占用的应税土地面积为计税依据，依照规定税额计算征收。具体税额是按照大、中、小城市及县城、建制镇、工矿区分别规定。考虑到不同地区的土地级差收益差别很大的状况，采用了幅度税率并分等级的办法，由省、自治区、直辖市人民政府根据市政建设、经济繁荣程度，在税额幅度内，确定本地区各个等级的适用税额。

7. 开征耕地占用税

中国人多地少，耕地资源极为宝贵。为了加强土地管理，维护土地的社会主义公有制，保护、开发土地资源，合理利用土地，切实保护耕地，1986年6月25日第六届全国人大常委会第十六次会议通过《中华人民共和国土地管理法》，为土地管理提供了法律依据。《中华人民共和国土地管理法》实施以后，耕地减少的趋势有所控制，但是从全国看，城乡非农业建设乱占滥用耕地的情况仍然很严重。必须采取综合治理措施，运用法律的、行政的、经济的手段强化土地管理。耕地占用税是对占用耕地建房或者从事其他非农业建设的单位和个人，按其占用耕地的面积实行从量定额征收的税种。开征耕地占用税的目的，是为了促进土地资源的合理利用，加强土地管理，保护农用耕地，并为国家农业开发筹集资金。

1987年4月1日，国务院发布了《中华人民共和国耕地占用税暂行条例》，决定对非农业建设占用耕地征收耕地占用税。该《条例》规定，占用耕地建房或者从事其他非农业建设的单位和个人，都是耕地占用税的纳税义务人。耕地是指用于种植农作物的土地，占用前三年为用于种植农作物的土地，亦视为耕地。该《条例》所称耕地包括国家所有和集体所有的耕地。耕地占用税以县为单位，按人均占用耕地多少（按总人口现有耕地计算），并参照经济发展情况，确定适用税额。全国划分为四类地区，分别规定不同的税额。每平方米的税额，一类地区为2.0—10.0元，二类地区为1.6—8.0元，三类地区为1.3—6.5元，四类地区为1.0—5.0元。对农村居民新建住宅占用耕地减半征收。该《条例》还规定，经济特区、经济技术开发区和经济发达、人均耕地特别少的地区，适用税额可以适当提高，但是最高不得超过该《条例》规定税额的50%。

（四）进一步调整和完善涉外税收和关税制度

1. 对涉外税制的修改与补充

涉外税制是为对外开放这个总政策服务的。为了配合对外开放，利用外资，引进先进技术，发展对外经济技术合作，中国从1983年以来，几乎年年都做出新的税收优惠规定。如：

（1）1986 年 4 月，六届全国人大四次会议通过《中华人民共和国外资企业法》，对外资企业再投资退税问题做出了优惠规定；同年 10 月，国务院发布了《关于鼓励外商投资的规定》，对外商投资的产品出口企业和先进技术企业，在减免所得税和再投资退税等方面做出了进一步优惠的规定。

（2）1987 年 8 月，国务院发布了《关于对来华工作的外籍人员工资、薪金所得减征个人所得税的暂行规定》，即：计算税款，仍以《个人所得税法》的规定为依据，根据计算出来的应纳所得税额，实行减半缴纳。

（3）1988 年 5 月，国务院发布了《关于鼓励投资开发海南岛的规定》，对海南经济特区实行更加灵活开放的经济政策，使外商投资企业在所得税、流转税的某些方面，享受比深圳经济特区还要优惠的待遇。

（4）1988 年 6 月，财政部发布了《关于沿海经济开放区鼓励外商投资减征、免征企业所得税和工商统一税的暂行规定》。

（5）1990 年 9 月，经国务院批准，财政部发布了《关于上海浦东新区鼓励外商投资减征、免征企业所得税的暂行规定》。

2. 健全关税立法，完善关税制度

关税是国际通行的税种，是国家根据本国的经济和政治的需要，按照国家制定的方针政策，用法律形式确定的由海关对进出口的货物和物品所稽征的一种税。改革开放以来，为了贯彻国家对外开放政策，体现鼓励出口和扩大必需品的进口，保护和促进国民经济发展，保证国家的关税收入，我国不断对关税制度进行修改。如：

（1）制定海关法，确立关税的基本制度。1987 年 1 月 22 日，第六届全国人民代表大会常务委员会第十九次会议通过了《中华人民共和国海关法》，自 1987 年 7 月 1 日起施行。

（2）1987 年 9 月国务院对 1985 年 3 月发布的《中华人民共和国进出口关税条例》做了第一次修订，重新发布，同年 10 月 15 日起实施。该《条例》规定，中华人民共和国准许进出口的货物，除了另有规定的以外，都应当由海关按照《海关进出口税则》征收进口税或出口税。为了鼓励发展直接贸易，按照平等、互惠、互利的原则，进口税设普通税率和最低税率。对产自与中国未订有关税互惠条款贸易条约或协定的国家进口的货物，按最低税率征税。

三、适应市场经济的发展，建立现代税收制度

在市场经济体制的建设过程中，规范政府与企业的关系成为财税改革的一个重点领域。为此，20世纪90年代以来，国家进行了一系列相关改革。在中共中央、国务院的直接领导下，在多年酝酿、准备的基础上，从1992年起，财税部门加快了税制改革的步伐，1993年更是抓住机遇，迅速制定了全面改革工商税制的总体方案和各项具体措施，并完成了有关法律、法规的必要程序，于1993年年底之前陆续公布，从1994年起在全国实施。

（一）1994年税收制度的重大改革

为了适应市场经济的发展和分税制财税体制改革的要求，1994年，我国进行了税收制度的重大改革。

这次税制改革的指导思想是：以复合税制为基础，统一税法、集中税权、公平税负、简化税制，规范分配方式，理顺分配关系，保障国家财政收入的稳定增长，建立符合社会主义市场经济发展要求的税收体系。改革侧重于税制的结构调整，实行公平税负、鼓励竞争，主要内容有：

1. 建立以增值税为主体的新流转税制度

按照充分体现公平、中性、透明、普遍的原则，在保持总体税负不变的情况下，参照国际上流转税的一般做法，彻底改变了原流转税按产品分设税目，分税目制定差别税率的传统做法，确立了在生产和流通环节普遍征收增值税，并实现价外计税的办法。1993年12月国务院发布了《中华人民共和国增值税暂行条例》，增值税实行13%和17%两档基本税率。明确规定了允许扣除的增值税范围和建立了凭专用发票注明税款扣税的制度。增值税一般纳税人要进行专门的税务登记，对会计核算不健全的小规模纳税人，实行按销售收入6%的征收率征税的简便办法。

2. 对部分产品开征消费税

在普遍实行增值税的基础上，选择了少数产品交叉征收消费税。消费税的征收范围仅限于生产、委托加工和有关规定允许进口的消费品，共设有 11 个税目，采取从价定率和从量定额两种征收办法，纳税环节确定在生产环节。1993 年 12 月国务院发布了《中华人民共和国消费税暂行条例》。

3. 营业税制的改革

新的税收体系对提供劳务、转让无形资产和销售不动产保留征收营业税。重新规定了营业税的征收范围和纳税人，合理调整了营业税的税目，共设置了 9 个征税项目，针对不同税目设置了 3%、5% 和 5%—20% 三档不同的税率。1993 年 12 月国务院发布了《中华人民共和国营业税暂行条例》。

改革后的新流转税制度，统一适用于内资企业和外商投资企业，取消了对外商投资企业征收的工商统一税。原来征收产品税的农、林、牧、水产品，改为征收农业特产税和屠宰税。

4. 统一企业所得税制度

改革企业所得税制度，目的是理顺国家与企业的分配关系，为各类不同经济性质的企业创造平等竞争的环境。这次改革取消了按所有制性质设置所得税的做法，对国有企业、集体企业、私营企业以及股份制和各种形式的联营企业，均实行统一的企业所得税制度，相应取消了大中型国营企业调节税，规范了税前扣除项目和列支标准，在统一税基的前提下，实行 33% 的比例税率，并统一实行由纳税人就地向主管税务机关缴纳的办法。1993 年 12 月 13 日，国务院发布了《中华人民共和国企业所得税暂行条例》。实行统一的内资企业所得税后，国有企业不再执行承包上缴所得税的办法。此次改革同时还取消了国有企业在所得税前归还贷款的规定，取消了国有企业上缴国家能源交通重点建设基金和国家预算调节基金的规定。中外合资企业、中外合作企业和外商独资企业仍按《外商投资企业和外国企业所得税法》及其有关规定征收企业所得税。

5. 简并个人所得税

新的税收制度将过去的个人收入调节税、适用于外籍人员的个人所得税和城乡个体工商户所得税简并，建立统一的个人所得税。1993 年 10 月国务院发布了修改后的《中华人民共和国个人所得税法》。新的个人所得税法适用于有纳税义务的中国公民和从中国境内取得收入的外籍人员，改革后的个人应纳税所得在原税法规定的 6 项基础上新增加了 5 项，即个体工商户的生产、经营所得，个人的承包经营、承租经营所得，稿酬所得，财产转让所得和偶然所得；税率采用国际通行的超额累进制即工资、薪金所得采用 5%—45% 的九级超额累进税率；个体工商户的生产、经营所得采用 5%—35% 的五级超额累进税率，同时根据对纳税人基本生活费不征税的国际惯例，合理确定了税收负担水平。在计税方法上，从本国实际出发，采取了分项征收的方法，并在对原个人所得税法规定的免税项目进行调整的基础上形成了规范的减免税规定，对外籍人员采用了加计扣除额的照顾办法。

6. 农业税的改革

为了适应新形势下农业税征收管理工作的需要，加强农业税制与工商税制的衔接，1994 年 1 月国务院颁布了《关于对农业特产收入征收农业税的规定》，将原来的农林特产农业税和原工商统一税中的农林牧水产品税目合并，改为农业特产税。将烟叶、牲畜产品列入农业特产税的征收范围，解决了部分产品交叉征税的问题，扩大了农业特产税的税基，并相应调整了税率。为了保持农业税收政策的连续性，稳定纳税人的税收负担和地方财政收入，原征收产品税的农业特产品与原农林特产税的应税农产品，合并征收农业特产税以后，仍保留原两税规定的纳税人、纳税环节、计税依据和征收办法，各个环节的税负基本不变。明确了减免范围和减免权限，同时授予省级人民政府确定增加新的应税产品，在规定的范围内确定部分应税产品的税率和制定本地区农业特产税征收管理实施办法等权力。

7. 其他税收制度的改革和调整

一是开征土地增值税，1993 年 12 月国务院发布了《中华人民共和国土地增值税暂行条例》，明确规定了土地增值税纳税人的范围，凡有偿转让房地产的行为都属于征税范围，土地增值税实行四级超额累进税率，最低税率为 30%，最高税率为 60%。二是改革资源税，1993 年 12 月国务院发布了《中华人民共和国资源税暂行条例》，改革后的资源税征收范围为矿产品和盐，并重新确定了 7 个税目。三是改革城市维护建设税，以及调整城镇土地使用税税额。四是把对股票交易征收印花税的办法，改为征收证券交易税。五是将特别消费税和烧油特别税并入消费税，盐税并入资源税。

经过 1994 年税制改革，我国基本上形成了以流转税和所得税为主体、其他税种相互配合的多环节、多层次调节的复合税制体系，初步具备了现代税制的基本特征。改革后的税制由原来的 37 个减少到 23 个税种，按课税对象划分，具体情况是：

（1）流转税类（4 个），包括增值税、消费税、营业税和关税；

（2）所得税类（4 个），包括企业所得税、外商投资企业和外国企业所得税、个人所得税、农（牧）业税（包括农业特产税）；

（3）资源税类（2 个），包括资源税、城镇土地使用税；

（4）财产税类（5 个），包括房产税、城市房地产税、车船使用税、车船使用牌照税、船舶吨税；

（5）行为税类（8 个），包括城市维护建设税、固定资产投资方向调节税、印花税、土地增值税、屠宰税、筵席税、契税、耕地占用税。

在进行税制改革的同时，国务院做出了税政与税务职能分离的决定，在国务院批准的财政部"三定"方案中明确规定：财政部在税政方面的基本职责是制定和解释工商税收、关税和农业税收的税法、条例、规定及有关实施细则。税务局负责税收的征收与管理。这样就为我国在税收体制方面的立法与执法分离奠定了基础。

（二）1994 年以后对税制的进一步调整

在新税制投入运行之后，各方面反映出的问题千头万绪，有些问题是预料之内的，也有许多问题是始料不及的。财政部和国家税务总局随时了解运行情况，并派出若干调查组，深入细致地进行调查研究，了解新旧体制变更过程中出现的问题，广泛听取各方面的意见和反映，针对一些原来考虑不周的方面和新出现的问题，对新税制进行调整、补充和完善。仅1994年财政部和国家税务总局就先后下发各类政策性文件160多份，对新税制执行中出现的问题提出补充规定，对有关政策进行微调，及时解决了新税制运行中带有普遍性的问题。以后，又逐年实行了一些必要的调整。概括起来，1994年以后，我国税制调整的主要措施是：

1. 增值税政策的调整

（1）调整了期初存货已征税款的处理办法。从1995年起5年内实行按比例分期抵扣的办法，每年的抵扣比例为1995年年初期初存货已征税款余额的20%。

（2）1994年，对增值税一般纳税人支付的运输费用和收购的废旧物资准予按10%的扣除率计算进项税额予以抵扣。从1998年7月1日起，增值税运费的抵扣率由10%调减为7%。

（3）实行先征后返政策，如在2005年年底以前，对民族贸易县县级国有民族贸易企业和供销社企业销售货物，按实际缴纳增值税税额先征后返50%。

（4）调整增值税的减免政策

第一，自2001年5月1日起，对废旧物资回收经营单位销售其收购的废旧物资，免征增值税。

第二，对境外捐赠人无偿向受赠人捐赠的直接用于扶贫、慈善事业的物资，免征进口关税和进口环节增值税。

第三，在2005年年底以前，对经国务院批准成立的电影制片厂销售的电影拷贝收入，免征增值税。

第四，对各级政府及主管部门委托自来水厂（公司）随水费收取的污水处理费，免征增值税。

第五，对企业生产的单一大宗饲料、混合饲料、配合饲料、复合预混料、浓缩饲料，从2001年8月1日起免征增值税。

第六，从 1998 年 1 月 1 日起，对农村电管站在收取电价时一并向用户收取的农村电网维护费，免征增值税。

第七，从 1998 年 1 月起，对国家计划内进口钾肥、磷酸二铵、复合肥、农药成药和农药原药，免征进口环节增值税等。

（5）实行即征即退政策：

第一，自 2000 年 6 月 24 日起至 2010 年年底以前，对增值税一般纳税人销售其自行开发生产的软件产品，按 17% 的法定税率征收增值税后，对其增值税实际税负超过 3% 的部分实行即征即退政策。

第二，对增值税一般纳税人销售其自行生产的集成电路产品，按 17% 的法定税率征收增值税后，对其增值税实际税负超过 6% 的部分实行即征即退政策等。

2. 消费税政策的调整

（1）自 1994 年 1 月 1 日起，将金银首饰消费税纳税环节由生产环节改为零售环节，并将税率由 10% 调整为 5%。

（2）从 1998 年 7 月 1 日起，将一类卷烟和进口卷烟的消费税税率由 40% 提高到 50%，同时将四类、五类卷烟和雪茄烟的消费税税率由 40% 降到 25%。

（3）自 1999 年 1 月 1 日起，将消费税中的"汽油"税目分为"含铅汽油"和"无铅汽油"，同时将"含铅汽油"的税率由 0.20 元/升调整为 0.28 元/升。

（4）自 1999 年 1 月 1 日起，除对香皂仍执行 5% 的税率外，其他护肤护发品（如雪花膏、面油、花露水、头油、发乳、洗发水等）的消费税税率统一由 17% 降为 8%。

（5）2006 年 4 月 1 日起，对我国消费税的税目、税率及相关政策进行调整。此次政策调整是 1994 年税制改革以来消费税最大规模的一次调整。调整的主要内容是：新增高尔夫球及球具、高档手表、游艇、一次性筷子、实木地板等税目。增列成品油税目，原汽油、柴油税目作为此税目的两个子目，同时新增石脑油、溶剂油、润滑油、燃料油、航空煤油 5 个子目。取消护肤护发品税目。调整部分税目税率，现行 11 个税目中，涉及税率调整的有白酒、小汽车、摩托车、汽车轮胎几个税目。此次政策调整对进一步增强消费税调节功能，促进环境保护和资源节约，更好地引导有关产品的生产和消费，全面落实科学发展观和构建节约型社会具有重要意义。

3. 营业税政策的调整

（1）免税政策的有关规定

第一，自 2000 年 10 月 22 日起，凡交通、建设部门贷款或按照国家规定有偿集资修建路桥、隧道、渡口、船闸收取的车辆通行费、船舶过闸费，所收资金全额纳入财政专户，并实行"收支两条线"管理，不缴纳营业税。

第二，各铁路局下属的非独立核算单位在本铁路局范围内从事铁路大修业务，不缴纳营业税。

第三，对财政部、国家税务总局《关于证券投资基金税收问题的通知》中规定的"基金管理人运用基金买卖股票、债券的差价收入，在 2000 年年底以前暂免征收营业税"的优惠政策，予以延期 3 年，即延长到 2003 年 12 月 31 日止。

第四，对纳入全国试点范围的非营利性中小企业信用担保、再担保机构，其从事担保业务收入，3 年内免征营业税。

第五，中国信达资产管理公司、中国华融资产管理公司、中国长城资产管理公司和中国东方资产管理公司，在收购、承接、处置不良资产时，可享受以下税收优惠政策：一是对资产公司接受相关的国家银行的不良债权，借款方以货物、不动产、无形资产、有价证券和票据等抵充贷款本息的，免征资产公司销售转让该货物、不动产、无形资产、有价证券、票据以及利用货物不动产从事融资租赁业务应缴纳的增值税和营业税。二是对资产公司接受相关的国有银行的不良债权取得的利息收入，免征营业税。三是资产公司所属的投资咨询类公司，为本公司承接、收购、处置不良资产而提供资产、项目评估和审计服务取得的收入免征营业税。

第六，为缓解中小企业融资难的问题，对企业主管部门或企业集团中的核心企业等单位向金融机构借款后，将所借资金拨给下属单位（包括独立核算单位和非独立核算单位），并按支付给金融机构的借款利率水平向下属单位收取用于归还金融机构的利息不征收营业税。

第七，从 2000 年 7 月 1 日起，对外汇管理部门在从事国家外汇储备经营中，委托金融机构发放的外汇贷款利息收入，免征营业税。

第八，对世行贷款粮食流通项目免征建筑安装工程营业税和项目服务收入营业税。

第九，对电影发行单位向放映单位收取的发行收入，免征营业税等。

（2）调整营业税税率

第一，从 1997 年 1 月 1 日起，为了应对金融风险，将金融保险业的营业税由 5% 提高到 8%，所增加的收入归中央财政；但为了配合积极财政政策的实施，从 2001 到 2003 年，中国金融保险业的营业税税率又逐年降低到原来水平，即从 8% 降低到 5%，每年下调一个百分点。

第二，从 2001 年 1 月 1 日至 2002 年 12 月 31 日，对农村信用社继续按照 6% 的税率征收营业税，其中按照 5% 税率计征的部分由地方税务局征收，按照另外 1% 税率计征的部分由国家税务局征收；从 2003 年 1 月 1 日起，对农村信用社按照 5% 的税率征收营业税，由地方税务局负责征收。

第三，从 2001 年 5 月 1 日起，夜总会、歌厅、舞厅、射击、狩猎、跑马、游戏、高尔夫球、保龄球、台球等娱乐行为的营业税统一按 20% 的税率执行。

4. 所得税政策的调整和企业所得税的并轨

（1）减免税政策

第一，1997 年调整了对金融保险企业的所得税税率，由 55% 降至 33%。

第二，自 2000 年 1 月 1 日起，对在我国境内没有设立机构、场所的外国企业，其从我国取得的利息、租金、特许权使用费和其他所得，或者虽设有机构、场所，但上述所得与其机构、场所没有实际联系的，减按10%的税率征收企业所得税；对设在中西部地区的国家鼓励类外商投资企业，在现行税收优惠政策执行期满后的3年内，可以减按15%的税率征收企业所得税。

第三，从2001年1月1日起，农村信用社年应纳税所得额在3万元（含3万元）以下的，暂减按18%的税率征收企业所得税；年应纳税所得额在3万元以上、10万元（含10万元）以下的，暂减按27%的税率征收企业所得税。

第四，在2003年年底前，对中国储备粮管理总公司及其直属粮库的财政补贴收入免征企业所得税（也免征印花税、房产税、土地使用税和车船使用税）。

第五，勘探设计单位改为企业的，自2001年1月1日后注销《事业单位法人证书》或事业单位编制的年度起，至2004年12月31日止减半征收企业所得税。

（2）调整费用列支政策

第一，外商投资企业所发生的技术开发费，可按规定享受加计50%抵扣应纳税所得额的优惠待遇。

第二，对企业、事业单位、社会团体和个人向慈善机构、基金会等非营利机构的公益、救济性捐赠，准予在缴纳企业所得税和个人所得税前全额扣除。

第三，部分经济效益好的企业为职工建立的补充养老保险，缴纳额在工资总额4%以内的部分以及企业为职工建立的补充医疗保险，提取额在工资总额4%以内的部分，准予在缴纳企业所得税前全额扣除；非试点地区企业为职工建立补充医疗保险，继续执行国务院《关于建立城镇职工基本医疗保险制度的决定》确定的标准，提取额在工资总额4%以内的部分，从职工福利费中列支，福利费不足列支的部分，经同级财政部门核准后列入成本，准予在缴纳企业所得税前全额扣除。

第四，从2000年1月1日起，企业、事业单位、社会团体和个人等社会力量，通过非营利性的社会团体和国家机关（包括中国红十字会）向红十字会事业的捐赠，在计算缴纳企业所得税和个人所得税时准予全额扣除。

第五，高新技术企业的有关费用列支政策。企业研究开发新产品、新技术、新工艺所发生的各项费用，不受比例限制，计入管理费用，在年终计算应纳税所得额时，按计税工资予以纳税调整。赢利企业研究开发新产品、新技术、新工艺所发生的各项费用，比上年实际发生额增长达到10%以上（含10%），其当年实际发生的费用除按规定据实列支外，年终经由主管税务机关审核批准后，可再按其实际发生额的50%，直接抵扣当年应纳税所得额；增长未达到10%以上的，不得抵扣。亏损企业发生的研究开发费用，只能按规定据实列支，不能实行增长达到一定比例抵扣应纳税所得额的办法。企业为开发新技术、研制新产品所购置的试制用关键设备、测试仪器，单台价值10万元以下的，可一次或分次摊入管理费用，其中达到固定资产标准的应单独管理，不再计提折旧。盈利企业研究开发费用比上年增长达到10%以上的，其实际发生额的50%，如大于企业当年应纳税所得额，可就其不超过应纳税所得额部分，予以抵扣；超过部分，当年和以后年度均不再抵扣。

第六，凡在我国境内投资于符合国家产业政策技术改造项目的企业，其项目所需国产设备投资的40%，可在企业技术改造项目设备购置的当年，从该企业比前一年新增的企业所得税中抵扣。

第七，提高个人所得税的费用扣除余额（日常被称为"起征点"）。其措施分为如下两个阶段：①根据2005年12月19日《国务院关于修改〈中华人民共和国个人所得税法实施条例〉的决定》的规定，从2006年1月1日起，个人所得税起征点提高至1600元；②根据2008年2月18日，国务院总理温家宝签署通过的《国务院关于修改〈中华人民共和国个人所得税法实施条例〉的决定》，自2008年3月1日起个人所得税起征点提高至2000元。

（3）从2008年起实施内外资企业所得税的"两法合并"。

　　长期以来，我国企业所得税按企业性质分别立法，内资企业适用1993年国务院公布的《企业所得税暂行条例》，外资企业适用1991年第七届全国人民代表大会通过的《外商投资企业和外国企业所得税法》。这种两套企业所得税法并存的局面，缘于我国改革开放初期迫切需要引进大量外资、先进的生产技术和管理经验，以充分发挥"后发优势"，加快我国国民经济发展。为此，单独制定了相对宽松优惠的适用于外商投资企业和外国企业的所得税法。但在我国加入世界贸易组织后，对外资企业的诸多限制正在逐步取消，此时针对外企的税收优惠成了真正的"超国民待遇"，这必将使内资企业处于一个不平等的竞争地位，影响统一、规范、公平竞争的市场环境的建立，进而影响到国民经济的健康运行和社会主义和谐社会的构建。2007年3月16日，十届全国人大五次会议表决通过了《中华人民共和国企业所得税法》。中国从此将逐步告别企业所得税"双轨"时代。所谓"两税合一"或者"两法合并"，是指将两部法律法规统一成一部所得税法，在税率等方面对内外资企业一视同仁。根据新的《中华人民共和国企业所得税法》，从2008年1月1日开始，内资企业所得税率从原来的33%降到了25%，和外资企业享受一样的税率，而且中小企业和微利企业以及符合国家产业政策的企业，也将享受一样的税率。

　　5. 进出口税收政策的调整

　　（1）全面清理调整进口税收优惠政策。如1994年，清理关税和进口环节增值税、消费税的减免规定等。

　　（2）调整和改革关税税率。1996年4月1日起，将进口关税的算术平均税率由35.9%降至23%；从1997年10月1日起，又将关税税率由23%降至17.04%。从1999年1月1日起，关税总水平又进一步降低到16.5%。2001年，我国的平均关税水平降到15%左右。2002年1月1日起，中国开始履行加入WTO承诺的义务，关税总水平从15%降至12%，2003年则下降至11.3%，在2004年和2005年进一步降至10.5%和10%左右。

　　（3）调整出口退税率。1996年1月1日起，对报关离境的出口货物，除已经国家税务总局批准按 14% 退税率退税的大型成套设备和大宗机电产品外，一律按下列退税率计算退税：一是农产品、煤炭退税率为 3%；二是以农产品为原料加工生产的工业品和适用 13% 增值税税率的其他货物，退税率为 6%；三是适用 17% 增值税税率的其他货物，退税率为 9%。我国平均出口退税率达到 15%。软件出口企业的软件产品出口后，凡出口退税率未达到征税率的，经国家税务总局核准，可按征税率办理退税。从 1998 年 1 月 1 日开始，国家陆续提高了纺织原料及制品、纺织机械、煤炭、钢材、水泥、船舶、七类机电产品、五类轻工产品等的出口退税率；从 1999 年 1 月 1 日起，将机械及设备、电器及电子产品、运输工具、仪器仪表等四大类机电产品的出口退税率提高到 17%，将农机、纺织原料及制品、钟表、鞋、陶瓷、钢材及其制品、水泥的出口退税率提高到 13%，将有机和无机化工原料、涂染颜料、橡胶制品、玩具及运动用品、塑料制品、旅行用品及箱包的退税率提高到 11%；将原适用 6% 出口退税率的商品统一提高到 9%；将农产品的出口退税率统一提高到 5%。中国当时出口退税率的具体档次为 17%、13%、11%、9% 和 5%，平均出口退税率提高到 15.51%。

2004 年 1 月 1 日《财政部、税务总局关于调整出口退税率的通知》正式出台，决定降低一般性出口产品退税率，调低或取消国家限制出口产品和部分资源性产品出口退税率。在现行出口结构下，出口退税率平均下调 3 个百分点左右。同时，建立中央和地方共同负担出口退税的新机制，对超基数部分的应退税额，由中央和地方按 75∶25 的比例共同负担。2005 年 1 月 1 日起又进一步降低了地方负担比例，对超基数部分实行 92.5∶7.5 的比例共同负担。

6. 农业税收政策的调整和农业税的取消

（1）修改原《中华人民共和国契税暂行条例》。修改的主要内容是：将对土地所有权转移征税，改为对土地使用权转移征税；统一了各种经济成分的税收政策，缩小了减免税范围，税率下调了 1—3 个百分点；取消了对典当行业征收契税；修改了计税依据。新的《中华人民共和国契税暂行条例》自 1997 年 10 月 1 日起施行。

（2）调低部分产品的农业特产税税率，进一步规范农业特产税政策。从 1999 年 1 月 1 日起，将烟叶收入的农业特产税税率由 31% 降到 20%，并按调整后的烟叶收购价格计算纳税；对单位和个人收购的猪皮，暂停征收农业特产税；对单位和个人收购的牛皮、羊皮暂按 5% 的税率征收农业特产税。

（3）从 2000 年起，中央决定把安徽作为农村税费改革试点，在全省范围内推进农村税费改革，基本确立了由农业税及其附加税、"一事一议"筹资筹劳为主要内容的新税费制度框架。其主要内容可以概括为"三个取消，一个逐步取消，两个调整和一项改革"即"取消屠宰税，取消乡镇统筹款，取消教育集资等专门面向农民征收的行政事业性收费和政府性基金；用三年时间逐步减少直至全部取消统一规定的劳动积累工和义务工；调整农业税政策、调整农业特产税征收办法，规定新农业税税率上限为 7%；改革村提留征收和使用办法，以农业税额的 20% 为上限征收农业附加税，替代原来的村提留"。安徽的试点改革经验随后逐步在全国范围内推行。

（4）从 2004 年起全面取消除烟叶以外的农业特产税，推进减征、免征农业税改革试点，5 年内全面取消农业税，进一步减轻农民负担；当年，除国务院确定吉林、黑龙江两个粮食主产省为进行免征农业税改革试点的省份外，上海、北京、天津、浙江、福建 5 个省市也自主决定免征农业税，西藏自治区一直实行免征农牧业税政策；河北、内蒙古、辽宁、山东、江苏、江西、安徽、河南、湖北、湖南、四川等 11 个粮食主产省（区）及广东省降低农业税税率 3 个百分点；其余省份降低农业税税率 1 个百分点。2005 年全国减免农业税步伐进一步加快，有 26 个省（自治区、直辖市）宣布取消农业税，到 2006 年全面取消了农业税。

（三）加强税收的征收管理

随着我国市场经济的发展和现代税收体系逐步健全，在经济高速增长的同时，由税务机关组织的收入占整个财政收入的比重不断上升，税收广泛介入经济、社会各个领域，直接参与国民收入的分配和再分配，各种利益分配矛盾也与税收问题交织，因此，偷逃税与反偷逃税的斗争尖锐、复杂，生产、流通、分配等领域出现了许多新情况、新问题。一些地区和部门的领导机关，从局部利益出发，不顾国家整体利益，出现了一些越权减免税，甚至承包流转税等错误做法，影响国家财政收入的稳定增长。因此，加强税收征管成为提高政府财政收入的关键环节之一。

为了解决税收征收管理中存在的问题，保持国家税法的严肃性，保证国家的税收收入能够及时足额地上缴国库，1992 年 9 月 4 日，七届全国人大常务委员会第 27 次会议通过了《中华人民共和国税收征收管理法》。为了配合 1994 年全面的税制改革，1993 年 8 月 4 日国务院公布了《中华人民共和国税收征收管理实施细则》。使得《征管法》的实施操作更加具体化。《征管法》及其《实施细则》是在过去各项有关法规和条例的基础上，总结吸收了近些年税收征收管理方面的成功经验，从中国国情出发并借鉴国外税收征收管理有益做法而制定的。

针对一些地方出现的越权擅自减免所得税、承包流转税等问题，1991 年国家税务局发出《关于加强国营企业所得税征收管理的通知》，要求各地必须按照国务院的决定执行，不得越权擅自减免所得税，对应征税的企业改为上缴利润办法的，应予纠正，照章征收所得税。税务部门不得层层下放减免税权限，所有减免税事项，都必须按照现行税收管理体制的规定办理，切实加强对国营企业所得税的征管工作。

1992 年 11 月 20 日国务院发出了《关于加强流转税管理的通知》，强调了流转税是我国的主要税种，是国家进行宏观调控的重要经济杠杆，也是国家财政收入的主要来源。通知指出，国家税法必须统一，各地区、各部门不得自行决定对企业承包流转税；要坚决纠正越权减免流转税；要严格按照税法对内资企业征税，不得擅自变通税法。此通知下发后，国家税务总局又发出电报，要求各级税务机关立即贯彻落实国务院通知精神，切实加强流转税的管理。

1993 年 7 月国务院下发了《关于加强税收征管和严格控制减免税收

的通知》，全国税务系统积极行动起来，坚决停止了一切临时性、困难性的减免，纠正了各种违反税法的行为。另外，各级税务机关集中人员，层层对越权减免税进行了清理。全国共清理各类越权减免税规定 5096 条，清理出 1992 年越权减免税金额 53.5 亿元，其中包括承包流转税影响税收金额 37 亿元。进一步整顿了税收秩序，强化了依法治税。

为了严厉查处打击骗取出口退税的犯罪活动，1993 年年初召开全国加强出口产品税收管理工作会议，专门研究部署开展打击骗取出口退税犯罪活动。之后，国家税务总局与中纪委、监察部联合严肃查处了一系列重大骗税案件，全年共查处骗税案件 115 起，为国家挽回了大量经济损失。1994 年国家税务总局与最高人民检察院多次共同研究打击骗税活动的措施，并直接查处了 10 起重大骗税案件，有力地打击了不法分子骗税的嚣张气焰，抑制了骗取出口退税的犯罪活动，有效地保证了出口退税政策的顺利执行。

为适应新的经济形势下税收征管工作的需要，税务部门在征管手段方面也相应进行了一系列改革。如逐步实现税收征管的计算机化，1992 年税务部门就在有关部门的积极配合下，完成了企业代码和普查数据的微机录入、修改和审核工作。1994 年税制改革以后，又提出了建立严格的税务稽核制度的任务，先从城市、重点税种征管做起，推进税收征管计算机化，经过 5 年到 7 年的努力，逐步形成全国性的、纵横贯通的税收征管计算机网络。

建立以纳税人自核自缴为基础的申报制度，使税务人员可以从大量繁重的核税、开票等事务性工作中解脱出来，从而加强税务稽查和检查，这就要求统一和规范纳税人的税务管理代码，统一各税的纳税申报表和缴款书等表式，并简化和规范有关表式的内容，合理简化和修订纳税程序。同时广泛推行税务代理制度，建立健全税务代理的规章制度，建立一支合格、合法、能满足工作需要的税务代理人队伍，进行专门的税务代理人资格统考和资格认定，理顺税务代理的管理体制。

第二节　非税收入管理的逐步规范

在我国，非税收入包括预算内非税收入和预算外非税收入。对非税收入的管理最初实质上是从预算外资金管理起步的。

一、加强预算外资金管理，逐步整合财政资金

预算外资金是根据国家有关规定不纳入国家预算的财政性资金。同预算内资金相比较，预算外资金具有专用性、分散性、灵活性的特点。改革开放以来，随着国民经济的迅速增长和放权让利的改革，我国的预算外资金也迅速增长，并发挥了重要的作用。与此同时，针对预算外资金规模失控、规范不足、问题较多的情况，各级财政积极探索预算外资金管理办法，包括清理整顿、规范收费管理以及费改税等。

（一）预算外资金发展概况

我国的预算外资金由来已久，实际上早在 20 世纪 50 年代就存在。在传统的高度集中的计划经济体制下，预算外资金项目很少，金额也小，只有少量的税收附加收入和少数的专项事业收入。这主要是因为，这些资金已有专门的用途，不能用于平衡预算，便放在预算之外管理。对行政机关、事业单位的零星收入，包括房租水电和处理公物收入按冲抵支出处理。

1979 年实行经济体制改革后，扩大了地方政府和企业自主权，逐步调整中央与地方、国家与企业的分配关系，政府财政收入结构发生了很大变化，在预算内收入逐年增长的同时，预算外资金的范围也发生了较大变化，规模不断扩大，并且保持了较快的增长速度。当时的预算外资金主要包括三个方面：一是地方财政的各项税费附加；二是行政事业单位的一些收费、基金；三是国有企业的折旧基金、税后留利等。据统计，1982 年

全国预算外资金为 802 亿元，1988 年增加到 2360 亿元，相当于当年财政收入的 92%，1992 年达到 3855 亿元，10 年间增加了 3.8 倍，年均增长 17%，高于同期预算内收入增幅近 6 个百分点。在预算外资金中，增加较多的项目是国有企业的各项专用基金和行政事业单位按规定获取的收费（基金）。

1993 年，根据社会主义市场经济体制的客观要求，国家颁布了新的《企业财务通则》和《企业会计准则》，对企业财务与会计制度进行了全面的改革。按新的财务会计制度规定，国有企业折旧基金和税后留用资金，由企业自主支配，不再作为预算外资金管理，从而预算外资金的范围相应缩小，只包括各级财政的预算外资金和行政事业单位的收费（基金）两部分，按调整后口径统计，1993 年全国预算外资金决算为 1432 亿元，1994 年为 1862 亿元，1995 年为 2406 亿元。

但这些统计数字并不准确，存在着漏报、少报的问题，也不包括某些地方擅自将预算内收入转到预算外以及各部门和各单位未计入预算外管理的"小金库"资金。例如，1996 年在预算外资金清理检查工作中，查出 1995 年全国预算外资金共有 3843 亿元（不含社会保险基金），比原决算数字高出 1437 亿元。

随后，1996 年，在国务院《关于加强预算外资金管理的决定》发布之后，预算外资金重新定性，即预算外资金属于财政性资金，不是部门和单位的自收自支的资金。某些单位通过市场取得的经营性收入，不作为预算外资金。同时要求相当一部分预算外资金逐步纳入预算内管理。按这一新口径计算，1996 年预算外资金总额为 3893 亿元。

改革开放后，我国预算外资金管理主要经历了两个阶段：第一阶段以 1986 年国务院发布《关于加强预算外资金管理的通知》为标志；第二阶段以 1996 年国务院发布《关于加强预算外资金管理的决定》为标志。这反映了我国预算外资金管理逐步走向规范化的历史性变迁，而且随着财税体制改革的深入，着重对行政事业性收费和政府性基金进行清理整顿，取消不合法、不合理的收费项目；将部分事业收费转为经营性收费，国家对其征税；对一些体现政府职能、具有税收特征的收费，分别用相应的税收取代，保留的部分尽可能纳入预算内实行收支两条线管理。

（二）预算外资金管理改革的探索

1. 1986 年改革预算外资金管理的探索

1978 年后，由于我国经济体制改革沿着放权让利的思路进行，预算外资金也迅速膨胀起来。为了加强预算外资金管理，引导预算外资金发挥其调动地方、单位和企业的积极性、支持经济发展等作用，在以往制定的单项管理制度基础上，先后制定了包括地方财政附加、行政事业性收费、企业专用基金、预算外资金报表和预算外资金综合管理等内容在内的一系列规章制度。1983 年，发布了第一个全国性、综合性的预算外资金管理规章——《预算外资金管理试行办法》，这一办法对规范预算外资金管理起到了一定的积极作用，但还不适应预算外资金迅速膨胀所带来的加强管理的客观要求。

为了改进预算外资金管理，1986 年国务院发布了《关于加强预算外资金管理的通知》（简称《通知》），对预算外资金管理做了一系列规定。《通知》首次确定了预算外资金的性质和范围，明确了预算外资金的管理方式和基本内容，提出了对预算外资金进行宏观控制和引导的要求，使预算外资金收支和管理有章可循，初步实现了预算外资金管理制度的系统化、规范化。其主要内容如下：

（1）对事业行政单位的预算外资金可以在资金所有权不变的前提下，采取"财政专户储存、计划管理、财政审批、银行监督"的管理方式，即：事业行政单位设预算外资金专户，单位用款须向财政部门报送计划，经财政部门审批后，由银行根据财政部门批准的用款计划监督使用。

（2）对国有企业及主管部门的预算外资金本着宏观控制、微观搞活的原则，采取"计划管理、政策引导"的管理方式，即：企业编制的预算外资金收支计划，由主管部门汇总后，报送财政部门按照国家有关政策要求批准实施。

各地还根据国家有关加强固定资产投资管理和控制社会集团购买力的

规定，建立了自筹基本建设资金来源审批制度和购买专控商品资金来源审批制度，规定凡预算外资金用于自筹基本建设和购买专控商品都必须报送财政部门审查资金来源，经批准后才能用于自筹基建、购买专控商品。

此外，1986年以来，财政部门通过对行政事业单位预算外资金实行专户储存管理，将分散在各部门、各单位的预算外资金集聚起来，并利用资金存入和使用时间间隔形成的沉淀部分，支持企业技术改造和补充流动资金，解决商业企业的临时急需，促进生产发展，加速流通环节资金周转，提高预算外资金的使用效益，努力培植新的财源。

随着我国经济体制改革的不断深入，社会财力分配格局和经济活动发生了很大变化，原有的预算外资金管理制度和办法已不能适应市场经济发展和政府宏观调控的需要，也不能满足防范腐败和廉政建设的要求。1986年颁布实施的《通知》对预算外资金所规定的"所有权、使用权"两权不变的管理原则和政策，不利于加强预算外资金管理。存在的主要问题表现在以下几个方面：

（1）部门和单位把预算外资金视为自提自用、自行支配的自有资金，导致大量预算外资金分散于地方和各部门，侵蚀了税基，影响了财政收入，特别是中央收入，扰乱了分配秩序，增加了企业、农民、居民的负担，严重削弱了财政分配职能。一些部门和单位擅自设立基金或收费项目，以此作为增加本部门和单位收入来源的"捷径"，随意扩大征收范围和提高标准。有的增加一项新业务，就随之设立新收费项目，并且由各部门、各单位自收自支，形成众多的"小财政部"。实践证明，这种预算外资金所有权和使用权归部门和单位自有的规定，存在明显弊端：一方面造成了财政预算内收支和预算外收支相互脱节，无法统筹运用预算内外综合财力，导致有限的财力资源得不到有效利用。另一方面，不少部门和单位受"两权不变"思想的影响，受小团体利益驱动，收支活动缺乏严格管理和监督，大量体现政府职能的预算外资金游离于预算管理之外，既不上缴财政专户，也不向财政部门报送收支计划和决算，使财政部门在政府财政比较困难的情况下，无法统筹运用综合财力平衡预算，严重削弱了财政分配职能,使国家预算的严肃性和完整性原则得不到贯彻。

(2)预算外资金收支活动脱离财政管理和人民代表大会监督,违法违纪现象严重。由于缺乏有效的管理和监督机制,资金使用管理松弛。有的用预算外资金发放钱物、请客送礼或挥霍浪费;有的用于放贷、投资;有的则用于购买豪华小轿车、商品房或私设"小金库",甚至贪污犯罪。有些地方以不正当手段大量隐瞒财政收入,将预算内资金转移到预算外。这些违法乱纪现象,既加剧了固定资产投资和消费基金的膨胀,扰乱了经济秩序,又助长了不正之风和腐败现象的发生,败坏了党风和社会风气。

(3)原有的预算外资金管理制度不完善,难以适应新形势下加强预算外资金管理的需要。一是全国没有统一的预算外资金管理制度,各地虽然也制定了一些条例或管理办法,但管理内容和使用范围不统一,尤其是新出现的一些本应纳入预算内或作为预算外资金管理的政府性基金或收费,其相当部分没有纳入财政管理。二是没有建立健全预算外资金收支计划的管理制度,预算内外资金两张皮,预算外资金在安排使用上随意性较大,财政部门无法有效进行监督,影响了预算内外综合财力的整体使用效益。三是现行的单位财务会计制度对预算外资金核算科目规定也不统一,有的甚至没有使用科目,或作为其他收入,或根本就不入账,在体外循环,预算外资金管理的基础工作很不健全。

2. 1996 年以来预算外资金管理改革的探索

1996 年 7 月,针对预算外资金收取、使用和管理中存在的严重问题,国务院颁布和实施了《关于加强预算外资金管理的决定》,其基本情况如下:

(1)指导思想

主要是根据公共财政分配原则、财政预算完整性和统一性原则以及健全财政职能的要求,明确预算外资金性质,重新界定预算外资金范围,并通过制定和实施全国统一的预算外资金管理办法,逐步规范政府分配秩序,增强政府宏观调控能力,健全财政分配职能,堵塞各种财政漏洞,铲除容易滋生腐败的土壤,使预算外资金管理真正适应社会主义市场经济发展的客观要求。

（2）主要特点

《关于加强预算外资金管理的决定》充分考虑了推进市场经济建设进程和振兴国家财政的要求，在管理的广度和深度上都比1986年的管理办法有实质性的突破，体现了新形势下经济改革与经济发展的要求，其主要特点是：

第一，明确了政府分配的基本模式。从长远发展和整体管理的高度，提出了预算外资金是建立合理的财政分配体系前过渡时期的历史产物，它随着财政分配关系的理顺和财政职能的加强，最终必将绝大部分纳入预算内管理。

第二，明确了预算外资金的性质。以前的有关规定不明确，预算外资金由部门和单位自行收取，自主支配，其所有权和使用权归收取的部门和单位，这就模糊了预算外资金的性质，影响和削弱了财政管理。为此，《关于加强预算外资金管理的决定》改变了原预算外资金所有权和使用权部门和单位所有的规定，明确了预算外资金是国家财政性资金，不是部门和单位自收自支资金，必须纳入财政管理，澄清了多年来的模糊认识，为预算外资金管理扫清了思想障碍。

第三，确定了规范的预算外资金管理办法，为今后顺利纳入财政预算管理奠定了基础。原来的预算外资金管理办法实行的是部门和单位自收自支，坐收坐支，单位既当"会计"，又当"出纳"，收支混为一体，缺乏相互制约的监督机制，弊端很多。为了消除这些缺陷，《关于加强预算外资金管理的决定》明确提出，预算外资金管理办法要参照预算内资金管理模式，建立预算外资金的预决算制度，收入必须上缴财政专户，支出由财政按计划统筹安排，从财政专户中拨付，实行收支两条线管理，为预算外资金纳入规范化、制度化管理提供了制度保证。

第四，明确了财政管理职能部门与有关部门之间的关系。《关于加强预算外资金管理的决定》中明确规定："财政部门是预算外资金管理的职能部门，要认真履行职责，建立健全各项管理制度，积极做好各项服务工作，及时拨付预算外资金，切实加强对预算外资金的管理。"同时，还对计划（物价）、审计、监察等部门提出了管理要求，这有利于各部门之间的协调配合，共同推进预算外资金的规范化管理。

第五，明确了社会保障基金的管理办法，提出了社会保障基金在建立社会保障预算之前，暂按预算外资金管理办法进行管理，这有利于推进社会保障制度改革。

（3）主要内容和管理措施

国务院《关于加强预算外资金管理的决定》涉及面较宽，内容较多。为贯彻落实好这一决定，财政部还制定了《预算外资金管理实施办法》、《中央预算外资金财政专户管理暂行规定》等配套文件，同时，在《事业单位财务规则》中也增加了有关预算外资金财务管理的制度。这些文件规定对加强和改进预算外资金管理有着非常重要的作用。其主要内容和措施包括：

第一，重新界定了预算外资金范围。过去有关规定是根据单位的所有制性质划分预算外资金的，即只要是全民所有制单位，除国家财政拨付的预算资金外，部门和单位收取、提取和留用的其他资金都作为预算外资金。这种界定不利于划清不同资金的性质以及政府行为和市场行为的关系，不利于加强财政管理和监督，不适应社会主义市场经济的客观要求。

《关于加强预算外资金管理的决定》根据社会主义市场经济发展的要求和公共财政分配原则，在明确预算外资金为财政性资金的前提下，重新界定了预算外资金的范围。明确规定：预算外资金是指国家机关、事业单位和社会团体为履行或代行政府职能，依据国家法律、法规和具有法律效力的规章而收取、提取和安排使用的未纳入国家财政预算管理的各种财政性资金。并对其范围做了具体划分，主要包括：符合国家规定而审批的各种行政事业性收费（基金和附加）、主管部门从所属单位集中的上缴资金，用于乡政府开支的乡自筹和统筹资金等。

这样，重新界定的预算外资金范围与原预算外资金范围相比有四个方面的变化：一是从管理法规上明确了国有企业已提取各项基金（包括税后留利）已不再作为预算外资金管理；二是地方财政部门按国家规定收取的各项税费附加，作为地方财政固定收入，统一纳入地方财政预算后，不再列入预算外资金的管理范围；三是事业单位和社会团体通过市场获得的并不体现政府职能的经营服务性收入，不作为预算外资金管理，但要依法纳税；四是将乡自筹和乡统筹资金明确纳入预算外管理。

第二，禁止将预算内资金转移到预算外。一些地方和部门存在着利用"预算暂存"、"预算暂付"等科目，以预留或退库的方式大量隐瞒财政收入，将预算内资金转移到预算外，逃避各方面的监督，随意开支等违法乱纪行为。这是加强预算外资金管理亟待解决的问题。对此，按照《预算法》的要求，禁止将预算内资金转移到预算外的有关内容在《关于加强预算外资金管理的决定》中有了明确规定：任何部门和单位都不得隐瞒财政收入，不得将财政预算内资金转为预算外资金，也不得擅自将财政拨款转为有偿使用，更不得账外设账和私设"小金库"。凡发现隐瞒财政收入的，要将收入全部上缴上一级财政。同时，追究有关部门和本级政府领导的责任，情节严重的，要给予行政处分，直至撤职。构成犯罪的要按有关法律移送司法部门追究刑事责任。

第三，完善财政预算分配制度，将部分预算外资金纳入财政预算管理，保证国家预算的完整性和统一性。例如，从 1996 年起将 13 项数额较大的政府性基金（收费）约 1500 亿元纳入财政预算管理，是加强预算外资金管理的一项重要措施。因为，这些政府性基金（收费）都是凭借政府权力收取的，在一定程度上具有"准"税收性质，将其中的部分资金纳入预算内管理，不仅是履行财政分配职能的需要，也符合市场经济条件下公共财政预算完整性和统一性的要求。2002 年 7 月，为规范预算编制工作，财政部颁发《财政部中央部门预算编制规程（试行）》，对预算编制、执行、调整各阶段的时间安排、具体工作事项、预算编制流程中不同责任主体的职能权限等做出具体、明确的规定。2002 年 11 月，为进一步加强预算外资金"收支两条线"管理，规范政府收入分配秩序，推进综合预算，颁发了《财政部、中国人民银行关于将部分行政事业性收费纳入预算管理的通知》，将经贸、外贸、人事等部门和单位的 118 项行政事业性收费纳入财政预算管理。这些资金纳入财政预算管理后，财政部门和有关部门共同加强管理，也有利于保证资金专款专用，更好地发挥这些资金的作用。根据《关于加强预算外资金管理的决定》，对这些资金实行收支两条线管理。有关部门在取得这些基金（收费）收入后，要按现行财政体制和财务规定，及时上缴金库。资金使用由有关主管部门提出计划，用于基建投资的经过国家计划部门平衡，财政部门按规定拨付。考虑到政府性基金（收费）的具体要求，这些基金（收费）纳入财政预算管理后，对其收支在预算上单独反映，按规定专款专用，不得挪作他用，也不能用于平衡预算。

第四，重申了行政事业性收费、基金审批权限，严格控制行政事业性收费和政府性基金规模。各种行政事业性收费（基金）是预算外资金的主要来源，预算外资金规模不断膨胀，管理混乱，与收费（基金）过多过滥有着直接的联系。因此，《关于加强预算外资金管理的决定》重申了行政事业性收费（基金）的审批权限的管理规定，各部门、各单位都必须按规定的审批权限设立收费（基金）项目，越权收费和建立基金都属乱收费行为，必须坚决制止，彻底解决收费和基金项目过多过滥的问题。这里很重要的是重新界定税、费、价的关系。税是政府为提供公共服务，而以国家政治权力向法人和居民的强制征收；费则是政府为提供个别的、特定的服务而对指定对象收取的费用，是服务对象自求服务的付费，这种服务的特点是必须依据政府的权力才能实现，而且是因政府进行社会管理的需要而进行的；价是行政事业单位经营性服务的收费，不属于政府进行社会管理的需要。因此，预算外资金属于政府行为，本质上体现为财政性资金。

第五，建立预算外资金收支预决算制度，对预算外资金实行收支两条线的财政专户管理办法。首先，《关于加强预算外资金管理的决定》明确规定，各部门和各单位要按规定编制预算外资金收支计划和决算，报财政部门审批，解决预算外资金收取和支用不规范和随意性的问题。其次，财政部门要在银行设立预算外资金财政专户，对预算外资金实行收支两条线管理。各部门和单位取得的预算外资金收入要缴入财政专户，支出由财政部门根据预算外资金收支计划从财政专户中核拨，部门和单位按规定的用途安排使用财政部门从专户核拨的资金。

在暂时还不能将所有预算外资金纳入预算管理的情况下，对预算外资金要加强规范化管理，必须改变单位收支一体化和坐收坐支的做法，建立财政专户，实行收支两条线管理。这是因为：①预算外资金是体现政府职能的财政性资金，国家必须加强宏观管理与调控。②收支一体化，既当"会计"又当"出纳"的管理机制缺乏有效的制约和监督。③实行财政专户管理，是将预算外资金纳入财政预算内管理的重要步骤。这里所讲的财政专户比原"专户储存"在管理功能上有所改进。原专户储存是在资金所有权不变的情况下，为单位预算外资金进行储存或保管式的管理，不能起到对单位收入和支出进行有效的管理监督。所以，预算外资金财政专户是针对单位实施收支两条线管理设置的，在管理功能上相当于预算内的金库。

第六，严格了预算外资金的使用管理，防止乱支挪用。《关于加强预算外资金管理的决定》对预算外资金的使用方向和支出范围做了明确规定：一是专项用于公共工程和公共事业的基金和收费，以及其他专项资金，要按计划和规定用途专款专用，由财政部门审核后分期拨付资金；二是用于工资、奖金、补贴、津贴和福利等方面的支出，必须严格执行财政部门核定的项目、范围和标准；三是用于固定资产投资的支出，要按国家规定立项，纳入国家固定资产投资计划，并按计划部门确定的国家投资计划和工程进度分期拨付；四是用于购买专项控购商品方面的支出，要报财政部门审查同意后，按国家规定办理控购审批手续。同时，还进一步规定：严禁将预算外资金转交非财务机构管理、账外设账、私设"小金库"和公款私存；严禁用预算外资金搞房地产等计划外投资，或从事股票、期货等交易活动以及各种形式的高消费。

第七，建立健全监督检查制度，严肃查处各种违法乱纪行为。预算外资金管理涉及面广，是一项比较复杂的系统工程，仅靠财政部门一家是不够的，需要政府各有关部门协调配合，才能形成管理的合力。为此，《关于加强预算外资金管理的决定》要求，各级人民政府在加强对预算外资金管理的同时，要接受同级人民代表大会或其常务委员会对预算外资金管理和使用情况的监督；各级财政、人民银行、计划（物价）、审计、监督等部门要认真履行各自的职责，相互协调配合，对预算外资金收支活动的有关问题进行监督检查；对违反预算外资金管理规定者，除了采取经济处罚措施外，还要视情节轻重追究有关人员的行政责任或法律责任。

国务院《关于加强预算外资金管理的决定》的颁布，进一步规范了我国预算外资金的管理，有利于理顺社会主义市场经济体制下财政分配关系，逐步将预算外资金纳入财政预算统一管理，保证体现政府职能的分配活动完整统一地反映在国家预算中；有利于改变大量体现政府职能的财政性资金游离于财政管理与监督之外的状况，增加政府财政有效支配的财力，保证国民经济健康发展。

进入 1998 年，党中央国务院为了全面规范预算外资金管理运行秩序，努力从源头上预防和治理腐败，加强勤政廉政建设，整顿财政分配秩序，增强各级政府宏观调控能力，于当年 6 月 19 日批转了《财政部、国家计委、监察部、公安部、最高人民检察院、最高人民法院、国家工商行政管理局关于加强公安、检察院、法院和工商行政管理部门行政性收费和罚没收入"收支两条线"管理工作的规定》，决定对四个部门的行政性收费和罚没收入实行"两个三分一规"，即收缴分离，罚缴分离，收支分离，规范收入管理；分灶吃饭，分级负担，分别定标，规范支出管理的工作目标实施财政管理。1999 年，中共中央办公厅、国务院办公厅又转发了《监察部、财政部、国家计委、中国人民银行、审计署关于 1999 年落实行政事业性收费和罚没收入"收支两条线"规定工作的意见》，将实行"收缴分离"、"罚缴分离"的单位扩大到交通、城建、教育、卫生、海关、环保、农业、民航、劳动、土地管理、质量技术监督、计划生育、出入境检验检疫等 13 个部门，并提出了当年要达到的 6 条标准。

按照党中央、国务院的总体部署和要求，各级财政部门从 1998 年开始，在各级党委、人大、政府、政协的领导和纪检监察部门的大力支持下，充分发挥牵头部门的职能作用，把认真落实"收支两条线"规定作为开展反腐败斗争、深入贯彻实践"三个代表"重要思想的重要内容。通过实施"收支两条线"管理：一是规范了部门和单位执收执罚行为。实施"收支两条线"管理后，职能部门在执收执罚时，只按规定项目和标准开具行政处罚决定书或缴款通知书，不直接收款，而由代收银行开票收款，收缴罚缴彻底分开，避免乱收滥罚，自收自支，坐支挪用等问题。二是规范了票据使用。实施"收支两条线"管理后，绝大部分收费由委托银行开票代收，达到了以票管费的目的，把住了收费和罚没收入的源头。三是促进了党风廉政建设，节省了开支，使执法部门专心做好本职工作。四是提高了财政资金使用效益。实施"收支两条线"管理后，各地通过采取结余调控、比例调控、资金调度等形式，强化了政府分配职能，不仅缓解了部门之间苦乐不均现象，而且集中了一定的财力用于重点工程建设。

2001 年年底，国务院办公厅转发了《财政部关于深化收支两条线改革，进一步加强财政管理意见的通知》，以综合预算编制为出发点，以预算外资金管理为重点，以强调收支脱钩为中心，以国库管理制度改革为保障，明确提出进一步深化"收支两条线"改革的步骤与相关措施，成为 2001 年乃至今后年度预算外资金管理的纲领性文件，标志着对预算外资金的管理进入了一个新的时期，它在以下几个方面有重大突破：

第一，突出强调"脱钩"概念。多数中央部门在向财政部报送下年度预算时，都是根据当年所收取的预算外资金收入，加上以前年度结余的专户资金，来确定部门的年度预算外支出计划，支出计划的编制完全依赖于预算外收入规模，还将预算外资金视为自有资金，收了就要用，收支还是挂钩。《财政部关于深化收支两条线改革，进一步加强财政管理意见的通知》指出部门不再对预算外资金提出使用计划，其经费支出由财政核定，收支完全脱钩，实现了真正意义上的"收支两条线"，是财政管理的一次突破性改革。

第二，逐步取消预算外资金留用比例。在管理实践中，为了方便用款，减少缴拨款层次，财政允许一些部门按一定的比例留用预算外资金，比如林业预算外资金 30% 留归用款单位使用，另外 70% 上缴中央财政。随着国库集中支付制度等配套改革的推进与逐步实现，财政部门对用款单位的拨款效率得到进一步提高，留用政策这一权宜之计原有的作用已经弱化，取消已成必然。否则的话，数量不少的预算外资金不能通过财政专户反映，"收支两条线"管理将大打折扣。

第三，将执法部门的预算外收入纳入预算管理。按照建立公共财政预算体制的要求，进一步规范执法部门的行政性收费，公安、法院、工商等执法部门的经费应由财政预算予以保障，不再用预算外资金安排支出。预算外资金收入不再和本部门的支出安排挂钩，逐步淡化和取消预算外资金，全部纳入预算管理。

第四，增加部门财政收支的透明性。改革以后，部门的支出由财政安排，各部门、各单位利用自有资金和预算外资金安排的支出，将一切收支活动均纳入部门的综合预算，避免形成财政支出的"黑洞"，提高了部门财政收支的透明性。目前，林业预算外资金已纳入部门预算管理，实现了真正意义上的综合预算。

由此可见，对预算外资金的"收支两条线"管理不仅是指收入与支出分别核定，更重要的是收入与支出之间不能再有挂钩关系。"收支两条线"管理的内涵可概括为：一是在管理范围上，对所有的财政性资金，包括行政事业性收费（基金）、罚没收入都要实行"收支两条线"管理；二是在管理方式上，强调收支脱钩，并由此规定了行政事业性收费的收支运作机制，即收入上缴国库或预算外资金财政专户，支出由财政按计划从国库或预算外资金财政专户中核拨；三是在征管体系上，实行票款分离，实行"单位开票，银行代收，财政统管"，执收单位原则上不得直接收取预算外资金；四是以财政专户来保证落实"收支两条线"工作。

二、改革税费制度，规范政府行为

税费制度改革是 1998 年新一届政府的施政目标之一，又是财税体制改革与完善的重要内容。

（一）政府收费的基本状况

在经济体制改革特别是财税体制改革的过程中，随着财权的逐步下放，地方政府和部门财权的扩大，收费、基金、集资（以下简称收费）等非税收入项目越来越多，规模越来越大，也存在着许多隐患。

1. **政府非税收入的基本情况**

（1）项目多。到 1998 年年底，全国性及中央部门行政事业收费共有 300 多项，地方收费项目情况不一，最多的省份有 470 多项，最少的省份也有 50 多项；全国各种政府性基金共计 200 多项，其中，除 40 多项是经过国务院或财政部批准设立外，其余 100 多项均为省级及省级以下政府部门设立。

（2）分布广。几乎所有的部门都有收费，收费涉及工业、交通、商业、农业、林业、水利、文化、卫生、教育等部门，甚至包括公安、检察院、法院和城市街道居民委员会。

（3）金额大。据不完全统计，1997 年全国收费、基金总额为 4187 亿元，比上年增长 15.4%，占当年国民生产总值的 5.6%，相当于财政收入的 48%。其中收费 1800 亿元，基金 2387 亿元，分别比上年增长 24.2% 和 9.9%。

收费作为政府参与社会产品分配和再分配的补充形式，是各级政府和有关部门开展工作的财力保障，对于促进国民经济和社会事业的发展，曾经发挥了一定的积极作用。但是，由于多方面的原因，收费运行中各种问题长期累积，导致一些矛盾越来越突出，已经严重影响到社会经济的健康发展。

2. **收费领域存在的主要问题**

（1）收费管理失控，越权立项屡禁不止。按照国家现行规定，行政事业收费的审批权集中在中央和省两级，由财政部门会同物价部门审批，重要的报国务院或省级人民政府审批，省级以下政府及部门无权设立收费项目。政府性基金的审批权集中在中央，由财政部会同有关部门审批，重要的报国务院批准。但是，由于一些地方和部门受利益驱动，从本位主义出发，擅自审批和越权自行设立收费、基金项目，而且是屡禁不止，扰乱了正常的收费管理秩序。

（2）乱收费加重了企业、农民的负担。收费过多过滥加重了企业负担，严重扰乱了政府和企业的分配关系，挤占了国家预算内收入，不利于企业自我发展、自负盈亏。农村乱收费则直接加重了农民的负担。由于一些部门和地方在国家规定之外，越权出台种种要农民出钱、出物、出工的收费、集资和摊派项目，搞各种形式的达标升级活动，加重了农民负担，造成部分地区干群关系紧张，影响了农村的社会稳定。例如，1997 年涉及农民的收费负担主要有四类：一是随农业税征收的农牧业税附加达 18 亿元，占当年农民人均纯收入的 0.015%。二是村提留乡统筹费。据统计，1997 年全国农村的提留统筹费总额为 703 亿元（其中乡统筹为 289 亿元，村提留为 414 亿元），占当年农民人均纯收入的 3.58%。三是农村义务工、劳动积累工。1997 年两工合计为 81.7 亿个劳动工作日，按每个工作日 10 元计算，以资代劳金为 817 亿元，占当年农民人均纯收入的 4.45%。四是各种社会负担。包括地方、部门出台的收费、集资、摊派、基金和罚款。据农业部不完全统计，1997 年各种社会负担的金额为 240 亿元，占当年农民人均纯收入的 1.35%。以上四项负担合计共占农民当年人均纯收入的 9.385%。总体看，农民的负担不轻。究其原因主要有：第一，一些地方盲目追求经济发展速度，超越现阶段本地区的财政承受能力和农民经济承受能力，以赶超办法发展农村的各项事业。第二，各种集资、摊派和达标活动大量存在，搞形式主义，侵害了农民利益。教育集资、水利集资、办电集资等集资活动出现反弹。1997 年水利集资比上年增长了 12.8%，办电集资比上年增长了 50.2%。第三，省级以下财政体制尚未理顺。乡镇一级政府没有固定的税收收入来源，财政收入无法满足开支需要，乡镇机构为了维持运转，就向农民伸手。第四，高估、平摊农业特产税、屠宰税。第五，乡村财务管理混乱，财务制度不健全，缺乏民主监督，少数干部目无法纪，挥霍、侵吞集体和农民的资财。第六，搭车收费。有的地方在农民交售公粮、结婚登记、学生入学时，强行搭车收取保险费、计划生育费、报刊发行、教育集资等费用。

（3）侵蚀税基，以费挤税。由于收费部门和单位多从自身利益出发，凭借管理职权和行政手段收取，往往出现"费收容易，税收难"的状况。面向企业的收费进入成本，从而侵蚀了税基，减少了国家的税收收入；面向行政事业单位的收费通过财政安排，增加预算支出。这些都会导致财政减收增支。

（4）坐支挪用，滋生腐败。由于收费资金脱离财政管理和人大监督，多由收费单位自收自支，有些单位公款私存，挪用购买高级小轿车，修建楼堂馆所，超标准盖办公用房，甚至贪污私分，中饱私囊，挥霍浪费，败坏了党风和社会风气。

（5）收费养人，养人收费，助长机构膨胀。收费主体由过去的个别执法部门扩大到几乎所有的行政事业单位，比如，光中央部门涉及收费的部门多达60个，地方参加收费的部门更多；收费形式呈多样化，有的由主管部门直接收，有的由政府部门集中收，有的委托银行收，还有的下放到下属事业单位甚至社会团体收，已经形成每增加一项新业务，都要以经费不足为由要求设立收费项目的状况；收费养人刚性化，一些地方为了满足某些管理的需要，成立了一些管理机构，增加了不少人员，在财政供给有限的情况下，靠收费来维持这些机构的运转，助长了机构膨胀。

正是由于收费制度存在上述问题，党中央、国务院从1990年起，为了规范收费制度，减轻企业、农民和社会负担，先后发布了一系列文件，分批分期地取消了不少乱收费项目，降低了不合理的收费标准，纠正了自行扩大的收费项目，取缔了一些非法票据，规范了收费资金的管理，统一实行"收支两条线"管理，收到了不少的成效。

但是，"三乱"现象依然屡禁不止，究其原因，除了收费制度不健全以外，认识上存在偏差也是一个重要原因。长期以来，一些地方和部门从局部利益着眼，在收费问题上产生了一些错误认识。一是将收费看做是筹集事业发展资金、消费资金的重要财源，是为本地区、本部门办好事的有效手段，因而巧立名目，以费挤税，逃避政府宏观管理，造成了资金的体外循环。二是认为地方、部门政策的制定应与经济利益挂钩，造成了重复设立收费项目，上下级之间、地区之间、部门之间职能交叉，互相攀比。三是认为政府对社会实施宏观管理时也可引进市场机制，从而不恰当地扩大了所谓有偿服务的范围，导致政府履行职能商品化。

（二）收费制度改革的必要性

首先，从维护国家和社会稳定的大局出发，制止"三乱"、推进收费制度改革势在必行。名目繁多的收费项目加重了企业、农民和社会的负担，严重干扰了企业正常的生产经营活动，直接影响了国有大中型亏损企业摆脱困境，不利于国有企业改革目标的实现。农民负担问题不仅是一个分配问题、经济问题，更是一个政治问题，一些地方和部门不顾农民的切身利益，向农民伸手，搭车收费，严重影响了党中央、国务院关于减轻农民负担政策的落实，损害了党群关系、干群关系，不利于农村政权的稳定。因此，从正确处理改革、发展、稳定三者的关系出发，必须进行收费制度改革。

其次，从强化政府宏观调控能力的角度看，也要求压缩收费规模，改革收费制度。政府分配主体多元化、收费资金使用部门化的状况，严重干扰了正常的社会分配秩序，挤占了财政收入，分散了国家财力，肢解和弱化了财政职能，削弱了国家的宏观调控能力。在我国经济体制向社会主义市场经济转换的过程中，通过改革收费制度，把收费纳入国家财税部门管理范围，实现政府收费管理的规范化、法制化，是增加国家财力、增强政府行政能力和国家宏观调控能力的一条有效途径。

最后，收费制度改革可以规范政府行为、实现政府收支机制规范化，防止腐败。"费改税"的主要着眼点，不仅仅是把一部分政府收费行为改为征税，更重要的是通过这一项改革，能够实现整个政府收入机制的规范化，进一步理顺分配关系和分配秩序，促进经济社会的有序运行。通过收费来弥补经费不足、维持机构运转，发奖金搞福利，不适当地扩大政府有偿服务范围的做法，不仅助长了部门权力的商品化，为滋生腐败提供了土壤，而且这种收费关系违背了政府部门实施公共管理和提供公共服务的职能要求，造成政企职责不分。因此，从规范政府行为、防止腐败的角度看，也必须对现有的收费制度进行改革。

（三）收费制度改革的政策措施

1. 收费制度改革的指导思想和基本原则

收费制度改革的指导思想是：根据社会主义市场经济条件下转变政府职能的客观要求，通过进一步完善和深化财税体制改革，正确处理分配关系，规范政府行为，坚决取缔各种乱收费，将一些体现政府职能且具有税收性质的收费，用相应的税收取代，逐步建立以税收收入为主、少量规费为辅的政府收入体系。通过这项改革，清理和取消大量不合法、不合理的收费，减轻企事业单位和人民群众的负担。

收费制度改革的基本原则是：

（1）树立全局观念，规范收费管理，取消不合法、不合理的收费项目，降低不合理的收费标准，从根本上减轻企业事业单位和人民群众的负担。

（2）整顿政府分配秩序，实现政府收支机制规范化，合理调节中央与地方及部门间的分配关系，将一些收费改为税收，纳入预算管理，同时，规范收费分配方式，改变目前收费大多由部门和单位自收自支、缺乏必要财政管理和审计监督的状况，将其纳入各级人民代表大会的监督范围。实现以税聚财、集中理财，增强政府的宏观调控能力。

（3）总体设计，重点突破，先易后难，尽快在交通车辆收费方面实行试点，以率先示范，积累经验，逐步加快改革步伐。

2. 收费制度改革的总体思路

第一，按照转变政府职能和逐步建立公共财政的要求，取消政府实施公共管理和提供普遍性公共服务收取的管理费，所需经费由财政统筹安排。

第二，政府在一定时期为支持某些重点产业和重点事业发展，主要通过税收形式筹集资金，由财政合理配置。如教育、电力、基础设施等，过去国家在这些方面设立的一些基金，要逐步由税收取代，今后国家原则上不再设立基金。

第三，政府向社会实施某些特定管理或某些特殊服务的，可以参照国际惯例，收取必要的规费，如证书工本费、注册费等，由被服务对象承担部分服务成本，但要实行规范化财政管理。

第四，凡开发利用国有资源，按照有偿使用原则，可以由所有者向使用者根据资源的稀有程度，收取一定的费用。

第五，属于市场经营行为，服务者与被服务者之间形成有偿服务关系的，根据自愿原则，由服务者向被服务者收取相应的费用，如律师服务费、科技咨询费等，所得收入依法纳税。

根据上述思路，对现有收费区别不同情况，采取"一清二转三改四留"的办法分别进行处理。"一清"是对现有的收费、基金进行清理整顿的基础上，取消不合法、不合理的部分项目。"二转"是将现有收费中体现政府职能，可以通过市场竞争形成的收费，转为经营性收费，依法纳税。"三改"是将一部分体现政府职能、具有税收特征的收费改为相应的税收，纳入税收管理体系。"四留"是对现有收费中符合国际惯例、确有必要保留的少量规费，继续予以保留，并实行规范化管理。

3. 收费制度改革的主要内容

（1）清理整顿现有收费、基金项目。坚决取消不合法、不合理的收费项目，合并和取消重复设置的收费项目，降低不合理的收费标准。对国家为支持某些重要事业发展和重点工程建设而设立的基金，已规定征收期限的，征收期满即停止征收；没有规定征收期限的，征收期限原则上截止到 2000 年年底；个别基金 2000 年后确需延长征收期限的，需报国务院批准后执行。

（2）通过"费改税"使一部分收费规范化。将一些具有无偿性、强制性、固定性的税收性质的收费项目，实行"费改税"，用相应的税收取代。在实行"费改税"的过程中，一方面要考虑公平原则，既要处理好受益人与纳税人的关系，也要处理好中央与地方以及地方各级政府之间的分配关系，避免争夺税源的不公平竞争；另一方面也要体现效率原则，不仅要减少资源配置的扭曲，而且要降低征收成本，并保证"费改税"后能够提高收入水平，加强征管力度；同时，要充分利用现有税制，保持税制结构的相对稳定，对用税收取代的收费、基金，能够用现有税种涵盖的，可通过增加有关税目或合理提高税率等途径解决，尽量少设置新的税种。对无法纳入现有税种或纳入后可能带来诸多矛盾的收费项目，则通过开征适当的新税种予以取代。比如，通过调整农业税实际征收率，将乡统筹费、农牧渔业税附加等政府性收费、基金并入农业税；通过开征燃油税，取代交通方面的养路费、公路客运附加费、公路运输管理费、水路运输管理费等。

（3）将经营性收费市场化并严格管理。随着社会主义市场经济政府职能的转变，一些原来由政府部门承担的社会事务，将按照市场原则，转由中介服务机构去承担，与此相应的一些事业性收费不再属于政府行为。比如，一些委托检验、科技咨询、信息开支、公路经费公司收取的费用，都应该走向市场，转为经营性收费，依法纳税。

对目前附加在价格上的一些基金，比如铁路建设基金、电力建设基金、邮电附加、城市公用事业附加等，虽然以价格为载体，但其不是价格的组成部分，不属于价格的范畴，而属于政府性基金的管理范畴。对于这部分要通过深化财税体制改革，理顺价格关系，逐步加以取消。

（4）对保留的少量规费实行规范化管理。实行"费改税"后，按照国际惯例和我国经济管理的实际需要，还有一些收费需继续保留。这类收费大体包括五类：第一，政府向法人和城乡居民实施特定管理或提供特殊服务收取的各种证照工本费、注册费。第二，政府机关为维护国家主权而实施的收费，如海关监管手续费、签证费等。第三，政府机关或政府授权机构向国有资源使用者收取的使用费、补偿费，如海域及土地使用金、城市道路挖掘占用费、占用农业灌溉水源工程设施补偿费等。第四，一些带有惩罚性的收费，如超标排污费、海洋废物倾倒费等，按照效率优先的原则予以保留。第五，少量暂不宜取消或规定的征收期限未满且难以实施"费改税"的政府性基金，如三峡工程建设基金、水利建设基金等，经国务院批准后，在一定时期内继续征收。

为了能巩固税费改革的成果，防止出现新的乱收费，为深化和完善财税体制改革创造良好的外部环境，还必须对拟保留的收费加强管理，使之规范化。主要措施有：

第一，适当集中行政事业性收费的审批权限。对政府性收费项目和收费标准，应由中央和省两级财政部门会同有关部门审批，其中，体现国家主权的收费、资源性收费、全国性证照收费、跨省区的收费、带有惩罚性的收费以及涉及企业和农民的收费，由中央一级审批。国家原则上不再设立政府性基金，对重要的政府性基金应经过财政部审核后报国务院审批。经营性收费应纳入价格范畴进行管理，由物价部门审批，依法纳税。经过税费改革后，保留的政府性基金和收费应由财政部重新审查（重要的报国务院审批）后公布，实行收费目录管理和收费项目公告制度，接受社会的广泛监督。

第二，改革收费、基金征管办法。对一些征收数额较大，费源相对比较稳定和集中，便于税务部门在征税时一并征收的政府性基金和收费，可由税务部门负责征收；对与政府机关管理工作密不可分，政策性较强、技术性较高的零星分散的收费，可在政府机关在办理公务时一并收取，但要与政府机关的经济利益脱钩，严格实行收支两条线管理；对缴费环节与管理行为可以相对分离，征收数额较大，而税务部门又不便征收的基金和收费，可以采取委托银行代收的办法实行票款分离，集中征收。

第三，加强收支两条线管理和收费票据管理。政府性基金和收费是政府非税收入的重要组成部分，属于财政性资金，而不是部门和单位的自有资金，不宜由部门和单位自收自支，必须纳入财政管理，尽可能地将政府性收费和基金纳入财政预算管理；对因某些特殊原因暂时未纳入预算管理的，其收费收入要作为财政预算外资金管理，即收入缴入财政预算外资金专户，单位每年向财政部门编报预算外资金收支计划，单位支出时，由财政部门按计划核拨。除上述两种管理方式外，其他任何形式的管理，如坐收坐支、设立小金库、公款私存、截留挪用等行为都应视为非法。

征收行政事业收费和政府性基金，应使用省级以上财政部门统一印制的票据。凡经批准收费的单位，都应持收费批准文件，按照隶属关系到财政部门申请购买财政部门统一印制的票据。经营性收费使用税务发票，不得挪用行政事业性收费票据，也不得将税务发票用于行政事业收费。整个收费领域合法收费票据只有两种，即省级以上财政部门统一印制的行政事业性收费票据和税务部门统一印制的发票，其他收费票据均属非法。

第四，对村提留实行规范化管理。村提留是农民向集体交纳的费用，包括公积金、公益金和管理费，是属于集体性质的资金，其分配属于集体经济组织内部的分配行为，体现集体和农民之间的分配关系。当前要解决的是对村提留的管理要体现村民自治、民主决策、民主管理、民主监督的原则，避免出现多头征收和随意征收，国家应规定村提留的提取比例（如不超过上年农民人均纯收入的2%），每年由村委会提出收支方案，经过村民大会讨论通过后执行，严格实行村有、村收、村用、村管，用于村公益建设事业。同时，乡镇政府要对村提留的使用情况进行检查，保证其合理使用。随着下一步农村税费改革的实施，还要进一步强化农村集体经济分配的法制化、规范化。

第五，加强收费管理法制建设。乱收费屡禁不止，一个重要原因是收费管理法制不健全，缺乏对乱收费行为的制约措施和处罚的规定。通过收费管理的立法，明确收费的审批权限、审批机关，明确哪些是合法收费、哪些是非法收费，明确收费处罚措施及处罚的执行机关等，对越权出台的项目，除了要对地方、部门领导给予行政处理外，还要没收其所得，并处以其收费发生额数倍的罚款，从政纪和经济两个方面约束和规范各级政府的行为，使乱收者不能为、不敢为。

（四）农村税费改革取得突破性进展

改革开放以来，随着农村家庭联产经营责任制的实行，我国农村经济发展进入了一个新的历史时期，但随着改革的不断深化，对农民的收费也在总体上呈现出迅速增长的态势。这加重了农民负担，阻碍了农业经济的发展。特别是20世纪90年代以来，尽管中央三令五申要减轻农民负担，但农民的负担却与日俱增。有的地方，对农民的收费达100多种，仅与婚姻登记有关的收费就有10多种。农村的收费方式主要有：村提留、乡统筹、摊派、收费、派购、克扣、罚款等。总体情况是：在国家明文规定的"三提五统"之外存在着大量的集资性收费，即对农民的乱收费、乱罚款、乱摊派。有的自行扩大"三提五统"收费标准；有些乡政府擅自规定在农业税、农业特产税的一些税目税基上另加收费项目。农村税费改革的总体方针是：①严厉打击和查处有些地方政府部门凭借行政管理权力，在办理审批事项或从事行政管理工作中，违反国家收费政策乱收费，加重农民负担。②要大幅度减少农民、农村和农业的审批项目，不给一些部门和人员对农民进行乱收费的机会。③转变政府职能，规范农村公共收入制度。

从1995年起财政部在湖南省武冈市等地进行了农村"费改税"试点。基本做法是，将目前村级对农民收取的三项提留和乡镇的五项统筹收费等改为统一征收的"农村公益事业建设税"（非正式税收）。其税负不得超过农民上年纯收入的5%，由乡镇财政所具体组织征收或委托其他单位和部门代征代扣代缴，纳入乡镇财政预算管理。实行"费改税"后，乡镇任何部门和单位不得以其他形式再向农民无偿收取费用，农民也有权拒绝缴纳并对税外乱收费行为提起行政诉讼。自1995年以来，全国大约有7个省的50多个县市在进行农村税费改革试点。比较典型的模式还有：河北正定实行"公粮制"、安徽太和等地实行"税费合一"、安徽怀远的税费改革模式等。这些试点改革取得了一定的成效和经验，成为进一步深化农村税费改革的基础。

在全面治理整顿"三乱"行为的情况下，农村税费改革也取得了明显成效。按照《国务院办公厅转发农业部等部门关于巩固大检查成果进一步做好减轻农民负担工作报告的通知》（国办发［2000］33号），仅1999年，各地至少取消7831个不合理的涉农收费项目，减轻农民负担37.7亿元。全国已有96%的县实行了提留统筹费一定3年不变的政策。通过整顿农村电价，使农村电价平均每度降低了0.1元，全年共减轻电价负担230亿元。通过治理报刊摊派，全国农村削减不合理报刊征订任务367万份，涉及金额1.89亿元。各地还精简乡镇干部、村组干部、教职工共276.2万人，减少开支47.7亿元。与此同时，还查处了一批违法违纪案件。1999年全国共查结7507起涉及农民负担案件，受到党纪政纪处分的干部4800人。1999年发生的恶性案件，大部分得到了处理。

2000年年初，中央决定在具有代表性的农业大省安徽省进行全面试点，标志着全国农村税费改革全面试点和推广扩大工作正式启动。根据国务院税费改革工作小组办公室的统计数字，1998年农民的税费总额1224亿元，包括了农业税、附加税、特产税、屠宰税、三提五统（即乡统筹、村提留），教育集资以及以资代劳款、地方行政性收费。其中农业税300亿元，乡统筹、村提留共约600亿元，余为其他费用。新一轮农村税费改革，基本上把农业税税率定为7%，附加上限定为20%，就是要把改革前的农业税费负担水平调整到8.4%①，原来300亿元的农业税调整后加上新的农业税附加为480亿元左右；把其他乡统筹、村提留的600亿元和乱收费一律减掉，切实保证降低农民负担。

2001年国家在安徽和江苏全省正式扩大试点。2002年4月，据国务院通知精神，新增试点省份分为两类，一类由中央财政向其分配农村税费改革的专项转移支付资金，这些地区包括河北、内蒙古、黑龙江、吉林、江西、山东、河南、湖北、湖南、重庆、四川、贵州、陕西、甘肃、青海、宁夏等16个省、直辖市、自治区，另一类是沿海经济发达地区，如

---

① 2000年1月，国务院第57次总理办公会议原则上议定了农业税税率为7%，农业税附加的上限为20%。

上海市和浙江省，不享受中央转移支付资金，可以自费进行改革试点。从 2003 年开始，农村税费改革在全国范围内铺开，取得了显著成效。据农业部经管司有关人士介绍，根据来自开展试点的 11 个省份的报告，减负最少的在 30% 以上，减负多的达到 70%—80%。2003 年农村税费改革全国共减轻农民负担 137 亿元。我国减轻农民负担工作之所以取得新的进展，主要是各地政府在农民负担监督管理方面探索出了一些有效的方法。比如：

（1）统筹城乡发展，增加对农民的支持。一些发达地区根据自身条件，把减轻农民负担的重点逐渐转到增加政府对农民的扶持上来。

（2）取消农业特产税。2003 年，全国有 14 个省（自治区、直辖市）通过取消农业特产税和降低农业特产税税率，为农民减轻负担 19.46 亿元。

（3）实施负担监督和重点监控制度，有效地防止了负担反弹情况的出现。

2004 年 3 月，中国政府宣布在 5 年内取消农业税。当年的农业税减免情况主要有：①除国务院确定吉林、黑龙江两个粮食主产省为进行免征农业税改革试点的省份外，上海、北京、天津、浙江、福建 5 个省市也自主决定免征农业税，西藏自治区一直实行免征农牧业税政策。此外，其他省（自治区、直辖市）还有一些县（市）自主决定免征农业税。②河北、内蒙古、辽宁、山东、江苏、江西、安徽、河南、湖北、湖南、四川等 11 个粮食主产省（自治区）及广东省降低农业税税率 3 个百分点。③其余省份降低农业税税率 1 个百分点。考虑到全面减免农业税可能给基层政府造成的财政困难，2004 年，根据预算安排，中央财政拟安排农村税费改革专项转移支付资金 396 亿元，比 2003 年增加 91 亿元，进一步加大了支持农村税费改革的力度。

2005 年，在全国大范围大幅度减免农业税：592 个国家扶贫开发工作重点县一律实行免征农业税政策；2005 年提前实现免征农业税的省份达到 27 个，涉及农业人口约 7 亿人。从 2006 年起中国全部取消农业税，并由中央财政按规定给予转移支付补助，中国政府原来制定的 5 年内取消农业税的目标只用 3 年就实现了。据农业部测算，2006 年中国全面取消农业税后，与农村税费改革前的 1999 年相比，人均减负约 140 元。在取消农业税后，政府将积极研究推进配套改革，主要包括乡镇机构改革、农村义务教育管理体制改革、县乡财政管理体制改革，以建立农民负担不反弹的长效机制，巩固和发展取消农业税的成果。

第三节　国债的发行与国债市场建设

我国从 1981 年恢复发行国债到目前已经成为调节国家财政收入和调控宏观经济的重要手段，但国债恢复发行的初期背景主要是为了缓解和弥补"文革欠账"和自 20 世纪 70 年代末确定了的以"放权让利"为主线的经济改革压力。随着经济的发展和改革的进行，财政的"两个比重"（财政收入占 GDP 的比重、中央财政收入占全部财政收入的比重）迅速下降，逐步加大了财政对国债的依赖程度。到 1993 年以前，我国国债发行规模的变化经历了两个阶段：第一阶段是 1981—1990 年，年均发行额仅为 39.5 亿元，占同期财政收入规模很小。第二阶段是 1991—1993 年，从 1991 年起发行规模第一次跃上了 200 亿元的台阶，年均发行额大体在 303.1 亿元左右。1998 年以来，随着积极财政政策和稳健财政政策的执行，国债的发行规模迅速上升。

一、财政压力与国债发行

发行国内公债是我国筹建经济建设资金、平衡财政收支的重要手段之一，也是国家对国民经济进行宏观调控的重要经济机制。1979 年和 1980 年，国家财政出现巨额赤字，财政向银行透支引起物价较大幅度的波动。为了缓解财政压力，加快国民经济调整的步伐和改善人民生活，国家重新恢复国债发行。但由于发行时间短，经验不足，发行中不可避免地出现各种各样的矛盾和问题。

（一）国债的发行历程和国债发行市场的逐步建立

1981 年 1 月 16 日国务院会议通过了《中华人民共和国国库券条例》，决定从 1981 年开始，发行中华人民共和国国库券。1981 年国库券发行的目的是用以弥补 1980 年的财政赤字，以稳定物价。国库券主要采取分配发行的办法，个人实行自愿认购。国家规定国库券不得当做货币流通，不得自由买卖、不得向银行贴现和抵押。

1982 年 1 月 8 日，国务院常务会议通过了《中华人民共和国 1982 年国库券条例》，决定继续通过发行国库券筹集资金，保证预算支出的安排。1982 年以后，国库券和国债收入开始作为每年预算收入的一部分，全部列入国家预算，作为国家财政的正常收入来源之一。国库券发行对象也逐步向居民转移。1983 年和 1984 年我国继续按 1982 年的发行办法发行了国库券，国库券的发行对象也进一步向城乡居民倾斜。

1984 年 11 月 27 日，国务院重新发布了《中华人民共和国 1985 年国库券条例》。与以前相比，不仅利率有所提高，而且提高了国库券的年发行额，国库券发行对象已经完全转向城乡居民；国库券可以向银行抵押贷款，个人购买的国库券可以向银行贴现，但不得作为货币流通，不准自由买卖。

1986 年 3 月 15 日国务委员兼财政部部长王丙乾在全国国库券发行工作会议上强调指出："'四化'建设需要大量的资金，发行国库券是筹集资金的主要方式。过去几年，我们的国库券发行工作进行很顺利，为国家提供了很大一笔资金，支援了国家建设。今后，国库券发行工作需要进一步加强。"同时指出："从现在起要改变以前那种认为发行国库券是权宜之计的观念。""国库券发行工作今后要长期进行下去。"发行国内公债已经成为我国发展国民经济的一项重要国策，在 1986 年、1987 年又连续发行了国库券，每年都超额完成发行计划，此后又扩大发行，使国内公债的发行事业出现空前繁荣的景象。

1988 年国家继续发行了国库券，但 1988 年国库券发行做了较大的改进，不仅利率提高、偿还期限缩短，使购买国库券变得更为有利，而且，1988 年发行的国库券可以转让，但不得作为货币流通。国库券的转让必须在国家指定的交易所内按照国家的有关规定进行交易。

从 1990 年开始，在全国范围内出现了一股"国债热"。它向人们展示了国债作为"金边债券"在证券市场上的主体地位和很高的信誉，国债发行的市场基础日渐强化，为国债的顺利发行提供了良好的基础。

1991 年，国家进行了国库券承购包销试点工作。这一试点先在中央一级进行，由财政部委托"证券交易所研究设计联合办公室"（后来更名为中国证券市场研究设计中心），组织了"1991 年国库券承购包销团"，共有 58 家金融机构参加，由中国工商银行信托投资公司任承销团干事。共计承销 38.76 亿元，其中，有券发行 27.74 亿元，无证记账发行 11.02 亿元。这项改革试点，在国内外引起了强烈反响，海外舆论一致认为，这是中国 1989 年以来最重要的经济改革之一，是以实际行动证明中国的改革开放政策在继续进行。据统计，1991 年以承购包销方式发行的国库券占年发行总量的 65%。承购包销的试验成功，不仅使当年国债发行任务超额完成，而且使发行公债从行政手段向经济手段转变，这是具有重要意义的。

1992 年 1 月，国家决定，在 1991 年承购包销试点取得经验的基础上，1992 年在全国范围内进一步推广承购包销的发行方式，运用经济手段，利用市场机制推销国债，基本上实现了从过去的行政性分配认购的发行方式向以市场为依托的承购包销为主的经济性发行方式转变，这种转变有利于迅速形成国债发行市场。

1992 年，财政部改变了过去每年 7 月 1 日发行国库券的做法，将五年期国库券改为 4 月 1 日起发行，三年期国库券改为 7 月 1 日起发行。分散发行期可以缓解国债工作人员由于发行期和兑付期交叉而大大增加工作量的矛盾。同时，增加发行频率，缩短发行周期，合理安排发行日期，既有利于吸收社会资金，也有利于加强国债管理和提高服务水平。

从1992年起试行无券发行方式。经过一段试行之后，于1993年7月又发行了1993年第三期（非实物）国库券。

1993年7月，国家确认了中国工商银行、华夏证券有限公司、中国国际信托投资公司、南方证券有限公司和中国光大国际信托投资公司等19家金融机构为首批国债一级自营商。为了进一步完善国债一级自营商制度，1993年12月，财政部、中国人民银行、中国证券监督管理委员会三部门联合颁发了《中华人民共和国国债一级自营商管理办法》，明确规定国债一级自营商的权利与义务。国债一级自营商制度的建立，标志着我国国债市场向规范化方向又迈出了可喜的一步。

专栏3-3　国债（Treasury Bond）

国债，又称国家公债，是国家以其信用为基础，按照债的一般原则，通过向社会筹集资金所形成的债权债务关系。

国债是由国家发行的债券，是中央政府为筹集财政资金而发行的一种政府债券，是中央政府向投资者出具的、承诺在一定时期支付利息和到期偿还本金的债权债务凭证，由于国债的发行主体是国家，所以它具有最高的信用度，被公认为是最安全的投资工具。

国债是国家信用的主要形式。中央政府发行国债的目的往往是弥补国家财政赤字，或者为一些耗资巨大的建设项目以及某些特殊经济政策乃至为战争筹措资金。由于国债以中央政府的税收作为还本付息的保证，因此风险小，流动性强，利率也较其他债券低。

我国的国债专指财政部代表中央政府发行的国家公债，由国家财政信誉做担保，信誉度非常高，历来有"金边债券"之称，稳健型投资者喜欢投资国债。其种类有凭证式国债、实物式国债、记账式国债三种。

——作者根据相关资料整理。

（二）国债发行兑付管理的改进

随着国债发行次数的增多，国债的发行和兑付管理工作也得到明显改善。从发行种类上看，这个时期逐渐由单一种类向多元化发展。就券种而言，除继续发行国库券之外，又于1987年发行了重点建设债券、1988年发行了建设债券、财政债券，1989年发行了特种国债、保值公债，1990年发行了特种国债和财政债券；偿付期也发生了较大变化，其中有5年的，有3年的，也有2年的；利率不再呆板单调，而是根据国家经济的发展状况，在不同的年份、对不同的种类制定不同的利率；从发行对象上看，原来是面向单位和公民个人，以单位为主，转向多层面，以公民个人为主；从发行方式上看，原来以行政摊派为主，逐渐转变为以自愿认购为主。

为了顺利发行国债和提高国债管理水平，国家陆续制定了一系列改进措施。具体的改进措施有：

第一，改进发行方法，减少发行阻力。根据形势的发展和群众的要求，考虑到眼前利益和长远利益，国家首先在国内公债的偿还期上做了改进，自1988年开始，缩短了国库券的偿还期，由5年改为3年，同时还发行了2年期的国家建设债券。此后，又根据国家的需要和城乡居民不同的经济状况，发行了3年期、5年期的国内公债。其次，根据通货膨胀的程度和物价上涨的情况，以及银行存款利率的调整，随时制定了与上述情况相适应的利率。例如1988年发行的国库券，利率虽然仍在10%，但因由5年偿还缩短为3年偿还，实际上是提高了利率；发行了2年期国家建设债券，利率定在9.5%，但由于发行期缩短一年，收益率还是有所提高。1989年的国库券利率更是提高到14%，特种国债利率达到15%。国内公债利率的提高刺激城乡居民购买公债的积极性，国内公债的发行进一步畅通。第三，改革了过去那种行政分配的发行方式，实行自愿认购，不下定额的发行方针。企业和个人都可以根据自己的意愿和经济能力，随意购买不同种类的国内公债，从而也调动了人们认购国内公债的积极性，有助于提高人们向国内公债投资的自觉性。此外，又扩大、完善了发行渠道，形成政府组织专业银行、财政、邮政部门参加的多渠道多部门的国内公债推销网络。还扩大了国内公债发行的宣传工作。经过这些改进之后，国内公债的发行日益红火起来。

第二，增加国内公债的种类，提高国内公债的适应性。在总结国内公债发行经验的基础上，国家对国内公债的发行品种做了较大改进。一是增加券种，除发行国库券外，又发行了重点建设公债、建设公债、财政债券、保值公债、特种公债等；二是改变偿还期单一的状况，发行了 3 年期、5 年期，还有 2 年期的国内公债，实现了中、长期相结合的目标；三是利率更为灵活，其中有年利率 10%、9.5%、8%、7.5% 的国内公债，还发行了年利率 14%、15% 的国内公债；四是发行对象更为普遍，其中有对城乡个人发行的，也有对单位发行的，还有对金融机构、基金组织发行的，形成了多层面的发行对象。由于种类灵活多样，适应了各类客户的需求，因而也有利于促进国内公债的发行。

第三，改进国内公债的兑付方法，使国内公债的兑付更方便，更灵活。为了解决国内公债兑付难的问题，中央国库券推销委员会第七次会议决定，在 1989 年国内公债兑付工作中，采取增设网点，银行、财政、邮政等部门多渠道办理兑付，同时发动单位集中办理兑付等措施，从而缓解了兑付难的矛盾。特别是有些地方财政部门组成专门兑付分队，主动上门服务，有些地方还开办了常年兑付。国内公债兑付方法的改进，受到群众的广泛赞扬，也大大推进了国债的发行工作。

二、开放国债市场，促进国债的流通

到 1988 年，我国国内公债已发行了八年，并取得了一定的发行经验。这时，广大群众已经出现了很高的国债投资热情，也对国债的变现能力提出了要求。为了顺应国债发展规律，进一步扩展事业，提高国债信誉，建立国债发行和流通市场已经水到渠成，势在必行。于是从 1988 年开始，国家便审慎地着手建立和培育国债发行和流通市场。

建立国债发行和流通市场是分几步进行的：

第一步，开展国库券的转让工作。这项工作从 1988 年 4 月开始，分两批试点，第一批先在上海、沈阳、重庆、武汉、哈尔滨、广州、深圳七个城市进行试点；1988 年 6 月，试点城市又增加了 54 个；为了避免国库券的盲目上市，国家首先允许转让的国库券仅限于 1985 年、1986 年两年发行的国库券，待试点成功、取得经验之后，再全面放开。试点工作在各市政府的领导下，组成由财政、人民银行、工商行政管理、公安等部门参加的国库券转让试点工作领导小组，同时组建了国库券转让中介机构。经过一年多的试点，国债转让市场初步形成，并为国债市场的进一步发展积累了经验，奠定了良好的基础。

第二步，引入市场机制，培育国债一级市场（即发行市场）。随着国债转让试点的成功，人民群众国债投资的热情得到进一步激发，这时摈弃沿袭多年的行政发行办法，引入市场机制，培育国债一级市场的时机已经成熟，于是，国家适时地进行了培育国债一级市场的尝试。

1989 年发行保值公债时，有些参与推销的经办网点就曾进行过柜台销售，同样受到了广大群众的欢迎。这些试点，取得了良好的效果。1990 年根据资金市场发展提供的有利时机，财政部又及时将加印的 25 亿元国库券中的一部分在经济比较发达的中心城市和地区进行了成功的销售试点，都为国债一级市场的培育和完善，提供了经验，创造了条件，奠定了基础。

第三步，培育国债二级市场（即流通市场），为国债流通市场的全面开放创造条件。为了使国债全面进入市场，国家从 1990 年开始采取一系列措施，以促进国债二级市场的发育。首先，国家逐步放开上市转让的国债券种。1990 年 5 月，在允许 1985 年、1986 年两年发行的国库券上市转让的基础上，财政部发出了允许 1982 年、1983 年、1987 年和 1988 年对个人发行的国库券上市转让的通知；1990 年 9 月，根据市场流通的走向，财政部与中国人民银行联合发出通知，允许 1989 年发行的国库券和保值公债上市转让；1990 年 12 月，又发出通知允许 1990 年发行的国库券上市转让。自此，各类国库券的上市转让已经全面放开，这对搞活国债市场无疑起到了推动作用，为国债二级市场的建立创造了先导条件。其次，促进各有关部门在国债流通转让市场管理上的协调动作。1990 年 5 月，财政部会同人民银行、国家工商行政管理局和公安部联合发出了《关于打击国债非法交易活动的通知》，明确打击国债的非法交易，维护国债市场的正常秩序和正常的交易活动。再次，用经济手段引导市场，发展和培育一批国债交易的中介机构。到 1990 年年底，全国已有 61 个城市建立了国债交易的中介机构，这些中介机构对保护群众利益、维护国债信誉、促进国债的发行和流通，对贯彻国家的国债政策、维护国债的正常交易秩序、促进二级市场的发育等都起了重要作用。

第四步，开展国债期货交易。1993 年年初，市场利率是上升趋势，与此同时，国债交易价格不断下跌。因此，投资者要求借助国债衍生工具进行套期保值，以避免利率风险的呼声甚高。在此背景下，上海证券交易所和北京商品交易所等交易场所开辟了国债期货业务。由于进行国债期货投资要求掌握相当的金融知识和操作技巧，对国家宏观经济形势的变化和国家财政金融政策有较灵敏的反应，加之投资风险比现货交易要大，因此，投资者比较谨慎，初始下单买卖金额较小，交易量不大。但从全年的交易量变化走势看，呈明显增长趋势。

总的来说，从 1981 年到 1993 年，我国国内公债事业经过不断探索，不断改进，已经出现了初步繁荣的局面，而国内公债事业的发展和繁荣，有力地促进了国家建设资金的筹集，这对平衡财政收支，调控国民经济，发挥了巨大的作用。

三、广开筹资渠道，稳步发展借用外债业务

自党的十一届三中全会决定实行改革开放政策以来，我国就采取了"适度举借外债，加速经济发展"的方针。1979 年，中国银行与日本输出入银行签订了开发资金贷款协议，自此，结束了我国 20 年来无外债的历史，开始了积极、稳妥地利用外债发展国民经济的工作。"六五"时期，我国借用外债的规模很小，币种单一，而且以国家统借统还为主。自

"七五"以来，随着我国改革开放工作的深入、国民经济的迅猛发展和国内投资环境的改善，借用外债工作也加大了步伐。从此拓宽了筹资渠道，有力地支持了国内的经济建设。

（一）外债的形式、规模与作用

"六五"时期，我国外债的形式比较单调，主要是外国政府的贷款（即双边贷款）和国际货币基金组织的贷款。外债规模也比较小，整个"六五"时期，包括 1979 年、1980 年两年，总的外债规模不过 293.31 亿元①。

在"七五"时期，我国外债的形式已呈多元化，其中，不仅有外国政府的贷款和国际货币基金组织的贷款，而且还有商业性贷款、在华外资银行的贷款、国际金融租赁等。外债规模也大幅度扩展。从 1986 年开始到 1990 年借入外债总额为 633.10 亿元。②

借用外债规模的扩展有力地促进了我国的经济建设，对增强我国的国力起了重要作用。

第一，补充了国内建设资金的不足。我国经济建设中的一个重要矛盾，就是建设资金的短缺，而利用外债是我国解决这一矛盾的重要渠道。"七五"时期，我们仅利用世界银行贷款兴办港口和水电建设的资金就达 10 亿多美元，用于农业投资达 8 亿多美元，用于教育投资达 7 亿多美元。这对补充我国在这方面的投资不足，加快经济与社会发展，都有积极意义。③

第二，有力地支持了我国一批重点建设项目。上海、天津、黄浦三港所建成的七个集装箱泊位是利用世界银行贷款建成的；秦皇岛二期码头、山东石臼所港、京秦铁路复线电气化和兖州至石臼所铁路等工程项目是利用日本海外协力基金贷款建成的；开发兖州、开滦、古交、大同矿区的七

---

① 《中国财政年鉴》中 1979—1985 年外债收入的加总数。

② 《中国财政年鉴》中 1986—1990 年外债收入的加总数。

③ 王丙乾：《积极利用世界银行贷款》，参见《王丙乾论财政 1970—1993 年》（上下卷），中国财政经济出版社 1994 年版。

个矿井，新增产煤能力 2100 万吨，是借用了日本输出入银行的第一批能源贷款的结果；"七五"时期，国家统借的国际金融组织和双边政府贷款，与国内资金配合，共建成了 200 多个大中型项目。凡此种种，都对我国推动瓶颈产业发展产生了一定作用。

第三，对保证我国对外贸易的发展和促进利用外资的良性循环发挥了积极作用。这主要表现在我国利用外债建成的项目中大约有 20% 能够出口创汇，这无疑会增强我国进一步利用外资，引进先进技术，扩大国际交流的能力，有利于提高我国的国力和国际地位。

第四，有利于我国引进先进技术、设备和管理经验，促进了我国经济与技术的革命。自 1979 年以来，我国利用国外贷款在许多领域吸收了一批国外先进技术，如石油勘探、煤炭和矿山的开采、微电子技术、计算机技术，以及交通运输、通讯邮电、钢铁和有色金属的冶炼、新型材料、汽车制造等，从而缩短了我国与国外的技术差距，推动了我国技术水平的提高和企业技术改造的发展。伴随先进技术的引进，还有先进的管理手段和管理经验流入我国，从而又促进了我国经济、技术管理的现代化和科学化。

（二）借用外债的原则与外债的管理

1. 举借外债的原则

借用外债对我国的经济发展虽然有着重要作用，但毕竟是借来的，在一定期限内，不仅要还本，而且要付息，这就要有一定的原则。根据我国借用外债的经验，举借外债应该坚持以下原则：

（1）适度原则。就是说举借外债的规模要与国力相适应，与偿债能力相适应。根据国际公认的举债警戒线，一般是当年的外债余额占当年生产总值的比重为 10%，如果超过这一警戒线，就说明超过了国家经济的承受能力，将会发生偿债危机，所以借债要保持一个适当的规模。我国目前举借外债的余额远低于这个警戒线，但也不能忽视而掉以轻心。

（2）效益原则。就是说举借外债要讲究效益，这里既包括社会效益，也包括项目完成后所产生的经济效益，尤其要注意经济效益。所以在选定项目时，要做好前期准备工作，要从宏观和微观两个方面考察，反复论证，精心考虑，全面研究，判断，不仅要做技术上的可行性研究，还要做好财务上的可行性研究，两者不可偏废。以便充分运用好举借的外债，避免造成资金上的浪费。

（3）能力原则。就是说举借外债需要与国内资金、技术、原材料相配套，要充分考虑国内资金、技术水平、原材料供应力，即举借外债要与国内的消化能力相适应。如果配套资金不落实，就会影响工程进展，反而会造成更大的浪费；如果技术水平达不到相应的程度，经过培训仍不能掌握操作，举借外债兴建的工程项目同样不能发挥作用，也将造成极大浪费；如果工程项目所需要的原材料不能配套，浪费也是难免的。总之，国内的消化能力如何，是举借外债时不可不注意的一个问题。

（4）比较原则。就是说举借外债要比较一下，条件是否优惠，利率是否于我有利，不能盲目举借。例如世界银行的贷款，条件优惠，利率较低，偿付期较长，而且很少受政治倾向的影响，于我有利，我们应尽量借用。国际货币基金组织是政府双边贷款，各方面条件稍逊于世界银行贷款，也可以利用，但易受政治倾向的影响，举借时要加以注意；而各国商业银行的贷款，条件都比较苛刻，用之要慎。

（5）独立自主原则。举借外债要以维护国家主权、保障民族利益为出发点，不能附带政治条件，不能因举借外债而丧失国家整体利益。

只有坚持上述原则，所举借的外债才能真正有利于我国的经济建设。

2. 加强对举借外债的管理

我国所举借的外债绝大部分是由国家财政统借统还的，到"七五"后期国家财政统借统还的部分虽然有所减少，但国家每年也要付出60亿元—80亿元用于偿付外债本息。此外，财政对外债还有各种补贴，有的免息、贴息或垫息，有的免税、减免税或部分免、减税。即使完全由地方自借自还，但最终要以人民群众创造的财富去偿还。所以，对举借外债一定要严加管理，避免铺张浪费现象的发生。

在此期间，我国外债的管理机构，是由国家计委、财政部和人民银行三家组成的，是按照统一计划、归口管理、分工负责、加强协作的原则进行管理的。其中国家计委负责制定利用国外贷款的中长期计划，控制年度借用外债总额，会同经贸部、财政部和人民银行审查和批准国外贷款项目；财政部负责纳入国家预算的国外贷款的监督管理，建立健全统一利用外债的财务会计制度，并作为世界银行贷款的对外窗口。其他部门所借外债在服从以上管理分工的前提下，实行归口管理。

财政作为国家的宏观经济管理部门，参与外债管理，主要着眼于以下几项工作：（1）参与国外贷款政策的制定；（2）对统借统还贷款项目进行管理；（3）对国外贷款实行预决算管理；（4）对国外贷款进行财务管理和监督；（5）合理营运国外信贷资金；（6）研究制定国家统借国外贷款国内转贷管理办法。

总之，举借外债，如果运用得当，将会支持国内的经济建设，造福于民；如果运用不好，则将会影响我国的改革开放政策，甚至会瓦解社会主义经济，所以，举借外债既要积极大胆，又要稳妥慎重，不能有丝毫的马虎大意。

四、1994 年以来国债发行和管理工作的不断改进

（一）内债发行

我国国债的种类构成以国内政府债券为主。1981 年我国政府恢复发行内债，1994 年以后内债发行量超过 1000 亿元，此后内债年发行量逐年增长，到 1998 年年底，累进共发行内债 12757.58 亿元人民币，累计偿还本息 7198.05 亿元，内债余额为 7258.66 亿元，在总的国债余额中的比重为 94%。

1998 年，由于实施积极财政政策的需要，全年共发行内债 3808 亿元，是历史上国债发行量最多的年份。其中，向四大国有独资商业银行增发了 1000 亿元长期建设国债，所筹资金专项投入基础设施和重点产业等领域。此外，为提高国有商业银行的竞争实力和防范风险的能力，经全国人大常委会审议通过，财政部向四大国有独资商业银行发行了 2700 亿元

特别国债，全部用于补充国有独资商业银行的资本金。

1998 年到 2004 年，为了配合积极财政政策的顺利实施，国债发行规模日益扩大。最高年份（2003 年）的国债发行规模超过 7000 亿元，有力地拉动了经济的增长。2004 年以来，随着稳健财政政策的实施，财政赤字逐年减少，为赤字而筹资的国债发行规模也相应减少，但源于国债发行的借新还旧，近年来的年度国债发行规模也在上升。特别是，2007 年 6 月 27 日，十届全国人大常委会第二十八次会议审议和通过了财政部发行特别国债购买外汇及调整 2007 年末国债余额限额的议案。决定当年由财政部发行 1.55 万亿元特别国债，用于购买约 2000 亿美元外汇，作为即将成立的国家外汇投资公司的资本金。这进一步加大了当年国债余额规模和当年国债发行规模（见表 3 - 1）。

表 3 - 1　2000 年以来我国国债发行情况

（单位：亿元）

年份	2000	2001	2002	2003	2004	2005	2006	2007
记账式	2720	3354	4461	3776	4366	5042	6533	6533
记账式	1937	1530	1473	2504.60	2510	2000	1950	1600
储蓄国债							400	34
特别国债								15502.3
年度总量	4657	4884	5934	6280.00	6876	7042	8883.30	23483.3

（资料来源：陈懿欣：《中国 2000 年以来国债发行情况一览表》，http://news.stock-star.com/info/darticle.aspx?id = SS, 20080506, 30077338&columnid = 1805, 2008 - 05 - 06）

（二）国债二级市场（流通）情况

20 世纪 90 年代以后，借助交易所电子化的交易网络，国债市场获得了空前快速的发展。1997 年以后，商业银行从交易所市场退出，进入银行间债券市场，国债市场进入规范调整时期。1998 年以后，随着国债发行规模的扩大，国有商业银行日益成为国债的主要持有者，国债交易逐步向上交所和银行间债券市场集中，其中上交所国债市场居主导地位，占国债总交易量的 93%。进入 21 世纪，随着银行间债券交易量的不断扩大和交易方式的创新、机构投资者的大量涌入，以及各商业银行开展的柜台交易的兴旺，我国国债市场日益形成以场外交易市场为主的格局，市场交易也日益繁荣。

（三）政府外债管理改进

从 1979 年到 1998 年 9 月 30 日，我国利用外国政府贷款累计协议额约 428.9 亿美元，实际使用贷款总额 368.15 亿美元，已偿还外国政府贷款本息金额 50.21 亿美元，贷款余额达 341.99 亿美元。截至 1998 年，有 21 个国家和 2 个金融机构向我国提供政府贷款，其中，日本提供的贷款最多，迄今已达 181.79 亿美元，占总额的 42.3%；德国为 44.02 亿美元，占总额的 10.2%；法国为 23.2 亿美元，占总额的 5.4%；西班牙为 21.7 亿美元，占总额的 5.055%。

从 1998 年起，根据国务院政府机构改革方案，外国政府贷款和亚洲开发银行贷款管理职能由外经贸部、人民银行划转给财政部，标志着财政部统一管理政府外债的目标已基本实现，政府外债的管理更加规范有序。财政部统一管理的政府外债主要包括外国政府贷款、国际金融组织贷款和以中央政府名义通过发行主权外债的形式在国际资本市场上筹措的商业性借款。

（四）加强国债专项资金的管理和监督

随着国债发行规模的扩大，国债资金的使用管理日益受到重视。特别是在实行积极财政政策以来，为了保证国债建设资金及时到位、合理使用、充分发挥效益，国债资金的管理与监督成为各级财政部门的一项重点工作。各级财政部门除积极参与做好建设项目的选审工作外，还在调整预算、划拨资金、落实配套资金、制定管理办法、加强监督检查等方面做了大量工作，为贯彻落实中央的积极财政政策发挥了重要的作用，其内容主要有：

1. 建章立制，规范管理

1998 年，为了保证国债资金按中央确定的原则和方向合理使用，在国债资金下达之初，财政部及时发布了《国债转贷地方政府管理办法》和《关于加强国债专项资金财政财务管理和监督的通知》，明确了各级财政部门对国债专项资金项目从前期研究、施工建设到竣工验收全过程监管的职能，并按现行基本建设财务管理制度对国债资金进行规范管理。

根据上述两个文件，国债专项资金全部纳入国债预算内基本建设资金管理范围，实行专户储存，专款专用。各级财政部门要按规定及时足额将国债专项资金拨付到项目建设单位，并要督促其他配套资金及时足额落实到位；按规定做好国债项目的工程概预算、竣工决算的审查和项目后评估工作，报送财务报表；统筹规划，确保按期归还国债专项资金；及时准确反馈国债专项资金的使用信息，认真做好国债专项资金的投资效益分析。各省、自治区、直辖市和计划单列市政府或财政厅（局）也都根据上述文件精神和本地实际情况制定了地方对国债资金的管理办法。

2. 签订协议，明确责任

为了保证国债转贷资金如期偿还，根据财政部《国债转贷地方政府管理办法》，财政部先后与各省（自治区、直辖市、计划单列市）、中央各有关单位签订了国债专项资金转贷协议，落实了国债专项资金的还贷责任。各省（自治区、直辖市、计划单列市）财政厅（局）也按照财政部的要求与地、市财政部门和有关单位签订了相应的国债专项资金转贷协议，层层落实了转贷责任。各地还成立了由政府及财政等部门主管领导组成的国债转贷资金管理小组，具体负责国债转贷资金的使用和管理工作。

3. 提高办事效率，按照基本建设程序和工程进度及时拨付资金

4. 加强监督检查，及时发现并纠正国债资金使用和管理中存在的问题

第四章

公共财政导向下的
预算管理改革与
支出制度建设

　　1994 年的财税体制改革取得初步成功以后，财政支出管理体制改革逐步提到财税体制改革的议事日程上。1998 年，决策层明确提出了"积极创造条件，尽快建立公共财政框架"的要求，成为整个财政体系适应社会主义市场经济而实现转型的纲领和总体指导方针。在公共财政导向下，1999 年以后，包括部门预算、国库集中支付制度、政府采购制度在内的预算管理制度改革全面铺开。这些改革本身所具有的复杂性、技术性特点，也决定了这一领域的改革将是一个比较漫长的过程。

第一节　公共财税体制改革和财政支出
管理理念与实践的创新

　　在 1998 年 12 月召开的全国财政工作会议上，国务院副总理李岚清要求积极创造条件建立公共财政框架；财政部部长项怀诚明确提出，要力争在本届政府任期内建立起与社会主义市场经济基本适应、相对规范的政府公共预算、国有资产经营预算和社会保障预算在内的预算管理体系。就此，公共财政成为我国财政转型的目标和方向，开创了我国公共财政制度建设的新阶段，并实现了财政支出理念的新突破。

一、1998年以前我国财政支出状况及存在的问题

改革开放后，我国财政支出在经济发展和财政收入增加的基础上增长较快，但是由于受到财政收入占 GDP 比重显著下降的制约，财政支出占 GDP 的比重也呈逐年下降趋势。在这个过程中，我国财政支出结构也随着计划经济向社会主义市场经济的转变而发生着向公共财政方向的转化。主要表现为：

1. 财政支出绝对数快速增长

改革开放后，随着经济发展和财政收入水平的提高，财政支出的绝对数呈现较快增长势头，1998年达到10771亿元，比1978年的1122亿元增加9649亿元，年均增长11.97%。值得注意的是，作为财政性资金的预算外资金支出也呈现较快的增长势头，1997年全国预算外资金支出为2685.54亿元，占财政支出的29.08%。如果把预算外资金计算在内，那么1997年财政支出占 GDP 的比重为15.94%。

2. 财政支出相对规模在不断下降

就相对规模来看，公共支出占 GDP 的比重，却呈逐步下降态势，由1978年的31%，下降到1997年的12.4%（见表4-1）。财政支出相对规模的降低，一方面是"放权让利"式改革的结果，另一方面也和连年赤字一起表现了当时财政面临的困难局面。

3. 财政支出结构逐渐带有一些公共财政特征

随着经济体制从计划经济向社会主义市场经济的转轨，政府对经济的管理也逐步从过去直接、微观管理向间接、宏观管理转变，与此相适应，财政支出的重点逐步由偏重经济建设转向公共事业和服务。其主要表现，一是与我国市场取向的改革过程相适应，国家经济建设投资逐步从众多一

表4-1　我国1978—1997年财政支出、收支差额和
支出占国内生产总值的比重

年份	财政支出 （亿元）	收支差额 （亿元）	国内生产总值 （亿元）	公共支出占国内生产 总值的比重（%）
1978	1122.09	10.17	3624.1	31.0
1979	1281.79	-135.41	4038.2	31.7
1980	1228.83	-68.90	4517.8	27.2
1981	1138.41	37.38	4862.4	23.4
1982	1229.98	-17.65	5294.7	23.2
1983	1409.52	-42.57	5934.5	23.8
1984	1701.02	-58.16	7171.0	23.7
1985	2004.25	0.57	8964.4	22.4
1986	2204.91	-82.90	10202.2	21.6
1987	2262.18	-62.83	11962.5	18.9
1988	2491.21	-133.97	14928.3	16.7
1989	2823.78	-158.88	16909.2	16.7
1990	3083.59	-146.49	18547.9	16.6
1991	3386.62	-237.14	21617.8	15.7
1992	3742.20	-258.83	26638.1	14.0
1993	4642.30	-293.35	34634.4	13.4
1994	5792.62	-574.52	46759.4	12.4
1995	6823.72	-581.52	58478.1	11.7
1996	7937.55	-529.56	67884.6	11.7
1997	9233.56	-582.42	74462.6	12.4

（资料来源：根据《中国统计年鉴》有关数据整理、计算得出）

般生产经营性领域转向基础产业，包括农业、能源、交通、原材料生产等
国民经济的重点行业，财政用于经济建设的支出占财政支出的比重从1978
年的64.1%下降到1997年的39.5%。二是对科教文卫事业的投入增长较
快，其占财政支出的比重从1978年13.1%提高到1997年的20.6%，促进了
"科教兴国"战略的实施，提高了科教文卫等社会事业的发展水平。

4. 财政支出在管理和结构优化方面存在不少问题

存在的主要问题是"越位"和"缺位"，主要表现在：（1）财政负担了市场经济条件下应由市场主体承担的一些支出。（2）科教事业投入仍不能满足实施"科教兴国"战略的需要。（3）行政管理费支出增长过快。行政管理费占财政支出的比重从 1978 年的 4.4% 上升到 1997 年的 14.7%，年均增长速度为 35.78%，比同期财政收入年均增长 11.3% 高 24.48 个百分点。造成行政管理费急剧增长的主要原因之一是机构和人员编制急剧膨胀。（4）社会保障支出水平偏低。财政用于社会保障的支出占财政支出不足 10%，远远低于世界其他国家 20%—50% 的支出水平。社会保障支出水平偏低会影响和制约经济市场化的进程。（5）农业支出增长缓慢。财政对农业的支出 1978 年为 150.66 亿元，1997 年为 766.39 亿元，增长了 5 倍。但是，农业支出占财政支出的比重却从 1978 年的 13.4% 下降到 1997 年的 8.3%。农业投入不足，不利于改善农业生产条件和基础设施，会造成农业发展后劲不足。（6）资金使用效益不高，损失浪费比较严重：一是资金配置不合理，存在项目重复建设、机构重复设置、设备重复购置，"大而全"、"小而全"，投入产出效果差，规模效益低等问题；二是不少支出管理不严格，在财政资金供应范围过大、财政负担沉重的同时，一些地区和部门却存在着管理松弛、花钱大手大脚和损失浪费等现象，"人、车、会、话"等支出居高不下，等等。

随着市场化改革的不断深化，财政压力也不断增加。尤其是进入 20 世纪 90 年代以后，我国经济体制转轨进程加快，人们日益增长的社会公共需求与财政困难现状之间的矛盾日益突出，传统计划经济体制下"生产建设型财政"带来的经济发展水平低下、财政蛋糕难以做大、财政支出范围过广而水平过低、均平有余而效率不足等问题逐步显现，理论界和政府部门开始倾向于从振兴财政、做大财政蛋糕、调整财政支出结构和加强财政支出管理上寻求财税体制改革出路。以全新的思路和理念构建与市场经济体制相适应的财政运行模式，成为中国财税体制改革与发展的新的目标，这客观上促进了财政支出理念的更新和突破。

二、初步展开建立公共财政的工作

1998 年 12 月，在全国财政工作会议上，主管财经工作的国务院副总理李岚清同志在讲话中强调要"积极创造条件，逐步建立公共财政基本框架"。同时，还具体提出了公共财政的四项原则：第一，把保证公共支出作为财政的主要任务，该管的要管好，不该管的一定不要管；第二，要依法促进公平分配；第三，充分运用预算、税收、国债等经济手段参与宏观经济调控，并且做好转移支付的工作；第四，要调节市场配置资源的偏差，体现国家的产业政策，同时对国有企业实行间接管理，做好国有资产管理工作。此后，国务院和财政部领导多次在不同的场合谈到了公共财政问题。尤其在 2000 年，在中央举办的两次省部级领导干部财税研讨班上，李岚清同志再次强调了建立公共财政基本框架的思路和构想。

2000 年 10 月 9 日召开的党的十五届五中全会审议通过的《中共中央关于制定国民经济和社会发展第十个五年计划的建议》，明确将建立公共财政初步框架作为"十五"时期财税体制改革的重要目标；党的十六届三中全会《中共中央关于完善社会主义市场经济体制若干问题的决定》进一步提出了健全公共财政体制的改革目标。财政部在理论界对公共财政理论进行研究、探讨的基础上，借鉴国际经验，结合我国的实践，经过反复研究，征求各方面意见，提出了建立我国公共支出预算体系的基本思路。这些都标志着我国建立公共财政已经从理论研究阶段进入启动、实施的实质性展开阶段。

（一）我国建立公共财政的必要性

公共财政的特点是国家以社会和经济管理者身份以及国有资产所有者身份，取得收入并将其用于政府公共活动支出，保障国家安全和维护社会秩序，提供公共产品和提高社会公共服务水平，为实现经济均衡发展和经济、社会的协调发展提供基础性保障条件。按照公共财政理论，在以市场作为配置社会资源的基础机制的条件下，存在着市场失效领域，需要政府介入并且发挥作用，才能弥补、保护和调节市场，这些领域主要是满足社会公共需要的领域。政府为解决这些事务所做出的财力收支安排，就体现了国家与财政职能的活动范围。因此，西方经济学把财政学也称为公共经济学或政府经济学。相对概括地讲，针对市场经济而言，公共财政的职能范围就是以"市场失灵"为界限，财政所要解决的是市场不能解决或者解决不好的事情。

1. **建立公共财政是适应社会主义市场经济体制和政府职能转变的客观需要**

我国由高度集中的计划经济转为社会主义市场经济，必然改变国家直接管理经济、政府配置全部经济社会资源的状况，与此相适应，财政事无巨细、包揽一切的状况也必然改变。在社会主义市场经济体制逐步建立的过程中，国家对经济的管理由直接管理转变为间接管理，资源配置方式由政府配置全部资源转变为以市场为基础和政府实行合理、适度的宏观调控，能与之相适应的财政型态，只能是公共财政型态，即市场与政府共同发挥资源配置作用，但各自有不同的功能和职责，主要在"市场失灵"的领域，政府才予以介入。这些"市场失灵"的领域主要包括国防、外交、社会治安、公益设施、公共教育、公共卫生保健、环境保护等。

2. **建立公共财政是改进财政支出管理和财政宏观调控的客观需要**

改革开放后，随着经济、社会的不断发展，财政收支规模不断扩大，国家财政实力增强。总的来看，一方面，国家加大了对教育、科技、公共设施建设、环境保护等公共、公益事项的财政投入力度；而另一方面，各方面仍感财政投入力度不够。造成这一问题的一个重要原因是财政支出结构不合理，存在着"缺位"和"越位"并存的问题。建立公共财政，把财政的职能范围确定在社会公共需要领域，有助于提高财政支出管理水平和财政资金使用效益，并使财政调控更具有针对性与合理性。

（二）1998年后建立公共财政的初步思路和要点

1998年后，我国建立公共财政的思路是：按照建立社会主义市场经济体制的要求，调整和优化财政支出结构，充分体现政府满足社会公共需要的职能范围和职能调整方向，改进和强化财政宏观调控，建立起较为规范的政府公共预算管理体系，促进经济社会健康稳定发展。按照这一基本思路，财税体制改革和财政发展首先需要做好以下几个方面的工作：

1. 调整政府公共支出范围，优化支出结构

在社会主义市场经济条件下，财政应以满足社会公共需要作为主要目标和工作重心来参与社会资源的配置，政府公共支出的范围必须以社会公共需要为导向来规范。所谓社会公共需要，即体现社会共同利益的基本需要。社会公共需要所对应的事务即为社会公共事务，一般具有以下特征：一是只有政府出面组织和实施才能实现的事务；二是只有政府举办才能有效协调各方面利益的事务；三是企业和个人不愿意举办而又为社会存在和发展所必需的事务。满足这些需要的具体物品与服务，是那些效用上不可分割、消费上不具备竞争性、受益上没有排他性的公共产品与公共服务。属于社会公共需要的领域和事务，财政应提供资金支持；凡不属于这个范围的领域和事务应逐步推向市场，由企业和个人去兴办，由市场机制去调节。为此，在建立公共财政时，需要在调整公共支出范围、优化支出结构方面做以下转变：第一，政府要逐步退出应由市场配置资源的一般生产性和一般竞争性领域，转移到提供公共产品与服务、满足社会公共需要方面上来。经济建设的投资主体应由政府转向企业，财政主要承担涉及国计民生的公益性基础设施的建设。第二，进一步优化支出结构。一方面，财政要根据中央确定的方针和部署，提高对教育、科技、社会保障、环境保护、自主创新等方面的财力支持力度；另一方面，要优化支出管理，突出重点，有保有压，避免重复建设和损失浪费，切实提高资金使用效益。

2. 改进公共预算编制方式方法，提高编制水平，强化预算约束力

建立公共财政，必须有科学、规范的公共预算管理体系。过去，我国的预算编制内容比较粗放，方法比较简单，而且缺乏约束刚性，改革势在必行。为了逐步形成比较科学的方式方法，应在编制公共预算时，延长预算的编制时间，逐步实行部门预算（综合预算）和复式预算，采用零基预算法和其他科学方法，实行标准化的定员定额，提高预算的编制水平，并建立严格的预算审批程序，加强预算执行中的监督检查，硬化预算约束，最终建立起规范、完整、有效的公共预算管理体系。

3. 加强公共支出管理，推行国库集中支付等制度创新

加强公共支出管理的目的是使资金的使用能够最高程度地实现预算支出安排的意图而追求公共利益最大化，这在我国支出管理实践中的迫切要求是推行国库集中支付、政府采购等方面的改革事项而实施制度创新。通过这些改革、创新，可以有效地提高预算的执行水平，实现公共支出的全程监督。

三、公共财政导向下财政预算管理制度和支出制度改革的一些主要举措

1. 实行复式预算

改进预算编制方式是加强预算管理的重要基础和内容。这方面的主要事项是实行复式预算和部门预算。

我国实行复式预算制度，采取了一种循序渐进的方式。早在1986年年底，一些全国人大代表就提出了实行复式预算的建议。经过一年多的研究，1988年财政部向国务院报送了实行复式预算的初步方案。1989年全国人大常委会正式提出实行复式预算的意见。1991年年底，财政部向国务院报送了修订过的复式预算方案。1991年国务院颁布的《国家预算管理条例》也规定从1992年起国家预算按复式预算编制。1994年颁布的《中华人民共和国预算法》第二十六条规定：中央预算和各级政府预算按照复式预算编制。至此，我国按照复式预算方式方法编制预算便通过法律形式固定下来。按照全国人大常委会的要求，从1992年起，我国的国家预算、中央预算和部分省市预算即采用了复式预算形式编制。

我国初期的复式预算编制分为两个部分：即经常性预算和建设性预算。经常性预算收入是国家以社会管理者的身份取得的各项税收收入和其他一般性收入；经常性预算支出是国家用于维持政府活动、保障国家安全和社会秩序、发展各项事业以及用于人民生活和社会保障等方面的开支。建设性预算收入是国家以国有资产所有者身份取得的收入、各种专项基金

和国家明确规定用于建设方面的收入；建设性支出是指国家预算中用于各项经济建设活动的支出。具体划分如下：

经常性预算收入：各项工商税收；关税；农牧业税；国营企业所得税，商业、粮食等企业政策性亏损补贴；预算调节基金（后取消）和其他收入等。

经常性预算支出：非生产性的基本建设支出（包括文教、科学、卫生和行政单位的基本建设支出）；农业、林业、水利、文化、科学、教育、卫生、工业、交通、商业、税务、统计等部门事业费；行政管理费；公检法支出；国防支出及武警支出；总预备费和其他支出等。

建设性预算收入：经常性预算结余；城市维护建设税；耕地维护建设税；耕地占用税；国家征集的能源交通重点建设资金收入（后取消）；国有企业上交收入（包括上缴利润和政策性亏损）；基本建设贷款归还收入；建设性专项收入；国内外债务收入等。

建设性预算支出：生产性的基本建设支出（包括工业、农业、商业基本建设支出）；企业挖潜改造资金；地质勘探费，科技三项费；城市维护建设支出；支援不发达地区发展资金；建设性专项支出；财政贴息支出和其他支出等。

自 2008 年起，在前些年取得一定经验的基础上，为适应经济发展和深化改革的要求，按照国务院《关于试行国有资本经营预算的意见》（国发〔2007〕26 号文），对国资委管理范围内的大型国有企业编制实施国有资本经营预算。

2. 推行部门预算

随着我国预算管理改革的深化，2000 年后推广实行了部门预算。其基本目标和所解决的问题是：

（1）实现政府预算管理的统一性。传统的预算是按支出功能编制，分配存在着层层切块、层层分配、层层留机动等问题，造成预算资金管理分散、混乱，财政部和各部门预算管理效率不高，责任不清，资金在部门之间的分配不透明。财政部采取一个司局管理一个或几个预算支出科目的

"分块"管理模式，加之一个支出科目要涵盖多个部门，如"基本建设支出"一项几乎涉及所有部门，形成主管司局间"铁路警察，各管一段"，没有一个司局能够准确掌握一个部门全部预算资金情况的局面；部门在资金分配中按照资金用途"条条"分配到基层与项目，而且层层都预留机动；部门预算资金来源渠道五花八门，一个部门的预算要对口若干个部委、司局，预算管理工作中矛盾比较突出。通过实行部门预算，改变传统的条块分割的预算管理模式，以部门为单位进行预算的统一分配和管理，实现了预算的统一性。

（2）保证政府预算的完整性。过去的预算仅包括财政预算内资金，大量政府性资金没有包括在内，预算内容不完整。通过实行部门预算，将部门或单位所有的收入和支出都纳入一本预算，预算分配延伸到预算外资金和政府性基金等，体现了"大收入、大支出"的原则，保证了预算内容的完整性。

（3）提高预算编制的科学性。传统的预算编制方法主要采用基数加增长的办法，缺乏科学依据，在实际执行中经常形成只增不减的"增量预算"，导致部门、单位之间分配不公，影响财政支出安排的合理性。通过实行部门预算，对支出事项的构成因素进行细化分解，采用定员定额和项目库标准化预算分配方法，提高了预算分配的科学性。

（4）强化预算编制的法制性。传统的预算编制方法在预算编制形式和预算批复时间等方面还不能完全符合《预算法》及相关法律的要求。实行部门预算后，部门的预算从基层预算单位编起，逐级汇总，所有开支项目落实到具体的预算单位，实现"一个部门一本预算"，预算按法定时间批复到有关预算单位，在预算编制方式、预算决策机制、预算批复时间等方面体现了"依法行政、依法理财"的要求。

3. 实行国库集中收付制度改革

国库集中收付制度的改革是一项涉及整个财政收支运行管理的基础性改革，贯穿于财政预算执行的全过程，是预算执行制度的创新。在分税制改革取得显著成效、财政收支规模不断扩大、部门预算编制改革取得进展的基础上，针对过去多年来我国财政资金管理弱化、财政收支管理改革滞后的状况，对预算执行制度推行了这一重大改革。改革的目标是要建立以国库单一账户体系为基础、资金缴拨以国库集中收付为主要形式的现代国库管理制度，这项制度也被称为"国库单一账户制度"。

4. 积极推进政府采购制度改革

实行政府采购制度改革是社会主义市场经济体制下加强财政支出管理的客观需要。过去各单位的预算一经批准，财政部门即按预算和各单位的用款进度层层下拨经费，年终由各单位层层上报经费使用情况，汇编决算。与此相适应，各支出单位的采购行为都是各自分头进行的。以这种方法进行的政府采购，其弊端非常明显：一是政府采购资金的分配和使用脱节，资金使用效益不高，财政无法施行有效监督。二是采购过程不透明、不公开、随意性强，易产生腐败现象，损坏党和政府的形象。三是没有形成规模经济，一方面是政府部门零星采购，成本偏高；另一方面是供应商无法规范竞争。四是强化了地方保护主义，不利于统一市场的形成。因此，变分散采购为政府集中采购的改革势在必行。

实施政府采购制度改革也是社会主义市场经济体制下宏观调控的客观要求。社会主义市场经济体制离不开国家宏观调控，政府采购作为政府的支出活动，能够与其他政策手段配合，实现政府宏观调控目标。同时，实行政府采购制度改革也是适应国际经济一体化的必然选择。所以，政府采购制度改革的目标包括：规范政府采购行为，加强财政支出管理，提高政府采购资金的使用效益，保护政府采购当事人的合法权益，维护国家利益和社会公共利益，促进廉政建设和优化宏观调控。

5. 推行"收支两条线"管理改革

"收支两条线"管理是构建新时期社会主义公共财政体制框架的重要内容。首先，通过深化"收支两条线"管理，可以将大量游离于财政预算之外的预算外资金、制度外资金等纳入预算管理，增加政府可支配收入的规模。其次，"收支两条线"管理方式将部门的预算内外资金透明化，有利于公众监督，提高财政资金的运行效率，体现了财政民主的要求，符合财政管理发展的世界潮流。再次，"收支两条线"管理有助于统一各地收费规则，冲破地方保护主义的屏障，消除部门拥有财政预算外资金支配权的可能性，开创一个公平竞争的环境，并落实财政对政府性资金的决定权和统一协调权力，以更好地实现财政职能。第四，"收支两条线"管理将切断各个凭借公权执收执罚单位将其收入与自身物质利益"挂钩"的联结关系，从而在造成公权扭曲的利益机制上"釜底抽薪"，以利于消除相关的腐败和不规范行为。各项财税体制改革，如部门预算改革、国库集中收付制度改革和政府采购制度改革，均在客观上要求进一步深化"收支两条线"管理，并为深化"收支两条线"改革奠定了良好基础。

深化"收支两条线"管理有助于规范政府行为。"收支两条线"管理方式切断了部门的收支挂钩关系，部门取得的收入与发生的支出不再有任何关联，使政府各部门在法律规定的范围内行使职权，不越权参与收入分配；而且，除财政部门经政府授权外，任何部门不能擅自批准设立收费项目，使各职能部门各司其职。同时，充分保障政府部门履行职能所需的财力。对于政府职能部门所需的支出经费，由财政预算统一安排，各部门将把精力从创收完全转移到做好工作上。

深化"收支两条线"管理有助于促进政府与市场的合理分工与定位。我国财政管理中长期存在的一个问题是财政的"越位"与"缺位"问题，如将市场主体的收费划为政府收费，就是"越位"，造成政企职责不分，影响政府职能的正确发挥；将政府性收费划为市场主体的收费，就是"缺位"，导致财政收入流失，弱化政府职能。而深化"收支两条线"管理的重要内容之一，正是合理界定各项收费的性质，从而在很大程度上有利于促进政府与市场的合理分工。

6. 实行政府收支分类改革

为完整、准确地反映政府收支活动，进一步规范预算管理、强化预算监督，财政部决定自 2007 年 1 月 1 日起全面实施政府收支分类改革。此次改革的指导思想是：适应市场经济条件下转变政府职能、建立健全公共财政体系的总体要求，逐步形成一套既适合我国国情又符合国际通行做法的、较为规范合理的政府收支分类体系，为进一步深化财税体制改革、提高预算透明度、强化预算监督创造有利条件。

改革的基本原则可以概括为"四个有利于"：有利于公共财政体系的建立，有利于预算的公正、公开、细化、透明，有利于加强财政经济分析与决策以及有利于国际比较与交流。①

实施政府收支分类改革，是新中国成立以来我国财政统计体系最为重大的调整，改革后的政府收支分类体系由"收入分类"、"支出功能分类"、"支出经济分类"三部分构成。首先，对政府收入进行统一分类。新的分类体系全面、规范、细致地反映了政府各项收入，为进一步加强收入管理和数据统计分析创造了有利条件，可满足不同层次的管理需求。其次，建立了新的政府支出功能分类体系，更加清晰地反映政府各项职能活动，能够清楚地反映政府支出的内容和方向，可有效解决原支出预算"外行看不懂，内行说不清"的问题。再次，建立了新型的支出经济分类体系，全面、规范、明细地反映政府各项支出的具体用途。

政府收支分类是财政预算管理的一项重要的基础性工作，直接关系到财政预算管理的透明度，关系到财政预算管理的科学化和规范化，也是实施政府财政信息系统"金财工程"所必备的技术性配套条件，成为公共财政体制建设的一个重要环节。按照社会主义市场经济体制的发展要求，建立一套规范的政府收支分类体系，对建立民主、高效的预算管理制度，扩大公民民主参与预算过程，保证人民依法实现民主决策、民主管理和民主监督政府预算的权利，推进社会主义政治文明和政治民主建设，都具有重大意义。②

7. 实施"金财工程"和"金税工程"

（1）"金财工程"。2002 年，国家信息化领导小组将"金财工程"列为国家电子政务主要业务系统之一，标志着"金财工程"正式全面启动。

---

① 《财政部关于印发政府收支分类改革方案的通知》（财预[2006]13 号），2006 年 2 月 10 日。
② 楼继伟副部长就实施政府收支分类改革的有关情况回答记者的提问（EBJOL.中新网，2006年 3 月 12 日）。

"金财工程"的实施，旨在依托现代信息化处理技术和计算机网络，进一步促进财政分配的科学化和规范化，提高财政工作效率和财政资金的使用效益。

"金财工程"又称为政府财政管理信息系统，它是在总结我国财政信息化工作实践、借鉴其他国家财政信息化管理先进理念和成功经验的基础上提出的与我国建立公共财政体制框架目标相适应的一套先进信息管理系统，是我国电子政务战略工程建设的重要组成部分。"金财工程"的建设是顺应当今世界信息化潮流、实现我国信息化战略目标的重要环节，是建立适应社会主义市场经济要求的公共财政体制的必然要求，也是加强党风廉政建设、从源头上防治腐败的重大举措。"金财工程"以覆盖各级政府财政管理部门和财政资金使用部门的大型信息网络为支撑，以细化的部门预算为基础，以所有财政收支全部进入国库单一账户为基本模式，以预算指标、用款计划、采购订单以及财政政策实施效果评价和宏观经济运行态势跟踪分析为预算执行主要控制机制，以出纳环节高度集中并实现国库现金有效调度为特征，体现了公共财税体制改革的要求，是其必需的技术保证和支撑力量。

2006年，财政部《关于加快金财工程建设的实施意见》，明确了"金财工程"的建设目标、内容、原则和下一阶段的进度要求。

建设目标是：构建以一个应用支撑平台（即数据库）、二级数据处理（即中央与地方分级数据处理）、三个网络（即内部涉密网、工作专网和外网）、四个系统（即预算编制系统、预算执行系统、决策支持系统和行政管理系统）、五个统一（即统一领导、统一规划、统一技术标准、统一数据运用和统一组织实施）为主要内容和特征的，管理与技术有机融合的公开透明、服务便捷、安全可靠的政府财政管理信息系统。2006年下半年到2009年上半年，初步完成金财工程一期建设，基本建成业务标准统一、操作功能完善、网络安全可靠、覆盖所有财政性资金、辐射各级财政部门和预算单位的政府财政管理信息系统，进一步提高财政资金分配和使用的安全性、规范性和有效性。在此基础上，争取再经过两年或更长一点时间的补充完善，使政府财政管理信息系统更加现代化，全面支撑各级财政部门本级财政支出及对下转移支付资金的规范管理，实现全国预算自动汇编、收支及时汇总和决算即时生成。

建设内容是：构建一个平台，实现二级数据处理，建成三个网络，开发应用四个系统，坚持五个统一。一个平台，即开发及推广应用支撑平台，建立一个集中存储的数据库，实现本级财政信息共享、流程顺畅、工作协同，上下级财政以及财政与其他部门的信息一致。二级数据处理，即在确保信息畅通一致的前提下，实现中央财政与地方财政分级数据处理，覆盖全部财政业务、所有财政性资金以及各级财政部门和预算单位。三个网络，即建成支撑涉密业务处理的内部涉密网；以各级财政局域网为中心，辐射到所有财政部门和预算单位，支撑财政核心业务系统运行的财政工作专网；面向社会公众的财政信息外网。四个系统，即开发及推广应用预算编制系统、预算执行系统、决策支持系统和行政管理系统，打造电子财政，实现财政工作的全面信息化管理。五个统一，即统一领导、统一规划、统一技术标准、统一数据运用和统一组织实施，是实现上述"一、二、三、四"的重要基础和保证。

指导原则是：统筹规划、分步实施；业务和技术相互促进、融合共建；先进性与实用性相结合，务求实效；服从大局、确保统一和通畅。

（2）"金税工程"。1994 年，我国的工商税收制度进行了重大改革，建立起以增值税为主体的流转税制度。一些不法分子就趁此机会利用伪造、倒卖、盗窃、虚开增值税专用发票等手段进行偷、逃、骗国家税款的违法犯罪活动，有的还相当猖獗，严重干扰了国家的税收秩序和经济秩序。对此，国家除了进一步集中社会各方面力量，加强管理，开展打击伪造、倒卖、盗窃发票违法犯罪专项斗争，坚决维护新税制的正常运行外，还决定引入现代化技术手段加强对增值税的监控管理。1994 年 2 月 1 日，时任国务院副总理的朱镕基同志在听取了电子部、航天工业总公司、财政部、国家税务总局等单位的汇报后，指示要尽快实施以加强增值税管理为主要目标的"金税工程"。1994 年 3 月底，"金税工程"试点工作正式启动，1995 年得到全面实施。

金税工程由一个网络、四个软件系统组成。即覆盖全国国税系统的，从区县局、地市局、省局到总局的四级广域网络；四个软件系统分别为：防伪税控开票系统、防伪税控认证系统、计算机稽核系统、发票协查系统。1994 年开始实施的金税一期工程对加强增值税征收管理起到了积极作用。金税一期的实践有两点启示：首先，必须保证信息真实性，依靠人工录入专用发票数据存在大量的人为错误；其次，试点的范围有限，当时只在 50 个城市建立了稽核网络，对其他地区的专用发票没有办法进行交叉稽核。根据金税一期工程的经验，国家税务总局重新确定了金税工程的总体设计方案，并着重解决两个问题：一是信息的真实性问题，二是将金税工程覆盖到全国所有地区的一般纳税人。1998 年，金税工程进入二期。2000 年 8 月 31 日，国家税务总局向国务院汇报金税工程二期的建设方案并得到批准。2001 年 7 月 1 日，增值税防伪税控发票开票、认证、交叉稽核、协查四个子系统在全国全面开通。随着金税二期工程的实施，三期工程也在积极开发之中。金税工程三期是在对金税工程二期四个子系统进行功能整合、技术升级和业务与数据优化的基础上，进一步强化征管功能，扩大业务覆盖面，形成有效的、相互联系的制约和监控考核机制。主体软件 CTAIS（中国税务信息管理系统）将建立七大子系统，共 35 个模块，基本能够全面覆盖基层国税、地税机关的所有税种、各个环节、各个方面的税收业务处理，同时满足市局、省局和总局各级管理层的监控、分析、查询和辅助决策需求。

第二节　部门预算改革

一、编制部门预算的背景

改革开放以来，随着社会主义市场经济体制的逐步建立和完善，政府的职能、活动范围发生了重大变化，财政的职能也应相应进行调整。如何合理调整财政的职能，充分发挥其提供公共服务、调节收入分配、促进经济稳定增长的作用，如何建立适应社会主义市场经济要求的有中国特色的公共财政框架，切实做到依法行政、依法理财，成为摆在我们面前的重大课题。1994 年的分税制财税体制改革，从收入方面初步理顺了中央与地方间的分配关系，增强了中央财政的宏观调控能力。但是，在财政支出管理方面，旧体制所造成的预算不够统一、规范和预算软约束、财政支出效益不高等问题却日益突出。

1999 年 6 月，审计署代表国务院在第九届全国人民代表大会常务委员会第十次会议上所做的《关于 1998 年中央预算执行情况和其他财政收支的审计工作报告》及全国人大常委会在审议 1998 年中央决算和中央财政审计报告中都提出要改进和规范中央预算编制工作。主要意见是："要严格执行《预算法》，及时批复预算"；"要细化报送全国人大审查批准的预算草案内容，增加透明度"。"报送内容应增加对中央各部门支出、中央补助各地方的支出和重点项目的支出等"。全国人大预算工作委员会具体要求财政部 2000 年向全国人大提交中央预算草案时要提供中央各部门预算收支，要报送部门预算。国务院领导对落实全国人大常委会意见专门做了指示。这些要求的提出，拉开了我国部门预算改革的序幕。

财政部决定以贯彻全国人大的要求为契机，从改革预算编制方法入手，逐步推进我国预算管理改革。1999 年，财政部下发了《关于改进 2000 年中央预算编制的通知》（财预字［1999］464 号），要求各部门按照国务院的部署编制部门预算。2000 年 1 月中旬，财政部将中央预算草案和教育部、农业部、科技部以及劳动和社会保障部 4 个试点部门的部门预算报国务院审定。在向人代会正式提交中央预算草案和 4 个试点部门预算后，2000 年 3 月 25 日，全国人大正式批准了中央预算草案。财政部根据人代会批准的中央预算，将部门预算在规定时间内批复到各部门。

二、实施部门预算改革的必要性

（一）编制部门预算是《预算法》的要求

《预算法》是财政管理的基本法，是预算管理的基本行为规范。预算管理活动必须严格遵守《预算法》的立法精神和有关规定。这是依法理财、依法管理预算的最根本的要求，也是预算管理创新和支出管理制度改革的基本行为准则。但在我国目前的预算实践中仍存在预算编制不科学、预算执行不规范、预算监督不严密等问题，使得《预算法》的权威性难以得到真正的体现。例如，《预算法》第四条提出"中央政府预算由中央各部门预算组成"。但是，多年来，财政部报送全国人大及其常委会审查的预算草案一直是按收入类别和支出功能分类编报的，虽然符合《预算法》第十九条的规定，但没有达到《预算法》第四条的要求。即没有将中央预算细化到部门，而是在全国人大批准预算草案后，经过一段时间协商，才将预算再分配给中央各有关部门。由于预算的编报没有经过编制部门预算的过程，全国人大批准的预算不能及时细化到部门、项目，给财政部批复预算造成了困难，导致预算无法按照《预算法实施条例》第三十条规定"在全国人民代表大会批准预算之日起 30 日内批复中央各部门预算"的要求。因此，要切实做到依法理财、依法规范预算分配行为，就必须实行预算管理制度创新，其中很重要的一项内容就是要改革传统的预算编制方法，细化预算内容，编制部门预算，使预算编制真正纳入法制化、规范化轨道，把《预算法》真正贯彻落实到预算管理活动中的每一个细节。

（二）编制部门预算有利于全国人大履行对财政预算的审查和监督

财政部给全国人大提交的传统预算草案，是收入按类别、支出按功能编制的预算。这个预算比较粗，没有有关部门的具体数字，不够具体，是一个"内行说不清，外行看不明"的预算草案。由于无法从预算草案上弄准各预算单位的资金规模和具体用途，人大等预算监督主体无法对预算进行严格审查和有效监督。编制部门预算,将使预算进一步细化,一个部门一本预算,各部门、各预算单位预算资金有多少,用到哪些地方,安排到哪些具体项目,清晰明了,一目了然,有利于人大代表履行监督职能,加强对预算单位编制和预算单位执行的监督;也有利于审计和社会各界对政府财政的监督。

(三)编制部门预算有利于强化预算观念,提高预算管理水平

传统的预算编制方式由于编制较粗,预算管理也比较粗放,预算随意性较强,管理水平不高,追加追减的情况时有发生。实行部门预算后,年度预算除了按规定安排的总预备费外,所有的财政性资金都编入部门预算并按时批复到各个部门,从而规范了财政资金的分配行为。由于编制部门预算要经过预算单位建议、财政部门审核、人大审批等环节,每一个环节都有严格的法律法规、制度规定,预算的法制性、约束性和严肃性大大增强,这将有利于预算编制科学化、制度化和规范化,也有利于规范政府、财政和部门的分配行为,客观上会要求和促进各级领导强化预算观念,减少追加支出的随意性,提高预算管理水平。

(四)编制部门预算有利于增强政府宏观调控能力

编制部门预算要以实施综合预算和零基预算为基础。综合预算和零基预算的实施能够将有限的资金安排到急需项目,可以扩大政府调控财政性资金的规模,增强政府的宏观调控能力,优化财力的资源配置。

(五)编制部门预算有利于缓解财政收支矛盾

体制转轨阶段,我国财政运行中收支总量和结构性矛盾会一直比较突出,一方面,通过部门预算改革,可以实现预算内外资金统筹运用,有利于提高预算的综合性,增加政府的可用财力;另一方面,通过编制部门预算,把预算资金落实到具体单位、具体项目,增强了预算的约束力,有效防止挤占、挪用、截留和随意安排项目的现象,从而提高预算资金的整体作用效益。

(六)编制部门预算有利于从源头上治理腐败

编制部门预算,所有预算资金都要按照公开、公正、透明的原则分配

到预算单位和具体项目，既可以避免资金分配的"暗箱操作"，又可大大提高预算资金使用的透明度；同时有助于防止和减少越轨分配资金的行为，从制度上遏制腐败现象的滋生，推进廉政建设。

三、部门预算的概念、内容与特点

部门预算是由部门依据国家有关政策规定及其行使职能的需要，将原来按支出功能分散在各类不同预算科目上的资金，由基层预算部门编制，逐级上报、审核、汇总，统一编制到使用这些资金的部门，并经财政部门审核后，由同级人代会审议通过的，反映部门所有收入和支出的预算制度。

按《预算法》的规定，我国中央政府预算由中央各部门（含直属单位）的预算组成，地方各级政府决算由本级各部门（含直属单位）的预算组成。

部门预算即指与财政部门直接发生缴拨款关系的一级预算单位的预算，从形式上看它是一个部门一本预算。部门预算通常由政府各部门编制，经财政部门审核后由议会（人民代表大会）审查通过，部门预算是反映部门所有收入和支出的预算。

从内容上看，它实行综合预算，预算范围涵盖了部门或单位所有的收入和支出，不仅包括财政预算内资金收支，还包括各项预算外资金收支、经营收支以及其他收支；既包括一般性预算收支，也包括政府性基金收支。

从方法上看，它实行零基预算，即取消往年的基数，根据部门和单位的职责、任务和目标，以及下一年度政府的施政计划，结合财力可能，分别轻重缓急，重新测算安排本部门和单位的各项预算。

从支出角度看，部门预算包括部门或单位所有支出功能分类的不同用途的资金，无论是基本建设经费，还是各项事业费，或是其他经费，全部按规定的格式和标准统一汇编入一本预算，可以全面地反映一个部门或单位各项资金的使用方向和具体使用内容。

从编制程序看，部门预算是汇总预算，它是基层预算单位编制、逐级审核汇总形成的。具体编制时，由基层预算单位根据本单位承担的工作任务、部门发展规划以及年度工作计划测算编制，经逐级上报、审核并按单位或部门汇总形成。

从细化程度看，部门预算既细化到了具体预算单位和项目，又细化到了按预算科目划分的各功能支出。经部门或单位汇总后，预算既反映了本部门所有收支预算总额，也反映了收支按单位和项目的具体构成情况，以及单位和项目的收支按支出功能分类的具体构成情况。

从合法性看，部门预算必须在符合国家有关政策、规定的前提下按财政部核定的预算控制数编制，预算在呈报上级部门前，必须经单位领导同意；财政总体预算在上报全国人大前必须报经国务院批准；全国人大按法定程序批准年度预算后，由财政部门将预算批复到部门，部门再逐级批复到基层预算单位。

根据现行的预算分类方法，部门预算主要包括一般预算和基金预算。这与现行的政府预算收支分类和向人民代表大会提交的预算草案是一致的。一般预算收入主要是指部门及所属事业单位取得的财政拨款、行政单位预算外资金事业收入、事业单位经营收入、其他收入等。一般预算支出主要是指部门及所属事业单位的基本建设、挖潜改造和科技三项费用、各项事业费支出、社会保障支出、其他支出等。基金预算收入包括部门按国家规定取得的基金收入，如水利部门的水利建设基金、电力部门的电力建设基金、铁路部门的铁路建设基金等。基金预算支出是部门按国家规定从基金中开支的各项支出，它一般与基金收入相等，如电力建设基金支出、养路费支出、公路建设基金支出等。

传统的预算编制方法是采取收入按类别、支出按功能编制的，其特点是在编制预算时，不以预算部门作为划分标准，而是根据政府的职能和经费性质对开支加以分类进行编制。部门预算是按部门分类编制预算，预算在部门下又根据部门行使的职能不同安排不同的功能支出。部门预算继承了传统预算便于财政收支结构分析和政府宏观调控的优点，同时又具有以下特点：

第一，一个部门行使各项职能所需要的经费保障全部在一本预算中反映，改变了部门按不同支出功能分类的经费分别编制预算的状况，从而使预算在形式上更加完整。

第二，一个部门所有资金全部编入一本预算，改变了部门利用财政预算外资金和自有资金行使职能时，其经费脱离预算管理的状况，使预算在内容上更加全面。

第三，预算从基层汇总形成，汇总后的预算不仅包括收支总数，还包括全部部门收支的单位构成，在单位分类下还有功能分类构成，使预算反映的内容更加细化。

四、部门预算的编制程序

部门预算编制程序是从基层单位编制、编报预算开始至财政部门将经本级人大批准的预算批复到部门的整个过程。

（一）中央部门预算编制程序

现代各国政府预算的程序一般都要经过政府行政部门编制草案、政府财政部门汇总审核、政府首长审核批准、议会审核通过几个阶段。根据《中华人民共和国预算法》和《中华人民共和国预算法实施条例》的有关规定，我国政府部门预算编制实行"两上两下"的程序。

第一步，由各部门编制、汇总和上报本部门的预算建议数给财政部和有预算分配权的部门。部门根据国务院关于编制预算的批示和财政部下达的编制预算的要求，根据国家社会经济发展情况，结合本部门的情况，提出本部门的收支安排建议数上报财政部门和有预算分配权的部门。此为"一上"。

第二步，财政部各业务司局按其管理职能与有预算分配权的部门分别审核部门预算建议数后下达部门预算控制数。财政部根据审核后的部门建议数和征收部门报来的财政收入测算数，审核并汇总成按功能划分的收支预算草案报国务院批准。财政部和有预算分配权的部门根据国务院的批准数落实到各个部门。这个过程基本确定了部门的收支规模和财政拨款数额。此为"一下"。

第三步，各部门根据预算控制数编制本部门预算草案上报财政部。接到财政部门和有预算分配权部门的预算控制数后，部门要将控制数下达到所属的二级预算单位并落实到具体项目，然后根据财政部的要求及时报送预算草案。此为"二上"。

第四步，财政部再对部门预算数进行审核汇总，报送国务院审定后报送全国人大批准，再由财政部统一批复给各部门。财政部收到部门报来的预算草案后，经审核汇总，并将汇总情况报国务院。国务院批准后，财政部代表国务院向人民代表大会提交中央预算草案。人民代表大会审议批准中央预算后，财政部批复部门预算。部门接到财政部的批复预算后要在规定时间内批复所属单位预算。此为"二下"。

（二）部门编报预算的程序

第一步，基层单位编报预算并上报给上级部门；

第二步，二级单位编制、汇总单位预算并上报给主管部门；

第三步，一级部门编制、汇总部门预算，编制部门预算上报给财政部；

第四步，财政部审核部门预算数。

（三）财政部审核和上报预算的程序

财政部在管理部门预算的过程中根据现行管理职能将部门预算拆分给各业务司局；各业务司局通过预算专网在自己的权限范围内审核各部门预算数据，给各部门下达部门预算控制限额；根据全国人大批准后的中央预算，预算司向各部门批复预算。其主要程序为：第一步，部门编报财务预算上报财政部预算司；第二步，财政部预算司汇总预算数并拆分预算数；第三步，各有关业务司局审核并上报预算司；第四步，财政部预算司汇总审核预算数据上报国务院；第五步，国务院审定中央预算数上报全国人大；第六步，全国人大审核批准中央预算。

（四）财政部批复预算的程序

人大批复本级预算后，财政部门在一个月内将本级预算批复到部门。其主要程序为：第一步，全国人大批准预算后，财政部预算司布置各业务司局编写批复说明；第二步，财政部预算司汇编批复说明，打印批复表，司领导签字；第三步，有关业务司局会签批复预算；第四步，部领导签发；第五步，部门执行预算。

五、编制部门预算遵循的原则

（一）合法性原则

部门预算的编制要符合《预算法》和国家其他法律、法规，充分体现国家有关方针、政策，还要在法律赋予部门的职能范围内编制。具体来讲，首先，收入要合法合规。其次，各项支出要符合国家宏观调控的目标，要遵守现行的各项财务规章制度。

（二）实际性原则

部门预算收支的预测必须以国家社会经济发展计划和履行部门职能的需要为依据，对每一收支项目的数字指标要运用科学合理的方法测算，使各项收支数据真实准确。

（三）稳妥性原则

部门预算的编制要做到稳妥可靠，量入为出，收支平衡，不得编赤字预算。

（四）重点性原则

部门预算编制要做到合理安排各项资金，本着"一要吃饭，二要建设"的方针，在兼顾一般的同时，优先保证重点支出。根据重点性原则，要先保证基本支出，后安排项目支出；先重点、急需项目，后一般项目。

（五）完整性原则

部门预算编制要体现综合预算的思想。各种预算外资金要严格执行"收支两条线"管理，所有收入和支出全部纳入预算管理，改变预算内外资金"两张皮"的状况，逐步取消收支挂钩的预算核定办法，除单位的经营性收支外，对单位的预算内、外各项财政资金和其他收支，统一管理，统筹安排，统一编制综合财政预算。编制预算时，要将部门依法取得的包括所有财政性资金在内的各项收入及相应的支出作为一个有机整体进行管理，对各项收入、支出预算的编制做到不重不漏，不得在部门预算之外保留其他收支项目。

（六）透明性原则

部门预算要体现公平、透明原则。对于单位的经常性支出，要通过建立科学的定员定额体系，以实现预算分配的标准化。

（七）部门参与性原则

部门预算应为各单位提供一种规范的模式，使部门可以将其所有收支情况通过法定预算的形式进行编制和使用。部门应根据本部门职能及事业发展规划制定年度预算框架。但是，自主编制不能变成"自由"编制和随意编制。上报基础数据要真实准确，不得弄虚作假。自主编制预算时不得留缺口。

（八）绩效性原则

部门预算应建立绩效考评制度，对预算的执行过程和完成结果实行全面的追踪问效，不断提高预算资金的使用效益。

六、部门预算编制方式

长期以来，我国各级政府对预算的管理基本实行"基数增长法"，即根据前几年的支出平均数，加上因物价上涨和事业发展的部分，编制单位的支出预算。传统的预算编制基本上采用计划经济年代遗留下来的"基数法"方式。它有两种具体形式：一是基数加因素法，即在编制新年度支出预算时，首先确定上年度支出的基数，然后在此基础上，考虑影响新年度各项支出的因素，确定新年度的支出预算。二是比例增长法，即在编制下年度支出预算时，在上年度实际支出数的基础上，根据下年度财政收入状况和影响支出的各种因素，对不同的支出确定一定的增长比例。两种编制预算的方法虽然在具体操作上有所不同，但是从实质上看，都属于基数法的范畴。"基数法"以承认既得利益为前提，保持原有利益分配格局，将许多不合理的因素予以固定化，使原先厉行节约的单位少支，原先大把花钱的单位多支，分配不公，苦乐不均；而且在确定基数或增长额时，地方与中央讨价还价，预算管理极不规范，存在着预算分配贫富不匀、追加过多、预算内外资金分割等弊端。部门预算编制将最终摒弃"基数法"方式，而采用"综合预算法"、"零基预算法"、"绩效预算法"等方式。

（一）综合预算方式

综合预算是指在编制部门预算时，各部门要将所有预算内外收入和支出都编进部门预算。从纵向上看，运用综合预算方式编制部门预算，就是要将部门及其所属单位的全部收支都反映出来。

从横向来看，运用综合预算方式编制部门预算，就是要将部门预算及其所属单位的所有收支项目都反映出来。

（二）零基预算方式

所谓的"零基预算"就是指在编制预算时，不考虑过去的预算项目和收支水平，一切从零开始编制的预算。它是从总体上控制政府财政支出的一种预算组织形式，在编制时，要对每个部门的工作任务进行全面审核，其基本特征是不受以往预算安排和预算执行情况的影响，一切预算收支都建立在成本效益分析基础上，根据需要和可能，一切从零开始来编制预算。

零基预算有三个基本要素，即决策单位、一揽子决策和排序。

确定决策单位，这是实施零基预算的基础。决策单位是零基预算的基本单位，也是基本预算单位。在采用零基预算编制预算时，可以用一个项目作为一个决策单位，也可以用一个部门的一个机构作为一个决策单位。比如核定某个部门预算时，就可以将该部门所属单位作为基本决策单位。

制定一揽子决策，这是零基预算中十分复杂而又关键的一步。在确定了决策单位之后，每一个决策单位的管理都要对他所负责的活动进行分析，考虑提供不同服务水平的影响以及不同的服务水平所需要的经费开支，每个一揽子决策应至少包括以下内容：决策单位所从事的业务（包括已有的和新增加的）、各业务存在的理由和说明、人员情况和费用开支分类以及每项业务的不同开支水平对应的不同目标等。

排序是指在制定出一揽子决策方案以后，由具有最终决定权的部门结合财力的可能和各项业务或服务的重要性，来对制定出的一揽子决策按轻重缓急进行排序，由此决策者便能够根据排列顺序来确定下一年度"应当花多少钱"，确定"应把钱花在什么地方"。

零基预算虽然具有明显的科学合理性，即零基预算实行后，评估了所有的项目，可有可无的将会缩减或者干脆取消，而重要的业务计划将会增加，有可能节省开支，并且能合理地分配资金和提高资金的使用效率。

（三）绩效预算方式

绩效预算（Performance Budgeting）亦称为效益预算，它是在 20 世纪 50 年代初由美国联邦政府首先提出并应用于政府支出管理的预算模式。美国总统预算办公室对它的定义是：绩效预算是这样一种预算，它阐述请求拨款是为了达到目标，为实现这些目标而拟订的计划需要花费多少钱，以及用哪些量化的指标来衡量其在实施每项计划的过程中取得的成绩和完成工作的情况。绩效预算作为一种公共支出预算模式，是由"绩"、"效"和"预算"三个要素构成的。

"绩"是指请求财政拨款所为达到的目标，这些目标应当尽量量化，以便由此来编制预算。

"效"是指用那些具体指标来衡量财政这一支出完成后取得的成绩和完成工作的情况。其中，有些可以具体量化的，例如，对学校的拨款应当以其在校生数量为依据，而不是以其供养的教师人数为依据，但是，这仅仅是其效果的一个方面；另一方面，还应当考核其非量化指标，例如，素质的提高情况，但是，即使是非量化指标，也应当尽可能加以指标化。"效"的考核是对于这一部门拨款的评价的依据，也为对部门工作的考核提供依据。避免"只拿钱，不办事"的情况出现。

"预算"是指政府应当对这一支出项目的拨款额是多少。这部分预算的编制应当和绩效挂钩。它可以分为两种情况来处理：第一种，凡是可以用实物量指标来衡量其业绩的，按取得这一业绩的单位成本，加上某些变动因素确定之。第二种，若不能用实物量来衡量其业绩的，则政府制定某些统一标准来确定之。例如，日本政府对于警察的预算，就规定了都、道、府、县的地区类别，各类地区每万人应当配备的警察数量，以及各类地区警察的经费标准等；变动因素包括种类案件的结案率、接案反应的平均时间、群众对于警察提供服务的满意率等指标。

绩效预算建立在这样一个观念之上的：一是政府花这笔钱是为了什么或得到什么？如果花钱而得不到东西，则这样的钱（拨款）就不应该花。二是政府花这笔钱是否值得？如果政府花的钱很多而收获不大，则应转到花同样的钱而收效更大的项目上。当然，那些纯社会性的支出，如社会保障支出等应当除外。可见，绩效预算的基本出发点是政府用多少钱来购买某项公共劳务，而不是为养某些部门。这是市场经济关系在政府的应用，这是一种以"产出"或"结果"为依据的预算。就管理要素而言，绩效预算不再是人和钱二要素，而是引入"绩"、"效"、"预算"三个要素。这就是说，人不再是单独的要素，而是附属于绩。单位在获得预算后，是增加人员，还是增添设备，应该是单位领导的事，目的就是把事办好。财政部门所要考核的也是其绩效与预算是否匹配。绩效预算要求各支出与所办的事，即业务活动或绩效计划联系起来，按绩效项目来核算和考察其支出。在绩效预算下，各项支出的用途都清晰地与计划或活动的结果相联系。因而，与传统的重视投入而忽视产出（结果）的"投入预算"相比，绩效预算是一种重视投入、更重视产出的"效益预算"。

实行绩效预算的基本原则是："统一规划、适当分类、协调配合、分级负责、弹性控制和正确衡量"。"统一规划"是指年度总预算中各项业务计划或工作计划应根据政府总体的施政方针编制，并要与中长期财政发展计划一致。各项计划的支出应以本年度各机关各项事业的预定进度为依据，不应完全按照上一年度的支出数字为基础。年度计划应包括全部工作计划所预计的所有相关费用，一般情况下，财政部门不再追加预算。

"适当分类"是指总预算中的支出预算应按照政府职能、主管机关、各个业务计划这三个层次进行适当分类。对各个机关所报单位预算，也必须按照其业务计划及工作计划项目分类，并且要与负责单位相一致，最后是按各费用科目进行分类。"协调配合"是指各项业务计划和工作计划，无论是政府的整体计划，还是每一个业务单位的个别工作计划，都应密切配合。"分级负责"是指在预算编制与预算执行上，不仅应遵循分级负责的原则，而且更应注意各项工作计划进度与成果的控制以及所需经费与成本核算的控制，也即每一项业务的权和责两个方面均应由其承办单位同时负责。"弹性控制"是针对预算执行过程中一些不可预见因素扰动的影响，因为从编制预算到执行预算还有一个经济、政策变化时期，在编制预算时往往不可能把预算年度内所有的支出项目都考虑进去，即使考虑到了，也存在经济政策变化等外部因素影响。编制预算时必须考虑预算执行的弹性，在核定支出预算时必须划出一部分作为准备金，以保证预算执行的必要调节。"正确衡量"是指要采用工作衡量制度来对计划中的工作进度、数量和完成此项工作所需成本因素进行正确的估计，在预算执行时和执行后，要提供正确的工作业绩和成本报告，以期促进改善管理和控制成本。

七、我国部门预算编制的具体实践

（一）2000—2001 年中央部门预算改革

2000 年是部门预算改革的第一年，主要是建立部门预算基本框架。这次改革的主要内容包括：

1. 提前编制预算，延长预算编制时间。

2. 延伸预算层次。从基本预算单位开始编制预算，逐级审核、逐级汇总，克服代编预算的盲目性，使预算编制更加科学合理。

3. 提高预算的完整性。实行"一个部门一本预算"。中央部门在认真核实本单位全部收支范围的基础上，根据工作任务的轻重缓急提出本年度的财政支出需求，用综合预算的原则对预算内、外资金安排的项目进行审核，改变过去预算外资金报账式的管理办法。2000 年中央部门全部按照部门预算的要求进行了编报，财政部也按时批复了各部门预算，初步实现了职责范围明确、各项收支清晰、"一个部门一本预算"的目标。

4. 采取综合预算的编制方法。部门预算报表中包括了部门的全部收支。

5. 细化预算。预算落实到具体单位和具体项目。

6. 在四个部门进行部门预算编报试点。选择了教育部、农业部、科技部与劳动和社会保障部四个部门作为部门预算试点单位，向立法机关不仅提供传统的功能预算，而且提供四个试点部门的部门预算。

7. 改革预算批复方式。细化预算批复内容，统一、规范预算批复格式，统一由财政部预算司按照法律规定的时间批复预算。

2001 年中央部门预算改革，主要是部门预算的细化。在 2000 年部门预算改革试点工作取得成功的基础上，2001 年部门预算的编制又采取了以下几项改革措施。

1. 进一步延长预算编制时间，将预算编制时间从 2000 年的 4 个月延长至 2001 年的 6 个月。

2. 进行基本支出和项目支出预算编制试点。将部门支出划分为基本支出和项目支出两部门。基本支出预算试用定员定额；项目支出预算试行项目库的方法编制。

3. 适应部门预算的管理要求，调整财政部内部机构及其职能。为了适应中央部门预算改革的需要，2000 年 6 月，财政部在内设机构上动了"大手术"，将原来按预算收支功能设置的机构，调整为按部门预算管理要求设置，基本理顺了财政部内各司局与中央各部门之间的关系。此外，一些中央部门也根据自身的工作性质和对象调整了内设机构。有些部门还成立了预算处，统一管理本部门的预算工作。没有设立预算处的部门也明确由财务部门统一管理本部门预算，并充实了财务部门的力量。机构的调整在人员、组织上为预算编制改革工作提供了保障。

4. 试编"政府采购预算"。在 2001 年预算编制过程中，财政部要求部门根据下达的部门预算控制数，在"二上"时依据财政部公布的采购品目和实施政府采购的条件，对符合条件要求的支出项目编制部门采购计划，并要求在预算执行过程中，根据部门采购计划进行采购工作。

5. 扩大向立法机关提供部门预算的范围。根据全国人大的要求，2001 年向全国人大报送了 26 个单位的部门预算。

通过 2000 年、2001 年中央部门预算改革，基本实现了一个部门内部预算的统一，并且初步对传统的基数预算编制方式进行了改革。这两点是部门预算改革取得的最主要成果，与此同时部门预算还取得了以下成果：

1. 按照综合预算的原则，调整了预算编制内容和范围。传统预算编制和管理中一个突出问题是预算并不反映政府收支全貌，大量资金游离于预算管理之外，失去预算法律监督，为有效管理政府性收支带来极大困难。这次预算改革按照综合预算的原则，将行政事业单位的收支都纳入本部门预算中进行编制，为从根本上改革预算外资金等政府性资金的管理创造了极为有利的条件。

2. 预算进一步细化到单位和项目，初步改变了预算编制过粗的问题。旧的预算编制存在的一个重要问题是预算编制过粗，年初预算是按照预算科目的类、款、项进行编制，基本建设支出以及各项行政事业支出年初不能落实到具体项目，政府预算很难真正体现其计划性和可操作性，不可避免地导致预算执行的随意性。部门预算改革要求预算编制逐步地、尽可能地细化到单位和项目，反映预算的具体内容和支出方向，为克服预算编制过粗的问题打下良好的基础。

3. 改进预算报告形式，更便于全国人大审批预算。立法机构的监督是加强预算法制化管理的一个重要环节。这两年的部门预算改革除了按"一个部门一本预算"的要求向全国人大报送试点部门预算外，在报表格式和内容上也做了进一步规范，使全国人大能够更加清楚、明细地了解和审议中央政府预算情况。同时根据全国人大要求改变了中央各部门的预算审批程序，严格按照《预算法》的要求在预算经全国人大批准以后 30 天以内将预算批复到中央各部门，批复时间大大提前。

（二）2002 年中央部门预算改革

2002 年主要是深化改革、规范部门预算。

1. 按照新的方法编制基本支出预算和项目支出预算

基本支出和项目支出预算分别按照《中央部门基本支出预算管理试行办法》（财预〔2001〕331 号）（以下简称《办法》）的要求进行编制。所有行政事业经费一律划分为基本支出和项目支出两部分，纳入试点范围的按照两个《办法》分别采用不同的方式核定预算，未纳入试点范围的也参照执行。

将部门预算分别按照基本支出、项目支出的管理办法编制预算要求：（1）各部门预算编制要优先保障单位基本支出的合理需要，以保证行政事业单位政党工作的运转，在此基础上，本着"有多少钱办多少事"的原则，安排各项事业发展所需用的项目支出，项目支出不得挤占基本支出；（2）采用定员定额标准编制基本支出预算，改变原来按"基数法"分配预算的方法，改变预算分配不科学、不规范，部门、单位之间"苦乐不均"的状况；（3）加强对部门预算执行情况的管理和监督。

实行按基本支出和项目支出编制部门的行政事业费预算，要求试行这一办法的部门：（1）对本部门的年度预算支出进行准确的分解；（2）对所属预算单位的支出按照基本支出和项目支出进行重新界定；（3）按照定员定额标准计算出部门的基本支出预算；（4）按照轻重缓急原则对项目进行论证排序等。

2. 按照新的政府预算收支科目细化中央部门预算编制

财政部对 2002 年政府预算的目级科目进行了调整，将原一般预算支出中的 12 个科目修改、扩充并细化为 44 个目级科目，同时将这 44 个目级科目归并划分为人员支出、日常公用支出、对个人和家庭的补助支出、固定资产购建和大修理四个部分。改革了原预算科目中目级科目分类过于简单的状况。各部门在财政部下达的基本支出预算控制数内，根据本部门实际情况，在目级科目下自主编制本部门的基本支出预算，细化预算项目。

　　各部门自主编制预算，实际上就是允许部门根据本部门的实际情况调整安排预算。一些部门反映，过去编预算时，重点支出往往没有相应地安排经费，非重点支出却做了安排。财政资金的安排与业务工作的重点存在一定程度的脱节。赋予部门自主安排基本支出目级科目预算的权限，能够有效地解决这一问题，并可以增强部门的预算观念，避免执行中的随意调整。同时，也有利于国库按照预算严格控制支出。

　　按照新的预算科目编制预算并授予部门自主编制预算的自主权，在调动部门理财积极性的同时也对部门预算管理提出了更高的要求。各部门在自主编制目级科目预算时，应真正做到：（1）严格按照现行各项规章制度执行，不得自行扩大人员工资、补贴等发放数额，更不允许部门在安排基本支出预算时对一些目级支出留下硬"缺口"；（2）在基本支出预算与项目支出预算之间部门不得自行调整预算资金；（3）在"二上"申报之前，部门在基本支出科目间做出的调整预算要有政策依据和分项调整说明，报财政部审核批准；（4）部门预算经财政部正式批复后，各单位要严格按批复的预算执行。不得再随意调整；（5）如遇国家出台的重大政策性变化，当年财政部不调整定额标准，只做追加预算处理，下一年度统一调整定额标准；（6）预算执行过程中如预算外收入、其他收入超收，原则上结转下一年度安排，确实需要当年安排支出的，要按规定程序报财政部审批。

3. 加大预算外资金纳入预算内管理力度，推进实行综合预算的进程

　　对公安部等 5 个部门的行政性收费全部纳入预算管理，收入全部缴入国库，支出由财政部根据其履行职能的需要通过预算予以安排；对国家质检总局等 28 个部门实行真正的"收支两条线"管理，预算外收入全部纳入专户管理，相应的支出由财政部根据部门履行职能的需要统筹安排；改变国税系统和海关系统按照收入比例提取经费的办法，实行"预算制"，按照部门预算的统一要求核定经费支出。

　　主要采取四种方式加强预算外资金管理：一是对部分执法部门取消预算外收入，将这些部门收取的预算外收入全部纳入预算，支出由财政部按

照部门的职能、工作任务及支出需求统一核定；二是对行政部门的行政性收费和行使行政职能的事业单位的收费收入，取消收支挂钩的核定预算办法，统筹预算内外资金，编制部门综合预算；三是对各部门的预算外收入，采取收缴（或票款）分离的办法，并调整部门收入留用比例政策，为保证这些单位支出的需要，财政部要做好服务工作，搞好资金调度；四是在对预算外资金进行清理的基础上，对已经与行政、事业主管部门脱钩，但仍然挂靠在这些部门的单位，其取得的收费收入，作为脱钩单位的经营收入从主管部门中剥离出来，实行企业化经营，并按照有关规定照章纳税。

取消收支挂钩，实行定员定额的预算核定办法。在实行收缴（或票款）分离的基础上，选择一部分中央部门及其直属事业单位的 76 种行政性收费进行试点。试点部门收取的预算外资金收入要按照有关文件规定如数上缴专户，支出由财政部根据财力统筹安排，与上缴的预算外资金收入不再挂钩。试点部门基本支出的安排与没有预算外资金收入的行政部门一致，参照定员定额的方法核定，由财政满足其基本支出需求；项目支出需求，依据"有多少钱办多少事"的原则和项目排序情况来安排。资金不分预算内、外，统一调度使用。

4. **编制中央政府采购预算，为推进政府采购制度改革创造条件**

所有编制部门预算的单位，都要正式编制政府采购预算，财政部在批复其部门预算时一并批复。

编制政府采购预算是细化中央部门预算的一项重要内容，也是对 2001 年预算编制工作的完善，更是从制度上防止腐败的一项重要举措。

对政府采购预算编制的要求：（1）凡符合政府采购预算表中要求的项目或品目都要编报预算，发现漏报或瞒报情况的，将按违反财经纪律予以处理；（2）凡符合政府采购预算表中要求的项目或品目，属于联合集中采购目录的，各单位在政府采购计划未下达之前均不得自行采购。因情况特殊的紧急采购，应当事先向财政部提出申请；（3）从 2002 年开始，财政部对"政府采购预算"实行批复制度，强化政府采购的法律地位，严肃"政府采购"预算的执行；（4）不得将部门预算与政府采购预算割裂开来，在部门支出控制编制政府采购预算，虚列预算项目；（5）编报采购项目预算要在实事求是地进行市场调查的基础上进行，采购项目预算不得高于市场价格。

5. 在细化预算编制的基础上，进一步细化预算批复，为国库集中支付制度改革试点工作创造更有利的条件

根据全国人大预算工委的要求和国库集中支付改革试点工作的需要，财政部对部门预算编制的细化工作提出了更进一步的要求，中央各部门要按规定的报表格式和编制要求报送预算。同时，为配合国库集中支付改革试点工作，财政部将有选择地进一步细化对预算的批复，中央部门对所属预算单位的预算批复也应有选择地加以细化。

6. 摸清"家底"，提高预算编制的准确性

2002 年的中央部门预算根据各部门资产、资源的占用状况，按照定员定额方法和分轻重缓急的原则核定基本支出和项目支出。

各部门要保证部门预算编制的准确性，严格按照基本支出和项目支出两部分编制部门预算。要求各部门扎扎实实做好摸清"家底"的工作：一是全面、准确地界定本部门的职责、职能和年度工作目标；二是把握本部门各项事业发展的规划和实施计划，掌握本部门机构设置、人员编制与构成；三是彻底清查部门所占用资产、资源的使用情况、质量状况及分布状况；四是认真测算本部门支出范围、开支标准、分析近年来部门的财务收支状况及预算执行情况等。这些工作是运用预算定额编制预算、细化预算编制、规范部门预算编制最基础的工作，应扎扎实实做好。

在摸清"家底"的工作中，各部门一定要实事求是，不得弄虚作假。财政部采取以下措施保证"摸清家底"工作的严肃性：（1）凡在预算核定中，过多占用或有意扩大部门的资产、资源占用情况的，财政部要根据其行使职能，对与其职能不相符而多占用或虚增的资产、资源，在经费上不安排维持性预算，并对不合理的占用向有关部门提出收回的建议；（2）对于有意缩小资产、资源占用，而提出购置申请的部门，财政部只按其报送的资产安排维持性支出，在一定的时期内对其购置经费供给不给予补偿；（3）对有意扩大、缩小资产资源占用状况的部门予以通报。

7. 进一步提高年初预算的到位率，增强预算透明度

在预算编制过程中，根据部门职能、工作计划，依据财力的可能，尽量满足部门完成工作计划所必需的预算需求，提高年初预算到位率；年度部门预算批复后，原则上在 6 月 30 日前不追加预算；重大不可预见事项所需开支也必须在 6 月 30 日后通过动支预备费的方式，报国务院批准后，调整追加部门预算。中央部门预算编制过程中特别是要求有预算分配权的部门真正做到：（1）按照部门预算的编制要求，严格执行国务院规定的年初预算指标的留用比例；（2）在规定的时间内将所管理的预算指标落实到具体项目和使用单位；（3）对预留的项目预算指标，要在上半年落实到单位和项目，并逐年提前，增强预算透明度和年初预算到位率；（4）严肃预算执行，避免预算执行过程中过多地调整预算。

8. 进一步规范预算编报时间和流程

2002 年中央部门预算改革取得了非常可贵的阶段性成果，主要表现在：

（1）初步建立起部门预算的基本框架，实现了预算编制的统一性

我国传统的预算编制方法是与社会主义市场经济体制不相适应的。各部门的经费按功能划分成若干类，分别按功能预算申报，各类经费的预算编制程序和编报途径各不相同，不可避免地出现编报时间不统一，编报内容和形式不规范、在资金使用上无法统筹安排等问题，不利于提高财政资金的使用效益。实行部门预算后，由于一个部门所有的收入和支出都按照统一的编报内容和形式在一本预算中得到反映，保证了部门预算的统一性、完整性。

（2）树立了预算观念，增强了预算的严肃性

过去中央各部门编制预算时，有时缺乏通盘计划，很多资金年初并没有落实到具体的支出项目，资金切块安排后，在预算执行中再确定支出项目，随用随批。有些部门的预算经财政部批准后，在执行中经常不断地调

整追加，违反了预算的严肃性。实行预算编制改革，各部门基本做到将部门预算编制到具体支出项目，并在每个预算年度开始前，将下年度预算一次编制到位，增强了预算的严肃性。

（3）进一步提高了预算管理水平

在推进部门预算改革的同时，广泛推行和运用计算机管理，无论是部门预算数据录入、审核、上报和汇总，还是财政部审核和批复部门预算，都采用先进的技术手段和方法，从而能够灵活、方便、快捷、完整地解决预算汇审方面的问题，提高了预算编制和批复工作的效率。

（4）部门预算的编制形式、方法和内容发生实质性转变

在预算编制方法上，初步打破了基数的概念，实行"零基预算"，在行政管理费、公检法支出等科目和实行公务员管理的事业单位，全面推行"基本支出按照定额核定，对项目支出进行评估，按照轻重缓急排序，根据财力可能安排"的改革，便利部门预算编制更加公平和合理。对预算外资金实行收支两条线管理，预算内外"两张皮"的现象开始转变。预算编报内容也更加符合实际，部门在"一上"预算申请时，基本支出只需要报送基础数据，维持运转的基本支出根据定额外负担予以明确，部门可将主要精力集中在研究部门事业发展的项目上，因此，上报的项目也比以往符合实际，预算申报内容基本上是按照部门职责和实际工作的需要提出的，这种新的编报形式，既严肃了预算的上报，又引起了各部门领导对预算编制的重视，且减少了经办人的工作量，增强了各部门上报资料数据的准确性。

（5）编制部门预算的责任主体更为明确

中央部门通过填报本部门的基本支出和项目支出预算，理清了所应承担的责任，能够使预算安排与本部门的工作特点紧密结合，使用权各部门心中更加有数。特别是允许各部门在财政部下达的基本支出预算控制数额内，根据本部门的实际情况在目级科目之间自主编制，这一方式使部门预算更加切合实际，也增强了部门从严掌握预算编制的自觉性。对此，各部门采取了一系列措施：①设置专门机构，从组织上给予保障。各部门在前

两年普遍调整内设机构的基础上，又设立了专门的预算管理机构，推行预算改革，指导部门预算编制。如外经贸部、农业部等成立了预算编制工作小组，由主管财务的部（委）领导任组长，由业务司局的负责人参加，统一协调部门预算改革、编制工作；水利部、国家税务总局等成立预算管理处，具体组织执行预算改革。一些下属单位较多的部门，还设立了预算联络中心或电话值班热线，答询和解决单位预算编制中的具体问题。②各部门加强了人员、资产核实等内部基础性管理工作。针对项目预算改革暴露出来的问题，诸如项目储备不足、项目安排缺乏长远规划等，建章立制，加强了项目库的建设和管理制度的制定。同时，为满足预算编制基础工作的需要，许多部门都根据本部门的实际情况，加强了制度建设，如教育部根据修购项目较多的实际情况，制定了《修购专项资金管理办法》，国土资源部制定了《国土资源部专项经费管理暂行办法》等。各部门基础工作扎实，及时、准确地按照基本支出、项目支出预算管理的要求编报了各部门的预算，预算编报质量较以前年度有所提高。③根据部门的职能、工作计划编报预算。由于2002年部门预算按基本支出、项目支出进行编报，提高了预算细化的程度，部门开始注重按职能、工作计划编报预算，以保证预算能够更准确地反映部门各项职能的经费需要。如国家工商行政管理总局，根据财政部的统一布置，要求各司局根据职能、年度工作计划分解、编制预算，由财务司汇总后形成工商总局部门预算。财政部下达预算控制数后，财务司根据各司局编制的预算分解下达，促进了业务司预算观念的增强。

（6）部门预算编制改革推动了财政自身的改革

中央部门预算改革不仅促进了各部门预算管理水平的提高，而且也推动了财政部自身预算观念的转变和管理水平的提高。一是部门预算改革也是"财政自我革命"，开始从"重分配"向"重管理"转变。部门预算的基本支出按定员定额外负担核定，改革了预算分配方式，初步做到预算分配的公平、公正、透明和预算分配的规范化。定员定额的实施减少了预算分配方面存在的主观随意性，促进了财政预算管理观念的合理转变。各部门预算管理司已经开始由"重分配"向"重管理"转变,倾注更多精力加强对部门预算资金使用过程的监督和使用效益的考核分析工作。二是预算编制信息沟通渠道形成。在预算司与各部门预算管理司之间建立了"经办人员、处长、司长"不同层面上的沟通渠道,保证了预算安排的真实性、准确性,避免了预算安排中的缺、漏问题;在部门司和部门之间也建立起多层次的沟通渠道,保证了预算编制过程的公正性和透明度。有关预算分配的信息沟通也得到了加强,保证了预算编制的完整性。

(三)2003 年中央部门预算改革的进展

到 2003 年为止,与社会主义市场经济体制相适应的部门预算框架已基本构成。但针对这一体制仍然存在的一些问题,2003 年做了如下工作:

1. 进一步规范基本支出与项目支出管理

修改、完善有关基本支出和项目支出的两个文件,进一步界定了基本支出和项目支出。针对 2002 年项目支出预算编制存在的问题,研究修改了项目支出预算管理办法,使部门和主管司在编制、审核项目支出预算的过程中有据可依;完善了项目库管理办法,加强了项目库的建设与管理,建立了开放式的项目库,使部门项目支出预算的编报、审核工作日常化;进一步完善了项目填报文本,简化了项目文本填报的格式,并制定出符合行政事业单位项目填报要求的文本。

扩大在各项事业费中试行定员定额的范围,进一步提高预算编制的规范性和可操作性,确保预算编制的公开、公正。

2. 继续推进政府收支分类改革

政府收支分类(科目)改革对细化预算编制、规范预算管理和强化预算约束具有十分重要的意义。政府收支分类改革一方面要与国际惯例接轨,另一方面又要尽量与我国现行的科目体系相衔接,体现现行收支分类的延续性和稳定性。按照统筹规划、分步推进的原则,2003 年政府收支分类改革的主要内容包括:根据所得税分享改革情况适当调整有关收入科目;进一步修改完善支出目级科目;选择教育、科技、农业、社会保障等支出科目按国际通行的功能分类方法重新分类;根据清理调整政府性基金的要求，对政府性基金预算收支科目进行部分增减调整。

3. 规范和强化政府资产管理，为部门预算编制创造有利条件

政府资产是各级行政事业单位履行职责，保证各项事业顺利发展的物质基础。政府资产管理改革涉及面广，工作内容多，包括资产的购置、运行、维护、处置、转让、更新等多个方面。规范政府资产管理，掌握政府资产底数，是准确编制部门预算的重要基础。政府资产管理实质上是政府资产的预算管理，应实现以下几个基本目标：一是合理配置，满足行政事业单位履行职能和发展的需要；二是保障安全，建立政府资产规范合理的运转秩序；三是高效利用，提高政府资产的使用效益；四是规范管理，建立政府资产实物管理与预算管理相结合的有效机制。2003年，在研究、制定政府资产管理办法、政府资产产权登记办法、政府资产处置办法、非经营性资产转经营性资产管理办法等法规、规章的同时，要建立政府资产分类、动态数据库，借助计算机和网络管理系统，将资产的运行管理与预算编制的费用核定紧密联系起来。同时，还要制定政府资产使用的绩效评价体系，建立有效的监督约束机制。

4. 制定统一、规范的预算编制操作规程

所谓预算编制规程，应对预算编制各阶段的时间安排、具体工作事项、各部门的职能权限等做出具体、明确的规定。就各中央部门而言，要有一个统一的部门预算编制规程。各部门可按统一的程序、要求组织编制本部门预算。就财政部门而言，也要有一个规范的内部分工运作机制。要逐步规范部门司的预算分配权和主体司的横向分配权，实现在财政部内部由预算司对部门司，在财政部外部由主管部门司直接对部门的管理模式，避免在部内出现"两个声音"，进一步规范部门司、主体司与预算职责、权限，确保部门预算编制改革的统一性和规范性。

5. 进一步做好预算编制的准备、协调工作

在布置2003年预算时，财政部力求做好以下几项工作：提前就年度财政政策重点、预算安排的结构、财政增长规模等与部门进行沟通；将有关改革措施出台的背景、所要达到的目标交代清楚，使部门在编制预算时

事先有所准备；提前着手预算定额的调整工作，争取定额的下达与部门编制工作同步；进一步延长预算编制时间；对部门预算编制工作中要求的基础数据、资料进行整理、分析、研究，加强预算编制的基础性工作；财政部内的预算司、各部门司以及主体司之间进一步规范分工，加强协作，尽量避免出现工作不衔接、不协调的现象。

6. 加强预算编制的业务培训和技术服务工作

在尽早编印《中央部门预算编制指南》的同时，要进一步加强预算编制业务的培训工作，增加培训时间，细化培训内容。要修改现行报表的格式，改变预算编报"一上"与"二上"、预算表与项目表、预算表与决算表之间的衔接方式，利用计算机技术直接解决相互之间的转化问题，以提高工作效率。要进行预算管理软件系统升级，完善其管理功能，进一步满足部门预算改革和预算管理的需要。

（四）2004 年部门预算改革的进展情况

为保持预算改革的连续性与稳定性，确保部门预算改革稳妥、扎实地向前推进，2004 年中央部门预算的编制形式、编制内容与编制方法不做大的变动，主要立足于完善各项制度和加强基础性管理工作，改变长期以来财政工作"重分配、轻管理"的问题，努力提高部门预算的有效性。

1. 进一步完善定员定额管理办法，稳步推进基本支出预算改革

（1）修改和完善中央部门的定额标准体系。

（2）稳步推进实物费用定额改革试点工作，选择 5 家中央行政部门进行实物费用定额标准试点，实物费用定额标准的实施范围以房产、车辆作为主要内容，探索政府资产实物管理与预算管理有机结合的有效途径。

（3）事业费定额试点范围暂不扩大，主要是对已实行定员定额试点的事业单位情况进行总结和分析，视事业单位体制改革进程情况，根据事业单位财政供给范围和供给政策，再统筹考虑下一步事业单位基本支出预算改革问题。

2. 进一步完善项目支出预算管理办法，稳步推进滚动预算

（1）加强项目管理的基础性工作。财政部按照《中央本级基本支出预算管理办法》和《中央本级项目支出预算管理办法》的规定，对项目库进行了清理。对非试点部门和单位纳入财政部项目库中的项目进行重新界定，将属于基本支出但列入项目预算的支出事项从项目库中剔除；按照统一标准对列入部门预算的、国家确定的重点项目、专项业务项目以及与部门协商需跨年度安排的项目进行审定，为项目预算的滚动管理奠定基础。

（2）进一步加强项目遴选、论证与审核等基础性管理工作，切实提高项目申报质量。

（3）加强项目的排序管理，首先保障国务院已研究确定的项目，然后安排专项业务项目和跨年度支出项目，最后按照项目排序安排中央部门其他项目。

3. **建立对项目预算的绩效考评制度，稳步推进绩效预算**

为提高预算资金使用的有效性，中央部门在上报 2004 年项目预算时，对 2003 年预算已安排的跨年度项目，选择一些项目附报已安排资金的绩效考评材料，作为 2004 年项目预算安排的重要依据。2004 年，财政部计划选择一些重大支出项目进行绩效考评，并逐步建立项目预算绩效考评指标体系，使项目的绩效目标能够量化、具体化，明确项目预算跟踪问效责任，切实加强预算管理，提高预算资金使用效益，逐步改变项目预算管理工作中"重分配、轻管理"的问题，为推进绩效预算改革奠定基础。

4. **进一步扩大"收支两条线"改革范围，加大综合预算改革力度**

财政部、国家发展和改革委员会等几部委联合下发了《关于加强中央部门和单位行政事业性收费等收入"收支两条线"管理的通知》，根据《通知》的精神，行政事业性收费必须全部上缴国库或财政专户，中央部门和单位按照国家规定收取或取得的行政事业性收费等政府非税收入必须纳入部门预算编制范围，取消了原有的一些过渡性政策。2004 年，又增加司法部、审计署、发展改革委、国资委等 7 个部门作为"收支两条线"的收支脱钩改革试点单位。进一步扩大了行政性收费纳入预算管理的范围，将外交部等部门约 60 项行政性收费纳入预算管理。

5. 增加部门机动经费，提高部门预算的灵活性

为了提高部门预算的灵活性，解决部门零星和临时性开支的资金来源问题，减少部门预算执行过程中的调整，使部门更好地履行自身职能，财政部进一步完善部门机动经费制度，将原规定的开支行政管理费和公检法支出的定员定额试点单位按公用经费的 3% 安排机动经费，改为按其基本支出定额标准的 3%—5% 安排机动经费，并根据实际情况进行分类分档。按规定提取的机动费在批复部门预算时要单独列出并予以说明。上述机动经费可由中央部门掌握，在年度过半时根据支出需要动用，并报财政部备案，在报财政部审批的决算中也要单独说明。

6. 加强预算信息化系统建设，完善部门预算数据化管理

随着部门预算改革的不断深入，部门预算编制软件取得重大改进，预算数据的填报更为简捷、高效，数据管理更为灵活，初步实现了预算信息的数据库管理。财政部结合"金财工程"的建设，进一步完善部门预算软件系统，不断增加部门预算软件功能，初步形成完整的部门预算报送、审核、批复、执行、调整和决算体系。

2005 年以来，随着我国预算管理制度改革向纵深拓展，部门预算改革不断深化，支出标准体系继续完善，在中央和地方全面推进部门预算改革的基础上，稳步推进了中央部门实物费用定额改革试点和预算支出绩效考评试点，实施了项目预算滚动管理，增强了预算编制的统一性、完整性和公平性。

第三节 国库集中支付制度改革

国库集中收付制度改革，从 2000 年 10 月中央直属粮库建设资金财政直接拨付开始试点，之后又进行了交通专项资金财政直接拨付试点。2001年国务院批准了财政国库制度改革方案，国库集中收付制度改革正式拉开

序幕。7 年来，改革进展迅速，取得成效显著。

一、国库集中支付制度改革的背景与历程

我国的国库集中支付制度改革是在国际货币基金组织、世界银行、联合国计划开发署等国际机构的帮助下进行的。早在 1995 年 7 月，国际货币基金组织、世界银行和联合国计划开发署就组成了联合考察团来中国对浙江省的国库情况进行了实地考察，考察小组在考察结束时提交的《关于中国国库现状与国际经验对比及改革建议》的报告，为我国借鉴国际经验进行改革提供了重要参考。

1998 年年底，政府部门机构改革后重新组建的财政部预算司和中国人民银行国库局，共同确定了下大力气推动国库改革的方针。1999 年 2 月，由预算司、人民银行国库局、国家税务总局联合组成国库改革工作小组，并制定了 1999 年改革小组工作计划。

根据党中央、国务院的要求，财政部会同中国人民银行制定了《财政国库管理制度改革方案》。2001 年 2 月 28 日，国务院第 95 次总理办公会议原则同意改革方案，并决定从 2001 年起在中央实施改革试点，"十五"期间在中央和地方全面实施国库集中收付制度。近年来，国库集中收付改革取得了明显进展：

1. 财政国库管理制度改革框架基本确立

2000 年以来，通过借鉴国际通行做法，结合我国具体实际，将改革的重点首先放在制度创新上，初步确立了国库集中收付制度的基本框架。主要包括：第一，制定发布财政国库管理制度改革的总体方案，确立国库集中收付制度改革的总体目标和战略部署。《财政国库管理制度改革试点方案》确立了我国财政国库管理制度改革的目标、指导思想和原则、改革的内容、配套措施及实施步骤。第二，制定发布《中央单位财政国库管理制度改革试点资金支付管理办法》和一系列配套管理办法，形成统一规范的财政资金支付管理制度，有效地保证了改革的顺利实施。第三，制定发布了《预算外资金收入收缴管理制度改革方案》和《中央单位预

算外资金收入收缴管理改革试点办法》，改革和规范政府非税收入收缴管理。第四，制定发布了《国库存款计付利息管理暂行办法》等配套管理办法，建立新的国库资金运作模式。

此外，按照《财政国库管理制度改革试点方案》的总体要求，适应加强国库集中收付制度运作管理的要求，制定发布了《中央单位银行账户管理暂行办法》，研究起草了《财政资金专用支票和汇兑凭证管理办法》和《财政收入退库管理办法（征求意见稿）》等配套管理办法，为不断完善改革提供制度保障体系。

2. 清理了预算单位的银行账户，为设立新的国库单一账户体系打好了基础

根据中纪委第五次会议和国务院第三次廉政建设工作会议精神，由监察部牵头，财政部、中国人民银行、审计署等部门参加，从 2001 年 7 月开始，对行政事业单位的银行账户进行清理整顿，初步改变了预算单位多头开户的状况。对参与 2001 年改革试点的部门，按照财政国库制度改革的具体要求，由财政部统一为 6 个试点部门开设了新的银行账户，包括预算单位的零余额账户和小额现金账户。

3. 初步建立了政府财政管理信息系统

政府财政管理信息系统是财政国库管理制度改革的技术支撑，为改革提供了技术保障。为了适应财政管理改革的要求，加快财政管理的信息化建设步伐，财政部在 2000 年 8 月成立了信息化工作小组，设计开发了政府财政管理信息系统。2001 年 3 月，信息化工作小组结合国库集中收付改革的要求，设计开发了国库支付信息管理系统（一期工程）。2001 年 8 月 30 日，第一笔财政直接支付试点资金顺利通过支付信息系统拨付，标志着国库集中收付制度改革在信息化建设方面迈出了重要的一步。2002 年，为满足继续深化和扩大改革的实际需要，按照新制度的规定，在一期工程的基础上开发了二期工程，对信息系统做了进一步优化和完善，加快了支付的自动化程度，并初步实现网上申请和审核，解决了财政直接支付申请报送程序比较复杂的问题。建立了财政资金支付实时监测系统，增强了支付的透明度和监管力度。

4. 设立了财政国库收付执行机构

财政国库收付执行机构是财政国库管理制度改革的组织和人力资源保障。2000年成立专门组织机构——财政部国库司，负责推动改革，着手建立新型的预算执行制度。为了适应国库集中收付的业务发展需要，经中编办批准，财政部于2001年7月成立了国库支付中心，各地为适应改革的要求也相应建立了财政国库收付执行机构，形成了与新的财政国库管理制度相适应的管理机构体系。

5. 划清了有关部门职责

在财政资金支付过程中，中国人民银行国库部门、预算单位和代理银行的主要业务关系是：中国人民银行国库部门按照财政国库支付执行机构的支付信息做好与财政支付业务代理银行的资金清算，并负责对全国银行清算系统和代理银行实施监督管理；预算单位负责编制预算和资金使用计划，搞好相应财务管理和会计核算，并按规定的程序和要求向财政国库支付机构提出支付申请，实行支付；代理银行按照与财政国库支付执行机构签订的委托代理协议，保证资金准确支付，做好与中国人民银行国库部门的清算并及时向财政部门反馈信息。

6. 以市场经济原则选择代理银行

鉴于商业银行已建立起比较发达的网络系统，为了减少改革震动，2001年对6个试点单位的财政支付业务代理，经与中国人民银行进行协商并征询试点单位的意见，暂时维持预算单位的现有开户格局，选择财政资金支付量较大、资金实力雄厚、清算系统发达、营业网点较多的中国工商银行和中国建设银行作为代理银行，并就有关各方的权利和义务等事项，与其签订了财政资金支付委托代理协议。

7. 进行了改革试点前的业务培训工作

在完成了大量前期准备工作的基础上，2001年2月正式启动了中央国库集中支付制度改革工作，其标志是国务院通过的《财政国库管理制度改革试点方案》。在这个方案中，明确了我国要建立以国库单一账户体系为基础、资金缴拨以国库集中支付为主要形式的财政国库管理体系。至此，国库集中支付制度由"点"到"面"逐步展开。

8. 中央部门改革试点工作取得初步成效

为了确保改革成功，在财政国库管理制度改革方案没有正式上报国务院之前，根据国务院领导的指示，在国家计委、国家粮食局、交通部等部门的大力支持下，财政部制定了粮库建设资金实行财政直接拨付的实施方案及管理办法、车辆购置税交通专项资金实行财政直接拨付的实施方案及管理办法，从 2000 年 10 月 1 日起，对部分粮库建设资金实行了财政直接拨付；从 2001 年 1 月 1 日起，对部分省区车辆购置税交通专项资金实行了由财政直接拨付到项目单位。2001 年，财政国库管理制度改革在水利部、科技部、财政部、国务院法制办、中国科学院、国家自然科学基金会 6 个中央部门试点，6 个试点部门当年纳入改革试点的资金为 170.23 亿元。2002 年年初，国务院领导又进一步提出了加快改革步伐的要求，明显推动了改革的进程。2002 年上半年，在总结经验的基础上，试点部门由 2001 年的 6 个增加到 23 个。新增试点部门包括：国家计委、外交部、外经贸部、人事部、高法院、文化部、教育部、农业部、国土资源部、海关总署、旅游局、环保总局、知识产权局、中医药管理局、气象局、煤矿安全局、红十字会总会。经过紧张、细致的前期准备，试点工作于 2002 年 5 月陆续实施。到 2002 年 7 月，中央已有 23 个部门及所属 612 个基层预算单位，共计 486 亿元的资金纳入改革范围。2002 年下半年，再次确定 15 个中央部门进行改革试点，并从 2002 年 11 月逐步开始实施。这样，中央 38 个部门及所属近 800 个基层预算单位，共计 652 亿元的资金纳入了改革试点范围。在推进和扩大支付改革试点范围的同时，还进行了收入收缴制度改革。2002 年，先后确定了 15 个中央部门率先进行了包括预算外资金收入在内的非税收入收缴管理制度改革试点。2003 年增加到 80 个部门实施改革，2004 年又增加了 60 个中央部门实施改革。与此同时，国库集中收缴改革也正式启动，8 个中央部门开始进行非税收入收缴改革。2005 年是"十五"计划的最后一年，根据国务院的要求，这一年所有 160

多个中央部门全面实施国库集中支付改革，并将改革实施到所属3300多个基层单位，涉及预算资金3700多亿元。2006年，进一步扩大了改革的资金范围和预算单位，中央各部门及所属6100多个基层预算单位实施了国库集中支付改革，实施改革的预算资金达到4600多亿元。同时，还将150多个实行代编预算管理的中央企业纳入国库集中支付改革范围，研究并推进了中央级行政单位离退休经费、代建制单位实行国库集中支付改革。非税收入收缴改革进展迅速，中央改革的部门扩大到42个，35个财政专员办事处执收的非税收入也纳入改革范围。

9. 积极推进地方改革试点工作

在中央单位大力推进财政国库管理制度改革试点的同时，一些地方财政部门也按照国务院同意的改革方案，积极进行了改革试点。特别是2002年4月全国财政国库工作会议和8月初的全国财政国库管理制度改革工作会议后，各地加大了推进财政国库管理制度改革的力度。一是一些地区根据总体改革的要求，结合本地实际，对工资、政府采购资金、基本建设等部分财政专项资金实行了财政直接拨付。如河北省从1999年10月开始对省级财政资金拨付制度进行了改革，随后，按照改革方案的要求，进一步深化了专项支出拨付制度改革。广西、新疆、西藏、宁夏等省、自治区成立了"工资统一发放中心"，具体承担工资统发事宜。有的地方对部分支农资金、煤矿关闭费用、下岗职工生活补助、企业亏损补贴、科技三项费用等财政资金实行了财政直接拨付，使财政部门能够控制现金流量，加强国库资金的统一管理。二是安徽、四川、重庆、福建等13个省（自治区、直辖市）根据要求，率先在省级部门进行了改革试点。2003年3月，全国已有13个省市区在本级按照《财政国库管理制度改革试点方案》的要求进行改革试点。2006年，地方国库集中收付制度改革进度明显加快，全国36个省、自治区、直辖市和计划单列市本级，270多个地市，1000多个县（区），超过16万个基层预算单位实施了国库集中支付改革。绝大部分省市区的本级预算单位已实施改革，改革的资金范围进一步扩大，政府性基金、预算外资金都被纳入改革范围。地方非税收入收缴改革进度也明显加快，绝大多数省市区推行了改革。

二、国库集中收付制度的概念与特点

国库集中收付制度，国外称之为国库单一账户制度（Treasury Single Account，TSA），它是指从预算分配到资金拨付、使用、银行清算，直到资金到达商品或劳务提供者账户的全过程直接控制。其基本含义是：财政部门在中央银行设立一个统一的国库账户，并将所有的政府性财政资金全部集中到这一账户，各单位的预算资金全部在该账户的分类账户中管理；预算资金不再拨付给各单位分散保存；财政资金的使用由各部门根据细化的部门预算自主决定，由财政部门核定后准予支出，除特殊用途外，财政资金将由国库单一账户直接拨付给商品劳务的供应商，而不必经过支出单位进行转账结算。国库集中支付制度与传统的支付方式相比，仅仅是改变了支付方式。如工资的集中支付，就是从国库直接支付到每个人的工资账户上，不再层层下拨。政府采购资金集中支付制度实行后，也是如此，即国库资金将直接支付到政府采购的商品或劳务提供者的账户上。

国库集中支付制度已有几十年的历史，是现代市场经济国家普遍实行的国库制度，许多发展中国家也在研究和试行这一制度。目前，美国、日本、英国、法国、意大利、匈牙利、波兰（2001 年开始）、巴西、挪威、希腊以及我国台湾地区等都采用国库集中支付制度。

国库集中支付制度主要有以下特点：

第一，所有的财政收入都要进入国库单一账户，所有的最终付款都必须从国库单一账户的总账户或者地区分账户中支付。

第二，总账户、分账户应该由财政部门管理。其他机构均不应开设有财政业务的银行账户。由财政部门基于公共利益考虑专门授权开设的账户除外。

第三，从国库单一账户总账户、分账户中的提款，只能在要求政府付款的最终阶段才能发生。这就是说，在中间环节不发生支付，只有最终支付拨款时，资金才从单一账户直接支付到商品或劳务供应商在银行开设的账户上。

第四，单一账户制度的本质，是国库对政府资金最终付款的控制。

三、国库集中收付制度改革的意义

1. 有利于财政收入及时、足额入库

实行国库集中收付制度，取消了形形色色的过渡性账户，从制度上解决了财政收入不能及时足额入库的问题，规范了收入的收缴。同时，有利于从根本上改变财政预算外资金分散管理的状况。

2. 有利于财政支出拨付，提高财政资金使用效率

实行国库集中收付制度后，财政部门在银行设立国库单一账户体系，在财政部门内部建立统一的资金账册管理体系。预算资金由原来的层层下拨给预算单位，改为由财政部门统一存储在中央银行国库单一账户上统一进行管理，财政部门不再将资金层层拨付到预算单位，而只给预算单位下达预算指标，以及审批预算单位月度用款计划。预算资金在没有支付给商品和服务供应商之前始终保存在中央银行国库单一账户上，从而改变了传统的分散支付制度固有的拨款随意性，规范了财政资金的拨付程序，大大提高了财政资金的使用效率。

3. 有利于实现对财政资金的全面监督，提高财政资金使用效率

实行国库集中支付制度，将会从根本上改变以前财政资金管理分散以及各支出部门和支付单位多头开户、重复开户的局面。随着财政信息管理系统的建立与完善，财政部门能够掌握各支出单位每一笔资金的用途，有利于实现对财政资金流向与流量进行全面监控，规范财政支出管理，强化预算约束，同时增强财政国库工作的透明度、公开性和约束力，杜绝不合理支出，克服过去无法进行事前监督的弊端，切实提高财政的使用效率。

4. 有利于库款调度

实行国库集中支付制度，资金将不再滞留在各部门、各单位的银行账户上，而是集中存放在国库，从而避免了财政资金大量沉淀在部门与单位

而中央国库资金周转不灵的矛盾，有利于财政部门加强对财政资金统一调度和管理，增强财政资金调度调控能力，提高库款划拨速度，加速库款资金周转，减缓财政周转压力，使库款调度更加灵活。另外，也可以减少短期国债的发行量和利息支出，减轻财政负担。

5. 有利于预算约束与执行

实行国库集中支付制度，一方面，财政部门要严格按预算管理财政资金的支出，有利于预算约束；另一方面，各预算单位可以按其预算随时签订支付合同，实行财政直收直支，缩短了财政资金在途时间，减少了预算拨款环节，缩短了中间划拨过程，资金支付快速、便捷、准确，有利于加快预算执行速度。

6. 有利于加强财政宏观调控能力

财政政策是政府实施宏观调控的重要工具，其政策力度取决于财力，财政资金雄厚就会有较强的财政政策力度，相反，财政资金捉襟见肘，可支配数量有限，则实施财政政策的力度必然薄弱。传统的国库支付制度下，财政资金分散储存于各部门、各单位在银行的账户上，削弱了财政可掌控的财政资金，极大地约束了财政的宏观调控能力。实行财政国库管理制度改革后，对财政资源实行集中化管理，一方面，增强了财政资金实力，有利于财政宏观调控职能的发挥；另一方面，财政部门也能及时、准确、全面掌握财政资金运行信息，真正实现财政收入与财政支出合理配比，增强政府预算的科学性和财政赤字的可控性，充分发挥财政决策的前瞻效果，及时准确掌握财政资金的运用、结存状况，全面、客观反映财政资金运行全貌，为政府科学编制预算收支计划，合理制定相应的货币政策和财政政策，实现政府的宏观经济社会管理目标。

7. 有利于构建公共财政体制

20 世纪 90 年代末，在我国建立公共财政体制的目标开始明确。而构建公共财政体制框架的主要问题之一就是如何从制度上更好地解决财政资金收付过程中的公平与效率问题。国库集中收付制度作为与市场经济体制相适应的一项高效、规范的公共财政预算执行制度，对构建公共财政体制框架具有重要作用，可以说，实行国库集中收付制度是构建与市场经济体制相适应的公共财政体制框架的必然要求。

四、国库集中收付制度改革的主要内容

我国国库集中收付制度改革的主要内容包括三个方面：建立国库单一账户体系，将所有财政性资金都纳入国库单一账户体系管理；规范收入收缴程序，所有财政收入直接缴入财政国库或财政专户；规范支出支付程序，财政资金统一通过国库单一账户体系支付到商品和劳务供应者或用款单位。

（一）建立国库单一账户体系

我国国库集中收付体系主要由五类账户构成：国库单一账户、财政部门和预算单位的零余额账户、预算外资金财政专户、小额现金账户、特设账户。

国库单一账户是财政部门在中央银行开设的用于记录、核算和反映纳入预算管理的财政收入和支出活动，并与财政部门在商业银行开设的零余额账户进行清算，实现支付的账户。国库单一账户按收入和支出设置分类账，收入账按预算科目进行明细核算，支出账按资金使用性质设立分账册。

财政部门和预算单位零余额账户是财政部门按资金使用性质在商业银行开设的零余额账户以及在商业银行为预算单位开设的零余额账户。财政部门的零余额账户用于财政直接支付和与国库单一账户支出清算。预算单位的零余额账户用于财政授权支付和与国库单一账户清算。财政部门和预算单位的零余额账户与国库单一账户相互配合，构成财政资金支付的基本账户。

预算外资金财政专户是财政部门在商业银行开设的预算外资金财政专户，按收入和支出设置分类账。预算外资金财政专户，用于记录、核算和反映预算外资金的收入和支出活动，用于预算外资金日常收支清算。

小额现金账户是财政部门在商业银行为预算单位开设的小额现金账

户，用于记录、核算和反映预算单位的零星支出活动，并与国库单一账户清算。

特设账户是经国务院和省级人民政府批准或授权财政部门开设的特殊过渡性账户，用于记录、核算和反映预算单位的特殊专项支出活动，并与国库单一账户清算。

建立国库单一账户后，相应取消各部门、各单位的各类收入过渡性账户和各类支出账户。

（二）规范财政收入收缴程序

按经济性质分类，所有的政府财政收入可以分为六大类：税收收入、社会保障缴款、非税收入、转移和赠与收入、贷款回收本金和产权处置收入、债务收入；按预算管理要求进行分类，财政收入分为预算内和预算外收入。此次国库集中支付制度改革对以上所有财政资金的收入收缴流程都做了规范。但考虑到我国目前预算外资金收缴过程中存在问题较多的现状，收入收缴改革首先定位于对预算外资金的收缴方式进行改革，同时，已纳入预算管理的行政事业性收费、政府性基金和执罚单位的罚没收入等，也参照预算改革方案进行，最终改革要扩大到对所有政府性资金的收入收缴进行规范。预算外资金收入收缴管理制度改革主要包括：

1. 取消各类收入过渡户，改由财政部门开设财政专户或为执收单位开设财政汇缴专户

对于级次多、层次复杂的单位，经财政部门申请，可由财政部门在委托的商业银行为执收单位开设财政汇缴专户。财政汇缴专户只能用于资金的收入收缴，不得用于执收单位的支出，并实行零余额管理，每日营业终了，通过银行资金汇划清算系统，财政汇缴专户自动划转财政专户。

2. 规范收入收缴程序，取消按财务隶属关系层层上缴收入

财政收入不再按财务隶属关系层层上缴，收入就地缴入专户或直接缴入国库。新的缴库方式包括直接缴库和集中汇缴两种：

（1）直接缴库。由征款单位或缴款人按有关法规规定，直接将应缴收入缴入国库单一账户或预算外资金账户。直接缴库的税收收入由纳税人或税务代理人提出纳税申报，经征收机关审核无误后，由纳税人通过开户银行将税款缴入国库单一账户。直接缴库的其他收入，比照上述程序缴入国库单一账户或预算外资金财政专户。

（2）集中汇缴。由征收机关和依法享有征收权限的单位按有关法律法规规定，将所有收取的应缴收入汇总缴入国库单一账户或预算外资金账户。小额零星散税收和法律另有规定的应缴收入，由征收机关于收缴收入的当日汇总缴入国库单一账户。非税收入中的现金缴款，比照这些程序缴入国库单一账户或预算外资金专户。同时，规范收入退库管理。涉及从国库中退库的，必须依照法律、行政法规有关国库管理的规定执行。

3. 财政资金的收入收缴使用统一、规范化的票据

由于传统的税收缴款书已较为规范，此次改革主要是设计了规范化的非税收入执收票据体系。执收票据按信息化管理的要求，具体设计票据要素，通过电子化票据信息传递，实现对非税收入收缴活动的监控。在非税收入取得经验的基础上，税收缴款书也将随着电子化管理信息的需要，相应进行改革。

（三）规范财政支出拨付程序

1. 支出方式

按照不同的支付主体，对购买性支出和转移性支出等不同类型的支出，分别实行财政直接支付和财政授权支付。

（1）财政直接支付。由财政部门开具支付令，通过国库单一账户体系，直接将财政资金支付到收款人（即商品和劳务的供应者）或用款单位用户。实行财政直接支付的支出包括：①工资支出，直接支付到收款人；②购买支出，包括中央对地方的专项转移支付，拨付企业大型工程项目或大型设备采购资金等，直接支付到收款人；③转移支出（中央对地方专项转移支付除外），包括中央对地方的一般性转移支出中的税收返还、原体制补助、过渡期转移支付、结算补助等支出，对企业的补贴和未指明购买内容的某些专项支出等，直接支付到用款单位（包括下级财政部门和预算单位）。

（2）财政授权支付。预算单位根据财政授权，自行开具支付令，通过国库单一账户体系将资金支付到收款人账户。实行财政授权支付的支出包括未实行财政直接支出的购买性支出和零星支出。

2. 支付程序

根据财政直接支付与财政授权支付两种不同的支付方式，财政资金采取相应的不同的支付程序：一是财政直接支付程序；另一个是财政授权支付程序。

（1）财政直接支付程序。由预算单位按批准的部门预算和资金使用计划向财政国库支付执行机构提出支付申请，财政国库支付执行机构根据批复的部门预算和资金使用计划与相关要求对支付申请审核无误后，向代理银行发出支付令，并同时向中国人民银行国库部门发出支付信息，代理银行支付后，通过全国银行清算系统与国库单一账户实时进行清算，财政资金从国库单一账户直接拨付到收款人的银行账户。

财政直接支付主要通过转账方式进行，也可以采取"国库支票"支付。财政国库支付执行机构根据预算单位的要求签发支票，并将签发给收款人的支票交给预算单位，由预算单位转给收款人。收款人持支票到其开户银行入账，收款开户银行再与代理银行进行清算。每日营业终了前由国库单一账户与代理银行进行清算。

（2）财政授权支付程序。由预算单位按照批准的部门预算和资金使用计划，向财政国库支付执行机构提出授权支付的月度用款限额，财政部国库支付执行机构批准月度限额后，通知代理银行，并同时通知中国人民银行国库部门。预算单位在月度用款限额内，自行开出支付令，通知财政支付执行机构并由代理银行实现支付，再通过全国银行清算系统与国库单一账户进行清算。

五、国库集中支付制度改革的成效及走向

国库集中收付制度的推行促进了预算执行管理制度的根本性变革，使我国财政财务管理水平发生了前所未有的变化，成效显著。

随着国库集中支付制度改革的不断扩大和深化，这项新制度的优越性日益显现：

一是提高了资金运转效率和使用效益，二是提高了预算执行的透明度，三是提高了预算单位的财务管理意识和管理水平。

财政国库制度在银行账户设置、资金收付方式、会计核算、资金监控等各个方面形成了新的制度体系和操作运作模式。随着改革的全面实施，传统的管理模式和运作机制相应淡出，国库集中收付制度作为新的制度安排日益发挥主导作用，已经成为预算执行的基本制度。主要标志是：

一是建立了国库单一账户体系，这是国库集中收付制度的基础。分别设立了核算财政收入、财政支出两个方面的银行账户体系，所有的财政资金纳入国库单一账户体系管理。取消收入过渡性账户，财政收入通过国库单一账户体系直接缴入国库或财政专户；取消主管部门等资金转拨账户，财政支出通过国库单一账户体系直接支付到收款人或用款单位。

二是建立了比较完善的制度体系。以《财政国库制度改革方案》为基础，以支付管理办法、资金清算办法、会计核算办法为主体，逐步形成了一套覆盖面广、操作性强、内容比较完善的财政国库制度体系，有力地保障和促进了改革的顺利实施。

三是建立了新型的财政资金运行机制。以上述新的账户体系和制度设计为基础，形成财政资金新的收付方式。财政收入按照规范的程序，实行直接缴库或集中汇缴，提高资金入库效率。财政资金支出取消中间环节，不再层层转拨，按照规定的程序办理用款计划和用款额度下达，并通过财政直接支付或财政授权支付的方式办理支付。财政资金信息随着收付活动的发生即通过信息系统产生。

四是建立了国库集中收付信息系统。财政资金收付活动通过信息系统完成，逐步脱离了传统管理方式下的手工操作，推进财政国库管理的信息化、电子化，提高工作效率。

五是建立了财政国库动态监控机制。以新的管理机制为基础建立了财政国库动态监控体系，实现了对财政资金的全过程监管，基本形成了事前、事中和事后相结合的动态监控机制。

其后一段时期，国库集中支付制度改革将进入较大规模推进和继续完善的攻坚阶段。主要的改革工作还需要进一步完善，要点是：

1. 扩大和深化国库集中支付改革

完善国库集中支付运行机制关键在于深化国库集中支付改革。虽然从中央到地方已经全面推行国库集中支付制度，但是还存在着发展不平衡、办法不完善等问题。一是要从深度和广度上继续扩大改革。从深度上看，中央主管部门的所有基层预算单位都应纳入改革范围，省市级主管部门及其所属各级预算单位都应纳入改革范围，条件成熟的县都要实行国库集中支付改革，已经实施会计集中核算的地方要向国库集中支付转轨。从广度上看，政府性基金、预算外资金等财政性资金都应实施国库集中支付。二是要建立完善的政府间专项转移支付资金国库集中支付制度，对专项转移支付资金实行集中支付改革。

2. 加快建立公务卡制度

我国推行的国库集中支付改革不仅有效规范了财政资金支付管理，而且强化了财政部门的动态监控能力，取得的成效是有目共睹的。但现金支付仍处于财政动态监控视野之外，一些预算单位通过各种方式套取现金，设置账外账，规避监管，成为财政资金支付管理的一个"盲区"。公务卡是解决这类问题的有效办法。公务卡是指财政预算单位工作人员持有的，用于日常公务消费支出和财务报销业务的信用卡。公务卡作为一种现代化支付结算工具，不仅携带方便、使用便捷，而且透明度高，所有的支付行为都有据可查、有迹可寻，可以最大程度地减少现金支付结算。建立公务卡制度的基本思路是：坚持公共财税体制改革方向，以公务卡及电子转账支付系统为媒介，以国库单一账户体系为基础，以现代财政国库管理信息系统为支撑，逐步实现使用公务卡办理公务支出，最大程度地减少单位现金支付结算，强化财政动态监控，健全现代财政国库制度。这个思路，包含了对公务卡目标取向、管理手段、制度基础、实施范围和监控要求五个方面的考虑。首先，公务卡管理的目标，是要减少现金支付，提高财政财务透明度，进一步完善现代财政国库制度；其次，管理的手段或者说工具，是消费支出具有"雁过留声"特点的银行卡及其与此相关的电子转账支付管理系统；再次，制度基础，就是公务卡的消费支付及资金清算、信息传送等运作建立在国库单一账户制度的基础上，不能将资金转出国库单一账户体系；第四，实施范围，明确为预算单位日常公务支出，包括差旅费、会议费、招待费等日常公用支出和零星购买支出等；第五，监控要求，就是强调必须满足财政动态监控需要，所有公务卡公务消费信息必须纳入财政动态监控系统管理。推行公务卡管理，可按照"先行试点，总结经验，扩大推广，全面实施"的思路进行，力争尽快建立起具有我国特色的公务卡制度。

3. 全面推进非税收入收缴管理制度改革

非税收入收缴制度是健全国库集中收付制度的重要内容，也是目前亟待强化的一个薄弱环节，需要通过改革建立完善的国库集中收缴制度。一是要逐步建立全国统一的非税收入收缴管理系统。改变中央和地方两套非税收入收缴管理系统并行的格局，寻求其内在的规律性，按照统一的标准和有效的方式平稳接轨。二是要扩大改革范围。中央和地方主管部门本级及所属执收单位都要实施改革，逐步将所有政府非税收入纳入改革实施范围，在此基础上加快改革步伐。三是要完善收入收缴程序。按照方便缴款、有利监督的原则，合理确定缴库方式，并积极创造条件，使集中汇缴方式逐步过渡到直接缴库方式。加强各级政府之间、单位之间的分成收入收缴管理，逐步实现通过收缴系统自动分成。四是要强化票据监管。加强对非税收入一般缴款书领购和核销的管理和监督，逐步将非税收入专用票据合并为非税收入一般缴款书。

4. 推行财税库银税收收入电子缴库横向联网

推行财税库银横向联网，目标是建立高效、规范、透明的税收收入收缴模式，是税收收入实行国库集中收缴的重大措施。所谓财税库银税收收入电子缴库横向联网（以下简称横向联网），是指财政部门、税务机关、国库、商业银行（含信用社，下同）利用信息网络技术，通过电子网络系统办理税收收入征缴入库等业务，税款直接缴入国库，实现税款征缴信息共享的缴库模式。现行手工操作方式下，税款缴库存在的主要问题是：税务机关和国库办理税款入库，需重复录入相关信息并传送纸质票证，税款征缴工作效率不高；税款资金征缴入库过程透明度不高，缺乏事前事中控制，延压税款现象时有发生，税款入库时间较长；税收收入信息反馈机制不健全，难以及时为财政预算执行分析及预测和税务、国库统计分析提供准确依据；不方便纳税人缴税，纳税人需分别到税务机关和商业银行办理相关缴税手续。财税库银横向联网不仅可以方便纳税人缴款，提高税款入库速度和透明度，而且能够实现税款信息的财、税、库信息共享，财政部门可以得到更及时、准确、详细的税款信息，有利于财政部门对预算执行情况和宏观经济形势做出更及时、准确的分析和判断，并且对开展国库现金流预测、实施国库现金管理具有十分重要的意义。

5. 提高预算执行管理水平

预算执行管理是建立现代财政国库管理体系的基础性工作，也是财政国库部门的基本职能。一是要进一步提高预算执行分析和财政统计分析水平。紧密结合财政经济工作重点，搞好专题调研，认真分析重大社会经济政策措施对财政收支的影响，并将预算执行分析与经济景气分析相结合。拓宽信息渠道，引入科学的分析方法和先进的分析手段，不断提高分析预测的准确性，改进预算执行分析报告体系，充分利用财政统计数据加强财政统计分析。二是要扎实做好总预算会计管理工作。做好国库资金的测算和调度工作，确保重点支出资金的及时足额拨付，进一步提高资金拨付和调度的工作效率。切实做好国库集中支付范围划分与支付审核工作，提高直接支付所占比重，大力推进审核工作计算机自动化管理。研究利用电子签名技术，逐步实现财政直接支付的无纸化；研究利用银行卡和网络信息技术，提高财政授权支付效率。强化总预算会计基础管理工作，推进总预算会计核算信息化建设，实现所有财政资金总预算会计一本账核算，逐步在财政部门和行政单位之间建立统一的政府会计核算平台，研究建立政府财务报告体系。严格控制预算单位新增银行账户，规范管理财政资金专户。三是要进一步改进和完善决算管理。结合政府收支分类改革进程，设计科学合理的财政总决算报表体系。增强财政总决算管理功能，检验预算编制科学性和预算执行的规范性。改进和完善部门决算报表体系，规范财政系统决算编审工作流程。

6. 建立健全财政国库动态监控机制

良好的国库动态监控机制是建立现代财政国库管理体系的重要保证，外部监督和内部控制两条防线使财政收付全过程处于有效监管之下。一是要改进和完善国库动态监控系统，完善预警规则，建立监控指标和图表体系，提高智能监控水平和信息分析水平。二是要完善实时监控、综合核查、处理整改联动机制，改进监控核查方式和手段，加强监控信息分析，提高监控效率和效果。三是要建立审核、支付、会计、信息和监督岗位相互制衡的内控制度，建立制衡性的国库集中支付业务控制机制，防范和化解管理风险与操作风险。四是要建立预算执行监控信息披露和报告制度，动态发布监控信息。五是要实现中央与地方监控一体化，构建全方位、多层次的现代国库动态监控体系。

7. 建立健全现代国库管理的法律法规体系

现代财政国库管理法律法规体系是建立现代财政国库管理体系的法制保障。总结财政国库制度改革的实践，将改革成果和实践证明成熟的制度上升为法律、法规、部门规章及规范性文件。主要包括：参与《预算法》的修订工作，适时修订《中华人民共和国国家金库条例》及其实施细则，研究制定《财政资金支付条例》和《财政资金支付条例实施细则》，制定发布《政府非税收入收缴管理办法》和《中央非税收入收缴管理实施办法》，研究制定《专项转移支付资金国库集中支付管理办法》，研究制定《财政国库动态监控管理办法》，修订《财政总预算会计制度》、《行政单位会计制度》和《事业单位会计制度》。

第四节 政府采购制度改革

一、政府采购制度的实施背景

我国实行政府采购制度改革虽然时间不很长，但进展很快。这项改革从研究开始到现在，大致发展历程如下：

第一，研究探索（1994 年至 1995 年 7 月）。我国在 1994 年实行分税制后，财税体制改革重点开始转移到财政支出领域。财政部在 1995 年开始研究财政支出改革问题，其中，政府采购制度成为一项重大课题。在广泛深入研究西方国家公共财政支出管理以及国际政府采购规则的基础上，财政部于 1996 年 10 月完成了第一阶段的研究任务。研究结果表明，政府采购是加强财政支出管理的一种有效手段，我国推行这一制度将涉及预算编制、预算会计、财政资金拨付、财政监督等方面的改革内容。

1997 年，财政部正式向原国务院法制办提出制定政府采购条例的请示，与此同时，初步完成了政府采购条例的草拟稿。1998 年 4 月，财政部首次在国内组织了政府采购制度国际研讨会，请有关国家的政府采购官员介绍美国、英国和新加坡的政府采购制度，为我国政府采购制度的研究和试点提供指导和借鉴。在财政部研究政府采购制度的同时，上海市财政局率先启动了政府采购试点活动。1996 年 3 月，上海市财政局按照国际政府采购规则，对上海市胸科医院采购双探头装置实行政府采购，比原计划节省外汇 5 万美元，节汇率为 10.4%。由于实行政府采购的节支效果显著，河北省、深圳市等地区陆续开展了政府采购的个案试点活动。卫生部在中央单位率先开展了政府采购试点。

第二，试点初创（1995 年 7 月至 2000 年 6 月）。1998 年，国务院实行机构改革。在国务院于 1998 年 7 月批复的财政部"三定"方案中，赋予其"拟定和执行政府采购政策"的职能。为此，财政部在预算司设立了专门机构，负责履行政府采购管理职责。政府采购管理职能的确立以及专门机构的建立，拉开了政府采购制度改革工作的序幕。试点初创阶段的主要改革工作有：一是通过各种途径广泛开展宣传。1998 年 8 月，财政部指定《中国财经报》作为发布政府采购信息的媒体，通过这一媒体全面介绍政府采购知识、政策制度和试点效果，指导全国的政府采购宣传和实践活动。二是加强制度建设。1999 年 4 月，财政部颁布了《政府采购管理暂行办法》，明确了我国政府采购试点的框架体系。这是我国第一部有关政府采购的全国性部门规章，从而填补了我国政府采购长期以来无法可依、无章可循的局面。在此之前，深圳市人大于 1998 年 10 月颁布了《深圳特区政府采购条例》，成为我国第一部政府采购的地方性法规。截至 2000 年 6 月，全国绝大部分地区都颁布了地区性的政府采购管理办法。三是抓组织建设。实行政府采购制度改革，必须有专门机构负责推动和指导。1998 年下半年，已有部分地区在财政部门建立了管理机构。到 2000 年，各地区一致明确了政府采购的管理职能由财政部门承担，并相应设立或明确了行政管理的职能机构。其中，财政部门独立设置政府采购管理机构的地区有 19 个。与此同时，全国绝大部分地区继上海、深圳设立集中采购机构后，纷纷建立了负责集中采购事务的机构。除河北、重庆等少数地区的集中采购机构设置在机关事务管理部门外，其他地区都设在财政部门。四是大力推动政府采购试点工作。1999 年 6 月，国务院办公厅印发了《关于在国务院各部门机关试行政府采购的意见的通知》，推动国务院各部门的试点工作。1999 年 10 月，财政部组织召开了首次全国政府采购工作会议，确立了我国政府采购制度改革的方向和阶段性目标，有力地促进了政府采购试点工作。2000 年 5 月，财政部会同监察部和审计署联合颁布了《关于 2000 年推行政府采购制度工作的意见》，政府采购试点工作掀起了新的高潮。在这些措施的推动下，全国政府采购范围不断扩大，规模迅速增长。政府采购的范围，由简单的标准商品扩大到部分复杂品目，政府采购规模由 1998 年的 31 亿元扩大到 1999 年的 128 亿元。在试点初创时期，政府采购已经初步展现了其优越性，推行政府采购制度引起了全国人大和中纪委的高度重视。1999 年年底，中纪委召开的第四次全会上，把推行政府采购制度列入了反腐倡廉的一项治本措施。

第三，由试点向全面推行转变（2000 年 6 月至 2002 年 12 月）。2000 年 6 月，财政部对内部机构进行改革，政府采购的管理职能由预算司调整到新组建的国库司，国库司内设立了政府采购处，负责全国政府采购的管理事务。新机构组建以来，在继续扩大政府采购范围和规模的同时，重点抓了以下几个方面的工作：一是加强规范化建设。确立采购模式，制定采购规程，从制度上、管理上和操作上规范采购行为。二是加大推行政府采购制度的力度。从 2001 年开始编制政府采购预算并制定政府采购计划，凡是列入政府采购预算的采购项目，都必须按照政府采购计划的要求实行政府采购。建立政府采购资金财政直接拨付制度，规定政府采购资金财政直接拨付的方式和程序，开设了政府采购资金专户。通过改变资金管理方式，促进政府采购制度的推行。三是进一步加强透明度建设。开通了"中国政府采购网"，创办了《中国政府采购》杂志，从而丰富了政府采购信息指定发布媒体；明确了政府采购信息发布内容及程序，规范了政府采购信息发布行为；改进了政府采购统计体系，开发了统计软件，扩大了统计范围，增加了统计内容，统计结果在指定媒体上向社会公告。四是会同有关部门研究拟定中央国家机关全面推行政府采购制度的方案。2002 年 10 月，国务院办公厅印发了《中央国家机关全面推行政府采购制度的实施方案》，对中央国家机关全面推行政府采购制度做出部署，提出要求。五是探索适合政府采购要求的招标方法，确立并推广了政府采购协议供货制度。六是参加政府采购立法活动和法规宣传活动。在《政府采购法》出台前，财政部门积极提出立法意见和建议；2002 年 6 月《政府采购法》出台后，财政部门全面开展了政府采购法的宣传和贯彻实施工作，从制度上、舆论上和组织上为政府采购法的全面贯彻实施做准备。

第四，全面实施（2003 年 1 月至今）。2003 年 1 月 1 日，政府采购法正式实施改革试点工作结束，我国政府采购制度改革步入新的发展时期和全面推行阶段，全国政府采购改革形成的新工作制度开始全面运行。

二、政府采购的概念、特征和原则

政府采购也称公共采购，一般是指各级政府及其所属机构为了开展日常政务活动或为公众提供公共服务的需要，在财政的监督下，以法定的方式、方法和程序，对货物、工程或服务的购买。政府采购与一般性的商业采购（也称私人采购）有很大的不同，它不仅是指具体的采购过程，而且是关于采购政策、采购程序、采购过程及采购管理的总称，是一种公共采购管理的制度体系。从各国政府采购的基本内容来看，政府采购一般涉及以下内容：

一是政府采购资金一般都是国家财政性资金；

二是政府采购的主体自然是公共部门，即政府有关主管部门或政府指定的国有企业或单位，一般主要指政府部门。

三是政府采购的对象基本上可分为货物、工程和服务三大类。

（一）政府采购制度的功能

1. 强化支出管理，提高资金使用效益

（1）政府采购制度有利于进行支出控制、强化支出管理、硬化预算约束。每一年度预算编制时，政府采购金额确定，经人大或议会批准后就具有法律效力，不得随意追加、追减，保证了预算编制的准确性，还便于对支出进行源头控制。采购商品的资金直接支付给供应商，减少了周转环节，避免各单位挤占、挪用、滥用财政资金，通过竞争，政府能买到最佳价格性能的物品，使公民缴纳的税款产生更大的效益。

（2）政府采购活动公开、透明，便于财政监督和减少腐败。实行统一的政府采购制度尤其是以公开招标的方式从市场上采购所需的商品和劳务，公开性强、透明度高，强化了财政监督，有利于从根本上消除腐败。

（3）主要以公开招标方式进行采购，使政府得到了物美价廉的商品、工程和服务，节约了财政资金，提高了支出效益。欧盟的经验表明，公开进行的政府采购活动可使资金使用效益提高10%以上。

2. 强化宏观调控

财政政策和倾向政策是政府实现宏观调控的两大政策工具。其中，政府采购制度是财政政策的重要组成部分，它在适应市场经济公平竞争的基础上，作为一种制度化、法律化的公共支出手段，对国民经济具有重要调控功能，可以通过政府采购商品与劳务的数量、品种和频率，对整个国民经济运行进行直接调节。

（1）政府采购支出对于国民经济总量具有重要影响。目前，西方国家的政府采购支出一般相当于 GDP 的 30%。政府采购支出总量的变化对于刺激经济、保持供求平衡和宏观经济稳定具有重要意义。

（2）政府采购支出结构的变化在调整经济结构、促进产业升级和民族工业发展等方面具有重要作用。政府作为国内市场上最大的消费者，其购买商品和劳务的选择无疑对经济结构具有举足轻重的影响。政府可以通过弹性的采购计划，体现一定时期的政策倾向，实现产业结构调整的目标，其典型就是促进高新技术产业化。众所周知，高新技术产业化过程，是一个充满风险同时又有着较大"外部效应"的过程。一项技术创新往往投资多、风险大而且又不易引起市场的关注，这就需要政府予以扶持，政府采购往往可以在该领域大显身手。因为政府采购能在某种程度上解决了高新技术创新的资金需求问题，并降低了个别企业的风险水平。

（3）政府采购制度作为一种法律化的间接手段，还可以对经济进行经常的、规范的调节。由于其本身及其乘数作用，政府采购支出可以直接或间接增加当期的社会购买力，同时政府通过直接占有一部分社会产品和劳务以及延缓社会产品和劳务的使用，能够形成一定的资源配置结构，直接影响国民经济总量与结构平衡。当经济出现过热时，可以适当压缩政府采购的规模，即通过紧缩的财政政策，减少社会总需求，实现经济的正常运行；当经济出现衰退迹象时，可以增加政府采购的规模，刺激总需求的扩张，促进经济的增长。

3. 促进国际经济协调与合作

为使本国企业有效参与国际竞争，促进本国、本地区及全球经济的发展，签署政府采购协议、开放政府采购市场逐渐成为各国参与国际经济合作、促进经济区域化和全球化发展的重要内容。1979 年在关贸总协定东京回合的多边贸易谈判中，签订了世界上第一个政府采购协议，各缔约方将除国防、通信和部分能源投资以外的中央政府有形商品（不包括工程和服务）的政府竞争性采购领域对外开放。1996 年 1 月 1 日，世界贸易组织《政府采购协议》（GPA）正式生效，缔约国将开放本国中央政府、次中央政府及其他一些公共部门的商品、工程和服务采购领域，政府采购市场的开放程度进一步提高。此外，一些双边、多边地区性组织为促进本地区贸易和经济的发展也签署了政府采购协议，如欧盟，澳大利亚—新西兰，美国—以色列等。

4. 有效保护国内产业

虽然政府采购市场的对外开放是一国经济参与国际竞争、促进区域经济发展的重要内容，但由于各国经济实力的差距和贸易保护主义的影响，各国在开放本国政府采购市场的同时，也在通过机构和产品清单、门槛金额、优先购买本国产品、规定采购的本地含量等政府采购的法律和制度手段对本国政府采购市场进行有效保护，以维护国家权益，促进国内产业的发展。许多国家通过立法，强制要求政府采购本国产品以实现保护民族产业目标。例如，美国 1933 年的《购买美国产品法》，其宗旨即是保护美国工业、工人及美国资本。可见，在保护民族产业方面，政府采购是大有用武之地的。

（二）政府采购制度的特征

政府采购制度（Government Procurement System）是有关政府采购的一系列法规、政策和制度的总称，其基本内容体现在以下四个方面：

第一，政府采购法规，主要表现为各国分别制定的适合本国国情的《政府采购法》，该项法规主要包括总则、招标、决议、异议及申诉、履约管理、验收、处罚等内容；

第二，政府采购政策，即政府采购的目的，采购权限的划分，采购调控目标的确立，政府采购的范围、程序、原则、方式方法，信息披露等方面的规定；

第三，政府采购程序，即有关购买商品或劳务的政府单位采购计划拟订、审批，采购合同签订，价款确定，履约时间、地点、方式和违约责任等方面的规定；

第四，政府采购管理，即有关政府采购管理的原则、方式，管理机构、审查机构与仲裁机构的设置，争议与纠纷的协调与解决等规定。

与私人采购相比，政府采购具有以下明显的特征：

第一，政府采购资金的来源是公共资金，这些资金的最终来源为纳税人的税收和政府公共服务收费；

第二，政府采购的目的主要是实现政府目的；

第三，政府采购的主体是依靠国家财政资金运转的政府机关、事业单位和社会团体、公共事业等；

第四，政府采购为非商业性采购，它不是以营利为目标，也不是为卖而买，而是通过买为政府部门提供消费品或为社会提供公共物品；

第五，采购范围广、规模大；

第六，采购过程要求能够较充分地体现公平、公正、公开的原则；

第七，采购制度一般是围绕政府意图而制定的，具有较强的政策性。

（三）政府采购的基本原则

政府采购制度的基本原则主要是公平与效率等原则。

1. **公平原则**

公平原则包括公开、公正、公平与透明。

（1）公开

公开是指政府采购活动的公开化，即围绕政府采购的一切事项都要公之于众。第一，政府采购的法律法规、实施细则和各类政策性文件都必须公开，任何部门、企业、团体或个人，可以随时了解和掌握。第二，政府采购的程序必须公开。政府采购对其程序公开的程度要求也是非常高的，必须完全透明，以便于全社会的监督。所以，政府采购的程序必须依法进行，依法公开。第三，政府采购的项目必须公开，以便于承包商、供应商提前做好准备，参加公平竞争。项目的公开主要指公开刊登采购广告、发布采购通告等。为此，国家要有专门的政府采购公报、权威的报纸杂志及网上公布渠道等。第四，政府采购的条件必须公开，诸如合同的要求、投标商资格的审查标准、投标的评价标准等也都要事先公布，并且只有按此标准评标授标。第五，政府采购的开标必须公开，达到公正性的要求。在开标中一切采购活动都要做记录，所有采购信息都要公开，不能有任何的秘密。第六，接受投标人的质疑和投诉。

（2）公正

政府采购需要建立一种公正的制度，使采购主体与承包商供应商之间建立一种公平的交易关系，实现公平竞争。如果采购主体或采购官员未按法定程序或违反了采购法律，要使承包商和供应商的损失得到合理赔偿；同时，如果承包商和供应商有弄虚作假行为，将受到制裁。这需要建立相应的裁判机构，消除官商勾结、"暗箱操作"等腐败现象。政府采购的裁判机构各国有所不同，有些国家是建立专门的裁判机构，有些国家则通过仲裁或法院来解决。

（3）公平

一是机会均等，即政府采购原则上应使所有的承包商、供应商参加政府采购的机会均等，凡符合条件者都有资格参加，这是它们依法获得的权利。政府采购主体不能无端排斥有资格参加政府采购的承包商和供应商参加政府采购，无权剥夺其依法获得的这种权利。二是待遇平等，指政府采购应对所有的参加者一视同仁，给予同等待遇。

（4）透明

与商业采购不同，透明是政府采购的一个显著特点。所以被称为"阳光下的交易"。透明的意义在于便于社会公众监督，防止"暗箱操作"，避免公共资金浪费，防止腐败。

2. 效率原则

政府采购的客观效果是节省政府开支，讲究政府预算支出的最大效益。效率原则实际上体现在最佳的采购价格水平上。由于政府采购量一般比较大，单次采购金额比较高，因此利用购买规模在公开竞标方式下能够实现物美价廉，使采购具有规模效益。

政府采购的效率原则是指采购主体力争以尽可能低的价格采购到质量理想的物品、劳务或服务。效率指的是在一定状态下总收益和总成本之间的关系。效率最大化原则不仅要求每一行为的收益超过成本，而且要求每一行为处于这样的临界点，即行为扩展的边际成本要与边际收益相当，因为它决定了获得最大净收益的最佳状态。作为政府采购资金提供者的纳税人有权要求政府在使用他们所交纳的资金进行采购时能够使他们交纳的资金发挥最大的效益。如何精打细算用好每一分公共资金，使公共资金发挥最大的效益，正是建立政府采购制度的根本宗旨之所在。当然，由于政府采购的公共支出特性，其效率原则与私人购买有所不同，它既要确保政府采购过程中自身的微观效益，又要考虑政府采购的社会效益，使两者相统一。政府采购制度除了要体现实质上的效率原则外，还要体现采购程序上的效率原则，避免采购中的"文山会海"等官僚主义行为。

3. 竞争性原则

与公平、效率的实现有密切关联的，是政府采购的竞争性原则。政府采购以竞争性采购为主，通过广大供应商之间开展积极的竞争，使采购主体能够以最有利的价格获取合乎质量要求的货物、工程和服务，从而节约采购资金，使国家财政资金得到合理的使用。政府采购与其他采购的重要区别就在于它本身不具有商业性，它的一个重要的假设是竞争价格是一种合理价格，其采购利益属于公共利益，但要通过供应商或承包商间最大程度的竞争来实现。通过竞争，政府采购可形成买方市场，促使供应商提供优质、高效、廉价的商品和服务，形成对买方有利的竞争局面。政府采购竞争的主要方式是招投标，充分体现了平等、信誉、正当合法的现代竞争规则，是有组织的、公开的、规范化的竞争，是竞争的高级形式。竞争原则的实现主要是通过招标广告或竞争邀请。广告的有效性对竞争程度有直接影响，因此各国对政府采购的广告发布形式都有规定，其核心是广告能确保投标商有足够的时间去捕捉采购信息，考虑决定是否参与竞争。政府采购的一项目标就是鼓励竞争。竞争可以使价格降低，品质提高，交货期缩短。鼓励的方法是使所有潜在的卖方都有平等的机会和条件去参加投标。有些卖方未参加的原因是不知道如何参加和哪些部门想采购，因此让卖方知道采购资讯应是采购主管部门的一项义务，这要求采购部门及早公布需求的信息，使供应商能够做好准备；同时让卖方能及时找到这种信息。这需要建立专门机构负责定期发布招标公告。通过政府采购制度的改善和优化，有利于打破垄断和地区封锁，促进企业降低成本，提高产品技术含量，为企业的发展创造良好的环境。同时，政府采购活动在公平进行的同时，也还需照顾和鼓励中小企业的参与。

4. 保护民族经济原则

面对经济全球化的挑战，政府采购成为保护民族经济的"生力军"。我国作为亚太经济合作组织的重要成员，已明确表示最迟到 2020 年与各成员国对等开放政府采购市场。随着我国加入世贸组织，《政府采购协议》离我们也不再遥远，我国将逐步融入国际经济全球化，逐步开放政府采购市场。其实，我国政府采购市场上早已充斥了形形色色的进口产品，而我国民族企业的产品却很难打入别国的政府采购市场，这就形成事实上的不平等。因此，用政府采购制度扶持具有竞争力的民族产业、保护民族经济对增强我国综合国力具有重要的经济战略意义。虽然世贸组织和亚太经济合作组织都要求开放政府采购市场，但也并不是完全的自由化和国际化，各国政府都不同程度地保留了一些保护本国国内经济发展的权力，如一些采购项目保留给国内企业，一定价差内优先购买本国企业的产品等。从来没有哪个经济强国后面没有强有力的民族工业，因此，在开放的市场竞争环境中，利用政府采购这个庞大的购买力系统保护民族经济就显得尤为重要。

此外，政府采购还需贯彻支持政府政策调节原则。通过政府采购活动的优化，能助益于实现诸如环境保护、促进就业、扩大对外贸易、加强国有资产管理等政策的目标。

三、政府采购制度的运行基础

（一）以市场为基础，政府与企业保持平等的商业地位

政府采购制度建立在市场经济的基础上，其制度规定与市场经济的内在要求和原则相一致。

首先，政府采购制度以企业之间的公平竞争为基础。公平竞争是政府采购制度的基石。政府在市场上进行采购活动，通过企业之间的公平竞争机制实现商品、工程和服务的最优价格—质量比。就各国的情况来看，政府采购制度要适应市场经济公平竞争的要求，保证企业在政府采购活动中享有平等参与的权利，为企业之间的公平竞争创造条件。

其次，政府所需用的商品和服务通过市场由企业提供，政府（采购实体及其代理机构）和企业（供应商）之间保持对等的商业主体地位和平等的商业关系。政府在采购所需商品和服务的过程中，并没有凌驾于企业之上的特权。

（二）政府采购制度的运行体现了政府与纳税人之间的契约关系

在政府采购活动中，税收是基本的资金来源。税收由纳税人缴纳，政府受纳税人之托为社会提供公共产品，运用税款进行各种开支也要对纳税人负责，做到物有所值。因而，为纳税人创造最高价值是各国政府采购制度的共同宗旨。同时，政府采购活动要公开、透明，便于社会公众监督。反过来，纳税人也享有平等参与政府采购活动的商业机会。政府采购制度作为政府采购活动的制度规定，体现了政府与纳税人之间的这一重要关系。

（三）政府采购制度运行的法律基础

就各国的情况看，政府采购制度是通过政府采购法来体现的，实行政府采购制度的国家都有一套与政府采购相关法规构成的完整法律体系。如新加坡的《政府采购法案》、瑞士的《公共采购法》等。

四、政府采购工作基本形势

1998 年以前我国的政府采购主要在一些地区各自进行试点，规模也

不大。1998 年新一届政府成立之后，财政部根据国务院的批示及本身的职责，在进行充分的理论准备和国际经济比较研究后，拟订了政府采购的基本制度，广泛开展了宣传和培训工作，指导推动政府采购试点工作，使政府采购由初创阶段发展到全面试点和推行阶段。

（一）国际形势及其带来的迫切要求

从国际上看，我国已加入了世界贸易组织，分别与美国和欧盟签订了《中美 WTO 双边协议承诺义务》和《中欧 WTO 双边协议承诺义务》，在这两个承诺协议中均谈到了政府采购市场的开放问题。在《中美 WTO 双边协议承诺义务》中，美国对我国政府采购市场开放设定了非常宽泛的范围，涉及国有和国家投资企业的一些采购行为。在《中欧 WTO 双边协议承诺义务》中，欧盟对我国政府采购范围的界定不是以财政资金为标准，而是泛指"中央和地方政府机构和主管部门以及专门从事商业活动以外的公共部门"，并提出我国应签署《政府采购协议》，从 2005 年开始，如有必要每两年对我国承诺情况进行审议。我国在签订《政府采购协议》以前，应保证上述公共部门的采购向国外开放，向国外厂商提供参与公平竞争的机会。亚太经济合作组织于 1999 年年底完成了"APEC"政府采购非约束性原则的制定工作。该原则由 6 个要素构成，即透明度原则、物有所值原则、公开和有效竞争原则、公平交易原则、责任性原则以及非歧视性原则。根据 1994 年由领导人会议达成《茂物宣言》的规定，APEC 成员实行投资和贸易自由化的时间安排为：发达成员为 2010 年，发展中成员为 2020 年。按 1995 年领导人会议达成的《大阪行动宣言》的规定，各成员在规定的时间以前，可以以自愿为前提实行投资和贸易的自由化。目前的实际情况是，一些发达国家不甘心按部就班，自 2000 年以来，多次提出要将政府采购纳入提前自由化领域，并且强制要求各个成员按照非约束性原则的规定，审议各自的政府采购制度，使其尽快实现与非约束性原则的接轨。截至目前，已经完成了透明度原则的审议工作，正在就如何开展下一步工作进行谈判。国际形势表明，"自愿"只是名义，或者说是我们的一种愿望，最好的对策是一方面据理力争，赢得时间；另一方面加大改革力度，争取主动。

（二）政府采购的基本制度框架已基本形成

根据《预算法》的有关规定，财政部自 1999 年先后颁布了《政府采购管理暂行条例》、《政府采购招投标管理暂行办法》和《政府采购合同监管暂行办法》等规章制度，对政府采购制度的范围、采购模式、采购资金拨付以及采购监管等有关问题做出了明确规定，并对中介组织进入政府采购市场的条件、程序等，都做出了原则性的制度规定，这标志着推动我国政府采购试点工作的基本制度框架已初步形成，为依法开展政府采购工作提供了制度保障。

（三）政府采购的规模和范围不断扩大

据统计，1998 年全国实行政府采购的金额为 31 亿元，1999 年为 130 亿元，2001 年达 653 亿元，呈现快速增长势头。政府采购的范围由单纯的货物类扩大到工程类和服务类。货物采购由车辆、计算机设备、医疗设备等简单商品逐步扩大到电梯、煤炭、建材等复杂商品。工程采购项目由办公楼建造、房屋装修扩大到道路修建、市政设施等大型建设项目。服务项目由会议接待、车辆加油扩大到网络开发、项目设计等技术含量高的领域。

（四）地方政府采购工作全面试点

地方财政部门在各级政府领导下，根据财政部颁布的有关规定，普遍加大了推行政府采购制度的力度，不同程度地开展了政府采购试点工作。在地方 36 个地区（包括省、直辖市、自治区和计划单列市）中有 23 个地区已经颁布了政府采购地方性法规，其余各地区均已完成了政府采购法规的送审稿。上海等一些地区开展了较为系统的立法工作。有 30 多个地区在财政部门内建立了政府采购的专门机构（政府采购办公室或政府采购中心），为政府采购法规或规章的施行和监督从组织上提供了保障。2000 年各地预算采购资金规模约为 194 亿元，其中自筹资金为 104 亿元，平均资金节约率为 11.6%。

（五）中央国家机关的政府采购工作逐步展开

1998 年机构改革后国务院机关事务管理局根据国务院批示精神，组织成立了政府采购工作领导小组，设立了专门机构推动这一工作。2000 年，中央预算资金采购规模是 27 亿元，其中自筹资金为 3 亿元，资金节约率也达 11% 以上。

（六）政府采购信息系统框架初步建立

为了加强政府采购透明度建设，继 1999 年规定《中国财经报》为全国政府采购信息发布媒体后，2000 年年底"中国政府采购网"完成了开发工作，目前已经投入使用。《中国政府采购》杂志已经国家新闻出版署批准正式公开出版。经过近 3 年的努力，初步完成了以报纸、网络、杂志"三位一体"的政府采购信息管理体系的建设工作，该系统同时也将成为宣传政府采购制度的阵地。与此同时，还初步建立了政府采购信息的统计报告制度。

五、政府采购工作中面临的问题

（一）计划经济体制给政府采购工作留下的障碍

1. 传统的计划经济观念的影响

实施政府采购制度以前，我国公共采购一直沿用计划经济时代的做法，不管是机关还是事业单位，只要是财政供养的，都是按时间进度有规律地从财政划拨资金，各部门与单位自行采购；如果有专门项目，还要申请专项拨款。政府采购打破了这种做法，将部门分散采购变成了集中采购，对人们在计划经济条件下形成的观念构成了冲击。

2. 条块分割现象产生的障碍

过去，各行业主管部门和各地方政府分别设立招投标机构，从事本领域的采购工作，有的部门还拥有自己的采购队伍。他们的采购活动往往在部门内进行，一般不允许其他部门的企业参加投标，这种部门垄断、地方保护、画地为牢的招投标管理体制，破坏了招标采购的基本原则，从政府采购角度来讲，也就是阻碍了政府采购统一大市场的形成。此外，各地方、各部门为规范其招投标体制，相应地制定了一些法规，这些法规都或多或少地带有地方色彩、部门色彩，有些甚至相互抵触。这与政府采购的三大原则是相违背的。

（二）政府采购人才匮乏

我国政府采购人才的匮乏表现在数量和质量两个方面。美国拥有一支 3 万名采购专家和 1500 名采购官员的采购队伍，而我国还没有这方面的统计资料，有的省仅仅只有几个人负责该省的整个政府采购工作。另外，我国政府采购的工作人员大多是原来的财政工作人员，大部分机关、事业单位和社会团体特别是基层单位的采购人员熟悉的是计划经济体制和紧缺经济时的采购方式，对市场经济条件下形成的买方市场的采购方式所必须具备和掌握的招投标、合同、商业谈判、市场调查及服务等方面的知识和技能知之甚少。现在各高等院校培养出一批又一批的采购人员、招投标人员，但是采购人员的知识结构较侧重于商业采购，招投标人员了解的是招投标制度的一些专业知识，具备政府采购综合素质的人员仍很少。

（三）政府采购法律法规欠缺

目前，我国尽管出台了《政府采购法》，但在很多采购领域仍然无章可循，这些都给各地方政府采购部门的工作开展造成了极大的不便。各地尽管也出台了相应的地方政府采购法规，但是缺乏统一标准，可比性差，造成了管理的混乱。我国加入 WTO，进而加入《政府采购协议》，开放政府采购市场已是大势所趋，这要求我国的政府采购法律法规要尽快弥补空白与欠缺，与国际接轨，而同时保持必要的发展中国家"特殊条款"式的特色。

（四）有关配套改革有待进一步推进

1. 预算编制方面

政府采购计划的制订是以政府采购预算为前提的，而政府采购预算必须以详细的财政预算为基础。我国一直使用传统的、粗放的预算编制方式，很难适应政府采购工作的需要。

（1）预算的编制仍太粗。这是由于各事业单位、公共部门的工作人员还不了解政府采购工作所导致的，使得政府采购计划无法编制。

（2）编制时间太晚。有的地方2004年的政府采购预算在2004年度3月份才开始编制，这常会导致采购的物品无法及时满足使用单位的要求。

2. 财务管理方面

我国的行政、事业单位的财务运行体系一直沿用的做法是：财政部每年根据批准的预算层层下拨经费，年度终结后，又层层上报经费使用情况、汇编结算。而实行政府采购制度以后，财政部门不再简单预算拨付经费，而是按批准的预算和合同的履约情况直接向供应商拨付采购资金，亦即政府采购制度需要国库集中支付制度与之相适应，这就需要一套与传统做法不同的财务处理体系。目前，我国关于财务管理制度的改革还在讨论、修改、准备及试行阶段，这与政府采购工作的迫切需要是不相符的。

3. 监督管理方面

政府采购是"阳光采购"，有力的监督体系是其工作有效开展的重要保障。政府采购工作从最初的预算编制到最后的货物交付、资金划拨都需要有效的监督，从而避免"暗箱操作"，体现其透明度。但我国有些地区的政府采购工作监督机构和管理机构竟是同一机构，这就相当于自己监督自己，又如何谈得上透明。政府采购监督工作的分工也是不清晰的，如最后的检验工作归谁管，该如何进行，还不统一。

由于我国政府采购工作中存在的种种问题，我们的政府采购工作的规模和范围与国际标准还有相当的差距。根据国际经验，一个国家的政府采购规模一般为GDP的10%以上，按照该比例计算，我国政府采购规模1999年应在8000亿元以上，而实际规模仅为110亿元左右，中央采购规模尚不足20亿元，采购的范围还仅限于一些易操作的项目。2006年，政府采购规模超过3000亿元，但占GDP的比重也不足2%。

第五节　收支两条线改革

党的十五届六中全会通过的《中共中央关于加强和改进党的作风建设的决定》明确提出，要"推行和完善部门预算、国库集中收付、政府采购、招投标等制度"。"强化预算管理和审计监督，经费按预算支出，不得随意追加。加强财政专户管理，逐步实行预算内外资金统管的财政综合预算。清理和取消'小金库'，严禁设立账外账。""执收执罚部门都要严格执行收支两条线制度。"总的精神，是从制度和源头上治理腐败，加强和改进党的作风建设。

为了认真贯彻这一精神，针对我国"收支两条线"管理工作中存在的不足，2001 年年底，国务院办公厅转发了《财政部关于深化收支两条线改革，进一步加强财政管理意见的通知》（以下简称《通知》），以综合预算编制为出发点，以预算外资金管理为重点和难点，以强调收支脱钩为中心，以国库管理制度改革为保障，明确提出进一步深化"收支两条线"改革的步骤与相关措施，成为新时期加强财政资金管理的纲领性文件。《通知》指出，深化"收支两条线"管理需要做好三个方面的工作：一是要将各部门的预算外收入全部纳入财政专户管理，有条件的纳入预算管理，任何部门不能"坐收"、"坐支"；二是部门预算要全面反映部门及所属单位预算内外资金收支状况，提高各部门支出的透明度，同时财政部门要合理核定支出标准，并按标准及时足额供给经费；三是要根据新的情况，修订、完善有关法规和规章制度，使"收支两条线"管理工作法制化、制度化、规范化。

以《通知》为指导，2002 年财政部进一步加大和深化了"收支两条线"管理工作。主要内容有：

第一，清理整顿现行收费、基金项目。财政部陆续将公安部等 5 部门的行政事业性收费（不含所属院校收费）及其他部门的 100 多项行政事业性收费全部纳入预算管理，将 26 项政府性基金纳入预算管理，实行彻底的收支脱钩。同时，自 2002 年 6 月 1 日起，取消 227 项政府性基金。今后，除法律、国家行政法规明确规定外，国家原则上不再设立新的政府性基金项目。凡属于企业生产所需要的资金，由企业自行解决，凡属于公共财政支出范围的事务，都应逐步纳入财政预算予以安排和保障，不再通过建立政府性基金筹集资金。

第二，对中央部门区分不同情况，分别采取将预算外资金纳入预算管理或实行收支脱钩管理等办法，编制综合预算。

将公安部、最高人民法院、海关总署、工商总局、环保总局 5 个行政执法部门按规定收取的所有预算外收入（不含所属院校的收费）全部纳入预算，全额上缴中央国库；其支出由财政部按该部门履行职能的需要核定，确保经费供给。

对国家质检总局、外经贸部、证监会、保监会等 28 个中央部门的预算外资金（不含所属院校的收费），实行收支脱钩管理。其预算外收入缴入财政专户，财政部按核定的综合定额标准，统筹安排年度财政支出，编制综合财政预算。

改变国税系统、海关系统按收入比例提取经费的办法，实行"预算制"。从 2002 年起，按照部门预算的统一要求核定经费支出。同时，取消缉私、缉毒办案经费同缉私罚没收入挂钩的做法，缉私经费统一纳入海关总署部门预算，缉毒经费分别纳入公安部部门预算和中央补助地方支出预算，根据支出的实际需要予以核定，实行彻底的"收支两条线"。

为保证试点部门的支出需要，对试点部门按适当的比例核定部门机动经费，由部门按规定使用。

从 2002 年开始，中央级行政事业单位在编制部门预算的同时，要编制基本支出预算、项目预算以及政府采购预算。

第三，改革预算外资金收缴制度，实行直达国库。

按照《财政国库管理制度改革试点方案》的总体部署，财政部制定

《预算外资金收缴管理制度改革方案》，要求财政部门设立预算外资金财政专户，取消主管部门和执收单位设立的收入过渡户；规范收入收缴程序，以新的账户体系为基础，实行直接缴库和集中汇缴；健全票据管理体系，将新设计的《非税收入一般缴款书》纳入票据管理体系；加强收入收缴监督管理；加快财政管理信息系统和银行支付系统建设步伐。按照新的政府非税收入收缴管理的制度，基本形成了政府非税收入收缴管理制度改革的框架和制度体系。

部分取消部门原对一些预算外资金按一定比例留用的政策。如气象部门的预算外资金原有的按比例留用或只将预算外收支结余资金上缴财政专户的做法全部取消，其预算外资金全额缴入财政专户。

第四，重点选择公安部、高法、高检等 8 个部门，对其政策外津贴发放问题进行调查研究，逐步规范这 8 个部门的津贴发放制度。并且，以此为基础，逐步规范所有中央部门的津贴发放制度。

第五，促进地方加大"收支两条线"改革力度。从 2002 年起，地方将公安、法院、工商、环保、计划生育等执收执罚部门的预算外收费收入全部上缴地方国库，纳入预算管理。地方其他行政事业单位收费一律缴入财政专户管理。在收缴制度上，继续推行和完善收费、罚没收入实行"单位开票、银行代理、财政统管"的征管体制。取消所有的预算外资金按比例留用政策。同时，地方要加快部门预算的改革步伐。2002 年省级财政都要对公安、法院、工商、环保、计划生育等部门实行部门预算，并尽可能扩大省级实行部门预算的范围；地（市）级财政也要对上述部门实行部门预算，并为扩大部门预算改革范围做好准备；有条件的地区可以在县级财政进行部门预算改革试点。按照中央的要求，目前很多地方已经将公安、法院、工商、环保、计生部门的收费纳入预算管理，并编制了省级部门预算，如四川、湖北、福建。

第六节 财政转移支付制度的改进

我国财政转移支付制度在 1994 年"分税制"改革后实现了重大的进步，并在其后建设公共财政框架的过程中进一步改进完善。转移性支出是财政支出中的重要组成部分，广义地说，既包括对欠发达地区的转移支付，也包括对低收入居民的转移支付。这里的转移支付制度的概念是狭义的，仅就中央对地方（主要意图在于调节地区差异）的转移支付而言。

一、中央对地方转移支付的基本情况

根据 2007 年 6 月 27 日财政部部长在第十届全国人大常委会第二十八次会议上所做的《国务院关于规范财政转移支付情况的报告》，我国 1994年"分税制"改革后形成并动态改进的中央对地方转移支付体系包括：

（一）税收返还

1994 年实施分税制财政管理体制改革后，实施税收返还，将中央通过调整收入分享办法集中的地方收入存量部分返还地方，保证地方既得利益。中央对地方税收返还，包括增值税、消费税两税返还和所得税基数返还。其中，增值税、消费税两税返还按 1:0.3 增长比率计算，所得税基数返还为固定数额。中央财政并不拥有税收返还的分配权、使用权，这部分收入实际上是地方财政可自主安排使用的收入，在预算执行中通过资金划解直接留给地方。2006 年中央财政对地方税收返还为 3930.22 亿元。这部分收入作为中央财政收入计算，2006 年中央财政收入占全国财政收入的比重为 52.8%；如果将其视同地方财政收入，则 2006 年中央财政收入占全国财政收入的比重为 42.6%。

（二）财力性转移支付

财力性转移支付是指为弥补财政实力薄弱地区的财力缺口、均衡地区间财力差距、实现地区间基本公共服务能力的均等化，中央财政安排给地方财政的补助支出。财力性转移支付资金由地方统筹安排，不需地方财政配套。目前财力性转移支付包括一般性转移支付、民族地区转移支付、县乡财政奖补资金、调整工资转移支付、农村税费改革转移支付等。

专项转移支付是指中央财政为实现特定的宏观政策及事业发展战略目标，以及对委托地方政府代理的一些事务进行补偿而设立的补助资金。地方财政需按规定用途使用资金。专项转移支付重点用于教育、医疗卫生、社会保障、支农等公共服务领域。

2006 年中央财政对地方转移支付 9143.55 亿元，比 1994 年增加8682.8 亿元，增长 18.8 倍，年均增长 28.3%。1994—2006 年中央对地方财政转移支付占地方财政支出总额的比重从 11.4% 提高到 30%。其中，中部地区由 14.7% 提高到 47.2%；西部地区由 12.3% 提高到 52.5%。

我国财政转移支付体系不断完善，尤其是财力性转移支付的确立和完善，改变了分税制财政管理体制改革前中央财政与地方财政"一对一"谈判、"讨价还价"的财政管理体制模式，增强了财政管理体制的系统性、合理性，减少了中央对地方补助数额确定过程中的随意性。转移支付规模不断扩大，支持了中西部经济欠发达地区行政运转和社会事业发展，促进了地区间基本公共服务均等化。

二、财力性转移支付规模的扩大及其对均衡地区间财力差距的作用

分税制财政管理体制改革后，根据经济形势的变化和促进区域协调发展的需要，不断完善财力性转移支付体系，加大财力性转移支付规模，均衡地区间财力差距。

第一，1995 年建立中央对地方过渡期转移支付，根据各地区总人口、GDP 等客观因素，按照统一的公式计算其标准财政收入、财政支出，对存在财政收支缺口的地区按一定系数给予补助，财政越困难的地区补助系数越高。这种分配制度和办法在执行中不断完善，并得到地方的广泛认

可。2002 年实施所得税收入分享改革，中央财政把因改革收入分享办法增加的收入全部用于对地方主要是中西部地区的一般性转移支付，建立了一般性转移支付资金的稳定增长机制。2006 年中央对地方一般性转移支付达到 1529.85 亿元，比 2001 年增加 1391.69 亿元。

第二，2000 年为配合西部大开发，贯彻民族区域自治法有关规定，实施民族地区转移支付，民族地区增值税环比增量的 80% 转移支付给地方，同时中央另外安排资金并与中央增值税增长率挂钩，2006 年共转移支付 155.63 亿元。

第三，1999 年、2001 年、2003 年和 2006 年中央多次出台调整工资政策。对因调资增加的支出，中央财政对中西部地区考虑其困难程度实施调整工资转移支付。2006 年调整工资转移支付为 1723.56 亿元。调整工资转移支付根据政策要求和地方的承受能力测算实施，促进了相关政策的平稳出台和社会安定。

第四，2000 年开始农村税费改革试点，2006 年全面取消农业税，对实施农村税费改革造成的净减收，中央财政考虑各地区困难程度实施农村税费改革转移支付。2006 年农村税费改革转移支付为 751.3 亿元。

第五，2005 年为缓解县乡财政困难，中央财政出台了缓解县乡财政困难奖补政策，对各地区缓解县乡财政困难工作给予奖励和补助，2006 年为 234.55 亿元。其中，对产粮大县的奖励资金为 84.55 亿元，平均每个县 800 多万元。2003 年全国财力不够保工资和运转的困难县为 791 个，由于实施该项转移支付，至 2006 年县乡政府"保工资、保运转"问题基本得到解决。

2006 年中央对地方财力性转移支付由 1994 年的 99.38 亿元提高到 4731.97 亿元，年均增长 38%，占转移支付总额的比重由 21.6% 提高到 51.8%。财力性转移支付的稳定增长，大大提升了中西部地区的财力水平。2006 年，如果将东部地区按总人口计算的人均地方一般预算收入作为 100（约等于人均一般预算支出），中西部地区仅为 32。在中央通过转移支付实施地区间收入再分配后，中、西部地区人均一般预算支出分别上升到 55 和 63，与东部地区的差距明显缩小。

三、以专项转移支付重点支持经济社会发展的薄弱环节

中央对地方专项转移支付已由 1994 年的 361.37 亿元增加到 2006 年的 4411.58 亿元，年均增长 23.2%。新增的专项转移支付资金主要用于支农、教科文卫、社会保障等事关民生领域的支出，体现了公共财政的要求。

第一，在支农方面，中央财政实行良种补贴、农机具购置补贴，深入推进农业综合开发。中央财政支农专项转移支付由 2002 年的 260.92 亿元增加到 2006 年的 551.49 亿元，年均增长 20.6%，占专项转移支付总额的比重由 2002 年的 10.9% 提高到 2006 年的 12.5%。

第二，在教育方面，2006 年全部免除了西部地区和部分中部地区农村义务教育阶段 5200 万名学生的学杂费，为 3730 万名家庭经济困难学生免费提供教科书，对 780 万名寄宿生补助生活费；2006 年中央和地方财政分别安排农村义务教育经费保障机制改革资金 150 亿元和 211 亿元，并对部分专项资金实行国库集中支付，资金直达学校，平均每学年每个小学生减负 140 元、初中生减负 180 元。中央财政教育专项转移支付由 2002 年的 48.69 亿元增加到 2006 年的 167.97 亿元，年均增长 36.3%，占专项转移支付总额的比重由 2002 年的 2% 提高到 3.8%。

第三，在医疗卫生方面，2006 年中央财政安排新型农村合作医疗补助资金 42.7 亿元，全国 50.7% 的县（市、区）进行了新型农村合作医疗制度改革试点，参合农民 4.1 亿人，从制度和机制上缓解了农民群众"因病致贫、因病返贫"的问题。中央财政卫生专项转移支付由 2002 年的 10.07 亿元增加到 2006 年的 113.8 亿元，年均增长 83.3%，占专项转移支付总额的比重由 2002 年的 0.4% 提高到 2006 年的 2.6%。

第四，在社会保障方面，在东北三省试点的基础上，增加 8 个省份开展做实企业职工基本养老保险个人账户试点；完善大中型水库移民后期扶持政策，扶持对象达 2288 万人。中央财政社会保障专项转移支付由 2002

年的 754.73 亿元增加到 2006 年的 1666.82 亿元，年均增长 21.95%，占专项转移支付总额的比重由 2002 年的 31.4% 提高到 2006 年的 37.8%。

专项转移支付规模增加，并大力投向事关民生的领域，落实了中央政策，引导了地方政府资金投向，大大促进了社会事业发展。专项转移支付资金分配过程中更多地考虑与政策相关的人口、粮食产量等因素，使公共财政的阳光照耀到政策涉及的所有城镇居民和农村居民。

据 2007 年统计，中央财政专项转移支付共计 213 项。根据职能分工，有的部门管理的专项转移支付项目比较多，有的部门比较少或者没有。如民政部管理的专项转移支付项目有城镇居民最低生活保障补助、农民最低生活保障补助、补助优抚对象经费、特大自然灾害救济费等项目；又如教育部管理的专项转移支付项目有农村义务教育经费保障机制改革经费、国家奖学金、国家助学金、国家助学贷款贴息等项目。

四、加强转移支付管理提高资金使用的规范性、安全性、有效性

（一）完善转移支付管理和分配办法

在财力性转移支付方面，不断改进标准财政收入、标准财政支出、标准财政供养人员数等测算方法，引入激励约束机制，并将转移支付办法、数据来源与测算结果公开。在专项转移支付方面，2000 年财政部出台了《中央对地方专项拨款管理办法》，明确了中央对地方专项转移支付管理的原则和要求。在工作中参照这一办法对专项转移支付的申请和审批、分配和使用、执行和监督等各个管理环节提出的要求，坚持公开、公正、透明的原则，对大多数专项转移支付项目采取"因素法"与"基数法"相结合、以"因素法"为主的分配方法，并补充修订了相关的专项管理办法。

（二）采取措施加强管理

将一些原列入部门预算、执行中下划地方的项目，如车辆购置税项目，在 2007 年年初列入专项转移支付预算，规范了相关财政资金的拨付

渠道和管理程序。为进一步规范财政支农资金管理，确保财政支农资金安全有效，财政部于 2007 年在全国开展了"财政支农资金管理年"活动，通过多项措施防止支农资金违规使用。财政、审计部门还组织专项检查工作，监督检查专项转移支付资金的使用情况。

（三）逐步提高地方预算编报完整性

国务院高度重视提高地方预算编报完整性的问题，采取一系列措施逐步加以解决。《国务院关于编制 2007 年中央预算和地方预算的通知》（国发〔2006〕37 号）明确要求，"各省、自治区、直辖市人民政府要将中央对地方税收返还和补助收入全额列入省级总预算，同时在省级总预算中反映对下级的税收返还及补助，自觉接受同级人民代表大会及其常委会对本级预决算的监督"。2005 年财政部下发了《关于地方政府向本级人大报告财政预、决算草案和预算执行情况的指导性意见》，明确了地方各级政府报本级人大预算草案的内容和格式；2006 年又印发了《关于地方政府向人大报告财政预、决算草案和预算执行情况的补充通知》，要求各地将上级政府对本地区（包括本级和下级）的税收返还和补助，全额列入本级预算。各级政府向人大报送预算的程序更趋规范，内容更趋完整。需要说明的是，专项转移支付项目众多，情况不同，有的在年初可以确定数额，有的在执行中需要进行项目审批，有的如救灾、救济只能根据执行中出现的情况确定使用对象。

（四）努力推进专项转移支付项目整合工作，提高转移支付资金规模效益

专项转移支付项目整合工作涉及相关政策协调、机构职能配合，情况复杂，政策性强，工作难度大。整合工作的推进路径有两种选择：一是自上而下，从专项转移支付政策制定入手进行整合，这样做有利于从源头上根治，但涉及大量的政策、职能调整，难度很大；二是自下而上，从专项转移支付资金最终使用层面着手整合，这样做也会遇到审批权限等机制性问题，需要探索解决。近几年财政部门选择从支农专项资金整合入手，自下而上地大力推进专项转移支付项目整合工作。2006 年财政部印发了

《关于进一步推进支农资金整合工作的指导意见》，指导地方财政等有关部门开展支农资金整合工作。通过支农资金整合，形成了政策、资金合力效应，发挥了财政资金"四两拨千斤"的作用，在促进农民增收、推进新农村建设方面发挥了一定作用。地方财政部门也大力推进专项转移支付项目整合工作。河北省在 2003 年出台了《省级财政专项资金预算分类分口切块管理办法》、《省级财政专项资金整合使用管理办法》等文件，推进专项资金整合工作。云南省自 2004 年起在 3 个县开展"省级专款切块到县"改革试点，2005 年推广到 16 个县。

（五）积极开展专项转移支付政府采购和国库集中支付试点，有效解决资金挪用和管理中信息不对称问题，提高转移支付资金使用效益

从 2003 年开始，中央财政选择了部分项目进行政府采购和国库集中支付试点。如对免费教科书、流动舞台车、送书下乡、贫困地区公安装备实行了政府采购。农村义务教育经费保障机制改革中央负担的免费教科书资金、免杂费补助资金、公用经费补助资金、校舍维修改造资金等经费从 2006 年 7 月 1 日起由省级财政部门和县级财政部门实行财政直接支付，中央财政实行动态监控。

财政转移支付不断规范的同时，在管理方面特别是专项转移支付管理方面还存在一些问题，亟待解决。这些问题有的是受政府职能转变不到位、政府间支出责任不清晰等体制性因素制约造成的，如专项转移支付项目设置交叉重复、资金投入零星分散，造成部分地方多头申请、重复要钱；部分项目计划与地方实际需要脱节，地方政府又无法结合实际做必要调整和统筹安排，造成转移支付效率不高和资金损失。有的是制度设计不周密造成的，如分配办法不合理，过多考虑地方具体事务支出缺口，专项转移支付对地方资金安排产生"挤出效应"；专项转移支付配套对地方财政形成较大压力，有的地方临时挪用其他资金或借债配套，配套资金并未真正落实；省对下转移支付不尽规范，部分地方省以下基本公共服务均等化效果不明显。有的受决策程序时间所限，如部分中央专项转移支付资金

当年拨付时间较晚，形成大量结余结转，影响使用效益。有的是执行制度不严，如转移支付资金拨付和使用中一定程度上存在挤占挪用现象。这些问题需要通过提高认识、深化改革、完善制度、加强监督逐步认真加以解决。

五、有关部门进一步规范财政转移支付工作的思路和措施

（一）思路

进一步规范我国中央对地方财政转移支付的基本思路是：按照完善社会主义市场经济体制的要求，认真落实科学发展观，围绕构建社会主义和谐社会、促进经济增长方式转变等战略目标，对现有转移支付进行必要的清理整合，提高转移支付的公开性、合理性与有效性，推动经济社会全面协调可持续发展。

（二）主要措施

1. 加快建立财力与事权相匹配的财政管理体制

一是推进政府职能转变，强化社会管理、公共服务职能，同时改革和完善行政管理体制，加强各部门间的协调配合。二是按照中央统一领导、充分发挥地方积极性的原则，进一步明确各级政府的财政支出责任。全国性公共产品和服务以及具有调节收入分配性质的支出责任由中央全额承担；地方性公共产品和服务的支出责任由地方政府全额承担；具有跨地区"外部性"的公共产品和服务的支出责任，分清主次责任，由中央与地方各级政府按照一定比例共同承担。争取在若干关系民生的重大领域支出责任划分上取得突破。三是在维持中央财政收入占全国财政收入的比重相对稳定的情况下，结合下一步税制改革和政府间支出责任划分调整情况，按照"财力与事权"相统一的原则，适当调整中央与地方政府间收入划分。

2. 进一步优化转移支付结构

财力性转移支付占转移支付总额的比重多高合适，需要从宏观调控的目标和转移支付的政策意图来判断，要由现实的财政体系来支撑。目前有些地方存在基本公共服务能力不足同时专项转移支付配套压力较大的现

象，有些地方又存在地方自有资金安排重点支出不足同时大量安排楼堂馆所等一般性支出的现象。在这种情况下，中央要实现政策意图和管理要求，需要专项转移支付和财力性转移支付的合理搭配。有关部门将按照党中央、全国人大和国务院的要求，一方面继续加大财力性转移支付力度，另一方面按照贯彻落实科学发展观、构建社会主义和谐社会的要求，进一步加大对"三农"、教育、科技、文化、医疗卫生、社会保障、公共安全、节能环保等社会事业发展领域的专项转移支付力度，推动民生的改善和基本公共服务均等化。

3. **清理整合专项转移支付项目设置**

一是严格控制新增项目。国家有关法律法规、党中央和国务院文件要求设立的专项转移支付可直接设立；中央各部门以及地方政府要求设立的专项转移支付要严格控制，并报国务院批准同意后再实施。二是结合外部环境的变化和转变管理机制的要求，清理现行专项转移支付项目。将中央现有专项转移支付项目分为取消类、整合类、固定数额类、保留类4种类别，并分别处理。对到期项目、一次性项目以及按照新形势不需要设立的项目，予以取消；对使用方向一致、可以进行归并的项目予以整合；对每年数额固定，且分配到各省数额固定的项目，调整列入财力性转移支付；对符合新形势需要的项目继续予以保留。目前中央财政加大对教育、社会保障、医疗卫生等关乎民生的社会事业的投入力度，大多采取增加专项转移支付的方式，这是符合当前政策和管理方式需要的。从长远看，管理制度完善后，一些专项转移支付可以自然形成地方支出基数，相当于财力性转移支付。

4. **提高专项转移支付管理透明度**

提高透明度有利于加强对专项转移支付分配、使用的全过程监管，完善专项转移支付管理制度。每一项专项转移支付资金的设立、审批和分配，要做到有合理明确的分配依据、有操作规程，坚持公开、公正、透明、效率的原则。除要求保密的外，适时公布专项转移支付项目资金管理办法，逐步做到公开、透明。要做到按制度管理，减少随意性。未来还将总结中央财政和地方财政加强专项转移支付管理透明度方面的经验，推进专项转移支付管理改革。

5. 研究规范专项转移支付的配套政策

要认真贯彻落实《中共中央办公厅、国务院办公厅关于确保机关事业单位职工工资按时足额发放的通知》（中办发［2001］11 号）明确了"除党中央、国务院另有规定外，各部门保留的专项拨款，一律不得要求地方予以资金配套"的规定，严格执行专项转移支付配套政策，规范配套政策出台程序，将地方配套的总体负担控制在可承受的范围之内。今后对属于中央事权的项目，由中央财政全额负担，不再要求地方配套；对属于中央与地方共同事权的项目，分别研究确定配套政策，区别不同地区具体情况制定不同的配套政策；对属于地方事权的项目，为了鼓励地方推进工作，可采取按地方实绩予以奖励或适当补助的办法。

6. 积极研究创新专项转移支付管理方式

（1）尽可能多地采用因素法、公式法或以奖代补方法分配资金。调动地方政府的积极性，形成良性互动机制，使积极采取措施的地方受益，避免"鞭打快牛"，避免地方形成依赖心理。对部分补助地方项目可以考虑由中央确定使用方向、按因素法分配，具体项目由地方确定，由现行的项目审批制改为项目备案制。

（2）研究改进专项转移支付预算编制流程，提前编制预算。将数额固定的专项转移支付指标通知地方，并要求地方编入预算，提高地方预算编报的完整性，以有利于人大监督。针对专项转移支付项目的具体情况，在上年同期下达数额以内，建议由全国人大常委会采取适当授权的方式，提前预拨资金。专项转移支付执行过程中要加强管理、加快审核，均衡资金拨付进度。

（3）继续选择符合条件的专项转移支付项目实行政府采购和国库集中支付，进一步扩大试点范围，逐步提高专项转移支付资金使用效益。随着金财工程建设的推进，研究建立专项转移支付资金的信息反馈机制，逐步实现对专项转移支付资金的动态监控。

（4）研究建立专项转移支付资金绩效评价体系。在中央财政加大重点领域转移支付支持力度的同时，注重专项转移支付资金追踪问效，研究建立转移支付资金绩效评价体系。采取措施切实取得专项转移支付资金受益人对资金使用效益的评价，并将有关信息反馈到预算程序中来。

7. 研究建立财政转移支付的法律法规体系

《转移支付法》已纳入全国人大立法计划。目前政府间支出责任划分不清晰，转移支付立法尚需进一步深入研究。作为过渡措施，要抓紧拟订办法，以国务院条例或部门规章的形式发布，增强对专项转移支付管理工作的约束，理顺专项转移支付的决策、协调、分配、监管等工作机制和程序。

8. 推进省以下财税体制改革，规范省对下转移支付

在确保各项宏观调控措施有效实施的同时，兼顾地方利益，调动地方政府推动经济发展的积极性。以提高基层政府财政保障能力为目标，重点研究建立地区间财力差异控制机制，强化省级政府均衡行政区域内财力差异职责，将县市间财力差异水平控制在限定的幅度之内。鼓励有条件的地方实施省直管县财政管理体制，大力推进乡镇财政管理体制改革试点，减少财政管理层次。研究探索有效措施，规范省对下转移支付制度，督促并引导省级政府加大对基层财政的支持力度，促进省内地区间基本公共服务均等化。

不断规范财政转移支付制度任务艰巨，意义重大，有关部门将根据党中央、国务院统一部署，认真落实全国人大关于规范财政转移支付的要求，按照科学发展观的要求，在加大转移支付力度的同时，优化转移支付结构，提高地方政府公共服务能力和保障水平，促进基本公共服务的均等化，大力推进社会主义和谐社会建设。

第五章

国有资产和国有资源
管理体系的建立健全

在我国，国有资产主要分为三大类：第一类是经营性国有资产；第二类是行政事业类国有资产，包括中央到地方的国家机关和事业单位；第三类是资源性国有资产，包括土地、矿产、森林等自然资源。建立规范的国有资产管理体系是提高国有资源和资产使用效益并防止国有资产与资源流失的制度保障。改革开放以来，随着形势的发展和认识的深化，我国国有资产、资源管理经历了一系列变革。

第一节　国有经营性资产管理改革的逐步探索

新中国成立以来，我国通过对民族工商业的社会主义改造和社会主义经济建设等途径，形成了巨额的国有资产。这些资产是我国社会经济发展的重要物质基础。在传统体制下，国家对经营性国有资产的管理主要是通过国有企业行政管理、人事管理、财务核算管理和资金管理等方式进行控制的。国有资产管理方面的具体管理活动，一般来说分散固化在各企业、各单位，或者是其主管部门。这种国有资产管理方式是基本上与当时的计划经济体制相适应的，也曾经起到了重要作用，但没有形成专门的国有资产管理系统。改革开放以来，在深化经济体制改革的形势下，原有的管理制度已不适应变化了的新情况。在新形势下如何加强经营性国有资产的管理，不仅是一个经济问题，也涉及社会公平和社会主义市场经济的有效建立。如何管理这笔庞大的国有资产，日益成为人们关注的热点。

一、国有企业改革的历程：国有资产管理体系改革的基本背景

改革国有资产管理的制度体系和加强国有资产管理，是伴随着国有企业管理体制的改变步伐而逐步展开的。最早提出国营企业改革可追溯到1978年12月的党的十一届三中全会，而改革的实践则开始于1979年，大致经过了几个发展阶段①。

1. 扩大企业自主权阶段。在改革以前，占据绝对支配地位的国营企业只不过是一个个"生产单位"，它们接受政府的指令性计划中的生产指标，产品由政府统购统销，利润由政府统分统配。政府垄断了企业近乎全部的剩余索取权和控制权，企业自身缺乏创造剩余产品的积极性，这种僵化的经营机制使得企业运行效率低下。正是从这一基本事实出发，党的十一届三中全会提出，"现在我国经济管理体制的一个严重缺点是权力过于集中，应该有领导地大胆下放，让地方和工农业企业在国家统一计划的指导下有更多的经营管理自主权"。自此，向企业"放权让利"开始推行。

1979年4月，中央工作会议做出了扩大企业自主权的决定，同年国务院颁布了《关于扩大国营工业企业经营管理自主权的若干规定》等5个管理体制改革文件，并选择四川省作为扩大企业自主权的试点省份，选择首都钢铁公司、天津自行车厂、上海柴油机厂等作为进行扩大企业自主权的试点单位。以后根据中央政策，在改革进程中政府向企业逐渐让渡了生产自主权、原料选购权、劳动用工权、产品销售权、产品定价权、物资

---

① 主要参考杨瑞龙、周明生：《中国经济报告——25年国有企业改革负重前行》，http://www.bbcer.com，2006-03-03。

选购权、资金使用权、资产处置权、机构设置权等 10 项自主权，并进行了"企业基金"和"利润留成"的试点。再以后，推进到两步"利改税"。

虽然一开始的"放权让利"只是一种浅层次的经营体制变革，但它是对企业的第一次松绑，国有企业员工作为利益主体因为这一改革而受益，激发了生产者的积极性和创造性，使企业开始焕发出生机和活力，社会经济总量明显增加。1979 年国有工业企业实现利税比 1978 年增长了10.1%，高于 1957—1978 年的平均增长率，职工实际工资比上年增长了7.5%。企业收入的增加也带来其他社会成员收入的改善。因此，"放权让利"的改革是一种社会绝大多数成员都受益的帕累托改进，这一特征延续到"利改税"阶段。

2. 实行两权分离阶段。"放权让利"的改革，促使人们重新思考和深入研讨政府与企业之间关系的正确处理。1984 年 10 月党的十二届三中全会通过的《中共中央关于经济体制改革的决定》中提出，要解决好国家和全民所有制企业之间的关系问题，过去国家对企业管得太多太死的一个重要原因，就是把全民所有同国家机构直接经营企业混为一谈。这表示着政企职责分开、"两权分离"的改革思路开始显现，国有企业改革开始从扩大经营权开始走向经营权与所有权相分离。1987 年年初按照企业所有权与经营权分开的原则，实施多种经营承包或租赁的责任制，截止到1988 年年底，全国已有 91% 的大中型国有企业实行各种承包责任制。1990 年国家对 234 家国有大中型骨干企业实行"双向"承包，国家对企业承包能源和主要原材料的供应，企业对国家承包上缴利税、企业发展、企业管理三项指标的合同兑现指标。1991 年年初，95% 的第一轮承包到期的企业签订了新一轮承包合同。

承包制推行伊始，发挥了一定的调动企业和职工积极性、推动国有经济发展的作用。1987 年和 1988 年，我国工业增长速度分别为 14.1% 和20.7%。1987 年企业实现利润和上缴税金比 1986 年增长 8.0%，1988 年比 1987 年增长 18.2%，亏损面逐年下降，经济效益有所提高。但在推行承包制期间，却又出现了企业增效、经济增长、国家财政收入反而下降的状况。在推行承包制的第一年即 1987 年，伴随国民经济的高速增长，财政收入出现了低增长，财政收入占国内生产总值的比重从 1986 年的 20.8% 骤降为 18.4%，一年下降 2.4 个百分点，1988 年又急剧降到 15.8%，比 1987 年又下降 2.6 个百分点。

承包制带来的结果招致了各方面强烈的批评和反对。宏观层面上，由于承包制向企业做了更大幅度的让利，致使国家财政收入严重流失；微观层面上，企业只负盈、不负亏，造成了企业承包者的行为短期化（"机会主义行为"），企业的"软预算约束"没有改观。

承包制存在的种种问题促使各界在国有企业改革上深化认识，逐渐达成共识：改到深处是产权。如果不进行深层的财产关系的变革，国有企业经营者短期化行为就不可避免，国有企业就不可能真正搞好搞活。

在此期间，国内理论界的一些学者提出了股份制的设想，认为股份制改革是国有企业在所有权层面改革的重要推进。其根本目的是要改变由国家垄断企业财产的单一型制度，使原来的国有企业内部形成多元化的产权结构，进而优化企业内部的治理结构。尽管 1986 年就开始国有企业股份制的试点，但大都在国有中小企业进行，初期的股份制设计也不够规范，试点的影响尚不广泛，改革的效果也不太显著。

3. 建立现代企业制度阶段。1992 年年初邓小平视察南方的谈话，极大地推进了国有企业的改革步伐。1993 年 11 月，党的十四届三中全会通过的《中共中央关于建立社会主义市场经济体制若干问题的决定》（以下简称《决定》），提出国有企业要适应市场经济体制的要求，建立"产权明晰，权责明确，政企分开，管理科学"的现代企业制度。从此，国有企业的改革由偏重于放权让利转变为以产权改革为核心的企业制度创新和国有经济的战略性改组，这标志着国有企业改革进入了制度创新、配套改革的新阶段。同年 12 月，全国人大常委会通过《公司法》，提出不同产权主体投资设立公司，其法律地位都是平等的明确表述。现代企业制度目标的确立，为政企分开、政资分开奠定了基础。

1994 年国家经贸委组织实施了"万千百十、转机建制"规划。所谓

"万"就是在1万户国有大中型企业中不折不扣地落实1992年7月国务院发布的《全民所有制工业企业转换经营机制条例》（以下简称《条例》）所赋予的14项经营自主权，为企业转机建制、进入市场打好基础；所谓"千"，即国家将通过委派监事会的形式，分期分批地对1000户关系国计民生的重点骨干企业的国有资产实行监管；所谓"百"，即选择100户不同类型的国有大中型企业，结合贯彻《条例》，落实《决定》，进行建立现代企业制度的试点；所谓"十"，即在10个城市或地区进行减轻企业不合理负担和提高企业自有流动资金比重试点，进行配套改革。随后，各地区结合自身的实际情况也确定了一些试点企业，自此，全国上下积极推进现代企业制度试点工作。1995年，还提出并贯彻"抓住管好大的、放开搞活小的"的方针。截至1996年，建立现代企业制度试点企业已遍及全国31个省、自治区、直辖市，试点企业总数达2343家，建立健全公司法人治理结构提上日程。

尽管国有企业改革所遇到的困难很大，但包括建立现代企业制度在内的各项试点工作也取得了明显成绩，国务院试点的100户企业，除1户解体，1户被兼并外，其余98户已经改制完毕。到1996年年底，这些企业的总资产额达到3600.8亿元，比试点前增加994.5亿元，增长27.6%；所有者权益1231.8亿元，比试点前增加383亿元，增长31.1%。这些企业的资产负债率由试点前的67.59%下降到62.28%，下降了2.31%。

另外，各地选择的2343户试点企业取得了重大进展。到1996年年底，已经有540户改造成为股份有限公司，占23%；改造成为有限责任公司的540户，占23%；改造成为国有独资公司的909户，占38.8%；尚未完成改造的307户，占13.2%。1996年全部试点企业资产负债率为65.8%，比上年下降2.4个百分点；资产增值率达26.5%。试点企业分流社会性服务机构2265个，分流企业富余人员60多万人。试点实践表明国有企业建立现代企业制度是能够成功的。

4. 国有经济的战略性调整阶段。到了20世纪90年代的中后期，国企改革进入了新的攻坚阶段。1997年党的十五大提出国有经济要有进有退，有所为有所不为，国有企业可以从一般竞争性行业中退出，要从整体上搞好国有经济，而不是把所有国有企业救活；对国有企业实行战略性改组，抓大放小，对国有大企业进行公司制改组，放开放活大量小企业等。

1997 年国有大中型亏损企业数为 6599 家，面对这一严重局面，中央于 1998 年后明确提出实现国有企业三年脱困的阶段性目标。1999 年下半年，政府推行债转股政策，四大国有商业银行把 1.4 万亿元银行不良资产剥离给新成立的四大金融资产管理公司，将国有企业的部分银行债权转为金融资产管理公司持有的股权。1999 年 9 月，党的十五届四中全会通过《中共中央关于国有企业改革和发展若干重大问题的决定》，提出国有企业要实现股权多元化，通过减持国有股和变现国有资产、对大中型国有企业的国有资产存量进行调整，发展多元投资主体的公司，实现公司制改革规范化的新思路。

经过国有企业改革、改组、改制和加强管理，以及相应的配套措施，2000 年年底国有企业三年脱困的目标基本实现。国有大中型亏损企业从 1997 年的 6599 户减少到 2000 年 11 月的 2208 户，扭亏企业比例达 66.5%。这些企业有的实现了扭亏为盈，有的关闭破产后退出了市场，有的被兼并或进行了改制。对三年的脱困目标，也有批评意见，认为三年脱困耗费了大量资源，但在国有企业的制度改革上没有迈出实质性步伐。国有企业资金软约束依然存在，只不过满足资金饥渴的方式从最早的靠财政拨款，后来靠银行贷款，变为近些年的靠资本市场来支撑部分大型国有企业。

2002 年党的十六大进一步明确了国有企业改革的方向，继续调整国有经济的布局和结构，明确要求改革国有资产管理体制，中央、地方分别行使出资人职责，建立专门管理机构，管资产和管人、管事相结合。除极少数必须由国家独资经营的企业外，必须实行投资主体多元化，重要的企业由国家控股。

2003 年 10 月，党的十六届三中全会更进一步明确，大力发展混合所有制经济，实现投资主体多元化，使股份制成为公有制的主要实现形式，并完善公司法人治理结构。很多研究者指出，建立完善的法人治理结构的前提是有效的产权结构，而有效的产权结构必须克服"监工"与被监督成员在利益上的雷同，并使双方的激励具有兼容性，即要赋予"监工"剩余索取权。通过必要激励和约束来发挥经营者的潜能。年薪制作为激励方式之一，20 世纪 90 年代初开始在我国试行。在对国有企业经营者实行激励的同时，国家还加强了对国有企业的监管。国家对一些重点企业实行了稽查特派员制度，加强了国有企业监事会工作。

近年来，坚持"有进有退、合理流动"原则，国有资本进一步向关系国家安全和国民经济命脉的重要行业和关键领域集中，向具有竞争优势的行业和未来可能形成主导产业的领域集中。其主要措施有：

（1）积极推进企业联合重组。一是推进中央企业整体重组，进一步减少国资委直接监管的中央企业的数量。目前，中央企业户数已减少到150 家。有的科研院所进入产业集团，有的实现了强强联合，有的"窗口"公司并入大型骨干企业，有的通过产业整合拓展和完善相关企业业务链，还有一些困难企业通过重组扭亏脱困，焕发出新的生机。二是推进中央企业内部主业重组和非主业分离重组。围绕做强做大主业，减少管理层次，缩短管理链条，分离非主营业务资产，进行同业合并重组，使企业的辅业资产向其他具有优势互补的企业集中，以整合资源，减少重复建设和过度竞争。目前，已先后分七批核定并公布了中央企业的主业，大部分中央企业将管理层级初步压缩到三级以内。三是推进以资产经营公司为平台的调整重组。探索以资产经营公司为平台，采取托管、持股等方式，推进中央企业改制退出和调整重组。与此同时，各地也通过多种形式，对地方国有企业进行重组，发展形成了一批对地方经济具有影响力和带动力的优势企业。

（2）实施国有企业政策性关闭破产。2005 年 2 月，国务院常务会议批准了全国国有企业关闭破产总体规划，明确了实施政策性关闭破产的范围、期限和重点。2006 年 1 月，国务院办公厅转发了《关于进一步做好国有企业政策性关闭破产工作意见》。近年来，国有企业政策性关闭破产工作已经取得了重要进展。截至 2006 年年底，全国共实施政策性关闭破产项目 4251 户，安置人员 837 万人，完成政策性关闭破产 80% 的工作量。其中，煤炭、有色金属和军工三个重点行业的政策性关闭破产工作进入收尾阶段。

（3）规范国有企业改制和国有产权转让。近年来，针对国有企业改制、管理层收购、产权转让不规范等问题，有关部门出台了《关于规范国有企业改制工作意见的通知》等政策性文件，不断建立完善规范国有产权转让的制度规定。同时，加强对国有企业改制和国有产权转让的监督检查，积极推进产权交易市场的建设和规范运作。据不完全统计，省级以上国有资产监管机构共选择认定了 64 家产权交易机构，初步形成了覆盖全国的国有产权交易平台，国有产权交易普遍进入市场公开操作。国有企业改制和国有产权转让已逐步走上规范运作的轨道，促进了国有资产有序流转，有效地防止了国有资产流失，维护了职工的合法权益。

通过国有经济结构和布局的战略性调整，一批具有较强竞争力的大公司大集团，在激烈的市场竞争中涌现出来，一批国有中小企业通过多种形式放开搞活，一批长期亏损、资不抵债的企业和资源枯竭的矿山退出了市场。国有企业数量虽然减少了，但国有经济的活力、控制力和影响力大大增强。截至 2006 年年底，全国国有企业共计 11.9 万户，比 2003 年减少 3.1 万户，但户均资产 2.4 亿元，比 2003 年增长 84.6%，年均增长 22.7%。

总体上说，改革开放以来，国有企业的改革遵循着市场化的取向和思路，逐步推进到产权改革、股权多元化，由实现政企分开、所有权与经营权的分离，推进到"政资分开"，并建立有效的法人治理结构。在此期间，国有资产管理体系的改革是相随国有企业改革逐步探索、开拓的。

二、国有资产管理体系的改革

1. 早期的探索性改革

1978 年以后，由于政府对国有企业实行放权让利式改革，企业的自主权越来越大，政府对企业的控制越来越小。随着时间推移，内部人控制和内部人腐败的情况变得日益严重。国有企业在日常经营活动中，出现资产流失的现象也越来越多。有不少国有企业到底有多少总资产、多少净资产，资产的保值增值情况或资产的贬损情况如何，政府部门不得而知。因此，有越来越多的人意识到，国家在放松对国有企业日常经营管理活动干预的同时，必须要对国有企业的资产进行适当管理，以了解国有企业的资产状况，监管国有企业的某些资产处置行为，促进国有资产的保值增值。传统体制和前期过渡体制中的一大弊病，是国有资产的所有者权益"悬空"、"虚置"问题。资产属于全民，说起来人人负责，但实际上无人负责，损失、浪费、低效配置的情况比比皆是，却少有人心疼，即使有人心疼，也无可奈何，巨额损失通常不了了之，或以"交学费"之名轻描淡写一笔带过。实践中，大家逐步认识到，在推行"政企分开"、推动国有企业与市场经济接轨的同时，国家应该从出资人代表的角度实行国有资产管理。即使国有资本要从一些企业退出，专业化的国有资产管理仍然是重要的，甚至表现得尤其必要，不但可以尽可能地避免国有资产贱卖，而且也可以使退出的程序更加清晰和更有效率，以求最大限度保护国有资产权益。

早在 20 世纪 80 年代初，一些地方就开始探索如何进行专业化的国有资产管理。1984 年，深圳市组建了全国第一家专门的国有资产管理机构——深圳市投资管理公司。1988 年，国家设立了专司国有资产管理的机构——隶属于财政部的国家国有资产管理局，简称国家国资局，标志着我国国有资产管理正式步入专业化管理时代，国有资产管理体制体系开始搭建。

国资局成立后，开展了清产核资、资产评估、产权登记等许多基础性工作，对于摸清国有资产家底，规范国有资产处置行为，防止国有资产流失，提高国有资产质量，发挥了积极作用。1990 年，国务院发布了《关于加强国有资产管理工作的通知》，要求在全国范围内开展清查资产，核实国家资金，摸清国有资产家底的工作，将一切应归国家所有的资产都纳入专门的国有资产管理轨道，防止和纠正损害国有产权的行为。随后，国家国资局等部门颁布了《企业国有资产所有权界定的暂行规定》、《国有资产产权登记管理办法》等文件，文件要求企业资产在界定为国有资产之后，应进行国有资产产权登记，对于资产转移和经营权转移等涉及的国有资产，应该进行价值评估并履行规范的手续。不过，此时的国资局由于种种原因，并不能行使国有资产所有者的职能，所以算是"账房先生"，而不是"东家"。那时国有资产所有者的职能，仍主要由行政主管部门和政府其他部门和党的机构行使。

专栏 5 – 1　国有资产流失的一种定义

　　　　　　我们通常所指的国有资产的流失是指：国有资产的出资者、管理者、经营者，因主观故意或过失，违反法律、行政法规和规章，造成国有资产的损失。

　　　　　　当前，国有资产流失已经出现了多种形式和多种渠道同时发生的现象，主要形式有：股份制改造和拍卖过程中国有资产的流失；假破产真逃债形成的国有资产流失；在产权交易过程中，评估机构恶意低估国有资产价值；假借合资名义，行套钱之实；决策失误，造成巨额国有资产损失和流失；有些国企负责人和国家工作人员乘企业关、停、并、转、包、租、合、卖等改革的机会，利用职权进行贪污犯罪等。

　　　　　　　　　　　　　　　　——资料来源：作者根据相关资料整理。

2. 确立社会主义市场经济体制下的国有资产管理改革

　　1992 年，党的十四大明确提出了建立社会主义市场经济体制的改革目标。1993 年，党的十四届三中全会指出，国有企业改革的方向是建立"产权明晰，权责明确，政企分开，管理科学"的现代企业制度，同时提出要按照政府的社会经济管理职能和国有资产所有者职能分开的原则，积极探索国有资产管理和经营的合理形式和途径。这就是所谓"政资分开"。党的十四届三中全会还正式提出了出资人的概念。政资分开思路和出资人概念的提出，对于后来我国国有资产管理体制进一步改革有着重大的影响。

党的十四届三中全会指出，对国有资产实行国家统一所有，政府分级监督、企业自主经营的体制。也就是说，不管是哪一级政府管理的国有企业，也不管是哪一级政府和哪一个国有单位投资建成的国有企业，其国有资产都由国家统一所有，但是中央政府不可能也不必要直接管理分布在全国各地的国有资产，中央政府和地方政府对国有资产分级监管。

不过，1998 年在国务院机构改革过程中，国家国资局却被撤销，其以前履行的国有资产管理的一些职能被并到财政部。随后，地方上也纷纷撤销了各自的国资局。

1999 年，党的十五届四中全会又进一步提出，要按照国家所有、分级管理、授权经营、分工监督的原则，逐步建立国有资产管理、监督、营运体系和机制，建立与健全严格的责任制度，国务院代表国家统一行使国有资产所有权，中央和地方政府分级管理国有资产。"国家所有、分级管理、授权经营、分工监督"十六字方针成为了此后国有资产管理体制的主要内容。

（1）建立集中行使所有权职能的出资人机构，加强资本监管

尽管 1999 年党的十五届四中全会提出要建立国家所有、分级管理的国有资产管理体系，但在 1998 年国资局撤销后，国有资产管理职能被削弱，剩余的一些资产登记管理职能被并入到财政部门。在实践中，越来越多的人意识到，国有企业改革当然要放松国家对企业的行政干预，但并不能放弃国家作为出资人对企业的所有权职能。

在实际工作中如何行使国家对国有企业的所有权职能的探索开始于地方政府。党的十四届三中全会以来，各地纷纷对国有企业的行政主管部门进行改革，主流的改革举措是将行政主管部门改组为行业性公司。许多地方顺势给这些行业性公司赋予该行业的国有资产出资人职能。上海就是一个典型，许多原行政主管局，如纺织局、化工局、机械局等，被改组成行

业性控股公司或集团公司，成为相应行业中国有企业的出资人。如果当地政府还设有专门的国有资产管理局或者国有资产管理委员会，这些行业性公司在国有资产管理体系中就起到承上启下的作用，从而演化成所谓的"中间层公司"，或被称为国有资产运营（经营）性公司。上面是国有资产管理局或委员会，中间是国有资产运营公司，下面是普通的生产经营性国有企业，这样的构架被称为国有资产管理的三层次模式。在 1998 年政府机构撤销国资局的时候，不少地方的中间层公司基本上延续下来，有些地方还新组建了由各委办局领导构成的议事和决策机构——国有资产管理委员会，并设立常设的国有资产管理办公室作为国有资产管理委员会的办事机构。一些地方还设立了由地方政府领导挂帅的议事和决策机构——国有企业改革领导小组。设立这些议事和决策机构，实际上是建立一种跨部门的集中行使国有资产出资人职能的机制，以求克服国有资产出资人职能被分散在各委办局——经贸委、财政局、劳动局、组织部等等所带来的弊端。

随着时间推移，经济学界呼吁建立集中行使所有权职能的国有资产所有权机构的声音变得更加强烈。2002 年 11 月党的十六大召开，标志着国有资产管理体制改革进入了一个新的阶段。党的十六大报告提出要"在坚持国家所有的前提下，充分发挥中央和地方两个积极性"，"建立中央政府和地方政府分别代表国家履行出资人职责，享有所有者权益、权利、义务和责任相统一，管资产和管人、管事相结合的国有资产管理体制，关系国民经济命脉和国家安全的大型国有企业、基础设施和重要自然资源等，由中央政府代表国家履行出资人职责。其他国有资产由地方政府代表国家履行出资人职责"，"中央政府和省、市（地）两级地方政府设立国有资产管理机构"。

2003 年 3 月，国务院国有资产监督管理委员会即国资委正式成立。国务院国资委职责和任务是：由国务院授权代表国家履行出资人职责，监管国有资产，确保国有资产保值、增值，进一步搞好国有企业。2003 年 5月，国务院颁布《企业国有资产监督管理暂行条例》，明确了国有资产管理体制的基本框架和企业国有资产监督管理的基本制度，将国有资产管理工作纳入法制化轨道。条例规定，企业国有资产属于国家所有；国务院代表国家对关系国民经济命脉和国家安全的大型国有及国有控股、国有参股企业，重要基础设施和重要自然资源等领域的国有及国有控股、国有参股企业，履行出资人职责；省、自治区、直辖市人民政府和设区的市、自治州级人民政府分别代表国家对由国务院履行出资人职责以外的国有及国有控股、国有参股企业，履行出资人职责。从而确立了中央政府和地方政府分别代表国家履行出资人职责的法律制度。监管条例规定，国务院、省（自治区、直辖市）和设区的市（自治州）人民政府，分别设立权利、义务和责任相统一，管资产和管人、管事相结合的国有资产监督管理机构，分别代表国家履行出资人职责，享有所有者权益。坚持政府的社会公共管理职能与国有资产出资人职能分开，国有资产管理机构不行使政府的社会公共管理职能，政府其他机构、部门不履行企业国有资产出资人职责。

2003 年 8 月，第一个地方国有资产监督管理委员会——上海市国有资产监督管理委员会成立，之后地方各级政府纷纷按照党的十六大精神，成立了地方国有资产监督管理委员会，即新的国资委。从此，由中央政府和地方政府分别代表国家履行出资人职责的体系初步形成。到 2004 年 6 月，全国 31 个省（自治区、直辖市）和新疆生产建设兵团国资委全部组建。目前市（地）国有资产监管机构的组建工作基本完成，全国大多数市（地）设立了国资委，没有单独设立国资委的也采取多种形式明确了国有资产监管机构。经过努力，中央和省、市（地）三级国有资产监管体制框架基本建立。

自成立以来，国资委加强了国有资产监管法制建设，制定了与《企业国有资产监督管理暂行条例》相配套的规章制度，共制定发布了企业改制、产权转让、资产评估、业绩考核、财务监督等 19 个规章和 82 个规范性文件，地方国资委制定了 1600 多件地方规章和规范性文件，国有资产管理的法规体系进一步完善。还加快推进企业法律顾问制度建设，进一步建立健全企业法律风险防范机制。与此同时，建立和规范了企业经营业绩考核制度。2003 年，制定并颁布了《中央企业负责人经营业绩考核暂行办法》。2004 年，国务院国资委与所有中央企业负责人签订了年度经营业绩考核责任书，2005 年又与中央企业负责人签订了任期经营业绩责任书，这标志着中央企业负责人经营业绩考核制度正式建立。在实行经营业绩考核的同时，相应制定了配套的《中央企业负责人薪酬管理暂行办法》，绩效薪金与企业经营业绩考核结果挂钩。各地国资委对所出资企业也实行了业绩考核。国有资产保值增值的责任体系层层到位。在财务监督和风险控制方面，建立了企业重要财务事项备案监督制度，开展了企业财务预决算管理、财务动态监测、会计核算监督、经济责任审计、内部审计管理及中介财务审计监督等各项工作，出资人财务监督体系基本形成。在总结企业风险控制经验教训的基础上，制定了《中央企业全面风险管理指引》，引导和组织企业清理高风险业务，加强风险防控。大多数中央企业都建立健全了风险管理的规章制度，一批中央企业的境外上市公司建立了较完善的内部控制体系，并将内控体系扩展到存续企业。在资本监督方面，不断完善了监事会制度，出台了《关于加强和改进国有企业监事会工作的若干意见》。建立快速反应机制，进一步提高监督时效，增加监督的有效性和灵敏性。按照企业地位作用、资产规模和管理状况，实行分类监督，加强对重点企业的监督检查。将企业领导人选用、收入分配、职务消费、非主业投资、高风险业务投资、产权转让、股权激励等方面的情况纳入检查重点。积极探索监事会监督与纪检监察监督、审计监督相结合的途径和方式。从 2007 年开始，监事会实行当期监督，将监事会事后监督过渡到当期监督，由检查企业上年情况逐步调整为检查企业当年情况。

中央政府和地方政府设立的新国资委已经不同于从前的国资局，它们履行的是出资人职能，所以不是"账房先生"，而是承担着"东家"的角色。中央和地方国资委成立以来，初步解决了国有企业的"出资人缺位"和国有资产多头管理却无人负责的问题，在调整国有经济布局、规范和推动国有企业改革、提高国有企业效益、规范国有企业产权管理等方面已取得显著成效。2003—2006 年，中央企业主营业务收入由 4.47 万亿元增加到 8.14 万亿元，年均增长 22.1%，实现利润由 3006 亿元增加到 7547 亿元，年均增长 35.9%；净资产收益率由 5% 提高到 10%；总资产报酬率由 5% 提高到 7.5%。截至 2006 年年底，中央企业资产总额为 12.27 万亿元，比 2003 年年底增长 47.4%；净资产总额为 5.35 万亿元，比 2003 年年底增长 48.7%。

（2）实施国有资本经营预算

国有资本经营预算，是国家以所有者身份依法取得国有资本收益，并对所得收益进行分配而发生的各项收支预算。为全面反映、合理统筹国有资产的配置与运营，贯彻落实出资人职能，强化国资委对国有企业的资本化管理，实施国有资本经营预算是一个重要方式。

1994 年以后，国有企业曾基本停止向国家上缴利润。在当时国有企业经济效益不断下滑，许多国有企业陷入财务困境的情况下，国家停止收取国有企业利润具有一定合理性，但这只能作为阶段性政策，而不能作为永久性政策。国家长期不向国有企业收取利润，就意味着所有者得不到资本收益。时至今日，国有企业的经济效益已今非昔比，大部分国有企业完全有能力向国家上缴利润。同时，由于国有企业改革已进入了国有经济的战略性调整阶段，国家需要取得国有资本收益用于推动国有经济布局和结构的调整。因此，建立资本经营预算的呼声越来越高。

实际上，我国对于国有资本经营预算的关注由来已久。由于存在大量的国有资产，与国有资产相关的收支一直是国家财政和国家预算体系的重要内容。在 20 世纪 80 年代，有关方面就酝酿将经常性项目和与国有资产有关的建设性项目适度区分管理，从而提出了实行复式预算的问题。1988 年，财政部向国务院报送了实行复式预算的意见，1991 年正式报送复式预算方案。从 1992 年开始，中央预算和部分省级预算按经常性预算和建设性预算的形式试编。1993 年，党的十四届三中全会提出了要"建立政府公共预算和国有资产经营预算"，此时用国有资产经营预算的提法取代了建设性预算的提法。1994 年通过的《预算法》规定"中央预算和地方各级政府预算按照复式预算编制"，次年通过的预算法实施条例进一步指明复式预算分为"政府公共预算、国有资产经营预算、社会保障预算"。

1998 年，原国家国有资产管理局并入财政部，财政部的"三定"方案规定，财政部要改进预算制度，逐步建立政府公共预算、国有资本金预算、社会保障预算，此时国有资产经营预算的提法又变成了国有资本金预算。在后来的实际工作中，复式预算制度并没有得到推行，国有资产经营预算或国有资本金预算在某些地区有过尝试，但在全国范围内并没有真正成型。2002 年党的十六大决定对国有资产管理体制进行重大改革，建立中央政府和地方政府分别代表国家履行出资人职责，享受所有者权益，权利、义务和责任相统一，管资产和管人、管事相结合的国有资产管理体制。2003 年 4 月国务院国资委成立时，其"三定"方案就明确规定国务院国资委"对所监管的国有资产进行预算管理，条件成熟时按国家有关预算编制规定，负责所监管企业国有资产经营预算的编制工作"。2003 年秋，党的十六届三中全会明确提出要"建立国有资本经营预算制度"，2004 年和 2005 年国务院的有关文件也多次强调要推进这项工作。2006 年 11 月初，国务院常务会议研究了国有资本管理问题，明确指出要加快建立国有资本经营预算制度，统筹使用好国有资本收益。2007 年 3 月 5 日，温家宝总理在政府工作报告中明确提出，要建立国有资本经营预算制度，规范国家与企业的分配关系。

一些地方在 20 世纪 90 年代已开始尝试国有资产经营预算制度。深圳市国有资产管理办公室从 1996 年开始，按照先易后难、先粗后细、先实验后完善的原则编制国有资产收益预算。深圳市国有资产收益预算的内容主要包括：收入预算、支出预算、企业上缴利润预算、增拨国有资本金预算明细和国有资产经营公司本部管理费用预算明细。其中国有资产收益预算收入包括国有独资企业上缴的利润、有限责任公司和股份有限公司中的国有股分得的股息红利、三大国有资产经营公司转让国有资产或股权所得收入及税后利润收入、财政专项拨款收入、债务收入；国有资产收益预算支出包括增拨国有资本金支出、国有资产监管费用支出、三大国有资产经营公司的费用支出、偿债支出等和其他费用支出。上海市在 1995 年就提出要建立国有资产经营预算，并选择了黄浦、闵行等区级政府试点。这些试点区的国有资产经营预算由区国有资产管理办公室具体编制，收入预算科目有股权收益（包括国有股红利收入和国有股转让收入）、专项融资收入、非转经收入、列收列支和基金以及财政转移支付收入等，支出预算科目包括股权支出（包括股权投资支出和增资扩股支出）、偿债支出、经转非支出、转移支付支出、管理费用支出等。在试点中，由于很多预算收入项目并没有真正实现现金流入，所以实际发生的收支远没有预想的那么多，完整的国有资产经营预算体系并没有真正形成。2002 年国有资产管理体制实行重大改革之后，北京市、上海市等地推出了全新的国有资本经营预算制度。

2007 年 9 月，国务院发布了《关于试行国有资本经营预算的意见》（国发〔2007〕26 号），明确了国有资本经营预算的收支范围和编制、审批与执行的相关内容，并确定中央本级国有资本经营预算从 2008 年开始实施，2008 年收取实施范围内企业 2007 年实现的国有资本收益。2007 年进行国有资本经营预算试点，收取部分企业 2006 年实现的国有资本收益。建立国有资本预算制度，有利于对国有资产实行资本经营，维护国有资产所有者权益，推动国有经济的战略性调整，能够促进国有资产在全社会范围内的充分流动与优化组合，有利于最大限度地提高国有资本的营运效率，以发挥国有经济在我国国民经济发展中的骨干作用，同时也可以将国资委"管人、管事、管资产"的职能真正落到实处，对于深化国有资产管理体制改革具有重要意义。2007 年 10 月，党的十七大报告再次强调："加快建设国有资本经营预算制度"。2007 年 12 月，财政部会同国资委制定发布《中央企业国有资本收益收取管理办法》（以下简称《收益收取办法》），财政部制定发布《中央国有资本经营预算编报试行办法》。《收益收取办法》规定，根据《国务院关于试行国有资本经营预算的意见》，国有资本收益收取的对象为各级人民政府及其所属部门、机构依法履行出资人职责的企业（即一级企业）。国有资本收益主要包括：国有独资企业按规定上缴国家的利润，国有控股、参股企业取得的国有股股利、股息，国有产权、股权转让收入和国有企业清算收入。目前大部分一级企业为国有独资企业，因此，国有资本收益的主要形式是国有企业上缴的税后利润，即国有企业按年度和规定比例将税后利润的一部分上缴国家。

确定企业税后利润上缴比例是一个政策性很强的问题。我国不同行业企业由于受不同条件因素影响，税后利润水平差异很大，既不宜采取"一刀切"的办法，统一确定一个上缴比例，也不宜一对一谈判，一个企业一个比例。因此，《收益收取办法》采取区别不同行业适用不同比例的方式，即将企业划分为三类，第一类是具有资源性特征的行业企业；第二类为一般竞争性行业企业；第三类为国家政策性企业。从既有利于继续支持国有企业的改革和发展，又有利于国家的宏观调控、规范企业收入分配秩序出发，综合考虑企业自身的改革发展需要，国有资本经营预算初期，国有企业税后利润上缴比例的确定，以"适度、从低"为原则。按照这个原则，《收益收取办法》规定，第一类具有资源性特征的企业，如烟草、石油石化、电力、电信、煤炭等，上缴比例为10%；第二类一般竞争性企业，如钢铁、运输、电子、贸易、施工等，上缴比例为5%；第三类军工企业、转制科研院所企业等国家政策性企业，由于企业总体利润水平不高，暂缓3年收取。考虑到2008年企业所得税两法合并，国有企业所得税税率将下调至25%，收取国有资本收益不会对企业的自我积累、自我发展造成影响。需要特别强调的是，按照国务院要求，作为试点，2007年按标准减半征收国资委所监管企业2006年税后利润。

考虑到中央企业国有资本收益的其他项目数额相对不大，采取全额收取的方式，其中：国有股股利、股息，由国有控股、参股企业依据《公司法》，按照股东会或董事会批准的利润分配方案全额上缴；国有产权转让收入、国有企业清算收入及公司制企业清算时国有股权、股份分享的清算收入，按实际取得的收入全额上缴。在应缴利润的基数方面，《收益收取办法》规定，拥有全资或控股子公司的中央企业，应缴利润根据经中国注册会计师审计的年度合并财务报表反映的、归属于母公司所有者的净利润，按规定弥补以前年度亏损和提取法定公积金后为企业应缴利润基数。除此以外，不另外规定扣减项目。

《收益收取办法》规定，国有资本收益的收取方式为：国资委监管企业向国资委、财政部同时申报上缴；国资委提出审核意见后报送财政部复核；财政部按照复核结果向财政部驻申报企业所在地财政监察专员办事处下发收益收取通知，国资委按照财政部复核结果向申报企业下达收益上缴通知；企业依据财政专员办开具的"非税收入一般缴款书"和国资委下达的收益上缴通知办理交库手续。中国烟草总公司上缴国有资本收益，由财政部审核，按财政部审核结果直接办理交库。

专栏 5－2　建立国有资本经营预算制度应当处理好的几个问题

国有资本经营预算制度作为完善社会主义市场经济体制的一项重大制度建设，涉及面广，政策性强。"统筹兼顾、适度集中、相对独立、相互衔接、分级编制、逐步实施"是国务院在国有资本经营预算试行期间要求坚持的主要原则。国有资本经营预算制度建设应当根据实际工作要求，循序渐进，并处理好以下几个问题：

一是建立健全国有资本经营预算配套制度和办法。建立国有资本经营预算还必须进一步健全相关配套制度，以及建立完善的国有资本经营预算管理法律体系，为国有资本经营预算体系提供有效的制度保障。通过相关配套制度和办法的建立和健全，应该达成如下战略目的：①明确资产经营者的财务责任，包括财政部门作为出资人在资产和财务管理方面的责任，以及企业对投入国有资本在资产和财务管理方面的责任；②明确与财务责任相关的考核办法，将奖励与惩罚、激励与约束有机结合起来，建立一套完善的国有资本保值增值考核与评价体系、经营者激励机制和风险责任制度；③建立有效的外部财务监督机制，对投入国有资本的企业派驻财务总监，委托中介机构进行审计、监督和反映企业的经营行为和财务状况；④规范企业筹资和投资行为及方式，包括国有资本的增加和减少、国有股权的设置等；⑤规范企业的成本费用管理，包括工资分配、业务招待费、企业坏账损失、大宗固定资产和流动资产损失、投资损失等项目的监督以及企业捐赠等项目，研究实施规范的管理办法；⑥监督企业资产重组中的产权变动及其财务状况变化，规范企业的资产重组行为，包括国有企业合并分立、对外投资、转让、质押、担保、国有股减持、关闭破产等国有资本的变动管理，注重国有资本的优化配置，建立国有资本的进入退出机制；⑦规范企业的分配政策，包括税后可供分配利润、产权转让收入的收缴、收益分配使用的原则和办法等。

二是加强国有资本经营预算的主管部门与预算单位的沟通协调。作为国有资本经营预算主管部门的各级财政部门、作为国有资本经营预算单位的各级国有资产监管机构以及其他有国有企业监管职能的部门和单位、作为国有资本收益上缴主体的国有企业应当认真履行各自的职责，在工作中加强沟通，互相配合，认真总结工作经验，保证国有资本经营预算的顺利实施，积极促进国资本经营预算制度的建立和完善。

三是合理确定收入。依法取得国有资本收益，是国家作为国有资本投资者应当享有的权利，也是建立国有资本经营预算的基础。要采取区别不同行业适用不同比例的方式，既有利于继续支持国有企业改革和发展，又有利于国家宏观调控，规范企业收入分配秩序。国有资本经营预算试行初期，国有企业税后利润上缴比例的确定，宜以"适度、从低"为原则。

四是科学安排支出。国有资本经营预算支出，要依据国家宏观经济政策，以及不同时期国有企业改革和发展的任务，统筹安排，努力提高预算安排的科学性，正确处理好改革、发展、稳定的关系，既要坚持公平，也要提高效率。

五是正确处理国有资本经营预算与公共预算的衔接问题。如前所说，国有资本经营预算与公共预算（一般预算）都是政府复式预算的组成部分，因此，既要保持国有资本经营预算的完整性和相对独立性，又要保持与公共预算的相互衔接。在实践中，把国有资本经营预算纳入政府预算体系后，要求在政府预算这一平台上完成公共财政预算和国有资本经营预算的对接。在政府预算平台上意味着国有资本经营预算要和公共财政预算一样，遵循我国现行的政府预算编制、审批、执行及监督等相关程序，特别是要严格遵守人民代表大会制度框架内的法律规范；要尽可能保证预算编制、审批、执行及监督等主导部门的一致性。两个预算的衔接，首先是资金管理上的衔接，即国有资本经营预算应当支持并服从于公共财政职能的履行。国有资本经营预算收入的一部分可以用于弥补公共财政预算缺口，或者根据国家一定时期的社会经济发展情况和改革进展要求，为满足公共预算所承担的社会保障等方面的支出需要，可以对部分资金进行转移，从而共同实现国家的方针政策和改革目标。当然，这种资金流动并非绝对是单项的。在预算科目整合后，公共财政预算的部分支出也可以用于支持国有企业发展的资金，安排到国有资本经营预算中。其次是预算科目上的对接。就收支科目而言，国有资本经营预算要在政府收支科目要求下建立起自己的收支科目体系。在此基础上，要进一步对公共财政预算中的相同科目进行调整和修订，使两个预算的收支科目互不重复或各有侧重，实现政府资金的统筹安排和技术管理上的统一。

虽然国有资本经营预算制度建设尚处于试行阶段，许多工作中的矛盾和问题还需要在实践中逐步探索和解决，但是构建国有资本经营预算管理制度是国有资本经营预算管理的必然趋势，是工作的重点之一。我们要从配套制度的制定入手，加强制度创新，依法规范国有资本经营预算涉及的各方面的权利义务，逐步建立起完善的国有资本经营预算制度体系，保障国有资本经营预算的顺利实施，促进财政体制的改革与发展，为国民经济又好又快发展服务。

——资料来源：朱志刚著：《财政政策与宏观经济若干问题的思考》，中国财政经济出版社 2008 年 5 月版。

第二节　国有资源管理的逐步规范

在我国，自然资源是国有资产的重要组成部分，但是自然资源同经营性国有资产和非经营性国有资产相比又有很大的区别。这种区别主要在于自然资源未经人为劳动开发与加工，不是人类劳动的最终产物，而以其自然形态存在，表现为自然界自身运动的结果，而传统管理正是以此为理论支柱对自然资源实施管理的。随着改革开放后经济社会的急剧发展，传统管理方式越来越不适应和满足需要，对旧的自然资源管理方式的创新已成为时代的要求，中国开始了自然资源管理体制的改革进程。

一、我国资源利用战略模式的转变

在我国经济和社会发展进程中，自然资源的开发、利用及管理始终是一个重大的战略问题。自然资源对经济社会发展有重要支撑作用，同时，亦具有重要的约束作用，其承载能力会制约经济社会发展的速度、结构和方式。在现阶段，水、能源、耕地等资源的短缺，已经成为制约中国经济社会发展的瓶颈，资源约束正代替资本约束逐步上升为经济社会发展中的基本约束。因此，必须实现自然资源开发利用和管理从粗放型到集约型的战略转变。

迄今为止，中国初步建成了一套门类比较齐全完整、立足本国并以全球化视角为主、开放式的自然资源供需体系。该体系立足国际国内两种资源，面向国际国内两个市场，出口部分资源及其产品换取外汇，为国家经济建设提供外汇资金积累，并进口部分急需资源及其产品，支持中国经济发展。我国自然资源战略模式的转变经历了以下三个阶段：

1. 中华人民共和国成立初期到 20 世纪 80 年代。在这个阶段，由于历史原因和受到国外经济封锁的现实原因，中国发展中强调自力更生，避免受到别国控制，加之受传统形成的"地大物博"资源观的影响，国民经济在很长一段时间内主要采取了封闭型的发展模式。在此时期，对外贸易发展缓慢，20 世纪 70 年代后进口产品以成套技术装备为主，资源型产品较少。因此，这一阶段的资源战略带有闭关锁国的色彩，并带有资源开发利用高耗、低效的特点。

2. 20 世纪 80 年代实行改革开放开始至 90 年代末。随着改革开放的深入，中国经济发展模式发生转变，资源战略模式也发生相应的转变。在经济发展目标上，从速度型向效益型转变，由过去单纯追求产量、产值增长，不顾资源（包括能源、原材料）的高消耗，转向努力降低消耗，提高效益。在发展路径上，从过去的不协调发展转向有重点的、相对平衡的发展，资源利用由过去仅注重与重工业直接相关的某些资源转变为全面综合利用土地、水、矿产和生物等资源，使农、轻、重和基础设施建设全面发展，资源利用效率全面提高。在发展方式上，从过去以外延为主，加大资源开发强度，粗放型扩大再生产，转向以内涵为主，通过集约型扩大再生产，提高工艺技术水平，不断提高资源加工深度和广度，充分合理利用资源。同时，积极利用国外资源，在继续进口国外先进技术装备的同时，扩大资源性产品的国际贸易，一方面积极引进国外资金和技术，鼓励外商投资开发中国的优势资源，另一方面，积极进口国外资源型产品，向国外投资开发中国短缺资源。这一资源战略可称为低耗、高效、开放式资源战略。

3. 提出和贯彻落实科学发展观阶段。从党中央提出"科学发展观"起，我国的资源战略从可持续发展的特点和内涵出发，以资源承载力和经济安全预测为基础，在经济全球化及国际竞争趋势下，结合中国自身资源禀赋特点，建立和发展资源综合开发利用机制，注重统筹协调，以满足构建和谐社会的需要。这个时期中国资源战略主要是通过优化和整合国内区域之间的资源配置，以促进资源与区域经济之间的平衡发展；通过合理开发和利用现有潜在资源，以解决资源过度消耗和低效使用的难题；通过提高利用国际资源的能力，保证中国资源安全和短缺资源的国际供应；依靠科技进步缓解资源紧张局面；通过最大限度地提高资源的利用率，切实克服严重浪费资源现象，大幅度提高资源的利用效率；加强对资源的管理、保护与高效利用，努力摆脱资源困境。这一时期的资源战略可称为全球化、均衡化、开放式资源战略。

二、我国国有资源管理体制改革的主要历程

1. 从 1978 年到 1992 年，初步确立资源管理体系

1978 年到 1992 年是中国资源管理体系改革的起步阶段：在此期间，建立了保护和开发利用资源的法律法规体系，资源保护明确写入《宪法》，一些资源法规相继诞生；资源从绝对公有、无偿授予到有偿转让；资源管理从原来的计划体制逐步转向市场体制：资源开采从无偿到有偿，第一代资源税产生。

（1）初步确立资源法律体系

1978 年和 1982 年中国分别颁布了第三部和第四部《中华人民共和国宪法》，确立了资源保护和合理使用的法律地位。增加了一些合理开发利用自然资源的条款。如 1982 年《宪法》规定："国家保障自然资源的合理利用，保护珍贵的动物和植物……"，"一切使用土地的组织和个人必须合理地利用土地……"等。1979 年 9 月通过的《中华人民共和国环境保护法》是中国第一部环境保护方面的法律，该法也规定了很多保护和合理利用资源的相关内容，如"……保护、发展和合理利用水生生物……"，"开发矿藏资源，必须实行综合勘探、综合评价、综合利用，严禁乱挖乱采"，"……保护和发展森林资源，进行合理采伐……"，"保护、发展和合理利用野生动物、野生植物资源……"等，这些法律的颁布走出了资源管理法制化的第一步，为后来中国全方位的资源立法提供了依据：1982 年制定了《海洋环境保护法》和《文物保护法》，1984 年制

定了《中华人民共和国森林法》，1985 年制定了《草原法》，1986 年制定了《土地管理法》（1988 年修正）、《矿产资源法》和《渔业法》，1988 年制定了《野生动物保护法》和《水法》，1991 年制定了《水土保持法》，这些资源法律的制定初步确立了资源管理的法律体系，使资源管理工作由原来的纯粹的行政计划走上了法制化的道路。此外，国家一些重要的民事、行政和诉讼等基本法律与企业法律中，也规定了环境保护的内容。例如，在《中华人民共和国刑法》中专门设立了一节"破坏环境资源保护罪"，确立了由于污染造成的环境事故或破坏自然资源所要承担的刑事责任。

（2）资源产权改革萌芽——从"产权法制化"到"转让使用权"

中国矿藏、森林、土地、水流等自然资源都属于国家所有，改革开放前对资源产业的管理是纯粹的计划经济体制，由国家通过行政命令的手段进行管理，资源无偿使用。当时中国对自然资源的界定以及占有、使用、分配等规定不明确，资源产权制度并没有确立，如中国第一部宪法（1954 年）第一章第六条仅笼统地规定"矿藏、水流，由法律规定为国有的森林、荒地和其他资源，都属于全民所有"，现实生活中却出现了对全民所有的自然资源的无序、无节制开发以及破坏和浪费现象严重的问题。改革开放后，中国开始着手资源管理规范工作，逐步创设了自然资源产权制度，资源管理从原来的行政管理转化为法律规范，土地、矿产、草原、森林等自然资源开始逐步放开计划管理，管理体制走向市场化，允许依法"转让使用权"。

1982 年《宪法》第一章第 9 条和第 10 条规定"矿藏、水流、森林、山岭、草原、荒地、滩涂等自然资源，都属于国家所有，即全民所有；由法律规定属于集体所有的森林和山岭、草原、荒地、滩涂除外"，"农村和城市郊区的土地，除由法律规定属于国家所有的以外，属于集体所有；宅基地和自留地、自留山，也属于集体所有"。1986 年《民法通则》第80 条和 81 条规定了土地、森林、矿山等自然资源的公有制形式，这些全民所有和集体所有的资源受国家法律保护，不得非法转卖，另外在《森林法》（1984）、《草原法》（1985）、《渔业法》（1986）、《矿产资源法》

（1986）、《土地管理法》（1986）、《野生动物保护法》（1987）和《水法》（1988）以及大量行政法规、地方法规和行政规章中，都对自然资源的产权做出了相关的规定。这些法律、法规和规章，正式安排了中国自然资源产权制度，表明在中国已形成了自然资源管理的法律体系，以及各种资源产权制度。中国的自然资源管理开始进入"产权法制化"阶段。

伴随产权法制化和市场经济发展，为提高资源开发利用效率，克服政府计划经济和行政管理的弊端，在资源体制改革中逐步放开对资源的管理，实现资源市场化——这主要表现在自然资源产权交易市场的发展。1981年颁布的《中华人民共和国对外合作开采海洋石油资源条例》明确规定："允许外国企业参与合作开采中华人民共和国海洋石油资源"。允许"通过组织招标，采取签订石油合同方式，同外国企业合作开采石油资源"，这可以看做是资源开发权依法转让的萌芽。1988年，中国《宪法》第10条第4款修改为"任何组织或者个人不得侵占、买卖或以其他形式非法转让土地。上地的使用权可以有偿转让"。宪法的这次修改对中国自然资源法律制度的变迁具有极为重要的影响，它标志着中国自然资源产权交易开始起步，也意味着产权市场开始发育。之后，《土地管理法》随之做了修正：《土地管理法》（1988）第2条和第7条确立了土地有偿使用制度，明确规定了土地使用权出让、转让、出租、抵押制度，并划出了土地使用权交易与划拨的界限。这一新的法律制度安排使土地开发利用权成为最早进入交易的自然资源产权。自此，中国自然资源产权市场逐步形成并发展起来，自然资源开始允许在法律许可的范围内"转让使用权"：这一改革是中国资源管理体制的一大进步，为资源市场化奠定了基础。

（3）资源税费改革——第一代资源税：从"无偿开发"到部分"有偿开发"

改革开放前，资源完全"公有"，不允许转让，对资源的使用由国家计划安排，采取"无偿授予"、"无偿开采"的方式。改革开放后，在逐步走向市场经济的过程中，政府认识到资源是稀缺的，对经济发展起着至关重要的作用，资源体制也需要走向市场化、法制化、规范化。1980 年五届人大三次会议上中国首次提出开征资源税问题；1982 年 1 月，国务院发布的《中华人民共和国对外合作开采海洋石油资源条例》规定，"参与合作开采海洋石油资源的中国企业、外国企业，都应当依法纳税，缴纳矿区使用费"，这可以看做是有偿开采的萌芽；1984 年 9 月 18 日国务院正式发布了《中华人民共和国资源税条例（草案）》，标志着资源税在我国的正式确立。此后，我国开始对自然资源征税，当时征收范围较小，实际上仅对原油、天然气、煤炭和铁矿石征收，至于对盐征税，不包括在资源税范围内。虽然该《条例》的思路主要是为了调节级差收益，把起征点定为销售利润率的 12%，也就是说没有获得 12% 以上的销售利润的企业，国有矿产资源仍可以无偿开采。但 1984 年资源税制度的建立，在客观上维护了国家对于矿产资源的部分权益，推动了改革的前进。1986 年 3 月 19 日，六届全国人大常委会第十五次会议通过并公布了《中华人民共和国矿产资源法》，进一步明确规定，"国家对矿产资源实行有偿开采。开采矿产资源，必须按照国家有关规定缴纳资源税和资源补偿费"。"税费并存"的制度从此以法律的形式确立了下来。这一制度的确立，尽管是对西方国家经验的简单移植，确立的调节级差收益的思路不能从根本上消除"无偿开发"，只是部分的"有偿开发"，但这毕竟是中国资源体制的一项重大改革和进步，对我国矿产资源保护和生态环境建设具有良好的促进作用。

2. 建立可持续发展的资源管理体系

1992 年联合国召开环境与发展大会后，可持续发展成为全世界普遍认同的一个经济社会发展的基本方略和指导思想，中国也开始组织编制《中国的 21 世纪议程》。1994 年 3 月 25 日，国务院通过了《中国 21 世纪议程——中国 21 世纪人口环境与发展白皮书》；1995 年党的十四届五中全会把可持续发展纳入"九五"和到 2010 年中长期国民经济和社会发展计划；1996 年通过的《国民经济和社会发展"九五"计划和 2010 年远景目标纲要》明确提出实施可持续发展战略；党的十五大、十六大也将可持续发展列为重大战略决策，在可持续发展战略思想指导下，中国资源管理体制迈入可持续发展阶段，可持续发展思想成为指导资源管理的核心思想。为改善资源管理体制，党中央从1999年到2003年共召开了五次中央人口资源环境工作座谈会，其间，资源管理法律体系更趋完善，资源产权改革也从"转让使用权"阶段发展到"可交易"阶段，第二代完全的"有偿开发"资源税制产生，资源配置与管理进一步走向市场化。

（1）可持续发展与中央人口资源环境座谈会

1992年以后，传统的"高投入、高消耗、高污染"的发展模式被认为已经走到尽头，取而代之的是可持续发展的战略思想：中国是一个人口众多、资源相对短缺、经济基础和技术能力相对薄弱的发展中国家，在工业化和城市化双重压力下如何解决人口、资源与环境问题对中国是一个巨大的挑战。在可持续发展思想指导下，为解决人口、资源与环境的矛盾，于1999年将原来每年3月份的中央计划生育环境保护工作座谈会改为中央人口资源环境工作座谈会，以期指导中国协调人口、资源、环境与经济发展的矛盾。尤其是2002年以后，座谈会把如何实现经济社会的可持续发展，协调人口、资源与环境的发展作为重要议题。在2002年3月10日中央人口资源环境工作座谈会上，江泽民强调："为了实现我国经济和社会的持续发展，为了中华民族的子孙后代始终拥有生存和发展的良好条件，我们一定要按照可持续发展的要求，正确处理经济发展同人口、资源、环境的关系，促进人和自然的协调与和谐，努力开创生产发展、生活富裕、生态良好的文明发展道路。实现可持续发展，核心的问题是实现经济社会和人口、资源、环境的协调发展。发展不仅要看经济增长指标，还要看人文指标、资源指标、环境指标"。胡锦涛总书记在2003年中央人口资源环境工作座谈会上指出："建立健全适应可持续发展要求的资源调查评价体系、法律体系、规划体系、科技创新体系和行政管理体系，全面提高资源保护和合理利用水平"，"十六大把实施可持续发展战略，实现经济发展和人口、资源、环境相协调写入了党领导人民建设中国特色社会主义必须坚持的基本经验，强调实现全面建设小康社会的宏伟目标，必须使可持续发展能力不断增强，生态环境得到改善，资源利用效率显著提高，促进人与自然的和谐，推动整个社会走上生产发展、生活富裕、生态良好的文明发展道路"。

（2）完善资源法律体系

实施资源可持续发展战略，需进一步完备法律支持。从 1992 年到 2004 年，中国制定、颁布或修改了多项资源法律，使资源法律体系趋于完善。具体来讲，1993 年制定了《农业法》；1996 年制定了《煤炭法》，修订了《矿产资源法》；1997 年制定了《防洪法》、《节约能源法》；1998 年修订了《土地管理法》、《森林法》；1999 年制定了《气象法》、《水污染防治法》；2000 年制定了《种子法》，修订了《渔业法》；2001 年制定了《防沙治沙法》、《海域使用管理法》；2002 年制定了《农村土地承包法》，修订了《草原法》、《水法》、《农业法》、《文物保护法》；2004 年制定了《公路法》，修订了《种子法》、《野生动物保护法》，再次修正了《土地管理法》等。这些资源法律的颁布和改进完善，从法律上明确规定了资源的占有、使用和开发利用方式，推动了自然资源管理体制的市场化改革。如 1998 年修改的《森林法》规定，"森林，林木、林地使用权可以依法转让"，"进行勘查、开采矿藏和各项建设工程应当不占或者少占林地……"，"国务院林业主管部门和省、自治区、直辖市人民政府，应当……划定自然保护区，加强保护管理"，"国家根据用材林的消耗量低于生长量的原则，严格控制森林年采伐量"等，这些修改从法律上规定了森林资源如何开发和利用。其他诸如《土地管理法》、《渔业法》、《矿产资源法》、《煤炭法》、《野生动物保护法》等，也都为促进中国资源管理体制市场化改革做出了规定和修改，主要包括资源产权和交易、开发方式，资源保护，资源"依法交易"和"有偿开发"等规定，都是为推动资源市场化，提高资源利用效率，保护资源环境和达到资源环境的可持续发展服务的。

（3）深化资源产权改革——从"转让使用权"到"可交易"

20 世纪 80 年代资源产权改革从"转让使用权"拉开帷幕，自海洋石油允许国外开发开始，中国政府逐步放开资源管制，致力于资源市场化改革。在可持续发展思想指导下，中国资源产权改革从"转让使用权"阶段发展到产权"可交易"阶段，到 20 世纪 90 年代中期，国家允许对矿山、土地等自然资源在一定条件下通过拍卖、出售等方式交易使用权，至此，资源产权市场初步形成并发展起来。20 世纪 90 年代初，中国政府在财税体制改革中加强了对矿产等资源的征税力度，在一定程度上规范了自然资源的开发，提高了资源利用效率：1996 年 8 月 29 日，第八届全国人民代表大会常务委员会第二十一次会议对 1986 年的《中华人民共和国矿产资源法》做出修正，确认了矿产资源的采矿权和探矿权在法律规定的范围内"有偿取得"和"依法转让"的制度，并且规定了国家鼓励扶植集体矿山企业和个体工商户开采国家指定范围内的矿产资源。1996 年《中华人民共和国矿产资源法》的修正标志着中国自然资源产权进入了"可交易"阶段，是资源管理体制改革的一大进步。1998 年 2 月，国务院出台了《矿产资源勘查区块登记管理办法》、《矿产资源开采登记管理办法》和《探矿权采矿权转让管理办法》三个行政法规，这对贯彻实施矿产资源法，实行探矿权、采矿权有偿取得和依法转让法律制度做出了进一步的规范，也在法律上确认和规范了产权交易市场，对建立适应社会主义市场经济体制下的矿业权管理制度具有重要意义。

除矿产资源外，中国相继修改《森林法》、《土地管理法》等相关法律法规，对这些资源产权的"可交易"也做了相关规定，并且相继出台相关法规以规范这些资源产权交易办法：1999 年 3 月，为加强对探矿权、采矿权评估的管理，国土资源部颁布《探矿权采矿权评估管理暂行办法》。至此，中国自然资源产权交易市场初步形成，对自然资源的管理走向市场化。为了规范资源管理，国务院 1998 年机构改革中，对所属各行政主管部门、特别是环境与资源保护行政主管部门进行了调整和改革，除了将原林业部调整为国家林业局外，还成立了新的"国土资源部"，以统一对国家国土资源的管理。

（4）资源税费改革——第二代资源税从部分"有偿开发"到完全

"有偿开发"

在资源可持续利用思想指导下，中国更加注重资源的保护和有效利用，认识到原有资源的"有偿开采"的具体形式不够完备，调节级差收益的思路使征税不够彻底，还存在着大量"无偿开采"的现象，税费征收力度不够，尚不能有效起到控制资源盲目开采、提高开发利用率的目的，而且资源税的征收范围太窄，财税管理制度不够健全，征税执行力度不够，所有这些情况都有悖于资源可持续利用的原则，不利于经济可持续发展。为此，在1994年的财税体制配套改革中，对1984年的第一代资源税进行了重大修改，形成了第二代资源税制度。1993年12月，国务院发布了《中华人民共和国资源税暂行条例》及《中华人民共和国资源税暂行条例实施细则》，把盐税放到资源税中，并且扩大了资源税征收范围，包括原油、天然气、煤炭、其他非金属原矿及盐等7种，其核心是不再按超额利润征税，而是按矿产品销售量征税，并且为每一课税矿区规定了适用税率，几乎是一矿一税率。自1994年4月1日起实施的《矿产资源补偿费征收管理规定》具体落实了《矿产资源法》中有偿开采的原则，并在《附录》中列出了我国当时已发现的全部173种矿产及其费率。由于要考虑矿山企业的承受能力，我国的资源补偿费率比许多国家的权利金征收率要低得多，但这毕竟是划时代的进步，无偿开采到此结束，覆盖全部矿种的有偿开采制度从此奠定了基础。

第二代资源税对所有资源企业征收资源税，包括没有获得超额利润，低于平均利润甚至亏损的企业，这样就与资源税"调节级差收益"的初衷存在着一定的矛盾，但可认为是在"级差地租"层面之外加上了"绝对地租"，使第二代资源税彻底改变了"无偿开发"现象，对资源的保护和持续利用起到了关键性的作用。1996年8月29日，八届全国人大常委会第二十一次会议对《矿产资源法》进行修改，确立了探矿权和采矿权的"有偿取得"和"有限范围内转让"的制度，使中国矿产资源财产权制度又向前迈进了一大步，除矿产资源外，还根据《土地管理法》、《水法》、《电力法》、《森林法》、《野生动物保护法》、《渔业法》等相关法律，制定了一系列相关的税费制度，使中国各类自然资源达到完全"有偿开发"，更符合资源开发利用的可持续原则。

3. 建立科学发展观指导的资源管理体系

2004 年以后，科学发展观和建立资源节约型社会成为指导中国资源管理工作的核心思想，和谐社会、清洁生产、循环经济等理念逐步深入人心，中国资源管理体制走向科学化。党的十六大提出了"树立和落实科学发展观，构建社会主义和谐社会"的重大战略思想，党的十六届三中全会更明确地提出了"坚持以人为本，树立全面协调可持续的发展观"，党的十六届五中全会提出"建设资源节约型与环境友好型社会"的目标，并将节约资源作为基本国策。可以说，2004 年以后，资源管理进入了"科学发展"阶段，在这一阶段，科学发展观和资源节约型社会深入人心，新的税费改革也逐步展开：

（1）科学发展观与资源节约型社会

2003 年，科学发展观的理念提出并发展成为日渐成熟的理论体系。几年间，在全国范围内形成了对科学发展观的理论研究与学习、讨论的热潮，科学发展观的应用范围也逐步渗透到经济、政治、社会生活的方方面面。在百度中输入"科学发展观"一词，可以找到 1530 万个以上的相关网页。2003 年 4 月 15 日，胡锦涛总书记在广东考察时说，要坚持全面的发展观。7 月 28 日，胡锦涛总书记在全国防治非典工作会议上指出，要更好地坚持协调发展、全面发展、可持续发展的发展观。10 月中旬，党的十六届三中全会明确提出了"坚持以人为本，树立全面、协调、可持续的发展观，促进经济社会和人的全面发展"，强调"统筹城乡发展、统筹区域发展、统筹经济社会发展、统筹人与自然和谐发展、统筹国内发展和对外开放"。

从 2004 年开始，科学发展观开始应用到资源管理领域，2004 年 3 月 10 日，胡锦涛总书记在中央人口资源环境工作座谈会上指出，要"坚持用科学发展观来指导人口资源环境工作，实现经济发展和人口、资源、环境协调发展，要强化管理、完善市场机制，发挥政策杠杆的作用，完善法律规范"。温家宝总理在会议上指出："必须强化中国人口多、人均资源少和环境保护压力大的国情意识，强化经济效益、社会效益和环境效益相统一的效益意识，强化节约资源、保护生态和资源循环利用的可持续发展意识，进一步增强做好人口资源环境工作的责任感和紧迫感"。

在 2005 年 3 月 12 日中央人口资源环境工作座谈会上，胡锦涛总书记指出："环境保护工作要大力推进发展循环经济，加快推行清洁生产，努力建立资源节约型、环境友好型社会"，他强调，全面落实科学发展观，进一步调整经济结构和转变经济增长方式，是缓解人口资源环境压力，实现经济社会全面协调可持续发展的根本途径。要加快调整不合理的经济结构，彻底转变粗放型的经济增长方式，使经济增长建立在提高人口素质、高效利用资源、减少环境污染、注重质量效益的基础上，努力建设资源节约型、环境友好型社会。温家宝总理在座谈会上指出："要坚持以科学发展观统领经济社会发展全局，把做好人口资源环境工作与搞好宏观调控结合起来，与深化改革结合起来，加快调整经济结构和转变经济增长方式，稳定低生育水平，加强资源开发管理和综合利用，加大环境保护和生态建设力度，促进经济社会全面协调可持续发展，建设和谐社会"。原国家环保总局局长解振华强调，"必须全面落实科学发展观和正确政绩观，坚持环境保护基本国策，大力推动发展循环经济，积极倡导生态文明，构建资源节约型和环境友好型社会，并且要继续严肃查处环境违法行为"。为在资源管理领域贯彻落实科学发展观与建设资源节约型社会，中国政府在《国民经济和社会发展第十一个五年规划纲要》中也做了长远的规划和布局：提出"把节约资源作为基本国策，发展循环经济，保护生态环境，加快建设资源节约型、环境友好型社会，促进经济发展与人口、资源，环境相协调"；指出未来五年经济社会的发展目标为提高资源利用效率和可持续发展能力，同时在如何保护资源环境，提高资源利用效率，强化资源管理等方面做了部署。

（2）新的资源税费改革

中国原有的资源税费还存在着税基小、税率低、征税管理不规范和税费不平衡等问题，自 2004 年科学发展观和建设资源节约型社会提出以后，为提高资源利用效率，减少资源浪费，不断改进资源财税政策，以期用财税杠杆协调资源分配和使用。"十一五"规划提出"建设资源节约型，环境友好型社会"的目标以后，资源税费改革的呼声越来越高，温家宝总理在 2006 年"两会"上做政府工作报告时指出，"要综合运用各种手段，特别是价格、税收等经济手段，促进节约使用和合理利用资源"。以财政部和税务总局为主的政府相关部门对资源税费政策和改革抓紧研究具体方案，陆续出台了具体措施。

从 2004 年开始，财政部和国家税务总局联合下发一系列通知，对相关矿产资源和盐的资源税进行调整。2004 年 7 月，国家税务总局首次宣布将陕西部分地区煤炭资源税上调至每吨 2.3 元，随后又宣布将兖州煤业股份有限公司的煤炭资源税自 2004 年 1 月 1 日起从每吨 1.2 元上调到 2.4 元，拉开了资源税率上调的序幕，结束了中国煤炭资源税额 20 年不变的历史。2004 年 12 月，财政部和国家税务总局发出通知，规定从 2004 年 7 月 1 日起，调高山西、青海和内蒙古煤炭资源税税额。此后，自 2005 年 5 月 1 日，财政部和国家税务总局提高了河南、安徽、宁夏、福建、山东、云南、贵州和重庆的煤炭资源税税额标准。2005 年 8 月，财政部、国家税务总局联合发布了《关于调整原油天然气资源税税额标准的通知》，规定从 2005 年 7 月 1 日起，在全国范围内调整油田企业原油和天然气资源税税额标准。

自 2006 年以来，财政部和国家税务总局发布多项调高煤炭资源税的通知：自 2006 年 1 月 1 日起，对湖北、广东、湖南和内蒙古四省区的煤炭资源税、冶金矿山铁矿石资源税、有色金属矿资源税等做出调整；4 月，调高陕西、江苏、江西和黑龙江四省煤炭资源税税率；8 月，调高甘肃的煤炭资源税税率；9 月，调高辽宁省煤炭资源税税率。2006 年 11 月，国务院公布了《关于深化煤炭资源有偿使用制度改革试点实施方案》，提出建立与资源利用水平挂钩的浮动费率制度，并根据不同采区回采率实行不同的费率，实行累进费率，而且选择了山西、内蒙古、黑龙江、安徽、山东等省参加试点工作。目前，中国资源税费改革仍在如火如荼地进行，未来几年内，中国资源税费改革将会取得更多的进展。

在资源产权改革方面，自"十一五"以后也迈出了较大步伐。"十一五"期间，中国政府将全面推行矿产资源有偿使用制度，规定新设置的资源开采权都要通过市场方式有偿取得。北京规定新设采矿权将实行招标拍卖等方式选定"矿主"，这将率先在全国结束矿山开采权免费时代。2005 年 8 月，《国务院关于全面整顿和规范矿产资源开发秩序的通知》颁布，对矿产资源的开发利用做出了严格的规范和整顿。为了进一步规范矿业权出让管理，2006 年 1 月，国土资源部发布了《关于进一步规范矿业权出让管理的通知》，补充了《矿产勘查开采分类目录》，分类出让探矿权、采矿权，并对原来的矿权出让方式做了补充修改，如将原来的"主管部门不得以招标拍卖挂牌的方式授予"的规定，明确改为"经批准允许以协议方式出让"。这也是中国资源产权改革的一个进步。

4. 国有资源管理体制演变的总体特征

我国国有资源管理体制演进体现了以下几个特征：

（1）尽管政府机构改革历经"精简—膨胀—再精简"的循环，但自然资源管理机构的规模总体上仍呈下降趋势（新中国成立初期除外），从社会主义改造完成后 1956 年的 15 个，逐步下降为最近两次改革的 5 个，资源管理机构占整个国务院机构数量的比例总体上也呈下降趋势，这在一定程度上说明，自然资源管理在向相对集中统一的方向演进。

（2）资源管理体制服从于同期的经济体制，也与当时的经济发展阶段密切相关。新中国成立初期，自然资源管理并不是国家稳定和发展方面的主要矛盾，也就没有成立专门的自然资源管理机构。随着大规模经济建设活动的开展，对自然资源开发利用的强度加大，自然资源的管理问题也逐渐被重视起来，相应的管理机构便应运而生。改革开放后，需要结合市场经济和政府转型的客观要求，构建新的管理架构。

（3）政府的职能定位问题作为一条红线，贯穿于自然资源管理体制演进的整个过程，资源管理与产业管理的界限始终是历次资源管理机构改革的焦点。究竟是要实现从资源到产业的纵向管理，还是实现在横向上集中所有资源的管理而放弃对产业的管理，还未形成一致的意见。这个问题表现在实践中，就是对于资源管理而言，既有称资源部门的，也有称产业部门的，也有资源产业并举的。由于定位不同，资源管理的效果也不尽相同。

（4）自然资源管理体制的调整过程也是部门利益的调整过程。正因为如此，每次资源管理体制改革，都因平衡各方利益关系而带有"过渡"的性质。即使是实行社会主义市场经济后的 1998 年的有关改革，虽然实现了资源的相对统一管理，但仍被公认为过渡方案。

第三节　行政事业单位国有资产管理的逐步加强

一、行政事业单位国有资产管理制度的变革

改革开放以来，随着我国经济发展，行政事业单位国有资产的数量和规模不断上升，质量不断改善。相对来说，在国有资产管理中，我国对行政事业单位国有资产的管理一向较为薄弱，也长期没有设立专门的资产管理机构。随着改革的深化，行政事业单位国有资产管理改革逐步成为资产管理改革的一大重点。近年来，随着各项改革的顺利进展，行政事业单位国有资产管理也得到进一步加强。

专栏 5-3　我国事业单位国有资产管理体制的历史沿革

　　　　　我国事业单位国有资产管理体制基本上是在国民经济实行高度集中的计划经济管理体制下形成的，并伴随经营性国有资产管理体制的演变而进行调整和改革，大致可以分为以下几个阶段：

　　　1. 建立国家所有分级管理的事业单位国有资产管理体制

（1949—1957 年）。新中国成立后至 1957 年，我国经过第一个五年计划，基本上形成了全国集中统一的事业单位国有资产管理体系，这个体系的特点是国家所有，分级管理和统一计划调拨。

（1）国家所有。1949 年 10 月中央人民政府委员会第一次会议宣布：凡属国有的资源、企业和行政事业单位的财产均为全体人民的公共财产。

（2）分级管理。1949 年政务院做出规定：国家所有的行政事业单位实行三级管理，中央各部直接管理、暂由地方政府代管和划归地方政府管理。

（3）统一计划调拨。在这方面的主要措施有：一是国有固定资产投资计划实行统一领导、统一管理；行政事业单位资金统收统支、无偿使用。二是对行政事业单位所需主要物资实行统一调拨、统一分配。三是中央政府直接管理的国有事业单位增加，1954 年大行政区撤销后，其所直接管理的事业单位陆续归中央和各主管部门直接领导、管理。

2. 计划经济体制下事业单位国有资产管理体制的调整（1958—1978 年）。从 1958 年我国事业单位国有资产管理体制建立后直到 1978 年的 20 年间，伴随着企事业单位管理体制的变化，事业单位国有资产管理体制经历了管理权限"下放——上收——再次下放"的几次调整，但没有发生根本性的变化。

（1）下放事业单位国有资产管理权限。1958 年 6 月，中共中央为了实现党的八大二次会议提出的"大跃进"目标，加快社会主义建设速度，做出《中共中央关于企业、事业单位和技术力量下放的决定》，大幅度下放中央部属企业、事业单位和相应的国有资产计划管理权力给地方。这是对当时事业单位国有资产管理体制的一次大的调整，到 1958 年，中央各部属企事业单位由 1957 年的 9300 多个减少到 1200 多个，下放了88%。

（2）上收事业单位国有资产管理权限。20世纪60年代初，针对"大跃进"中管理权限下放后所造成的混乱局面，国家实行了"调整、巩固、充实、提高"八字方针，重新加强对国民经济的集中统一领导，同时上收行政事业单位国有资产管理权限。1961年2月中共中央做出《关于调整管理体制的若干暂行规定》，将经济管理的大权重新集中到中央和中央局、各省（自治区、直辖市）三级，对国有资产再次实施集中统一的计划管理，其中对行政事业单位国有资产管理权限的上收主要体现在规定各项事业工作都必须执行全国一盘棋的方针，不能层层加码，都必须集中力量完成和超额完成国家计划。并上收了行政事业单位国有资产投资管理权和一部分物资管理权。

（3）再次下放事业单位国有资产管理权限。1970年，由于人民群众厌恶"文化大革命"带来的全国动乱，人心思稳，中央开始着手对经济体制进行一系列的改革，其中对行政事业单位国有资产管理体制改革的主要内容有大面积下放事业单位、实行财政收支大包干和物资分配大包干等。此外，将下放事业单位的物资分配和供应工作移交地方管理。

3. 国家向事业单位分权（1979—1987年）。为提高行政事业单位资金使用效率，1979年财政部颁布《关于文教科学卫生事业单位、行政机关"预算包干"试行办法》，规定：第一，凡是在预算管理上实行全额管理的单位，由国家核定预算，年终结余收回的办法，改为"预算包干，结余留用"的办法。第二，在预算上实行差额管理的单位可实行"定收入、定支出、定补助，结余留用"的办法。第三，各部门和单位的预算由各级财政和上级主管部门予以核定。这样，事业单位事实上对国有资产享有了占有使用和收益权，为规范国有资产收益，国家在此期间出台了一系列的政策，如专户存储、收支两条线等。

4. 设立国有资产专门管理机构，形成全国行政事业单位国有资产纵向管理体系（1988—1998 年）。1988 年 9 月，国务院正式组建国家国有资产管理局，归口财政部管理，其中专设行政事业资源司，统一归口行使行政事业单位国有资产所有权管理职能。国家国有资产管理局作为行政事业单位国有资产的代表者，行使国家赋予的国有资产所有者的代表权、国有资产监督管理权、国家投资的收益权、资产处置权。相应地，地方政府也逐步设立了本级国有资产管理机构，这标志着行政事业单位国有资产开始纳入全国统一的纵向管理体系。

5. 机构改革后行政事业资产管理权限的重新划分（1998—2003 年）。1998 年中央政府机构改革后，原国家国有资产管理局撤销，其资产管理职能相应划入其他有关部委。其中，企业国有资产（国有资本金）的基础管理职能、制定政府公共财产管理规章制度的职能划入财政部；中央行政事业单位国有资产（中央政府公共财产）产权界定、清查登记等项工作，交给国务院机关事务管理局承担。2002 年，根据国务院机构改革方案，设立了国务院国有资产监督管理委员会，负责中央所属大型非金融企业国有资产的监督管理，各地也相继成立地方国资委，负责本级经营性资产的监管，国有经营性非金融资产监管体制基本确立。国有经营性金融资产也已明确由财政部负责监管。但是，对于行政事业资产，由于机构改革时对于管理权限划分不甚清晰，导致近年来行政事业资产管理体制不明。客观地说，主要是财政部没有有效行使行政事业资产宏观管理主体的职责。因此，自 1998 年以来，行政事业单位国有资产管理缺乏统一规划和引导，基本处于无序状态，只是一些地区和部门按照各自的思路，进行了行政事业资产管理模式的不同探索。

6. 事业资产管理体制的重新确立（2004 年以后）。2004 年 6 月，适应社会主义市场经济发展和公共财税体制改革的需要，财政部提出加强行政事业单位国有资产管理，并在部内行政政法司下设行政资产处，在教科文司下设事业资产处，承担研究制定行政事业资产管理政策，组织开展行政事业资产管理工作的职责。财政部设立事业单位国有资产管理的专门机构，为建立规范的全国事业单位国有资产管理体制提供了组织保证，标志着一个新型的事业单位国有资产管理体制开始形成。

综观事业单位国有资产管理体制的历史沿革，我们可以看到资产管理与预算管理二者的分分合合。在国家国有资产管理局成立之前，事业单位资产管理与预算管理是统一的，没有分开；1988 年国家国有资产管理局成立，事业资产全国纵向管理体系逐渐形成，这个体系在系统、全面地开展行政事业资产管理工作方面发挥了积极的作用，但是同时，也正是由于这种管理体系下资产管理机构与预算管理机构的不统一，造成了资产管理与预算管理的严重脱节；1998 年国家国有资产管理局撤销后，事业资产管理职能未能清晰划分，资产管理与预算管理的结合更加缺乏基础；直到 2004 年财政部设立事业资产管理专门机构，重新实现了资产管理机构与预算管理机构的统一，资产管理与预算管理的结合才又具备了现实的条件。

——摘自：财政部教科文司：《加强事业单位国有资产管理　拓展政府理财领域》，载《财政工作研究与探索》，中国财政经济出版社 2007 年版，第 150—160 页。

二、对行政事业单位国有资产的清查摸底

20 世纪 80 年代末和 90 年代初，在清产核资过程中，行政事业单位的财产也是清产核资工作的一个组成部分。根据当时的统计，全国行政事

业单位约有 100 多万个，其占用、使用的国有资产到 1990 年已达 4329 亿元，但在管理中存在不少问题。例如，国有财产家底不清，账外财产数量很大；财产管理不严，有些被个人长期无偿占用；部分单位利用国家拨款购置的财产搞"创收"，所得收入相当部分被分给个人；等等。根据以上情况，1991 年 4 月召开的第二次全国国有资产管理工作会议确定黑龙江、河南、天津、河北、吉林、辽宁、内蒙古、贵州、西藏、四川、湖北、武汉等地先行一步，开展行政事业单位国有财产清查登记工作。1992 年又进一步将此项工作纳入清产核资的总体部署中。清查工作取得了明显的效果，如黑龙江省，清查前全省行政事业单位国有资产占用量为 80 亿元，清查后经核实为 120 亿元，增加了 30%；河南省清查后核实的行政事业单位占有和押有资产比清查前增加 62%。这两个省在清查中号召"公物还家"，个人交回的公物价值达数千万元。

为进一步摸清行政事业单位"家底"，为编制部门预算和建设资产管理信息系统提供真实可靠的数据基础，进一步促进和深化部门预算改革，财政部决定在全国范围内开展行政事业单位资产清查工作，并于 2006 年 12 月 21 日召开了全国行政事业单位资产清查电视电话会议，部署全国行政事业单位资产清查工作。同时，财政部发布了《行政事业单位资产清查暂行办法》（财办〔2006〕52 号）等一系列资产清查文件，研究开发了全国行政事业单位资产清查报表管理系统。随后还将以资产清查数据为初始数据，建立行政事业单位国有资产管理基础数据库，并在此基础上，建立全国行政事业单位国有资产动态监管系统，对行政事业单位国有资产实施动态管理。

截至 2006 年年底，财政部已经完成了资产清查的前期工作，完善了资产清查的报表体系，确定了资产清查报表，建立了相关办法，如《行政事业单位资产清查暂行办法》、《行政事业单位资产清查工作方案》等已发布，并组织开发、修正了资产清查工作软件。各地区、各部门也按照全国行政事业资产清查工作的安排，及早动手，组织培训和实施。

根据统计，截至 2005 年年底，全国国有净资产约为 13.01 万亿元，其中，行政事业单位国有资产为4.37万亿元，占全国国有资产的33.6%（见表5-1）。

表5-1　全国国有资产总量及结构

（单位：亿元）

年份	国有企业资产		行政事业单位资产		合计 （亿元）
	数量 （亿元）	占全部国有 资产的比例 （%）	数量 （亿元）	占全部国有 资产的比例 （%）	
1998	48051.6	74.7	16236.2	25.3	64287.8
1999	53306.0	74.2	18557.0	25.8	71863.0
2000	57554.4	72.7	21653.7	27.3	79208.1
2001	62723.8	70.6	26163.5	29.4	88887.3
2002	65476.7	68.3	30406.1	31.7	95882.8
2003	70405.6	67.4	34006.4	32.6	104412.0
2004	77345.6	66.8	38448.8	33.2	115794.4
2005	86400.1	66.4	43677.3	33.6	130077

（资料来源：《2005年中国会计年鉴》）

专栏5-4　财政部：行政事业单位国有资产管理尚存五大问题

　　持续近一年的全国行政事业单位资产清查工作顺利落下帷幕。财政部新闻发言人胡静林表示，通过此次资产清查，我国了解了行政事业单位的基本情况和财务情况，全面核查了行政事业单位各类财产和债权债务以及人员状况、收入来源、支出结构等基本情况，并实行固定资产电子信息卡片登记制，为编制部门预算和建设资产管理信息系统提供真实可靠的基础数据。

　　但他同时指出，通过资产清查，也发现了行政事业单位国有资产管理中存在的一些问题，突出表现在五个方面：一是账实不符，存在基础工作较为薄弱、家底不清、账实不符等现象；二是人均资产相差悬殊，不同地区、不同级次、不同部门、不同单位之间，资产配置水平差距较大；三是资产使用效益需进一步提高，资产闲置、低价出租、无偿出借等现象较为普遍，资源整合、共享共用水平较低；四是存在资产流失风险，一些单位存在资产处置不按规定程序报批、往来款项长期得不到清理、对外投资管理较为混乱等问题；五是资产管理体制有待进一步理顺，部分部门、地方和单位没有设立或明确专门机构、专职人员负责资产管理工作，职责分工不够明确。

——资料来源：财政部：《行政事业单位国有资产管理尚存五大问题》，http://www.xinhuanet.com, 2008 - 01 - 23。

三、出台行政事业单位国有资产管理暂行办法

从实际情况看，行政事业单位国有资产管理中存在着资产配置苦乐不均、使用效率低下、闲置浪费比较严重、资产大量流失等问题。党的十六届三中全会以后，党中央、国务院多次提出"要加快建立健全非经营性国有资产的监管体制，防止资产流失"，进一步推进行政事业单位国有资产管理体制改革已显得日益迫切和重要。

按照建立适应社会主义市场经济和公共财政需要的行政事业单位国有资产管理体制的要求，2006 年，财政部明显加快行政事业单位资产管理建章立制的步伐，力求逐步理顺行政事业单位国有资产管理体制，行政事业单位国有资产的配置、使用、处置等环节得到了进一步的规范，国有资产收益管理也得到了有效加强，行政事业单位国有资产管理改革形成了"重点有突破、难点有进展"的局面。

2006 年 5 月 30 日，财政部公布了《行政单位国有资产管理暂行办法》（财政部令第 35 号）、《事业单位国有资产管理暂行办法》（财政部令第 36 号）（以下简称为《办法》），自 2006 年 7 月 1 日起施行。两个《办法》在管理原则、管理体制、管理内容等多方面进行了创新，构建起从资产配置、使用到处置全过程的有效监管体系，使我国的行政事业单位国有资产管理开始步入规范化、科学化、制度化的轨道。

《办法》自 2006 年 7 月 1 日起施行。其公布实施，标志着我国行政事业单位资产管理工作进入一个崭新的阶段，对促进我国国有资产管理向规范化、科学化、法制化方向发展，维护行政事业单位国有资产安全完整、合理配置和有效利用，保障和促进各项事业发展，建立适应社会主义市场经济和公共财政要求的行政事业单位国有资产管理体制，具有十分重要的意义。新公布的《办法》明确了行政事业单位国有资产的管理体制和各部门、各单位的管理职责，全面规范了资产配置、资产使用、资产处置等各个环节的管理，构建了行政事业单位国有资产从形成、使用到处置全过程的监管体系。具体体现在：（1）明确了管理原则。即资产管理与预算管理相结合、资产管理与财务管理相结合、实物管理与价值管理相结合的原则。（2）理顺了管理体制。即各级财政部门、主管部门和行政事业单位各司其职、各负其责。各级财政部门是政府负责行政事业单位国有资产管理的职能部门，对行政事业单位国有资产实行综合管理。主管部门负责对本部门所属事业单位的国有资产实施监督管理。行政事业单位对本单位占有、使用的国有资产实施具体管理。（3）规范了配置程序。为了使资产配置公平，提高财政资金使用效益，《办法》在配置环节规定了严格的控制原则和审批程序，体现了与预算管理的紧密结合。《办法》对已规定配备标准的资产，要求按照标准配备。对没有规定配备标准的资产，要求从实际需要出发，从严控制，合理配备。能通过调剂解决的，原则上不允许重新购置。《办法》规定行政事业单位拟购置资产，必须由本单位资产管理部门会同财务部门审核资产存量后，提出品目、数量报同级财政部门审批，经同级财政部门审批同意，各单位才可以将资产购置项目列入单位年度部门预算。（4）强化了使用管理。在资产使用环节，《办法》不但要求行政事业单位保证国有资产的安全完整，还建立了资产调剂制度，着力提高资产使用效率。对行政事业单位中超标配置、低效运转或者长期闲置的国有资产，同级财政部门和事业单位主管部门有权调剂使用或者处置。同时对行政事业单位国有资产出租、出借及事业单位利用国有资产对外投资、担保等行为规定了严格的控制和审批程序。（5）加强了处置管理。

为了解决处置无序、资产流失问题，明确了行政事业单位国有资产处置的内容和要求。行政事业单位处置国有资产应当严格履行审批手续，未经批准不得处置。同时要求行政事业单位国有资产处置应当按照公开、公正、公平的原则进行，采取拍卖、招投标等方式进行。（6）完善了收入管理。《办法》规定：行政单位出租、出借和经营使用国有资产形成的收入以及处置国有资产获得的收入属于国家所有，应当按照政府非税收入管理的规定，实行"收支两条线"管理；事业单位对外投资收益以及利用国有资产出租、出借和担保等取得的收入应当纳入单位预算，统一核算，统一管理。

四、有效提高行政事业单位国有资产管理的目标模式

事业单位国有资产不同于企业资产，其管理的主要目标是保证资产的安全完整、合理配置和有效使用，提高资产和财政资金的使用效率，降低事业运行成本。具体来讲，就是要做到资产产权清晰、配置科学、使用合理、处置规范、监督公正。

1. 资产产权清晰：以规范的产权登记制度明晰事业单位国有资产的产权，坚持资产的所有权和使用权相分离。首先是所有权清晰，明确事业单位国有资产的所有者是国家，财政部门代表国家来履行所有者职责，并相应享有资产的收益权、处置权和调剂权等权利。其次是占有使用权明晰，明确事业单位对本单位资产享有占有使用权，利用国有资产来履行其事业职能，并承担维护所占有使用资产的安全完整和有效使用的责任，同时事业单位之间、事业单位与其他单位之间的资产占有使用权能够进行清晰的划分。

2. 资产配置科学：按照社会主义市场经济和公共财政的基本要求，事业单位国有资产的配置以公共预算为主要渠道。在事业单位国有资产管理的目标模式下，资产管理与预算管理有机结合，从而实现资产的科学合理配置。一是事业单位国有资产配置的范围符合社会主义市场经济体制下事业单位改革方向和公共财政的要求；二是事业单位国有资产配置标准公

正合理；三是根据事业单位职能、有关资产配置标准、事业资产存量状况
以及事业资产使用绩效来细化资产配置预算；四是对大额非标准化资产购
建实行联合评议或听证制度；五是事业资产的购置纳入规范、透明的政府
统一采购；六是实行规范化的事业单位国有资产统一调剂制度，明确调剂
的管理主体、调剂对象、调剂范围和调剂形式。

3. 资产使用合理：一是事业资产的日常管理制度完善，单位的资产
得到合理维护和有效使用；二是事业单位国有资产共建共享共用机制合
理，资产使用效益得到最大程度的发挥；三是事业单位国有资产绩效评价
体系科学，资产使用绩效与单位业绩挂钩；四是对事业单位利用国有资产
进行对外投资、出租、出借和提供担保等行为及其收益实现有效监管。

4. 资产处置规范：一是严格事业单位国有资产处置的审批程序，有
效遏制随意处置资产的行为，防止处置环节国有资产的流失；二是建立有
完善的事业单位国有资产处置交易平台，把市场机制引入事业单位国有资
产的处置过程，实现资产处置的公开化和透明化；三是将资产处置收益纳
入事业单位预算，实行统一核算、统一管理。

5. 资产监督公正：一是拥有财政部门、主管部门和事业单位全方位、
多层次的事业单位国有资产监管体系，单位内部监督与财务监督和审计监
督相结合，事前监督与事中监督和事后监督相结合，日常监督与专项检查
相结合；二是建立有事业单位国有资产从投入、使用到处置全过程的监督
约束机制；三是实行多层次的事业单位国有资产管理责任制，包括单位主
要负责人国有资产管理责任制和单位内部资产使用管理责任制等。

五、下一步的工作重点

着眼未来，财政部门将从以下五个方面全面加强行政事业单位国有资
产管理：

1. 制定出台配套制度，建立健全行政事业单位资产管理规章制度体
系。财政部门将根据《办法》确定的原则，研究制定中央行政事业单位
国有资产管理实施办法，以及行政事业单位国有资产的配置、使用、处

置、评估、统计报告及特殊资产管理等一系列配套制度，细化各个环节的管理，全面规范行政事业单位的国有资产管理工作。

2. 开展行政事业单位资产清查。财政部将制定行政事业单位资产清查办法、设计资产清查报表体系、开发资产清查软件，按照"整体设计、试点修正、全面铺开"三个步骤，尽快对行政事业单位国有资产开展一次全面的清查，真正摸清"家底"。

3. 建立全国行政事业单位国有资产管理信息系统。在资产清查的基础上，财政部将开发建立全国行政事业单位资产管理信息系统。以资产清查数据为依据，同时实时录入行政事业单位国有资产增减变动情况，借助现代信息技术手段，建立起中央与地方、财政部门与主管部门和行政事业单位之间的国有资产动态管理信息平台，以全面、及时掌握行政事业单位国有资产信息，实现对行政事业单位国有资产从入口、使用到出口等各个环节的动态管理，提高行政事业单位资产管理信息化水平。

4. 全面加强各环节监督管理。财政部将按照《办法》的要求，认真履行各项职责，对资产配置、处置和产权变动事项等认真审核、从严把关；对国有资产收入形成、征缴和使用加强监督，严格管理；对资产调剂、产权界定、产权纠纷调处等工作建章立制、全面推进。努力将《办法》的各项规定落到实处。

5. 指导推动地方财政部门和主管部门加强行政事业单位国有资产管理。按照《办法》要求，财政部将加强与地方财政部门和主管部门的沟通和联系，加强业务指导和协调，推动建立健全机构和人员；督促地方财政部门和主管部门结合本地区、本部门行政事业单位国有资产管理的实际，尽快研究制定本地区、本部门的行政事业单位国有资产管理具体办法，共同搞好行政事业单位国有资产管理工作。

第六章

发展和健全财政调控
方式与政策体系

中国作为一个发展中大国，为了实现"三步走"现代化赶超战略，财政政策的发展功能和结构优化功能便显得尤为重要和突出，公共管理、宏观调控以及经济、社会发展都离不开财政政策的支撑。20世纪90年代以来，随着社会主义市场经济体制模式的确立和逐步健全，中国政府面对复杂的国内外经济形势，审时度势合理应对，灵活运用财政政策、货币政策等经济调控手段，对经济运行中的周期性波动进行了有效的宏观调控，有力地促进了国民经济的健康发展。总的来说，1994年以后，中国政府前后分别相机抉择实施了"适度从紧"的财政政策、积极的财政政策和稳健的财政政策，显示出政府对宏观经济调控的艺术已走向成熟。

第一节　实施"适度紧缩"财政政策，
实现经济"软着陆"

一、1993年的宏观经济背景

1992年，邓小平同志南方谈话时，强调"发展才是硬道理"的重要思想。以此为契机，我国开始进入新一轮的经济快速增长时期，一举扭转了 1989 年至 1991 年经济低速增长态势，国民经济发展进入了一个新的阶段。但 1992 年开始的新一轮经济增长，在取得巨大成就的同时，也带来了新的问题。

国内生产总值（按可比价格，下同）的增长速度 1992 年和 1993 年分别为 14.2% 和 13.5%，虽然改变了 1989 年和 1990 年经济增长速度明显下滑的局面，但经济运行中出现了不容忽视的过热苗头。突出表现在：从 1992 年起，作为推动我国经济增长主要因素的固定资产投资高速增长，1992 年至 1993 年增速分别为 42.6% 和 58.6%，大大超过以往的增长速度。投资需求带动了消费需求，投资需求与消费需求的双膨胀，加剧了商品供给的短缺状况，造成 1993 年至 1994 年全国商品零售价格指数分别上升了 13.2% 和 21.7%，产生了较为严重的通货膨胀。经济增长过快带来的经济过热与较严重的通货膨胀，形成对于社会经济稳定的威胁。

党中央、国务院针对经济过热，适时提出"适度从紧"的财政政策。1993 年，即采取一系列使经济降温的调控措施，同时也十分注重防止由行政手段为主控制和压低速度而发生"硬着陆"，明确要求积极运用经济手段为主力求"软着陆"。尽管 1994 年国内生产总值增长速度为 12.6%，略低于 1993 年的增长速度，但全国商品零售价格指数却成为自改革开放以来最高的一年，通货膨胀严重。为此，当年的中央经济工作会议，把抑制通货膨胀摆在了该时期经济工作的首位。

新中国成立以来，我国多次出现经济过热现象，在给经济过热降温时，由于受到经济运行机制的制约和宏观调控经验不足，往往是采取行政性"紧缩到底"的政策手段，这样便使经济由过热一下子转入过冷。这种"大起大落"式热与冷的转换，好像是快速行驶中的急刹车，虽使经济过热得到消除，但所带来的社会代价和调控成本都十分巨大，且又很快面临如何启动经济的问题。正是基于这样的考虑，中央适时提出了"适度从紧"的财政政策，要求对过热的经济实施有效和适当的宏观调控。

二、"适度从紧"财政政策的内涵

1. 政策实施目标

（1）遏制通货膨胀是首要目标。在市场经济条件下，物价稳定是社会经济活动正常运转的基础条件和国民经济持续稳定增长的必然要求。我国1993年和1994年的高通货膨胀，对国民经济造成了严重的负面影响，如果任其发展，就会破坏正常的经济秩序，导致经济增长的显著下降或停滞，因此遏制通货膨胀成为当务之急。（2）保持国民经济适度增长是另一重要目标。过去我国虽然在遏制通货膨胀上取得过成绩，但代价是随之而来的国民经济转入低谷运行。实践证明，经济过热中过去采取的"急刹车"做法，同样不利于国民经济的持续协调发展。例如1988年之后，为了抑制严重的通货膨胀，采取了严厉的削减基建规模与贷款额度的紧缩措施，其后通货膨胀率虽然明显降了下来，但国民经济落入萎靡不振，致使1989年和1990年的国内生产总值增长率仅为4.1%和3.8%。

2. 政策的主要内容

为抑制经济过热，1993年下半年，中央果断地出台了针对固定资产投资增长过快等问题的一揽子宏观调控措施，采取适度从紧的财政政策，并与适度从紧的货币政策相配合。财政政策方面的基本内容，是控制支出规模，压缩财政赤字，使财政支出的增长速度从1993年和1994年的24.1%与24.8%降至1995年的17.8%、1996年的16.3%和1997年的16.3%；财政赤字的规模在五年间分别控制为293.4亿元、574.5亿元、581.5亿元、529.6亿元和582.4亿元。

3. 政策的实施特点

（1）首要着眼点是争取实现经济运行的"软着陆"。"适度从紧"意味着在运用财政政策进行宏观调控中，要注重运用经济手段和掌握好政策实施的力度，避免经济剧烈波动，保持经济平稳增长，即实现经济运行过热状态的稳步降温。"软着陆"是对经济运行状态调整过程与结果的形象比喻，从经济意义上讲，它是指国民经济的运行经过一段过度扩张后，在政府的宏观调控作用下，平稳地回落到适度的增长区间。而"适度的增长区间"，则是指经济增长的幅度与社会物力、财力等的承受力相适应，脱离了社会经济客观能力的过快或过慢增长都不是适度的增长。提出"适度从紧"主要是意在防止宏观经济调控中的紧缩力度过大，使经济增长受到损害。

（2）总量从紧，结构调整。我国历次大的经济波动，几乎都是源于投资膨胀而引发的总需求膨胀。由于社会主义市场经济体制还在初步建立之中，短缺经济的体制成因犹在，由投资膨胀引发的总需求膨胀在短时期内难以完全得到收敛，但同时经济调节杠杆手段的作用毕竟已明显增强，微观主体对经济参数调节手段已能形成回应，所以在这种背景下，实施适度从紧的宏观财政政策，需要在总量从紧的大前提下，进行适时的结构调整和注重运用经济手段，做到"紧中有活"，避免"一刀切"。对国家重点建设项目，和具有公共产品性质的基础设施，比如公路、铁路、农田基本建设和水利设施、环境保护项目等，以及对具有市场效益的骨干企业，适当地加大公共资金投入，进行重点扶持；而对"泡沫经济"部分，对低水平重复建设部分，对单纯外延型扩张和低效益甚至无效益的部分，则从紧从严控制。通过"紧中有活"的结构调整，促进经济增长方式从粗放型向集约型的转变，为高质量的经济增长奠定基础。

（3）与"适度从紧"的货币政策搭配。财政政策与货币政策是政府实施宏观间接调控所主要仰仗的两大政策工具，两者需合理搭配运用。针对 1993 年的经济过热，"适度从紧"的财政与货币政策主要从以下三个方面发挥作用：第一，严格控制财政支出，特别是生产建设支出、工资性支出和社会集团消费，通过调整支出结构、合理安排支出，把财政支出的增长势头舒缓下来；第二，严格控制信用总量，合理调整信贷资金投向，严格控制固定资产贷款，严禁用流动资金搞固定资产投资；第三，在控制固定资产投资规模的同时，加大投资结构调整力度，重点是严控新建项目、加大企业技改力度，投资资金主要用于保投产、保收尾、保国家重点等等。总的来看，财政政策与货币政策的搭配运用，成功地使经济过热降温，高通货膨胀率逐年回落。

三、实施效果

"适度从紧"财政政策的成效主要有：

1. 顺利实现经济增长的"软着陆"

严重的通货膨胀从 1995 年开始得到抑制，当年的全国商品零售价格指数比上年回落了 6.9 个百分点，而同期的国内生产总值仍维持了 10.5% 的较高增长速度；到"九五"时期的第一年，即 1996 年，经过三年的调控，我国基本实现了国民经济的"软着陆"，当年全国商品零售价格指数回落至 6.1%，但仍保持了 9.6% 的经济增长速度，经济环境得到明显改善，经济增长质量显著提高，1997 年物价指数继续回落，而经济增长速度保持了 8.8% 的较高水平，取得了既遏制通货膨胀又保持国民经济持续增长的良好结果，出现了在低通胀下国民经济高速增长的格局。

2. 积累了治理经济过热的丰富经验

运用财政政策进行宏观经济调控，是市场经济条件下财政职能的重要体现。从 1993 年开始的"适度从紧"的财政政策的运用，是根据改革与发展的需要而做出的抉择。通过财政政策以及与货币政策的组合运用，治理了严重的通货膨胀，避免了经济发展中的"急刹车"现象，在新中国成立后第一次成功地实现了经济增长中的"软着陆"。这是改变计划经济时代运用行政手段控制国民经济的传统做法而主要运用经济手段进行宏观调节的成功范例，标志着中国在经济管理体制模式转变中，基本实现了经济调控方式从以行政手段为主向以经济手段为主的重大转变。

第二节　实施积极财政政策，促进经济持续稳定发展

由"适度从紧"的财政政策转为 1998 年后实施扩张性的积极财政政

策，其直接原因是应对亚洲金融危机对中国经济的冲击和影响的现实需要。当时，中国面临十分不利的国内外经济形势：亚洲金融危机的冲击造成我国外贸出口滑坡，国民经济运行又叠加了经济周期低迷阶段到来的下行因素，经济增长速度显著回落，上半年仅为 7%，而以往重复建设带来的结构不合理等深层次矛盾，在国际经济环境急剧变化和国内市场约束双重作用下，更加突出地显现出来。种种迹象表明中国经济发展面临着严峻的考验。

一、实行的背景

1997 年 7 月 2 日，东南亚金融风暴首先在泰国爆发，迅速席卷了马来西亚、新加坡、印度尼西亚、菲律宾、韩国等东南亚国家和亚洲其他国家，遂被称为亚洲金融危机，带来股市暴跌，汇率急降，生产停滞，经济出现负增长，甚至政治动荡和社会动乱。这场亚洲金融风暴又很快波及香港，恒生指数由 17000 点跌到约 8000 点。拉美、大洋洲、东欧国家都受到不同程度的影响。日本经济在经历了 20 世纪 90 年代长期低迷后，亚洲金融危机的冲击更使其雪上加霜。亚洲金融危机的爆发直接导致了国际市场需求萎缩，全球经济和贸易的增长步伐明显减慢，进而演变为全球经济衰退，造成世界经济普遍性的生产过剩和通货紧缩。

作为亚洲国家最大贸易伙伴，亚洲金融危机无疑对我国经济运行产生重大冲击。进入 1998 年，亚洲金融危机的影响明显加深，中国经济形势发生急剧变化。主要有：

1. 贸易受到严重冲击

亚洲国家（地区）是中国的主要贸易和投资伙伴，亚洲经济动荡对中国的外贸出口和外资进入造成前所未有的冲击。

一是外贸出口形势恶化。1998 年以后，亚洲金融危机对中国出口的负面影响显现出来。上半年的外贸出口额为 869.8 亿美元，同比增长 7.6%。与 1997 年同期的 26.25% 和 1997 年全年的 20.9% 的增长速度相比，大大降低。其中，5 月份出口下降 1.5%，出现了 22 个月以来的首次负增长。出口增幅下降的主要表现：（1）一般贸易出口增速大幅度回落。1998 年上半年一般贸易出口额为 365.3 亿美元，比 1997 年同期增长 4.4%，相对于1997 年同期的 33.1% 和1997 年全年的 24.1%，大幅回落。（2）国有企业出口明显下降。1998 年上半年，国有外贸企业出口额 471.1 亿美元，增长 3.1%，同 1997 年同期 25% 的增长速度相比，增势也骤然回落。（3）初级产品出口出现负增长。1998 年上半年，初级产品与上年同期相比，减少 16.3%。

二是外商投资下降。1997 年亚洲金融危机爆发后，许多国家和地区通货紧缩趋势加快，企业资金筹措能力下降，对外投资活动严重受挫。尤其是亚洲地区重要的投资来源国日本，受亚洲金融危机影响，海外资本向国内收缩，对外直接投资出现大幅度下滑。由于亚洲地区经济形势趋于严峻，投资收益预期恶化，大量国际资本回流到欧美等其他地区的资本市场，造成亚洲地区资本净流出，投资活动萎缩。1997 年亚洲国家对中国投资占中国实际吸收外资总量的比例，由以往的 80% 以上降为 75.6%，1998 年继续下降为 68.7%。

2. 物价持续走低

中国商品零售价格总水平自 1997 年 10 月开始出现绝对下降，截至 1998 年 7 月，已持续下降了 9 个月。居民消费价格指数从 1998 年 3 月开始出现下降。工业品价格指数自 1996 年 6 月以后持续下降，到 1998 年 7 月，已达 25 个月之久。从全年价格走势看，没有回转迹象，通货紧缩趋势日渐明显。

3. 消费需求增长趋缓，较全面的买方市场格局出现

20 世纪 90 年代中期，国有经济战略性重组和医疗、住房、教育、社会保障等各项改革逐步推开，改革力度不断加大，居民预期支出增加。再加上失业率高、就业前景不乐观以及实际利率较高等因素，居民边际储蓄倾向上升，边际消费倾向下降。此外，市场发育不健全，消费信贷服务体系不完备，大大限制了居民对住房、汽车等耐用消费品的消费；农村基础设施落后，农民收入增长缓慢，也制约了农村消费品市场及农业生产资料

市场的发展。社会消费零售总额增长率持续下降，由 1996 年的 20.1% 逐渐下降至 1998 年的 6.8%。社会消费需求不足，商品销售不畅，企业开工率只有 60% 左右，产品积压累计达 3 万亿元以上。更为深层次的变化是，中国市场供求关系发生显著变化，较全面的买方市场格局形成。在此以前，中国经济一直表现为短缺经济特征，卖方市场长期居于主导地位。20 世纪 90 年代中期以后，市场供求总量趋向于平衡，市场结构矛盾成为流通领域的突出问题，其后供不应求的商品比重明显减少，供求平衡和供过于求的商品比重不断提高。据 1998 年国家商业信息中心对 601 种主要商品的调查统计，供大于求或供求基本平衡的商品达到了 100%。买方市场格局的全面发展，意味着中国过去短缺经济条件下粗放型增长方式中主导性的供给约束逐渐成为历史，需求约束将在今后经济增长中长期存在并扮演更具全局性影响的角色。

4. 投资需求增长乏力

1998 年，中国投资需求增长明显受到消费增长趋缓和金融体制改革滞后等因素的制约。预期回报率较高的投资领域相对狭小，投资项目可选择余地不大。特别是市场供求关系的变化，使得绝大多数生产资料和消费品价格持续下降。受此影响，在市场竞争中失去优势的企业经营亏损严重，处于竞争优势的企业也面临市场萎缩的困境，投资预期收益下降、风险增加，投资扩张能力削弱。

尽管中央银行自 1996 年之后陆续采取了降低存款利率、准备金率，增加货币投放量等措施，但并未出现投资的转旺。与之相关的一大原因是国有企业改革处于关键时期，现代企业制度尚未有效建立起来，企业资产负债率和利润率等指标都没有得到根本性好转，投资能力有限；企业利润率低和银行风险防范意识增强，导致银行的储蓄投资转化率低；民间投资不够活跃，缺乏必要的引导机制和激励机制，同时中小企业融资不畅。所以，作为经济增长主要动力之一的固定资产投资，其增长幅度 1997 年已下降为 8.8%。如果不采取有效措施，固定资产投资持续下降的趋势将难以扭转。

5. 结构因素制约经济健康运行

经济结构不合理在传统经济体制和发展模式下是一个十分突出的问题。改革开放后，在市场调节和经济政策共同作用下，结构不合理状况有所改善，但问题依然存在。结构不合理主要表现在：

（1）产业结构、产品结构和企业组织机构不合理。低技术水平产品过剩与高新技术产品不足并存。企业组织规模小而分散，缺乏竞争实力和优势。据国家统计局对900多种主要工业产品生产能力的调查，我国生产能力严重过剩，一半左右的工业产品生产能力利用率在60%以下，最低的仅有10%。而一些国民经济急需的技术含量高、有特色、市场前景好的产品，尤其是重大技术装备和成套技术设施、高新技术产品，则供给不足，有的缺口还很大。从生产能力的布局安排和地区分布看，地区间产业结构趋同化现象严重，在各地的"九五"计划中，有24个省（自治区、直辖市）将电子产业列为支柱产业，有22个省（自治区、直辖市）将汽车产业列为支柱产业。低水平重复建设导致的产业结构不合理不利于国民经济持续、快速、健康发展。

（2）城乡结构不合理。制约中国经济增长的一个主要因素是"二元经济结构"问题。农村经济发展缓慢，关键在于农村区域工业化和城镇化、市场化进程的滞后。改革开放以后，大量农村劳动力进入非农产业领域，推动了中国经济发展和人均收入水平的提高。农村人口非农业化主要依靠发展乡镇企业和农民直接进城两条途径。但从20世纪90年代中期开始，乡镇企业经过十几年的超常规发展后，外延式扩张的余地大大缩小，在激烈的市场竞争和企业分化加剧的形势下，以中小企业为主体的乡镇企业往往面临不利地位。由于农村劳动力素质普遍偏低，再加上城市失业和下岗职工增加，城镇吸收农村劳动力的能力下降。特别是城市化速度慢于工业化速度，中小城镇发展滞后，相应减少了城镇基础设施建设和第三产业发展对劳动力就业的吸纳。

（3）区域经济发展不协调。区域经济协调均衡发展，是新中国成立以来长期努力的目标，改革开放后在实事求是思想路线下实行了"让一部分地区先富起来"的方针，东部沿海区域发展势头最为强劲。20 世纪 90 年代中期之后，一些交通便利、基础较好的中部地区经济增长速度加快。但西部地区由于历史和地理的因素，总体而言经济发展速度相对较慢，东西部地区之间的差距有扩大趋势。从国民经济的进一步发展考虑，有必要加强欠发达区域经济发展提升区域结构状态的协调性。

二、积极财政政策的启动

（一）积极财政政策的提出

1998 年 2 月，针对亚洲金融危机蔓延之势，江泽民提出，我们必须做到心中有数，沉着应付，未雨绸缪，做好应对事态进一步发展的准备。1998 年 3 月，在九届全国人大第一次会议的记者招待会上，朱镕基提出确保经济增长，扩大国内需求。扩大内需的主要途径是加强铁路、公路、农田水利、市政、环保等方面的基础设施建设，并加强高新技术产业的建设和现有企业的技术改造。

1998 年 4 月 21 日，《经济日报》发表评论员文章《扩大内需，确保增长》。1998 年 6 月 16 日，《人民日报》发表署名文章《财政宏观调控与启动经济增长》，提出转变适度从紧的财政政策，并指出我国现阶段不宜采取通过减税刺激经济的方法，而应适时适度地扩大财政举债规模和财政支出，增加投资，刺激消费，扩大出口，通过改革克服制约有效需求的体制和政策因素，促进国民经济增长。

1998 年 7 月，国务院转发了国家发展计划委员会《关于今年上半年经济运行情况和下半年工作建议》，正式决定实施旨在扩大需求的积极的财政政策。1998 年 8 月，全国人大常委会第四次会议审议通过了财政部的中央预算调整方案，决定增发 1000 亿元长期国债，同时，配套增加 1000 亿元银行贷款，全部用于基础设施专项建设资金。至此，中国的积极财政政策正式启动。

（二）积极财政政策的主要措施

1998 年开始实施积极财政政策时，主要有三项措施：一是增发 1000

亿元长期建设国债，全部用于基础设施建设，主要包括农林水利、交通通信、城市基础设施、环境保护、城乡电网建设和改造、中央直属储备粮库等六个方面；二是向四大国有独资商业银行发行 2700 亿元特别国债，转为四大银行的资本金，提高银行资本充足率；三是提高纺织品原料及制成品、纺织机械、煤炭、水泥、钢材、船舶和部分机电、轻工产品的出口退税率，支持外贸出口。此后，中国政府正确分析国内外经济形势，在外部环境压力依然比较严峻，国内有效需求不足的矛盾没有得到根本缓解的情况下，为了保持经济持续快速健康发展，巩固扩大需求的成果，继续实施积极的财政政策，并在 1999 年以后，及时调整、不断丰富和完善了积极财政政策的调控方式，充分发挥政府投资、税收、收入分配、财政贴息、转移支付等多种手段的政策组合优势。在着力发挥财政支出作用的同时，也注重发挥税收政策的作用；在不断扩大国债投资的同时，注重扩大消费和出口；在加强基础设施建设的同时，注重配合大型国有骨干企业"三年脱困"，支持和推动企业技术改造与技术进步。综合起来，积极财政政策的主要措施为增发国债、扩大内需、加大基础设施投资力度、刺激消费、扩大出口：

1. 增发长期建设国债，加强基础设施建设

1998—2004 年共发行长期建设国债 9100 亿元，截至 2004 年年末，七年累计实际安排国债项目资金 8643 亿元，具体投向是：农林水利和生态建设 2596 亿元，所占比重为 30%；交通通信基础设施建设 1711 亿元，所占比重为 19.8%；城市基础设施建设 1317 亿元，所占比重为 15.2%；技术进步和产业升级 775 亿元，所占比重为 9%；农网改造 688 亿元，所占比重为 8%；教育、文化、卫生、旅游基础设施建设 433 亿元，所占比重为 5%；中央直属储备粮库建设 352 亿元，所占比重为 4.1%；环境保护投资 312 亿元，所占比重为 3.6%；公检法司设施建设 180 亿元，所占比重为 2.1%。分年看，国债项目资金的使用结构不断优化，1999 年至 2001 年在 1998 年安排的六个方面的基础上，逐步增加或强化了西部开发、重点行业技术改造、高技术产业、退耕还林（草）、教育、公检法司设施建

设；2002 年以后投资重点向农村、结构调整、中西部地区、科技教育和生态环境建设等方面倾斜，更加注重城乡、经济社会等协调发展。

2. 调整税收政策，增强税收调控功能

为鼓励投资，以及支持引进国外的先进技术设备，在将关税税率总水平由 1997 年年底的 17% 逐步降至 2004 年的 10.4% 的同时，从 1998 年起，对国家鼓励发展的国内投资项目和外商投资项目进口的设备，在规定范围内，免征关税和进口环节税；1999 年下半年起减半征收固定资产投资方向调节税，2000 年开始暂停征收；对符合国家产业政策的企业技术改造项目购置国产设备，准予按 40% 的比例抵免企业所得税。

为刺激居民消费，1999 年 11 月份，对居民储蓄存款利息恢复征收个人所得税；1999 年对香皂以外的其他护肤护发品消费税税率统一由 17% 降为 8%，对环保型汽车减按规定税率 70% 征收消费税；从 1999 年 8 月 1 日起对涉及房地产的营业税、契税、土地增值税给予一定减免，以鼓励住房消费和流通。

为支持外贸出口，从 1998 年起分 8 次提高了出口货物增值税退税率，到 2002 年出口货物平均退税率已由 8.3% 提高到 15% 左右，同时进一步改进了出口退税管理办法，对纳税信誉较好的企业简化退税审批手续，加快出口退税进度；2004 年，又对出口退税机制进行了改革，进一步优化了出口退税税率结构，并实行了中央与地方共同分担出口退税的新机制，解决了历史欠退税问题，有力地促进了企业出口增长。

为适应经济结构的战略性调整，促进中西部地区和高新技术产业的发展，制定了支持西部大开发和东北老工业基地振兴的税收优惠政策，涉及所得税、耕地占用税、农业特产税和进口税等诸多方面；从 2000 年起对软件产业、集成电路等高新技术产业制定了一系列税收优惠政策，涉及增值税、企业所得税和进口税收。

另外，为支持金融体制改革和改善金融机构经营效益，2001 年起将金融保险业营业税税率每年降低 1 个百分点，到 2003 年降至 5%，并从 1998 年 6 月 15 日起将证券交易印花税税率下调到 4%，2001 年 10 月又调减为2%，以求通过税收政策促进证券市场的稳定与发展。

3. 调整收入分配政策，培育和扩大消费需求

1999年7月1日、2001年1月1日、2001年10月1日和2003年7月1日，中国政府连续四次较全面地提高机关事业单位人员的基本工资标准并相应增加离退休人员离退休费，还实施了年终一次性奖金制度和艰苦边远地区津贴制度。经过四次调整工资，2003年年底，全国机关事业单位职工月人均基本工资水平（含奖金）达到877元，比1998年的400元提高了119%，是新中国成立以来工资增长速度最快、增幅最大的一个时期，受益人数约为4900万人，国家财政为此累计安排增资支出6390亿元，其中中央财政支出3714亿元。

同时，重视加强社会保障工作，不断完善社会保障体系。1998年对国有企业下岗职工实行基本生活保障制度，1999年相继颁布了《失业保险条例》和《城市居民最低生活保障条例》，正式建立了比较完善的"三条保障线"制度。从1999年7月1日起，将下岗职工基本生活费、失业保险金、城市居民最低生活费"三条保障线"水平提高30%，并先后4次提高了企业离退休人员基本养老金水平。1998年至2004年，全国财政用于企业养老保险基金补助、国有企业下岗职工基本生活保障补助和城市居民最低生活保障费的支出，由123亿元，增加到1035亿元，年均增长42.6%，累计安排支出4464亿元。如果加上行政事业单位医疗经费、抚恤和社会福利救济、行政事业单位离退休经费及补充全国社会保障基金等方面的支出，全国财政社会保障经费支出已由1998年的775亿元，增加到2004年的3410亿元，年均增长28%，明显高于同期财政总支出的增幅；全国财政社会保障经费支出占财政总支出的比重由1998年的7.2%，提高到2004年的12.4%，有效地发挥了社会保障的稳定器作用。

收入分配政策的调整、实施，进一步增强了居民的消费能力，发挥了有效拉动内需的作用。

4. 调整完善财政管理体制，加大对中西部地区转移支付力度

2002年，为促进地区经济协调发展，完善市场经济机制，中国政府实行了所得税收入分享改革，由原来按企业隶属关系划分中央与地方所得税的做法，改为按比例分享。对当年所得税增量收入中央与地方按五五比例分享，从 2003 年起按六四比例分享，中央财政从所得税增量中多分享的收入，全部用于增加对地方主要是中西部地区的转移支付。同时，不断规范并增加对地方的财政转移支付规模，提高地方财政保障能力。2004年，中央对地方税收返还和补助支出总额，由 1998 年的 2493 亿元增加到10408 亿元，年均增长 26.8%。中央财政在增加对地方的一般性转移支付支出（2004 年为 745 亿元）、民族地区转移支付支出（2004 年为 77 亿元）、调整工资转移支付支出（2004 年为 994 亿元）和农村税费改革转移支付支出（2004 年为 523 亿元）等财力性转移支付规模的同时，注重将转移支付的增量部分向中西部地区倾斜，2004 年中央对地方转移支付支出达 6028 亿元，大大高于同期对地方的税收返还支出 4051 亿元。此外，为配合西部大开发战略和农村税费改革政策实施，保护和改善西部生态环境，中央财政还对天然林保护、退耕还林（草）、农村税费改革造成的财政减收等进行转移支付补助。2002 年中央对天然林保护工程和退耕还林（草）工程补助 19.8 亿元，2002 年、2003 年和 2004 年农村税费改革转移支付分别为 245 亿元、305 亿元和 523 亿元。近年来，中央财政通过加大对地方转移支付的力度，大大增强了地方特别是中西部地区的财政保障能力，有力促进了区域经济和城乡的协调发展。

5. 完善非税收入政策，努力扩大内需

1998 年之后，财政部门会同有关部门进一步加大治理乱收费力度，减轻企业和居民的非税负担。1998—2004 年，共取消收费项目 1913 项，同时降低了 479 个项目的收费标准，减轻社会负担 1490 亿元。其中，1998 年公布取消 727 项收费项目，减轻社会负担 377 亿元；1999 年公布取消 408 个收费项目、降低 469 个项目收费标准，减轻社会负担 245 亿元；2000 年公布取消 238 个收费项目，减轻社会负担 145 亿元；2001 年公布取消 69 个收费项目，减轻社会负担 300 亿元；2002 年取消面向企业的不合理收费项目 298 项，涉及金额 210 亿元；2003 年取消面向企业的不合理收费项目65项，涉及金额140亿元；2004年取消面向企业的不合理收费项目108项，涉及金额73亿元。另一方面，税费改革迈出实质性步伐，率先规范交通和车辆收费，从2001年1月起，将车辆购置附加费改征车辆购置税，此外，对农村公共收入分配中的农业税等进行改革，规范农村税费制度。农村税费改革由点到面，从2000年在安徽全省开始试点，到2003年在全国推开，并取得阶段性成果，受益农民负担平均减轻30%左右，2004年进一步加大了改革力度。由于政府收费与政府基金等属于政府财政的非税收入，减费可以起到与减税等价的效应，同样有利于增强企业自主投资和居民消费的能力。

专栏6-1 1999—2003年积极财政政策的主要进展情况

　　1999年，根据当年第二季度表现出来的固定资产投资增幅回落、出口下降、消费需求持续不振的情况，决策层决定对积极财政政策的实施力度和具体措施做出进一步调整，主要内容可归纳为三个方面：

　　第一，在年初原定500亿元长期国债发行规模的基础上，报请全国人大常委会审议批准，增加发行600亿元长期国债，仍中央、地方各一半，相应扩大中央财政赤字300亿元，以保持投资需求的较快增长。新增国债资金主要用于在建的基础设施、一些重点行业的技术改造、重大项目装备国产化和高新技术产业化、环保与生态建设以及科教基础设施等方面。对大型骨干国有企业的技术改造项目，实施了贴息办法。

　　第二，调整收入分配政策，提高城乡居民收入，以刺激消费需求。重点是增加中低收入者的收入，包括适当提高社会保障"三条线"（国有企业下岗职工基本生活保障、失业保险金、城镇居民最低生活费）的收入水平，提高机关事业单位职工收入，同时，适当提高离退休人员的待遇，千方百计解决国有企业养老金拖欠问题。当年财政在这方面增加支出约540亿元，全国直接受益面达8400多万人。另外，采取措施切实减轻农民负担，多渠道增加农民收入。

第三，调整部分税收政策，支持外贸出口。根据国际经济贸易环境变化对我国外贸出口的影响情况，在 1999 年年初和 7 月 1 日先后两次提高了一些在国际市场上具有竞争潜力和产业关联度较高的产品的出口退税率。使出口商品的综合退税率达到了 15% 以上。另外，针对投资需求不足问题，贯彻实施下半年减半征收固定资产投资方向调节税的政策；从 8 月 1 日起对涉及房地产的营业税、契税、土地增值税给予一定减免，以求激发房地产业对经济增长的推动力、盘活因大量空置房屋所造成的沉淀资金；就增值税、营业税、进出口税收、企业所得税、外商投资企业和外国企业所得税及科研机构转制等有关税收政策做出一些新的规定，促进技术创新和高新技术的发展；对涉外税收政策做了适当调整，以鼓励外商投资；从 11 月 1 日起对居民储蓄存款利息所得恢复征收个人所得税，以求促进、刺激居民即期消费，拉动消费需求。

2000 年，在上半年国民经济出现好转表现后，为了巩固这种重大转机，并预计到其后会有一些不确定因素，决定进一步加大积极财政政策的力度，在年初决定的 1000 亿元长期国债发行规模的基础上，下半年又实行预算调整方案，经全国人大批准，财政部增发 500 亿元长期国债。这 500 亿元国债基本用于加快在建国债项目建设，以促使这批项目早日竣工，发挥效益。新增国债重点向五个方面投入：一是水利和生态项目建设，包括水利基础设施建设、移民建镇、退耕还林还草、天然林和草场保护工程，京津周围沙源治理启动工程；二是教育设施建设，包括高等学校扩招增加学生校舍等基础设施建设、中西部高校建设补助；三是交通等基础设施项目建设，包括公路干线、中西部地区贫困县道路建设、铁路建设，新增 100 亿公斤粮库建设以及中西部地区旅游设施建设；四是企业技术改造、高新技术产业化，城市轨道交通、环保等设施国产化，国防军工企业技术改造以及生物芯片、同步辐射等重大科技项目；五是城市环保项目建设。

2001年，积极财政政策继续实行。主要内容，一是继续发行基础设施建设国债；二是发行支持西部开发的特种国债；三是适当改善居民收入，刺激消费，继续提高公职人员工资水平。增发的长期建设国债共1500亿元，其中1000亿元主要弥补在建项目后续资金和工程收尾，另外500亿元为支援西部建设的特别国债，要支持青藏铁路等重点工程上马。同时，继续加大设备投资和高新技术产业的投资力度，包括技改贴息力度。

2002年，总体上延续了2001年的政策框架，并使国债资金的到位时间有所提前。2003年，在继续实行积极财政政策的支持之下，成功地应对了"非典"的冲击，国民经济在三季度之后摆脱阴影，全年的增长率达到9%以上。

——作者根据财政部历年发布的中央和地方预算执行情况报告整理。

三、政策特点

从上述所采取的措施可以看出，1998年以来在实施积极财政政策的过程中，十分注意合理把握财政政策实施的方向和力度，注重短期政策与长期政策目标的协调，以结合反周期的宏观调控促进财政经济可持续发展与深化改革。其主要特点：一是政策选择正确。针对经济运行中出现的需求不足、经济增长乏力的特殊形势，及时果断地实行扩张性财政政策，快速启动经济。为刺激需求而增加的政府直接投资，注重用于能够快速启动经济的在建项目和投资期为1—3年的中短期基础设施建设项目，兼顾长周期大型重点项目。二是政策取向合理。积极财政政策的着力点既注重总量扩张也着眼结构调整、产业升级、技术改造和改革事项的呼应，使短期政策效应与中长期政策效应有机地结合起来。三是宏观政策配合协调。在财政政策实施中，注重与货币政策的双向协调，在资金筹集上，定向对国有商业银行发行长期建设国债；在资金运用上，注重财政投资与银行信贷资金在基础设施建设上的密切配合；发行特种国债，以提高国有商业银行的资本金充足率等，促进银行体制改革，都体现了财政政策与货币政策协同考虑、双向兼顾的原则。

四、实施效果评价

通过跨度 7 年的积极财政政策的实施，我国经济增长速度保持了持续、快速和稳定的状态。1998—2004 年，年度经济增长速度分别为 7.8%、7.1%、8.0%、7.5%、8.3%、9.3% 和 9.5%，并表明中国经济在 2003 年转入了新一轮快速增长周期的上升阶段。其中，据有关部门测算，积极财政政策每年拉动经济增长 1—2 个百分点。如果考虑政策组合因素，财政政策的综合作用效果还要更大一些。实践表明，积极财政政策是中国政府根据市场经济规律在国内外经济环境急剧变化的情况下主动采取的一次反周期调控，在中国宏观调控史上具有重大意义。通过宏观调控成功地克服了亚洲金融危机的冲击，宏观经济运行环境得到显著改善，社会需求全面回升，经济持续快速增长，通货紧缩得到有效遏制，经济结构优化稳步推进,经济增长的质量和效益有所提高。与此同时,财政实力也得到进一步发展壮大。1998 年以来,中国财政收入连年大幅增长,1998 年比上年增收 1225 亿元,1999 年增收 1568 亿元,2000 年增收 1951 亿元,2001 年增收 2991 亿元,2002 年增收 2517.6 亿元,2003 年和 2004 年分别增收 2812 亿元和 4641 亿元。7 年来,财政收入累计增收 17706 亿元,年均增长速度为 17.3%,是历史上财政收入增收最多、增长最稳定的时期。相应地,中国财政收入规模不断登上新台阶,1999 年财政收入首次突破 1 万亿元,达到 11444 亿元;2001 年超过 1.5 万亿元,达到 16386 亿元;2003 年突破 2 万亿元,达到 21715 亿元;2004 年超过 2.5 万亿元,达到 26396 亿元。

积极的财政政策实施近七年的时间里、在促进经济增长、调节供求关系和克服通货滞胀方面取得了明显的成效。（1）促进经济平稳发展。大规模的国债投资不仅有效遏制了经济增速下滑的局面，而且抑制了通货紧缩。1998—2004 年间，国债建设资金年均拉动经济增长为 1.5 个百分点至 2 个百分点，GDP 年均增长 8.56%，物价水平总体稳定。（2）优化经济结构。积极财政政策着眼于短期需求管理和长期供给管理有机的结合，在加强基础设施的同时，通过国债资金的直接投入、税收政策等措施，发展高新技术产业，改造传统产业，支持一些符合产业结构发展方向的重点行业和重点企业的技术改造，推动了经济结构调整和产业结构升级。（3）增加就业。七年来，国债资金支持的一大批新项目及其配套项目的建设，共增加就业岗位 700 万—1000 万个，对拉动相关产业发展起到了很好的刺激作用。（4）促进区域经济均衡发展。通过对中西部地区进行倾斜性财政资金安排，进行了诸如西电东送、青藏铁路、退耕还林还草工程、六小工程等基础设施建设和生态建设，改善了这些地区的投资经营环境，加快了中西部地区的发展步伐，使东西部地区经济社会发展不平衡格局得到一定程度的改善。总之，作为一项反周期宏观政策，积极财政政策基本上是恰当的，它对中国经济社会相对平衡发展起到了不可低估的作用。

不过，积极财政政策毕竟是宏观"反周期"操作，是适用于经济低迷阶段的一种政策。从 2002 年下半年起，我国经济开始逐步走出通货紧缩的阴影，呈现出加速发展的态势。2003 年国民经济终于走过由相对低迷向稳定高涨的拐点，GDP 增长速度跃为 9% 以上。此时积极财政政策的实施带来一定的负面效应，出现了一些值得注意的问题，主要是部分行业和地区盲目投资和低水平重复建设的倾向有所加剧，货币信贷增长偏快，资源对经济增长的制约越来越明显，并带来煤、电、油、运和原材料的供应紧张局面。

第三节　由积极财政政策向稳健财政政策转变

一、财政政策转型的背景分析

2004 年，在国民经济运行明显走过了从相对低迷阶段向繁荣高涨阶段的拐点之后，中国的财政政策也不失时机地实现了从扩张性的积极财政政策向中性导向的稳健财政政策的转型。

（一）阶段性背景

经历了近三十年的改革开放后，我国经济社会发展进入新的阶段，工业化、城镇化、市场化与国际化提速是我国新阶段的基本特征。

第一是进入工业化中期。近年工业生产迅猛发展，如 2006 年我国工业增加值达到 9.1 万亿元，占 GDP 的 43.2%，工业在国民经济中的主导地位进一步增强，重工业增长速度加快。这个转变的最主要作用之一是推动着产业结构和消费结构开始升级。

第二是城镇化。中国的城市化率自改革开放以来大体每年上升一个百分点，在 2003 年已达 42% 左右。而随着农业生产水平提高和工业化进程加快，农村富余劳动力和人口加快向城镇区域转移，我国已成为城镇化速度最快的国家之一，2002—2006 年平均每年提高 1.2 个百分点，预计到 2010 年将达到 50% 的世界平均水平。

第三是国际化。加入世贸组织成为我国进一步加速融入世界经济的标志，我国对外开放的广度与深度得到进一步拓展，进出口总额不断增长，对外依存度逐渐提高，成为世界第三大贸易国。

第四是市场化。一般地说，我国多层次商品市场体系基本形成，各类别的要素市场框架已初步确立，价格机制在资源配置中的基础性作用日趋显著。到这一时期，中国的市场机制基本建立起来，公有制为主体的多元所有制成分框架基本上确立；宏观调控的体系基本完善，社会主义市场经济体制框架已经确立。

（二）经济运行状况及转型的必要性

随着世界经济的逐步复苏和扩张型政策实施过程中政府投资的拉动，从2003年起，我国经济已稳定地走出通货紧缩和需求不足的阴影。由于实施了积极的财政政策和从松的稳健货币政策，扩大国内需求，有力地支持了国民经济加速发展的态势，进入新一轮上升时期。但与此同时，出现了一些行业和地区投资过旺和低水平重复建设倾向有所加剧等问题，钢铁、汽车、电解铝、水泥等行业在建和拟建规模过大，货币信贷增长偏快，资源对经济增长的制约越来越大，并带来煤、电、油、运和原材料供应的紧张局面。为此，国家采取了一系列措施，包括货币手段（如提高准备金率和提高利率等）和行政手段（如严格控制批地）等，来控制经济局部过热。从2004年的情况来看，我国经济发展呈现出如下特征：一是经济增长接近潜在水平。2003年GDP增长9.3%，2004年增长9.5%，部分行业瓶颈约束或资源约束的出现，表明GDP增幅已接近潜在产出水平。二是物价趋于上升。2003年居民消费价格和商品零售价格指数分别上涨1.2%和0.1%，2004年则分别上涨3.9%和2.8%。三是失业率升势趋缓。2003年全国城镇就业增加859万人，城镇登记失业率为4.3%；2004年城镇新增就业人员980万人，城镇登记失业率为4.2%，比上年下降0.1个百分点。四是国际收支常年保持盈余，出现"双顺差"。2003年实现外贸顺差255亿美元，年末国家外汇储备达4033亿美元；2004年贸易顺差320亿美元，国家外汇储备增加到6099亿美元。在国民经济业已发生经济周期中的阶段转换和出现过热苗头的形势下，如果还继续实行积极的财政政策，将不利于控制固定资产投资的过快增长和防止通货膨胀。

不仅如此，长期实施积极财政政策还容易产生体制复归倾向。连续多年的积极财政政策，使人们产生了"财政支出的不断扩张成为经济增长必要条件"的幻觉或依赖。财政国债投资用于政府计划调节，投资项目由地方各级层层申报，上级政府层层审批，同时还要求银行配套贷款、地方安排配套资金，这样一来，投资体制有重新向中央政府集中的趋势。在经济已经有过热苗头和政府投资偏于亢奋的情况下，如果继续大规模安排国债投资，不但增加宏观经济调节的难度，也增加经济体制深化改革的难度。此外，我国财政风险和公共风险有逐步积累放大的趋势。连续多年的积极财政政策迅速扩大了政府债务规模。其主要表现是：（1）国债余额在 2003 年年末已经达到了 2.1 万亿元以上，占 GDP 的比重为 20% 左右，而且增长迅速；（2）建设国债累计发行额达到了 9100 亿元；（3）积极财政政策实施过程中，银行部门和地方政府的配套资金数量可观，其中包含着不良贷款因素。据有关方面报道，1998—2002 年的 5 年间，"建设了上万个有利于扩大内需和结构调整的工程项目，投资总规模达 3.2 万亿元"。当期配套资金的总规模约为 2 万多亿元，包含着加大地方财政实际债务和形成新一轮银行不良贷款的因素。

种种迹象表明，我国宏观财政政策的转型势在必行。

二、稳健财政政策的内涵与工作重点

（一）稳健财政政策的提出

实施积极的财政政策是特定条件下采取的特定政策，从中、长期来说，应当坚持财政收支基本平衡的原则，并逐步缩小财政赤字。面对不断攀升的国债和财政赤字，不少机构和学者也一直热烈讨论关于积极财政政策如何淡出的话题。事实上，国家在安排财政预算时，已采取了一些调控措施：自 2003 年起，我国当年发行的长期建设国债开始缩减，比 2002 年缩减 100 亿元，2004 年又缩减 300 亿元。

2004 年 5 月 27 日，财政部主要负责人在上海出席全球扶贫大会闭幕式记者招待会上，应邀回答记者有关财政政策取向的提问时，首次提出中国财政政策需要由扩张向中性过渡，采取松紧适度、有保有压的财政政策，确保经济健康发展。

2004 年 7 月下旬，财政部召开了部分经济学家座谈会，就中国财政政策取向问题征求国内专家学者的意见和建议。来自中国人民银行、国家税务总局、国家统计局、国务院发展研究中心、中国社会科学院、财政部科研所、部分大专院校和民间研究机构的经济学家参加了会议。专家们认为：中国宏观经济形势发生了变化，经济增长进入了新一轮扩张时期；积极财政政策实施了六年多，不可能一成不变，继续实施积极财政政策已不符合现实需要，必须适时进行调整；结合经济形势变化，财政政策转为"趋于中性"是十分必要、势在必行的。但对"中性导向"的财政政策如何命名，专家学者们众说纷纭，分别提出中性财政政策、稳健财政政策、协调性财政政策、结构性财政政策等多个不同名称。2004 年 8 月初，财政部再次召开了"下一阶段财政政策取向"座谈会，进一步征求国内专家学者的意见和建议。来自中央政策研究室、中国社会科学院、中国人民大学、财政部科研所等单位的专家学者参加了会议。与会专家学者普遍认为：积极财政政策已经完成了历史使命，到了功成身退的时候，财政政策应随着经济形势的发展变化而相机调整；下一阶段应该实行中性的或称稳健的财政政策，财政政策调控的重点是控制总量、调整结构和推进改革。

同时，财政部于 2004 年七八月份，分别在浙江杭州、内蒙古呼和浩特和贵州贵阳，召开了部分地方财政厅（局）长座谈会，对财政政策转型进行专题研讨。来自各省（自治区、直辖市、计划单列市）的财政厅（局）长和财政部有关司局主要负责人参加了会议。

在征求国内专家学者和实际工作部门意见的基础上，为进一步分析宏观经济形势，准确把握财政政策取向，实行科学民主决策，2004 年 11 月底，财政部又召开了中国宏观经济形势与财政政策取向国际研讨会，专门听取国外专家学者的意见。来自世界银行北京代表处、国际货币基金组织驻华代表处、亚洲发展银行北京代表处、德意志银行亚太区、瑞士信贷第一波士顿亚太区等机构的首席代表或首席经济学家参加了会议。与会专家学者都表示赞同中国财政部关于调整财政政策取向的思路，认为根据新的形势，2005 年应该明确地退出积极财政政策，实行中性的财政政策，同时建议可以明确在今后几年内如果不出现新的、大的不可控因素，就不应扩大财政赤字绝对额，这样随着 GDP 的快速增长，就会降低财政赤字占

GDP 的比重。

2004 年 12 月 3 日召开的中央经济工作会议做出决定，实行稳健的财政政策。中央经济工作会议指出：为应对亚洲金融危机，中国从扩大国内需求入手，连续七年实施积极财政政策，取得了显著成就。随着近年来经济环境发生明显变化，积极财政政策的着力点已经从扩大需求和拉动经济增长，逐步转向加强薄弱环节和调整经济结构。现在适当调整财政政策取向，实行稳健财政政策是适宜的、必要的。中央经济工作会议同时强调：财政政策调整的重点是适当减少财政赤字和长期建设国债发行规模，适当增加中央预算内经常性建设投资，财政支出要继续加大对"三农"、社会发展、区域协调和其他薄弱环节的支持力度，增加对深化改革的必要支持。

2005 年 3 月 5 日，温家宝总理代表中国政府在十届全国人大三次会议上做政府工作报告时强调：2005 年要坚持加强和改善宏观调控，实施稳健的财政政策。这一政策的具体要求也同时体现在提交本次全国人大会议审议的预算安排和其他相关工作部署中，标志着稳健财政政策进入全面实施阶段。

（二）稳健财政政策的目标

财政政策作为政府宏观调控的一项重要手段，其目标的确定必须服务服从于国民经济宏观的总体要求。实行稳健财政政策，是包括财政调控目标方向、手段组合、方式方法转变在内的重大政策转型。稳健财政政策不仅是财政政策名称和赤字规模的调整变化，更是宏观经济调控中财政政策性质和导向的转变。随着财政政策由"积极"（扩张）向"稳健"（中性）转变，财政政策将进一步与时俱进地发挥其在经济社会协调发展中的职能作用，服从服务于改革发展大局和中央宏观调控大局，宏观上既要防止通货膨胀苗头的继续扩大，又要防止通货紧缩趋势的重新出现；既要坚决控制投资需求膨胀，又要努力扩大消费需求；既要对投资过热的行业降温，又要着力支持经济社会发展中的薄弱环节。因此，稳健的财政政策必将有助于防止经济大起大落，控制通货膨胀、保持经济平稳增长。

（三）稳健财政政策的主要措施

稳健（中性）财政政策的主要内容概括起来，是十六个字，即控制赤字、调整结构、推进改革、增收节支。

1. 控制赤字

适当减少中央财政赤字，但不做急骤压缩，做到松紧适度，重在传递调控导向信号，既防止通货膨胀苗头的继续扩大，又防止通货紧缩趋势的重新出现，适应进一步加强和改善宏观调控、巩固和发展宏观调控成果的要求，体现财政收支逐步平衡的取向。

2005 年，国家预算赤字安排了 3000 亿元，比上年预算减少 198 亿元。长期建设国债发行规模，从上年的 1100 亿元调减为 800 亿元，增加中央预算内经常性建设投资 100 亿元。

2006 年预算编制和财政工作的总体思路，就是以科学发展观为统领，继续实施稳健的财政政策；狠抓增收节支，优化支出结构，切实保障重点支出需要；着力深化改革，推动经济结构调整和增长方式转变，促进经济持续快速协调健康发展和社会全面进步，为顺利实现"十一五"规划目标开好局、起好步。其中，实施稳健的财政政策就是财政继续合理把握总量调控的政策力度，适当控制财政赤字总量和调减长期建设国债发行规模，中央财政赤字预算安排 2950 亿元，比 2005 年预算减少 50 亿元，财政赤字占 GDP 的比重可进一步下降到 1.5%；2006 年，中央财政安排国债项目资金 600 亿元，比 2005 年减少 200 亿元（其中取消代地方政府发行国债 100 亿元），同时增加中央预算内经常性建设投资 100 亿元。中央财政国债余额 35568 亿元，比 2005 年同口径增加 2954 亿元。同时，适当减少长期建设国债的发行规模，由上年的 800 亿元调减为 600 亿元。既保持一定的调控力度，又向社会传递了政府合理控制赤字和投资的政策信号。

2007 年中央财政赤字调整为 2450 亿元，比 2006 年预算赤字减少 500 亿元，预计占 GDP 的比重继续下降到 1.1%。中央政府投资总规模安排 1304 亿元，比 2006 年预算的 1154 亿元增加 150 亿元。其中，国债项目资金规模调整为 500 亿元，比 2006 年减少 100 亿元；预算内基本建设投资规模调整为 804 亿元，比 2006 年预算增加 250 亿元。

2008 年，中央财政赤字预算安排 1800 亿元，比上年预算赤字减少 650 亿元。国债投资安排 300 亿元，比上年减少 200 亿元，增加中央预算内经常性建设投资，中央建设投资总计为 1521 亿元。

财政赤字和长期建设国债规模不做大幅度削减，主要是综合考虑发展形势与相关因素，赤字规模和国债规模还不宜骤然降低。其原因主要有：（1）政策需要保持相对的连续性，国债项目的投资建设有一定周期，在建、未完工程尚需后续投入。据统计，2004 年年底，在建的国债资金项目总规模达到 8500 亿元。如果将国债资金骤减、项目骤停，会变成"半拉子"投资工程，损失将很大。（2）近些年来国债项目投资每年拉动一定的 GDP 增长，如果国债项目投资规模急降，可能会对经济造成较大的负面影响。（3）为支持西部大开发、东北地区等老工业基地改造和支持中部地区崛起等，都需要适当安排投资。（4）完善社会主义市场经济体制、推进各项经济社会改革，需要政府支付相应的改革成本，保持一定规模的国债有利于在通盘资金安排上给予策应。（5）落实科学发展观、构建社会主义和谐社会需要有强大的物质基础，也要求政府增加支出，包括公共工程等支出加强和改善公共服务，提供更多、更好的公共产品。（6）国际国内经济形势有一些不确定因素，如地缘政策、石油价格波动等问题。可见，维持一定的财政赤字规模，保持一定的增量调控能力，有利于主动地应对国际国内各种复杂的形势。因此，实施稳健的财政政策，逐步减少财政赤字，有利于保持经济社会的持续稳定发展。

2. 调整结构

在对财政支出总规模不做大的调整和压缩的基础上，进一步调整财政支出结构和国债资金项目的投向结构，区别对待、有保有压、有促有控，不仅要注重财政支出的增量调整和优化，还要注重存量的调整和优化。

2005 年，按照实施稳健财政政策的要求，中央财政支出安排，着力协调，着眼长远，有促有控，向经济社会事业发展薄弱环节倾斜，促进经济结构优化；向困难地区、困难群体和困难基层倾斜，促进构建和谐社会；向改革创新倾斜，促进经济增长方式转变。

主要措施是：（1）调整粮食风险基金的使用方式。此前，中国财政一年用于粮食方面的补贴达700多亿元，其中粮食风险基金302亿元，但主要补在流通环节，农民直接受益甚少。为此，需要改革现行体制，以转变粮食补贴方式为突破口，将原来对流通环节的间接补贴改为对种粮农民的直接补贴，让农民直接受益。（2）调整国债项目的资金使用方向和结构。在充分发挥市场机制作用的同时，整合国债资金和预算内基本建设资金，按照科学发展观"五个统筹"对财政资源配置提出的新要求，大力调整其使用方向和结构，逐步减少对一般竞争性和经营性领域的直接投资，加强农业等经济社会发展的薄弱环节，重点保证重大在建项目、农林水利、教科文卫、能源等方面的资金需要，增加用于公共服务和公共产品方面的投入，大力促进经济社会和人的全面发展。

2006年，全国财政收入增幅安排12%，一方面是考虑了中央确定的宏观经济预期指标，另一方面充分考虑了各种减收因素。比如，全面取消农业税、推进增值税转型改革试点、继续调整关税税率、提高个人所得税工薪所得减除费用标准等政策变化，以及足额安排出口退税和部分行业企业效益可能下滑等。按照"统筹兼顾、量入为出、确保重点"的方针和实施稳健财政政策的要求，中央财政支出安排将着力调整支出结构，有保有压，保障公共支出需要，压缩一般性开支，向农业、教育、就业和社会保障、公共卫生等经济社会发展薄弱环节倾斜；向困难地区和群体倾斜；向科技创新和转变经济增长方式倾斜。同时，2006年中央财政预算内基建投资总规模1154亿元，包括国债项目资金600亿元和预算内投资554亿元，与2005年一致。进一步调整优化国债项目资金和中央预算内投资使用结构，发挥政府投资对落实"五个统筹"、加强薄弱环节和促进协调发展的作用，优先支持农村建设、科教文卫、资源节约、生态环境保护、西部大开发和关系"十一五"规划顺利实施的重点项目建设。

2007年进一步调整和优化国债项目资金及中央预算内投资的使用方

向与结构，向经济社会发展薄弱环节倾斜，重点用于改善农村公共服务。

2008 年继续调整财政支出和政府投资结构，较大幅度地增加"三农"、社会保障、医疗卫生、教育、文化、节能减排和廉租住房建设等方面支出。

3. 推进改革

在以财政政策服务于合理调控总量、积极优化结构的目标的同时，还大力推进和支持体制改革，实现制度创新，一方面是搞好财政自身的改革，另一方面，是在以财政政策服务于合理调控总量、积极优化结构的目标的同时，还大力支持收入分配、社会保障、教育和公共卫生等制度改革，为市场主体和经济发展创造一个良好、公平的政策环境，建立有利于经济自主增长和健康发展的长效机制，优化经济增长方式。主要事项包括：

（1）将生产型增值税转为消费型增值税。在做好对东北地区老工业基地增值税转型改革试点工作的基础上，及时总结经验，完善相关措施，准备把这项改革在更大范围乃至全国范围内推开。

（2）推进和完成了内外资企业所得税两法合并工作。中国改革开放已发展到一个新的阶段，特别是在中国加入世界贸易组织后，市场更加开放，内资企业税收负担比外资企业税收负担重，既不利于平等竞争，也不符合新时期提高外资利用水平的要求，必须尽快完善新的企业所得税法，把两套企业所得税制合并起来，在适当调整税率的同时，实行统一的税收制度和优惠政策，为企业公平竞争创造良好的环境。2007 年 3 月 16 日，十届全国人大五次会议闭幕会表决通过了《中华人民共和国企业所得税法》。从 2008 年 1 月 1 日起开始，内资企业和外资企业享受一样的税率，实现了两法合并工作。

（3）继续深化农村税费改革。2005 年实现免征农业税的省份达到 27 个，涉及农业人口约 7 亿人，从 2006 年起，全部取消农业税，并由中央财政按规定给予转移支付补助，中国政府原来制定的五年内取消农业税的目标，三年就实现了。同时，积极研究推进配套改革，主要包括乡镇机构改革、农村义务教育管理体制改革、县乡财政管理体制改革，以建立农民负担不反弹的长效机制，巩固和发展取消农业税的成果。

（4）进一步完善出口退税机制改革。根据2005年以前的出口退税执行情况，按照既有利于东部地区保持较快发展势头，又合理调节地区之间财力分配，促进协调发展；既保证出口退税具有稳定的资金来源，又解决出口退税负担不均衡问题；既适当集中财力，又有利于外贸经济正常发展的总体思路，在保持分税制财政管理体制基本稳定的情况下，出台完善出口退税负担机制的办法和措施，进一步理顺中央与地方的财政分配关系，确保改革取得预期成效。

（5）继续完善收入分配、社会保障、教育和公共卫生制度，推动实现"五个统筹"。在收入分配方面，要整顿和规范收入分配秩序，合理调整国民收入分配格局，逐步解决部分社会成员收入差距过大问题。其中包括规范垄断行业收入，推进事业单位分配制度改革，适当提高最低工资标准，加强劳动权益保护，加大对过高收入的税收调节，加大转移支付力度，提高低收入群体的收入水平，扩大中等收入者比重，等等。在社会保障方面，要加快建设与中国经济发展水平相适应的社会保障体系。继续落实就业再就业的各项优惠政策，加强养老金保障和国有企业下岗职工基本生活保障及城市居民最低生活保障工作，做到城镇低保方面的"应保尽保"，切实保障困难群众的基本生活，并做好社会保障与就业政策的衔接。同时，进一步扩大城镇基本养老、基本医疗和失业保险覆盖范围，逐步推行农村养老保险试点，有条件的地方可以探索建立农民最低生活保障制度。在教育方面，要加大投入，加强义务教育特别是农村义务教育，建立义务教育经费投入保障机制，逐步实现义务教育"全免费"制度，加大对高等、中等教育困难学生的资助和救济力度；同时，运用财税政策引导和拉动社会力量投资办学，刺激教育消费。在医疗卫生方面，要进一步支持和加强城乡公共卫生体系建设，支持开展城市医疗体制改革试点，推进农村合作医疗改革试点，加快建立和完善城乡医疗救助制度。2004年年底，全国参加基本养老、失业和医疗保险的人数分别约为1.5亿、1.0

亿和 1.1 亿人；享受城市最低生活保障的人数达到 2207 万人。

（6）支持国有企业和金融体制等方面的改革。建立现代企业制度，逐步消除制约经济发展的体制性因素，是保持经济持续、快速、健康发展的根本要求，也是财政政策的重要着力点。为此，要大力支持深化国有企业改革和国有资产管理体制改革，继续推动国有经济布局和结构的战略性调整，完善出资人制度和积极建立国有资本经营预算制度，支持国有企业改组改造。分离企业办社会职能，支持国有大中型企业主辅分离、辅业改制、分流安置富余人员，稳步推进国有企业政策性关闭破产工作。支持深化铁路、电力、电信、民航等垄断行业改革，支持加快邮政和城市公用事业改革，支持推动棉花、化肥、食糖等主要商品流通体制的市场化改革。建立健全行政事业单位国有资产监督管理制度，完善非经营性国有资产的监管体系。支持金融体制改革，加快解决银行制度改革严重滞后的问题，建立符合市场经济原则的现代银行制度。同时完善银行、证券、保险业监管体系，有效防范金融风险。认真落实各项支持农村金融和农村信用社改革的财税政策，强化对各类金融机构的财务监管，促进金融体制健康发展。几年间，中央财政每年安排 400 多亿元专项资金，用于国有企业政策性关闭破产补助，支持部分国有企业分离办社会职能。积极调整完善相关财税政策，加快铁道、邮电体制改革，促进电力、电信、民航等行业改革重组。逐步建立健全支持中小企业发展的财税政策体系，加大对中小企业的扶持力度。

1998 年发行 2700 亿元特别国债补充国有商业银行资本金，提高了国有独资商业银行的资本充足率；先后出台扩大呆账准备计提和呆账核销范围等财务政策，增强了国有商业银行防范风险的能力和市场竞争力；2003 年后用国家外汇储备作为政府注资，支持国有商业银行进行股份制改造和上市。同时，大力支持国有保险企业改革。中国建设银行、中国银行和中国工商银行，以及中国人民财产保险股份有限公司、中国人寿保险股份有限公司、中国平安保险集团等，已先后在境外成功上市。

4. 增收节支

依法组织财政收入，确保财政收入持续稳定增长；同时，严格按照预算控制支出，提高财政资金使用效益。这既是财政工作中的一项基础性、经常性的工作，在当前的中国宏观经济条件下，又具有明显的政策取向与效用，有利于防止出现少收多支、盲目扩张的问题，具有一定的宏观调控政策意义。这方面的政策措施主要有：

（1）强化收入征管，促进财政增收。2006年，对收入分配秩序进行了整顿和规范，适时推行公务员职级工资制改革，建立国家统一的职务与级别相结合的公务员工资制度；清理整顿津贴补贴，建立规范有序的津贴补贴发放制度和监督制约机制；推进事业单位收入分配制度改革，完善艰苦边远地区津贴制度，促进公平收入分配，更好地发挥消费对经济的拉动作用。考虑到今后将在全面实行增值税转型、内外资企业所得税并轨、取消农业税、继续调低关税税率、足额保证出口退税等方面出现政策性减收因素，财政增收的任务十分艰巨。因此，有必要积极采取相关措施，巩固财政收入稳定增长机制。为此，一是以有效的财税政策支持经济发展，培植和壮大财源，促进财政收入稳定快速增长。二是依法加强收入征管。规范税收优惠政策，减免到期的要及时恢复征税，坚决制止越权减免税或擅自出台"先征后返"等变相减免措施。三是进一步加强非税收入管理。在继续清理整顿行政事业性收费和政府性基金、坚决纠正和查处各种乱收费的同时，加强行政事业性收费和政府性基金的审批管理，完善国有资产（资本）收益、特许经营权等非税收入管理办法，扩大彩票发行规模，挖掘非税收入潜力。

（2）提高财政资金使用的规范性、安全性和有效性，促进财政节支。其一，维护预算的严肃性和权威性是财政政策实施中的一项重要内容，要充分利用现代化管理手段，加大监管力度，减少损失浪费，规范财经秩序。其二，积极推进机关后勤服务社会化改革，科学界定事业单位经费供给范围，调整和优化财政支出结构。其三，全面深化预算管理制度改革，加快建立科学规范的政府收支分类体系，强化预算执行的全过程监控，逐步建立健全财政预算绩效评价体系；扩大基本支出预算改革范围，稳步推进行政单位实物费用定额改革，实施项目预算滚动管理，推进支出项目的绩效评价工作，积极探索建立财政资金绩效评价制度；继续深化"收支两条线"管理改革，逐步将符合条件的行政事业性收费及其他非税收入全部纳入预算管理，扩大编制综合财政预算的改革试点部门；全面推进中央和地方国库集中支付制度改革；积极实施中央对地方专项拨款的直接支付试点；深化政府采购制度改革，扩大政府采购范围和规模，加强对政府采购的监管。

在此基础上，2008 年又提出要抓好增收节支，依法加强税收征管，规范非税收入管理，控制一般性支出；改革政府投资管理方式，提高投资使用效益；要合理安排财政超收收入。

总之，根据我国国情和国内外经济形势的发展，从实际出发，中央确定了财政政策的取向，做出了实施稳健的财政政策以代替积极的财政政策，这是一种客观的、必然的、符合现实的科学选择。

专栏 6－2　2006—2008 年稳健财政政策实施进程

1. 2006 年

2006 年，根据中央经济工作会议精神和经济发展的客观需要，要保持宏观经济政策的连续性和稳定性，继续实施稳健财政政策，着力推进投资、消费和出口健康发展。根据经济形势的发展变化，在实施稳健财政政策过程中，进一步调整和丰富了政策手段，并有促有控，增强财政调控的有效性和针对性。

一是积极调整和完善相关税收政策。从 2006 年 4 月 1 日起，对消费税的税目和税率进行了 1994 年以来最大规模的有增有减的调整。将个人所得税工薪所得费用减除标准和内资企业所得税计税工资税前扣除标准由 800 元/人月提高至 1600 元/人月。调整了资源税政策。调整部分产品的出口退税率，扩大了"高耗能、高污染"产品取消出口退税和降低退税率的范围，同时增补加工贸易禁止类商品目录，对部分"高耗能、高污染"产品加征出口关税，降低部分资源性产品进口关税。东北地区增值税转型改革试点等税制改革工作也稳步推进。税收政策的调整和完善，对促进资源节约和环境保护，合理引导消费和间接调节收入分配都发挥了积极作用。

二是相机调整中央政府投资规模并优化使用结构。2006年中央政府投资总规模1254亿元（含超收安排100亿元），主要用于社会主义新农村建设、社会事业、环境生态、西部大开发等方面的项目，适当开工建设关系发展全局的重大项目。同时根据宏观经济运行状况合理把握预算下达进度，严格投资管理，加强监督，提高了投资使用效益。

三是调整规范住房土地收支管理的财税政策。将2005年实施的个人购房转手交易征免营业税期限由2年延长至5年。完善住房公积金管理制度，进一步明确和落实城镇廉租住房保障的资金来源。有针对性地调整新增建设用地土地有偿使用费征收标准和使用管理政策，制定规范国有土地使用权出让收支管理的相关政策，初步遏制了房地产市场中的投机行为，进一步贯彻落实了最严格的耕地保护制度，促进了节约集约用地。

四是研究实施有利于节能和开发新能源的财税政策。针对石油价格高企的新形势，积极研究促进发展石油替代能源的措施，制定支持生物能源发展等扶持政策，发展替代能源的财税政策体系初步建立。同时积极推进石油价格形成机制改革，开征石油特别收益金。这些措施与其他调控措施相配合，有力地推动了经济向宏观调控的预期方向发展。

2. 2007年

为了巩固和发展宏观调控的成果，全面落实科学发展观和构建社会主义和谐社会两大战略构想，实现经济持续、快速、协调增长，财政宏观调控进一步加强，财政宏观调控作用得到有效发挥。针对经济运行中存在的突出问题，在认真落实加大"三农"投入和转移支付力度等措施的基础上，及时完善稳健财政政策有关措施，并与其他政策协调配合，促进了经济又好又快发展。较大幅度地削减财政赤字，优化中央建设投资结构。实施缓解流动性过剩的财税措施。调整完善促进国际收支平衡的财税措施。强化支持节能减排的财税措施。大力支持科技进步和自主创新。根据经济形势发展变化的需要，由积极的财政政策转向稳健的财政政策，较大幅度地削减中央财政赤字，及时、有针对性地完善调控措施，促进经济又好又快发展。

3. 2008 年

2008 年，我国宏观调控的重要任务是促进经济平稳较快发展，防止经济增长由偏快转向过热，防止物价由结构性增长转变为明显的通货膨胀。同时，着力优化经济结构和提高经济增长质量。根据国内外经济形势和宏观调控任务的要求，谢旭人部长在 2007 年 12 月 19 日召开的全国财政工作会议上表示，2008 年将继续实施稳健的财政政策，进一步发挥财政的宏观调控作用，并加强与货币政策的协调配合，保持经济平稳较快发展的好势头，努力防止经济增长由偏快转为过热，防止价格由结构性上涨演变为明显通货膨胀。

继续实行稳健的财政政策，就是要保持财政政策的连续性和稳定性，充分发挥财政促进结构调整和协调发展的重要作用，增加对薄弱环节、改善民生、深化改革等方面的支出；推动收入分配制度改革，提高城乡居民收入，逐步提高居民收入在国民收入分配中的比重，提高劳动报酬在初次分配中的比重。与此同时，还将依法实施企业最低工资制度，加强对垄断行业收入分配的监管，推进个人所得税改革。同时，进一步减少财政赤字和长期建设国债。财政将加大对"三农"

投入，促进农村经济发展。支持科技创新，推进节能减排，调整产业结构。落实西部大开发等财税政策，加大财政转移支付力度，促进地区协调发展。此外，还将进一步完善出口退税、关税等相关政策措施，抑制高耗能、高污染、资源性产品出口，支持高附加值产品出口，鼓励资源性、节能降耗、关键零部件等产品进口。实施鼓励节能环保的进口税收优惠政策。支持企业创新对外投资与合作方式，促进企业在研发、生产、销售等方面开展国际化经营。财政政策在稳健背景下蕴涵的结构性变化将更加突出。

——作者根据相关资料整理。

三、实施效果的初步评价[①]

从 2005 年开始实施中性取向的稳健财政政策，将短期的反周期调节与促进经济长期稳定增长相结合，保持宏观经济稳定与促进结构优化相结合，实施宏观调控与推动经济体制改革相结合，充分发挥财政在调节经济运行和优化经济结构中的作用，有力地促进了经济社会稳定协调发展。

1. 充分发挥财政政策的导向作用，有效防止固定资产投资过热

实行稳健的财政政策，适当调减财政赤字。中央财政赤字已经由 2004 年的 3192 亿元，减少到 2007 年的 2000 亿元左右，相应财政赤字占 GDP 的比重由 2% 下降到 0.8%。同时，较大幅度调减长期建设国债发行规模，与高峰时期的 2002 年相比，2007 年国债项目资金减少 1000 亿元，并适当增加预算内投资 540 亿元，中央政府投资规模达到 1344 亿元。特别是政府投资结构得到明显优化，加快从竞争性领域退出，转向重点支持社会主义新农村建设、医疗卫生、生态环境保护、西部大开发等经济社会发展薄弱环节，2007 年中央政府投资用于新农村建设的资金比例超过

---

① 本部分参考了：王保安《继续实行稳健的财政政策》，《理论视野》2008 年第 5 期。

50%。稳健财政政策充分体现了中央加强与改善宏观调控的政策导向，调减财政赤字，优化政府投资结构，减轻了全社会固定资产投资过热的压力，也在很大程度上引导了社会资金投向，使农业、交通、能源等基础产业和基础设施得到进一步加强。

2. 促进城乡居民收入快速增长，增强消费对经济增长的拉动作用

一是加大公共财政覆盖农村的力度，取消农业税及其他涉农税费项目，每年减轻农民负担约 1250 亿元。实行粮食直补、良种补贴、农机具补贴和农业生产资料综合直补政策，有效增强了农业增产和农民增收力度。二是整顿和规范收入分配秩序，实施公务员工资制度改革，建立国家统一的职务与级别相结合的公务员工资制度；清理整顿津补贴，建立体现公平的津补贴发放制度与监督制约机制；推进事业单位收入分配制度改革；完善艰苦边远地区津补贴制度。三是扩大消费的财税政策取得明显成效，投资消费趋于协调，城乡居民收入快速增长，消费预期得到改善，居民消费支出稳中趋旺，2007 年消费对经济增长贡献率超过了投资，出现多年来未曾有过的良好态势。

3. 财政向民生领域逐步倾斜，促进了社会事业的全面发展

一是支持社会保障体系建设，农村最低生活保障制度在全国初步建立，城市居民最低生活保障制度不断完善，实施了促进就业和再就业的财税政策。二是加大教育体制改革支持力度，农村义务教育经费保障机制改革全面推开，实施新的家庭经济困难学生资助政策。三是支持医疗卫生事业发展，建立新型农村合作医疗制度，参合农民达到 7.3 亿人；推进城镇居民基本医疗试点；加强公共卫生体系建设。

4. 推进自主创新与节能减排，加快经济增长方式转变

通过完善财税政策，将促进经济增长由主要依靠增加物质资源消耗向主要依靠科技进步、劳动者素质提高、管理创新转变。一是着力增强自主创新能力，提高科技进步对经济增长的贡献率。加大科技进步投入，重点保障"863 计划"、"973 计划"、国家科技支撑计划的顺利实施。加大对公益性科研机构的支持力度，推动科研机构深化管理体制改革。二是以制度创新推进节能减排。2007年中央财政支出235亿元，主要采取"以奖代补"方式，支持十大节能工程、中西部城市配套管网建设、"三河三湖"及松花江流域水污染治理、淘汰落后产能等。推进环境资源有偿使用制度改革。切实推动替代能源、新能源、可再生能源的发展。制定并出台了节能产品强制政府采购政策。

5. 加强对进出口调控，促进国际收支平衡

实施出口退税机制改革，建立与完善中央地方共同负担机制，偿还出口退税历史欠账，促进了对外贸易的健康发展。2006年以来，为缓解贸易顺差过大的问题，促进国际收支平衡，出台了一系列政策措施：取消了部分"两高一资"产品出口退税，降低部分容易引起贸易摩擦产品的出口退税率；出台了对鼓励目录内产品和技术进口的补贴政策，对部分资源性产品、重大技术装备等进口实施税收优惠；对境外加工贸易和对外承包工程贷款予以贴息，支持企业"走出去"。调整完善财税政策体系，对加快转变外贸增长方式、优化进出口商品结构、协调进出口增长等，都产生了明显效果，对推动开放型经济进入新阶段产生了积极作用。

6. 注重与货币政策配合，增强宏观调控合力

为缓解流动性偏多和创新外汇储备投资方式，发行1.55万亿元人民币特别国债用于购买2000亿美元外汇储备，减少了外汇占款，减轻了货币政策操作压力。运用财政补助、贴息和税收优惠等手段，加强与货币政策协调配合，合理调节资金流向，引导更多的资金投向发展的薄弱环节和重点领域。提高印花税税率，促进资本市场健康发展。将储蓄存款利息所得税适用税率由20%调减为5%，增加居民存款收益。

由于稳健财政政策实施时间相对较短，所取得的成效还是阶段性的，随着政策措施和调控手段的不断完善，稳健财政政策的效应仍将进一步显现。

第四节 加强对各项社会事业的支持力度，
促进经济社会协调持续发展

促进经济社会全面、协调、可持续的发展，是在科学发展观统领之下宏观调控的主要目标。近年来，在科学发展观指导下，财政定位于稳健财政政策，在公共财政框架之下为此做出了不懈努力，概括起来，主要有：

一、运用财政政策促进城乡协调发展

长期以来，由于特殊的历史原因和具体国情，中国形成了典型的二元经济结构，在相当长的时期之内，财政政策侧重于支持城镇发展。随着市场经济发展和公共财政框架建立，近些年来，在财政宏观调控的实践中，在继续支持城镇发展的同时，财政政策更加注重在解决"三农"问题和统筹城乡协调发展中发挥积极作用。

1. **不断增加对"三农"领域的投入**

1998—2003 年，全国财政用于农业的各项支出累计达 9252 亿元，年均增长 15%。2004 年，仅财政安排的支持农村生产支出、农业综合开发支出和农林水等部门事业费就达 1694 亿元，增幅明显高于往年。财政对农业的大力支持，有力地改善了农村的生产和生活条件，提高了农业综合生产能力和增强了农业、农村发展的后劲，促进了农民增收。同时，中央财政新增用于教育、卫生等方面的投入主要用于农村，初步建立了财政支农资金稳定增长机制，有利于使公共财政的阳光更多地照耀广大农村。

2. **推进农村税费改革和实行粮食直接补贴等惠农政策，取消农业税**

针对农村税费制度和征管办法不规范、不合理，农民负担较重的问题，从 2000 年起陆续开展农村税费改革的试点，2003 年开始在全国推行。改革的主要内容是：取消农村教育集资，中小学危房改造所需资金由

财政预算安排；停止征收屠宰税、乡统筹费、村提留和专门面向农民的各种政府性收费、基金和集资等。农村税费改革的全面推开和深入开展，大大减轻了农民负担，规范了农村分配制度，促进了农村经济的发展。2004年开始，中国政府实行"两减免、三补贴"政策，即减免农业税与农业特产税，对种粮农民实行直接补贴、良种补贴、化肥补贴和购置大型农机具补贴（以后又归并为农用生产资料"综合直补"），当年使农民直接受益450多亿元，政策惠及绝大多数农民，初步建立了规范的农村分配制度。2006年，有两千多年历史的"皇粮国税"——农业税也被全部取消，农村税费改革进入新的历史阶段。

3. 确保农村义务教育事业的发展

在实施农村税费改革的同时，改革农村义务教育管理体制，由过去的乡级政府和当地农民集资办学，改为由以县级政府为主兴办和管理农村义务教育，农村中小学教师工资由县级财政按国家规定的标准及时足额发放。同时，中央和省级政府加大对农村义务教育的支持力度，通过转移支付等方式支持贫困县的义务教育，并安排专项资金用于贫困地区农村中小学危房改造和校舍建设。此外，国家为促进农村义务教育的发展，2001年开始实行免杂费、免书本费、补助寄宿生生活费的"两免一补"政策试点，2005年使3000万生活困难的学生受惠，并且政策实施范围不断扩大，2007年全国农村区域义务教育实行"全免费"。

二、运用财政政策促进区域经济协调发展

在改革开放初期，为推动国民经济快速发展，中国实行了一系列鼓励部分地区率先发展的财税政策措施。加上其他多方面的原因，在中国经济整体发展取得明显成效的同时，东、中、西部地区经济发展差距呈扩大趋势。针对这一问题，近些年来，按照科学发展观的要求，在财政宏观调控的实践中更加重视发挥财政政策促进区域经济协调发展的作用。为支持西部大开发战略的实施，财政加大了对西部地区的资金投入和优惠政策支持。一是提高中央财政建设资金用于西部地区的比例，国际金融组织和外

国政府优惠贷款也向西部地区倾斜，加强了西部地区基础设施建设。二是逐步增加对西部地区一般性转移支付的规模，中央财政还从 2000 年开始专门安排一部分财力，用于对民族地区的转移支付，同时将农业、社会保障、教育、科技、卫生、计划生育、文化、环保、文物等方面的中央财政专项补助资金向西部地区倾斜。三是加大了对西部地区农村基础设施和扶贫项目的投入，同时通过各种税收优惠措施鼓励在西部地区投资，改善西部地区的发展和投资环境，促进了西部地区特色优势产业的形成和发展。

为支持东北地区等老工业基地振兴，自 2004 年 7 月 1 日起，在黑龙江省、吉林省、辽宁省实行扩大增值税抵扣范围、调整资源税税额标准和企业所得税优惠等税收扶持政策，促进东北地区国有企业的改革和市场经济体制的完善。在通过市场化办法推动东北地区等老工业基地加快发展的基础上，积极推进分离企业办社会职能工作，对老工业基地符合破产条件的企业优先列入全国企业兼并破产工作计划。此外，还通过安排农村税费改革专项转移支付资金向中部地区等粮食主产区倾斜、中央财政新增农业综合开发资金主要用于中部地区等粮食主产区、一般性转移支付和调整工资转移支付对中部地区给予照顾等措施，支持中部地区崛起。

同时，采取完善分税制财政管理体制，以及推进出口退税机制改革、着力解决拖欠企业出口退税款问题等措施，调动东部地区做大经济和财政收入蛋糕的积极性，鼓励东部地区加快发展。

三、运用财政政策促进经济社会协调发展

在经济快速发展的过程中，教育、科技、医疗卫生等社会事业发展相对滞后的问题日益突出。为了尽快扭转这一状况，中国政府按照科学发展观的要求，在财政宏观调控的实践中，不仅注重经济增长，而且注重经济社会的协调发展。财政通过增加社会公共领域的支出，不断加强对社会保障、科学、教育、农业、政府服务、生态建设和环境保护等项目的保障力度，使公共财政满足社会公共需要的特征日益显现。一是新增财力中用于科技、教育、农业、社会保障等重点领域的支出比重不断提高。1998—

2003 年，全国财政收入增加 11839 亿元，其中用于增加社会保障支出的部分占 22.5%，增加教育、科技的部分占 25.1%，增加公检法司支出的部分占 6.3%。二是中央财政对于各项社会事业的支持力度明显加大。1998—2002 年，中央本级财政支出中，教育经费所占比例每年提高 1 个百分点，五年累计增加中央财政教育事业费支出 489 亿元。2003 年，全国财政各项教育支出为 3310 亿元，比 1997 年增长 1.4 倍。全国财政各项科技支出为 976 亿元，也比 1997 年增长 1.4 倍。

四、运用财政政策促进人与自然的协调发展

适应可持续发展的要求，并随着财政能力增强，不断加大对环境保护和生态建设的支持力度，努力促进人与自然和谐发展。对国家批准实施的天然林保护、退耕还林（草）和防沙治沙工程所需的粮食、种苗补助资金及现金补助，主要由中央财政直接拨付；对因实施天然林保护工程、退耕还林（草）工程而财政收入受影响的地方财政，中央财政在一定时期内给予适当补助。1998—2004 年，从国债项目资金中安排 784.43 亿元环境污染治理资金，主要用于水污染防治、重点城市污水治理和垃圾处理、三峡库区的污染防治、环保设备国产化、城市环境综合整治等。同时，中央财政共安排资金 723 亿元，用于天然林保护、退耕还林（草）、京津风沙源治理等林业重点生态建设工程，有力地保护了中国的生态环境，促进了经济和环境的可持续发展。此外，积极研究并采取相关财税政策措施，抑制过度消耗资源和损害环境的产业和企业发展，支持有利于节约资源和生态保护的产业和企业发展，促进经济增长方式由粗放型向集约型转变。

第五节　进一步完善财政调控，践行科学发展观

"十一五"时期，世界经济发展的短期不稳定性与中长期可持续性特

征将继续存在，国内经济发展总体仍将保持高位运行态势，但面临经济高速度增长与低效益、总量增长与结构升级困难、市场化进程加快与要素市场改革明显滞后、宏观调控统一性与区域发展政策差异性的矛盾等等。总体而言，经济运行的主要问题仍将是长期存在的深层次结构矛盾，为深入贯彻落实科学发展观、实现"十一五"规划目标，要求财政不断发展和完善调控体系，有效应对财政政策、财税体制改革与宏观调控提出的要求和挑战。

一、财政宏观调控体系的发展和完善

1. 增强稳健财政政策的宏观调控功能

保持社会经济总量的基本平衡，促使宏观经济稳定运行，使国民经济持续、均衡、健康的发展，是政府实行宏观调控的重要目标。因此，实行稳健财政政策，既应在总量调控上松紧适度，又应在结构调整上统筹兼顾；既要解决宏观经济运行的短期波动问题，又要在进行宏观调控的过程中将短期波动与长期结构调整结合起来，即在需求与供给及财政政策效应的把握上，把促进经济持续健康发展的长期目标与促进当期经济稳定的短期目标相结合，增强宏观调控功能。基于经济运行中的投资与消费结构严重失衡的现状，稳健财政政策应该发挥其宏观经济政策的导向作用，在有效解决当前宏观经济运行问题的同时，为经济的长期持续稳定快速健康发展创造良好环境。

2. 注意防范财政风险

我国自 1998 年开始实行扩张性财政以来，共累计发行的长期建设国债已有 9100 亿元人民币，中央财政的还本付息负担沉重。同时，积极财政政策的实施带来了巨额的财政赤字。自 2002 年起，我国财政赤字跃居 3000 亿元以上，创历史新高，财政赤字占 GDP 比重逼近国际上公认的警戒线 3%。因此，在实施稳健财政政策的过程中，必须要注意控制财政赤字规模，有效解决地方财政债务问题。防止出现财政状况恶化，避免财政风险。

3. 提高财政资金的支出效率

财政支出效率包括财政支出的配置效率和财政支出的生产效率两部分内容：财政配置效率是指政府与市场的资源配置结合的恰当度，实质上就是财政职能合理定位问题，既不越位也不缺位；而财政生产效率是指公共产品的生产效率，即政府作为公共产品的供给主体，采取科学的组织管理，以有限的资金提供公众最需要的、效用最大的公共产品。因此，在财政资金有限的情况下，要用好资金，把钱用在刀刃上。一方面优化财政支出结构；另一方面最大限度地降低满足公共需要的资金成本，提高财政支出效率。

4. 注重财政政策与货币政策的协调统一

财政政策与货币政策是政府实行宏观调控、扩大和培育内需的重大工具。二者是相互配合、相辅相成的关系。在实施稳健财政政策的过程中。必须加大与货币政策的协调配合力度，在保持货币市场和利率基本稳定的基础上，保证宏观经济形势的平稳发展。因此，在稳步推进国有银行改革的同时。通过发展多层次的资本市场解决企业融资困境和金融结构失衡问题，并进一步完善金融立法和金融机构治理，为金融运行创造一个良好的环境，疏通稳健货币政策的传导机制，加大金融对经济和社会发展的支持力度。

二、完善宏观调控的财政政策展望

1. 继续实行稳健的财政政策，保持一定的建设国债发行规模

当前经济增长较快，财政收入增加较多，长期建设国债进一步淡出的条件已经具备。但考虑到尚有一定规模的国债项目没有完工，还有一些经济和社会发展的重大工程或项目需要国债支持，目前财政赤字规模不大，赤字率较低，经济中流动性过剩，中央政府通过发行一定规模的建设国债集中力量办大事是完全可行的。2007 年长期建设国债的发行规模从 2006 年的 600 亿元减少至 500 亿元，预算内投资规模在 2006 年的基础上再增加 150 亿元，中央预算内投资总规模为 1300 亿元左右。

国债资金和财政支出要严格控制新上项目，而把重点放在支持在建项目和一些已批准的建设规划的尽快建成投产，发挥效益上。同时，对有利于技术升级和优化部门结构的高新技术产业、新兴主导产业，以及对于社会总体发展需要的公共产品和部分准公共产品中形成瓶颈制约的基础设施项目继续提供支持。加大对新农村建设、自主创新、基础教育、公共卫生、防灾减灾、公共安全、社会保障和农村公益性服务业、节能降耗、环境保护和生态环境保护的投入。确保中央政府建设投资用于西部大开发的比例高于上年，支持东北地区等老工业基地振兴和中部地区崛起的重大项目建设。

2. 切实增加对农业的投入，确保农民增产增收

2007 年继续落实加强农业的各项政策措施，提高农业综合生产能力，建立农民增收的长效机制。首先，进一步完善粮食直补、良种补贴、农机具补贴和实施最低收购价等政策，加强粮食市场调控，稳定粮食价格和种粮收益。其次，进一步加大对农村基础设施建设的投入，重点是农村水利、道路、安全饮水、电力、沼气等方面的建设。改善农村基础教育、公共卫生、文化设施。再次，继续增加对教育经费的投入，切实将农村义务教育经费纳入中央和地方财政保障范围。最后，扩大新型农村合作医疗试点范围，提高参合农民的受益水平。

3. 加大财政政策调节力度，进一步推进经济结构调整和增长方式转变

第一，提高资源税税率，改革计税办法，制止国内资源的粗放型盲目开采。研究提高煤炭、石油、天然气等化石燃料资源税的实施方案，改革矿产资源费的计税办法，根据矿产资源储量、企业产量、销售收入和回采率确定资源税数额，上调税率，促进矿产企业提高开采效率。尽快确定各类用水的水资源费标准，加大征收力度。在条件成熟时，用资源税方式取代石油企业的特别收益金。资源税的收取和分配要重点向资源所在地倾斜。

第二，制定鼓励使用节能技术和节能产品的优惠政策，引导企业加快以节能减排为中心的技术改造。同时，对高效节能新产品的生产或销售过程实行优惠税率，对提供节能服务的企业给以适当的税收优惠，推动节能产业发展。

第三，加大对装备制造业的政策和资金支持力度，研究设立装备制造业发展专项基金。依托国家重点工程，提高铁路、地铁车辆，造船基础设施和重点船用配套设备，重大电力、石化、大型施工机械等重大技术装备的系统设计、制造和成套能力。

第四，运用补助、贴息、税收、价格等扶持政策和发挥政府投资的引导作用，促进社会资金投向自主创新和产业升级、资源节约和环境保护等领域。进一步调整出口退税率，调整出口产品结构，限制高能耗、高污染产品的生产和出口，为扭转国际收支失衡提供更加合理的财税制度环境。

4. 增加城乡居民收入，进一步扩大居民消费

一是完善城镇职工最低工资制度，建立公务员工资正常增长机制。二是通过税制改革、增加公共支出、加大转移支付、整顿分配秩序等措施，加大收入再分配力度，提高低收入群体的收入和消费能力。三是加大对就业再就业和社会保障的支持力度，加快城乡特殊困难群众社会救助体系的建设。四是落实好房地产市场调控的各项政策，切实增加中低价位、中小套型住房供应，落实廉租住房建设资金和房源。合理调整住房补贴标准。研究开征高档住房消费税。

5. 推进形成主体功能区，缩小区域发展不平衡

国家"十一五"规划提出的区分主体功能区的发展思路，对于我国促进区域协调和增长方式转变，具有重大意义。在推进形成主体功能区过程中，财税政策要实现以下3个目标：确保四类功能区享有均等化的基本公共服务，引导资源要素合理向目标功能区流动，完善市场化财税工具，引导和调节市场主体和居民行为，推进资源节约、环境保护与可持续发展。

一是对于资源承载水平和发展潜力水平较高的优化开发区，实施创新型财税政策，转变经济增长模式，把产业升级、提高增长质量和效益放在首位，提升参与全球分工和竞争的层次。二是对于资源承载力和发展潜力高的重点开发地区，实施激励型财税政策，使之较快成为支撑全国经济发展和人口聚集的重要新兴中心区域。三是对于资源承载力低、发展潜力中等的限制开发区，实施支持—补偿型财税政策，加强生态修复和环境保护，引导超载人口逐步有序转移，逐步成为全国或区域性重要生态功能区。四是对资源承载力和发展潜力都低的禁止开发区，实施保障—补偿型财税政策，依据法律法规和相关规划实行强制性保护，控制人为因素对自然生态的干扰，严禁不符合主体功能定位的开发活动。

6. 深化财税改革，推进税制结构性调整

进一步理顺中央与地方事权与财权划分，完善分税制。健全中央和省级政府财政转移支付制度，加大对县以下基层财政的转移支付力度。在增收节支基础上，推进增值税转型试点，按国民待遇原则尽快统一内外资企业所得税税率。切实将土地出让收入纳入预算管理。研究完善土地出让收入的征缴政策和办法，改革土地出让收入管理制度，建立严格的约束机制。

专栏6-3　1998—2008年我财政赤字和长期建设国债发行规模及用途

年份	赤字（预算数）（亿元）	长期建设国债发行规模（亿元）	用途及相关措施
1998	960	1000	全部用于基础设施建设：农林水利建设、交通通信建设、城市基础设施建设、城乡电网改造、国家直属储备粮库建设等。
1999	1797	1100	用于固定资产投资，包括技术改造项目贷款的贴息；支持传统工业的技术改造和设备更新，推动产业结构升级；进一步调整税收政策。
2000	2598.21	1500	用于西部大开发和其他未完工项目；增加对西部地区的财政补助；停征固定资产投资方向调节税；继续推进税费改革，减轻企业负担；实行"债转股"；加快社会保障体系建设步伐。

续表

年份	赤字 （预算数） （亿元）	长期建设 国债发行 规模 （亿元）	用途及相关措施
2001	2598	1500	建设国债用于弥补前期基础设施在建项目后续资金的不足；发行特种国债，用于西气东输、西电东送、青藏铁路、南水北调、生态建设等一些重大基础设施建设；继续调整收入分配政策；提高机关事业单位职工工资和离休人员的养老金。
2002	3098	1500	加大基础设施建设投资力度，带动固定资产投资增长；继续发行建设国债，主要用于在建国债项目、西部开发项目、重点企业技术改造、知识创新工程、环境治理工程、公检法司和高校扩招所需基础设施等方面的建设。
2003	3198	1400	确保重大项目的投入和建设；改善农村生产生活条件，增加农民收入；促进技术进步和企业技术改造。增强经济发展的后劲；继续为加快西部地区经济发展创造条件；加快实施退耕还林，促进可持续发展。
2004	3192.85	1100	农村基础设施、公共医疗卫生、基础教育、基层政权和公检法司基础设施等建设；支持西部大开发和东北地区等老工业基地调整改造；加强生态建设和环境保护；加快淮河治理等重大水利工程建设，保证续建国债项目，特别是青藏铁路、南水北调、西电东送等重大项目建设。
2005	3000	800	全面落实科学发展观，按照"五个统筹"的要求，加强农业、教科文卫、社会保障、环境保护和生态建设等薄弱环节，特别是粮食增产和农民增收的长效机制尚不完善，需要财政加大支持力度；相当规模的在建国债项目，仍需国债资金继续支持；西部大开发、振兴东北地区等老工业基地，促进中部崛起，推动区域协调发展，也需要国债资金的支持。

续表

年份	赤字 （预算数） （亿元）	长期建设 国债发行 规模 （亿元）	用途及相关措施
2006	2950	600	进一步调整优化国债项目资金和中央预算内投资使用结构，发挥政府投资对落实"五个统筹"、加强薄弱环节和促进协调发展的作用，优先支持农村建设、科教文卫、资源节约、生态环境保护、西部大开发和关系"十一五"规划顺利实施的重点项目建设。
2007	2450	500	进一步调整和优化国债项目资金及中央预算内投资的使用方向与结构，向经济社会发展薄弱环节倾斜，重点用于改善农村公共服务。
2008	1800	300	重点用于改善农村生产生活条件，加强水利、生态环境保护，支持社会事业发展，以及重大基础设施建设。

——资料来源：黄荆和《我国积极财政政策效应的实证分析》浙江大学硕士学位论文 2005 年（10），以及作者收集相关资料整理。

第七章

和谐社会建设与
民生财政

构建和谐社会是我国新时期社会公共政策的最重要特征。党的十六大提出了社会和谐问题。党的十六届四中全会，提出了构建社会主义和谐社会这个命题。胡锦涛同志于 2005 年 2 月 19 日，在省部级主要领导干部提高构建社会主义和谐社会能力专题研讨班发表重要讲话时，对这一范畴进行了深刻阐述。随后，党中央在十六届六中全会上通过了《中共中央关于构建社会主义和谐社会若干重大问题的决定》。正是在最高决策层提出要大力构建社会主义和谐社会的背景下，在贯彻落实以人为本、全面协调可持续的科学发展的新时期，构建社会主义和谐社会成为统领全局的纲领。在此背景下，公共财政的改革与管理，也倾向于民生。

第一节　我国和谐社会建设的文明渊源和现实意义

在中国五千年的发展进程中，和谐思想始终是中华文化的重要理念。儒家的理想是构筑一个和谐有序的世界。孔子提出"中庸"，孔子的弟子有子提出"和为贵"。孟子说："天时不如地利，地利不如人和"。这些都体现了对人与人之间、人与社会的和谐的重视与追求。"天人合一"的理念也体现了追求人与自然的和谐。道家把自然规律看成是宇宙万物和人类世界的最高法则，进而看重"道法自然"而来的人与自然的和谐和人与人之间的和谐。佛家认为，人类只有和自然融合，才能共存和获益，佛教将这一认识概括为"依正不二"这个命题。"依"就是"依报"，指一切环境，"正"就是"正报"，指生命主体。"不二"是指生命主体及其环境虽然在客观世界中可以作为两个不同的东西来看待，但其存在，是融合为不可分的一体运动的。千百年来中国传统的和谐思想的指向，是使事物的矛盾运动处于一种相对稳定和平衡的状态中，因而主张各个民族和睦相处，各种文化相互融合，从而促进了中华文明的发展。

2006 年 10 月 11 日，党的十六届六中全会通过了《中共中央关于构建社会主义和谐社会若干重大问题的决定》（以下简称《决定》）。《决定》以邓小平理论和"三个代表"重要思想为指导，深刻分析了影响我国社会和谐的突出矛盾和问题，明确提出了构建社会主义和谐社会的指导思想、目标任务、工作原则和具体部署，成为指导我国今后一段时期经济社会发展的纲领性文件。

一、提出和谐社会建设的特定背景

党中央在新时期提出构建社会主义和谐社会的纲领，是对现阶段中国社会经济发展及宏观战略统筹考虑、综合把握的结果。经过改革开放近30 年不断解放、发展生产力，我国国民经济持续高速增长，经济社会发展已进入了人均 GDP 从 1000 美元向 3000 美元跨越的关键阶段。从国际经验和现实运行特征综合地看，这个阶段既是发展黄金期，又是矛盾凸显期。在我国经济实现高速增长的同时，经济发展和社会生活都遇到了许多问题，有的还相当严重，比如城乡差距和贫富差距的持续扩大等。

中国所处的"重要战略机遇期"，是"黄金发展期"和"矛盾凸显期"的交织。所谓"黄金发展期"，是指我国已经初步积累了经济起飞所需的货币资本、基础设施、技术装备、人才队伍和管理经验等，在工业化、城镇化、市场化、信息化、国际化的大潮中，发展势头强劲而且动力澎湃。所谓"矛盾凸显期"，是指社会成员的物质生活和精神生活需求显著多元化，对政治文明的诉求也日益强烈，居民的收入结构和各种经济关系发生剧烈变化，个人收入、城乡和地区间差距日益扩大，资源和生态环境的约束显性化等等。国际经验表明，在人均 GDP 大体上从 1000 美元到 3000 美元的发展阶段，社会经济结构最易出现剧烈的变化，利益矛盾集中地增长，社会稳定问题将变得非常突出。从这个角度看，中国的人均 GDP 在 2003 年超过 1000 美元，也就标志着由此进入了一个社会结构剧烈变化的时期，要处理好大量存在的各种矛盾，因此就迫切需要把建设社会主义和谐社会放在突出的、重要的位置。

总的来说，改革开放以来，我们打破了原有的利益格局，形成了多元化的利益格局。其间催生了大量的利益主体和多种群体，因而利益矛盾也大量出现了，人民内部的物质利益矛盾和精神生活与公民权利方面的诉求，出现了前所未有的复杂局面，而且解决这些矛盾的难度也显得越来越大。面对这样的情况，社会和谐发展问题自然要提上日程。

二、构建和谐社会的现实意义

构建和谐社会的现实意义可以从如下几个方面来认识：

1. 构建和谐社会是实现全面建设小康社会宏伟目标的全局导向

我国改革发展已处在一个关键时期。在从局部小康走向全面小康的相当长一段时间内，面临的矛盾和问题可能更为复杂。只有在构建和谐社会的全局性战略导向下，才能很好地抓住和用好重要战略机遇期，正确应对这些矛盾和问题，以更大气力妥善协调各方面的利益关系，正确处理各种社会矛盾。所以，构建和谐社会既是全面建设小康社会的重要内容，更是实现全面建设小康社会宏伟目标的全局性、战略性导向和保障。

2. 构建和谐社会是应对来自国际环境的各种挑战和风险的必然要求

纵观全球风云，和平与发展仍然是当今时代的主题，但国际形势却处于深刻复杂的变化之中。改革开放以来，我国的国际地位不断提高，友好交往不断扩大，但国际敌对势力并没有消失，在复杂多变的国际形势下，我们为了能有力地应对来自外部的各种挑战和风险，必须更加注重始终保持国家统一、民族团结、社会稳定的局面。这就需要更鲜明地提出构建一个和谐社会的要求。

3. 构建和谐社会是巩固执政党社会基础的必然要求

执政的社会基础密切关联于人民的团结、政治的安定、社会的和谐，这是古今中外的历史经验。在我国经济、社会转轨、转型时期，为巩固党的执政基础，必须紧紧依靠人民群众，团结一切可以团结的力量，调动一切可以调动的积极因素，正确认识和妥善处理人民内部矛盾和其他社会矛盾，协调好各方面的利益关系，不断在发展的基础上满足人民群众日益增长的物质文化需要，保证大众共享改革发展的成果；这些涉及抓紧解决人民群众生产生活中的突出问题和困难，保证民众安居乐业和加强社会建设和管理，营造良好的人际环境，保持良好的社会秩序，维护社会稳定等方面。只有把这些促进和谐的工作更加自觉、更加主动地做好，我们的党才能不断增强执政的社会基础。

4. 构建和谐社会是完成建设中国特色社会主义基本任务的必然要求

党的十一届三中全会以后，以邓小平同志为核心的党的第二代中央领导集体，深刻总结新中国成立以来正反两方面的经验，果断地把党和国家的工作重点转移到社会主义现代化建设上来，坚定不移地实行改革开放，开辟了建设中国特色社会主义的新道路。邓小平强调：社会主义的本质，是解放生产力，发展生产力，消灭剥削，消除两极分化，最终达到共同富裕。党的十三届四中全会以后，以江泽民同志为核心的党的第三代中央领导集体，根据国内外形势的发展变化，按照我国经济社会发展的新要求和我们党肩负的新任务，提出社会主义社会是以经济建设为重点的全面发展、全面进步的社会，要促进社会主义物质文明、政治文明、精神文明协调发展，促进人的全面发展；必须处理好各种关系，团结全国各族人民，调动一切积极因素，加快社会主义现代化建设。党的十六大以来，以胡锦涛为总书记的新一代中央领导集体总结概括了以上的理论，提出构建社会主义和谐社会，这是人类对美好社会长久追求的总结，是对资产阶级民主革命和无产阶级革命关于理想社会追求的继承和发展，代表了最广大人民的根本利益和心愿。总之，构建社会主义和谐社会，是新时期建设中国特色社会主义基本任务所必然引出的重大纲领性要求。

第二节　以民生财政建设促进和谐社会的构建

一、民生财政的基本内容

1. 民生财政

"民生"一词在我国久已有之。《左传》中提到"民生在勤，勤则不匮"。屈原咏叹，"长太息以掩涕兮，哀民生之多艰"。孙中山先生在20世纪初论及《三民主义》（1924年）之民生主义时说："民生就是人民的生活、社会的生存、国民的生计、群众的生命。"并进一步强调："民生主义就是社会主义，又名共产主义，即是大同主义"。在现代社会，民生与民主、民权相互倚重，而民生之本也由原来的物质资料，上升到生活形态、文化模式、市民精神等非物质追求。当前，我国在全面建设小康社会伟大征程中所要解决的民生问题，是落实党的十七大报告提出的学有所教、劳有所得、病有所医、老有所养、住有所居等重大任务。完成这些任务，需要有财力做保障，需要在财政管理制度和运行机制上做出妥善安排和一系列创新，并形成长效机制。这是完善公共财政体系建设需要重点解决的课题。

在公共财政框架下发展民生财政体系，就是按照构建社会主义和谐社会的要求，全面贯彻落实科学发展观，以最广大人民群众的根本利益作为财政分配的出发点和落脚点，使财政收入所代表的人民群众创造的物质财富，通过财政支出重点满足人民群众日益增长的物质和文化需求，真正实现"取之于民，用之于民"。在工作思路和具体政策层面上，要通过调整财政支出结构，把解决民生问题摆在突出位置，加大民生投入。

2. 民生财政的内涵

一是坚持以人为本，促进人的全面发展。马克思主义认为，实现人的全面自由发展，是社会主义的本质要求。民生财政要站在最广大人民群众的立场上，牢固树立为民理财、民主理财理念，尊重公民的基本权利，尊重人的个性与创造精神。通过财政分配为人民大众提供住房、医疗、交通、通信等生活基础设施条件，提供接受教育和学习科学文化、生活消费、安全娱乐、精神享受、生态环境等发展基础，以及参与社会活动和社会民主、发挥个人才能等基本社会条件。

二是坚持统筹兼顾。统筹兼顾是贯彻科学发展观的根本方法。民生财政要在统筹城乡发展方面，重点解决广大农民群众和城镇低收入居民的民生问题，加强新农村建设。在统筹区域发展方面，进一步完善分税制财政体制，促进东、中西部和老工业基地协调发展，中央财政加大对西部地区的转移支付力度，推进基本公共服务在各地区间的均等化。在统筹经济社会发展方面，坚持以经济建设为中心努力做大经济"蛋糕"，同时大力加强教育、公共卫生、社会保障等事业发展，特别是使相关财政投入向弱势群体倾斜。在统筹人与自然和谐发展方面，加大生态环境保护力度，建设资源节约型、环境友好型社会，不断提高民生质量。在统筹国内发展和对外开放方面，要适应经济全球化发展，促进国际经济合作、"走出去"的进程和互利共赢。

三是坚持可持续发展。民生是一个不断发展、不断提高的过程，原有的矛盾解决了，又会出现新的问题。民生的标准和人民的期待具有鲜明的时代特征，并随着时代的进步而发展提高。所以民生财政的具体保障标准必须正视现实，不能超越发展阶段，一切应从我国社会主义初级阶段的基本国情实际出发，量力而行，尽力而为，正确处理个人利益和集体利益、局部利益和整体利益、当前利益和长远利益的关系，不设立不切实际的高标准，确保财政分配的可持续。

四是坚持总体规划、分步实施。民生财政作为公共财政体系的重要表现形态，需要采取总体规划、分步实施到位的方略来推进。在具体实施过程中，按照先解决最迫切、最现实的问题和先易后难的原则，兼顾其他方面的需要，合理排序，循序渐进。

3. 当前民生财政的重点优先领域

考虑到我国具体国情和当前发展阶段的通盘情况，以下几方面应作为财政支持民生的重点领域。

（1）就业。解决好就业问题是解决民生问题的基础。我国劳动年龄人口数量的快速增长，农村劳动力向城市转移速度的加快以及城镇下岗职工再就业问题的普遍发生，使得城镇失业现象凸显而日益受到重视。财政为促进劳动就业，首先要掌握好"反周期"的宏观调控，比如在经济萧条时更多购买一些公益性就业岗位，以降低失业率，维护社会稳定；其次是支持、资助人力资本培训，提升劳动者素质，增加其就业机会；最后是对失业者提供最低生活保障和建立失业保险制度。

（2）教育。在现代社会，社会成员生存权之上的发展权能否实现以及实现的程度怎样，是同公民受教育权的实现程度密切相关的。财政必须着力支持教育发展，特别是保证基础教育的普及，把九年义务教育的落实作为重中之重。这不仅要求适当增加财政教育经费，增长速度要快于同期财政支出的速度，而且要求调整财政教育支出的结构，优化教育级次结构和地区结构。这些支出，应首先保障在全国推行农村义务教育经费保障机制改革和全面建立完善家庭困难学生资助政策体系。此外，还要增加职业教育经费的投入，改革职业教育体制和人才培育模式，适当支持高等教育。

（3）公共卫生和基本医疗服务。民生的一个基本而重要的方面就是国民健康和医疗保健事业。要建立良好的公共卫生、基本医疗卫生服务和国民保健制度来维系人的生存权，并不断提高居民健康素质和生活质量。这需要从财政投入和医疗卫生体制等多方面着手：一是落实政府责任，确保公共卫生和基本医疗卫生服务的公益性，加大卫生投入，促进卫生事业与经济社会协调发展；二是合理配置卫生资源，建立健全与我国国情相适应的医疗卫生服务体系；三是建立覆盖城乡居民的基本卫生保健和基本医疗保障制度。

（4）养老保障。实现养老保障是现代国家实现社会公平正义的基本要求，也是社会稳定的重要支柱。我国正处于经济转轨过程，建立完善的养老保障体系十分迫切和重要。党的十七大提出我国社会保障体系建设"要以社会保险、社会救助、社会福利为基础，以基本养老、基本医疗、最低生活保障制度为重点，以慈善事业、商业保险为补充"，需要财政与各有关方面协同大力推进企业、机关、事业单位的基本养老保障制度改革，并探索农村养老保障制度新思路，提升养老保障水平。

（5）住房保障。世界各国的经验都告诉我们，低收入家庭的住房问题不能仅靠市场机制来解决，而是需要政府通过公共服务给予一定帮助。我国住房制度改革已使之与配套的基本住房保障制度的建设成为当务之急，也是各方关注的焦点热点问题。财政需要从增加投入和推进改革两个角度，促使我国多层次基本住房保障体系尽快建立和健全起来，维护社会稳定和促进社会公平。

（6）生态环境。环境是公共物品，环境保护行为具有很大的正外部效应，需要政府承担主导责任。财政应当通过政策的运用和资金的支持，对环境资源的保护和合理开发产生积极作用。对植树造林、生态保护、污染治理等活动需综合运用税收、财政补贴、专项资助等多种方式予以支持，并引导社会资金加入环保事业。

二、近年来我国实施民生财政的主要措施

随着市场经济体制的发展，我国财政型态转变的大思路也渐趋明朗，自 1998 年明确提出建立公共财政框架以后，逐步加大财政在公共领域的支出力度，民生问题日益受到关注。在中央明确提出科学发展观和构建和谐社会的要求之后，民生问题的改善取得明显成效。

1. 实行稳健财政政策以来的民生财政

2004 年，适应经济发展与宏观调控的需要，1998 年之后实行的扩张

性积极财政政策转为中性导向的稳健财政政策，注重增加民生投入成为稳健财政政策的一大亮点。

随着我国的财政政策转向稳健，民生信号越来越强，民生财政的理念越来越清晰。公共财政的概念具体化到民生财政，就是让公共财政向民生倾斜，提供更多、更高水平的教育、医疗、社会保障等公共产品。其背后彰显的不仅是国家财力的增强，更是政府治国施政理念的转变和提升，体现的是发展为了人民、发展依靠人民、发展成果由人民共享的以人为本的科学发展观。

正是在民生财政理念的指引下，财政支出作为政府职能实现的重要工具，越来越多地体现出对民生领域公共利益、公共需要的追求和保证。2003—2007 年，仅中央财政用于"三农"的资金投入即达到 15460 亿元左右，政府财政用于社会保障的支出达到 19230 亿元左右，年均增长都超过了 15%。此外，仅 2003—2006 年，全国教育支出累计达到 16224 亿元，年均增长 16.4%；医疗卫生支出累计达到 3990 亿元，年均增长 20.1%。具体来说，主要措施有[1]：

（1）涉农方面的财政力度明显加强

①三农方面的总投入。

——总体投入的增加。2003—2007 年，中央财政用于"三农"的资金投入达 15060 亿元。2006 年，中央提出"三个高于"政策，当年"三农"资金投入 3397 亿元，比 2005 年增加 422 亿元，增长 14.2%，中央预算内基本建设投资和国债项目资金用于农业农村的达 530 亿元；新增预算内基本建设投资 100 亿元，主要用于直接改善农村生产生活条件。2007年，中央再次提出"三个继续高于"政策，年初预算用于"三农"的资金为 3917 亿元，比 2006 年增加了 520 亿元，增长 15.3%。所谓"三个高于"的政策，是国家规定的财政支农投入政策，即国家财政支农资金增

---

[1] 政策项目和数据的主要来源摘自中华人民共和国财政部编著：《公共财政与百姓生活》，中国财政经济出版社 2007 年版。

量要高于上年，国债和预算内资金用于农村建设的比重要高于上年，其中直接用于改善农村生产生活条件的资金要高于上年。"三个继续高于"政策，即财政支农投入的增量要继续高于上年，国家固定资产投资用于农村的增量要继续高于上年，土地出让收入用于农村建设的增量要继续高于上年。

在增加投入的同时，公共财政也改变了资金投入方式，改一些"间接"补贴为"直补"。如将补贴给粮食流通环节、用于平抑粮食市场波动的粮食风险基金，调整出一部分直接补贴给种粮农民；专门设置良种补贴、农机具购置补贴、农资综合直补，对退耕还林的农民给予粮食和现金补助等。

②农村税费改革方面。农村税费改革分两个阶段：

第一阶段，清费正税（2000—2003）。主要内容为"三取消，两调整，一改革"，即取消屠宰税，取消乡统筹费、农村教育集资，取消农村劳动积累工和义务工等专门面向农民的各种负担项目；调整农业税和农业特产税政策，按照"村村减负，户户收益"的要求，把原乡镇"五项统筹"的一部分收入并入农业税范畴，缴入国库；改革农村提留征收使用办法，村级经费通过农业税和农业特产税附加方式筹集，农民除了缴纳不超过 7% 的农业税和 1.4% 的农业税附加之外，不再承担其他任何费用。村内生产公益事业投入实行村民会议一事一议，上限控制。

第二阶段，取消农业税（2004—2006）。2004 年，改革了粮食流通体制，对种粮农民实行直接补贴；全面取消了除烟叶外的农业特产税；开展减免农业税试点，决定 5 年内取消农业税。2005 年，全面取消农业税，592 个国家扶贫开发工作重点县全部免征了农业税。2006 年，在全国范围内取消农业税。

通过两个阶段的改革，农民负担明显减轻，很多地方出现"零负担"，大大促进了农业生产，改善了农民收入。

③政策性财政补贴。概括起来，主要的补贴措施有：

——粮食直补。2004—2007 年，全国累计发放粮食直补资金 541 亿元。其中 2004 年 116 亿元、2005 年 132 亿元、2006 年 142 亿元、2007 年 151 亿元。

——良种补贴。2002 年，中央财政安排专项资金实施东北高油大豆良种补贴。目前，补贴品种扩大到优质专用小麦、水稻、玉米和高油大豆以及棉花等五大农作物，2006 年补贴面积扩大到 3.67 亿亩以上，补贴资金规模由 1 亿元提高到 41.54 亿元。

——农机具购置补贴。2004 年以来，公共财政安排的农机具购置补贴资金规模已经从 7000 万元增加到 12 亿元。

——农资综合直补。2006 年，中央财政安排 120 亿元补贴资金，通过粮食直补渠道，采取直接补贴方式发放给种粮农民。2007 年中央财政新增 156 亿元补贴资金，使农资综合直补达到 276 亿元。

——2007 年，针对全国大部分地区，特别是一些大中城市，猪肉价格上涨较快、涨幅较大。国家有关部门出台了一系列政策和措施，努力调控猪肉市场，建立补贴资金，解决猪肉价格上涨带来的民生问题。从财政来看，出台了 10 项支持政策，包括：能繁母猪补贴、能繁母猪保险、疫病防疫补助、生猪良种补贴、高致病性猪蓝耳病强制扑杀补偿、屠宰环节病害猪无害化处理补助、生猪调出大县奖励、完善生猪生产消费监测预警体系、增加猪肉储备规模、支持标准化规模养殖场基础设施建设等。生猪补贴政策，主要是保持连贯性，继续扶持生猪的持续发展。同时，为了促进生猪产业的健康发展，从 2008 年 7 月 1 日到 2009 年 6 月 30 日这一个年度内对能繁母猪的补贴标准翻了一倍，增加到每头 100 元。

——2007 年，国务院下发了《关于促进奶业持续健康发展的意见》，提出了六项财税扶持政策措施。一是继续执行奶牛良种补贴政策，扩大良种补贴范围。二是建立后备母牛补贴制度，对享受奶牛良种补贴改良后的优质后备母牛给予一次性补贴。三是将患布氏杆菌病、结核病而强制扑杀的奶牛纳入畜禽疫病扑杀补贴范围。四是将牧业机械和挤奶机械纳入农机具购置补贴范围。五是建立奶牛政策性保险制度。政府对参保奶农给予一定的保费补贴。六是加强对奶牛养殖户的信贷支持。

④粮食最低收购价政策。

2005 年早籼稻上市起，国家正式启动了粮食最低收购价政策。在早籼稻市场价格低于每公斤 1.4 元时，由国家指定的粮食经营企业按每公斤 1.4 元敞开收购；市场价格高于上述价格时，由取得经营资格的企业按实际市场价格收购。此后国家又相继启动了小麦、中籼稻、晚籼稻的最低收购价政策。

⑤加大农业综合开发。其主要措施有：

——支持中低产田改造，打造粮食生产核心区。1988—2006 年，中央财政累计投入农业综合开发资金 868.18 亿元，改造了 4.96 亿亩中低产田。从 2004 年开始，将每年中央财政新增农业综合开发资金的 80% 以上，用于农业主产区特别是粮食主产区。从 2004 年起，中央财政明确把用于改造中低产田的农业综合开发资金全部改为无偿投入。2006 年明确分四年核减 44.86 亿元有偿资金债务，重点核减粮食主产区和中西部地区债务。

——支持中型灌区节水配套改造，为改造中低产田提供灌排保障。2003—2006 年，中央财政投入了近 9 亿元农业综合开发资金，在全国建设了 112 个中型灌区节水配套改造项目。从 2007 年起，中央财政每年将安排资金 2.5 亿元，用于 60 至 70 处中型灌区的改造。

——支持农业产业化经营，促进农民增加收入。中央财政从 1994 年起，在农业综合开发资金中专门安排资金，采取有偿无偿投入相结合、贷款贴息、财政资金投资参股等方式，支持农业产业化经营发展，特别是重点扶持农产品加工龙头企业。同时，适当兼顾大棚种植、养鱼、秸秆养畜等高效种植养殖基地建设。据统计，2003—2006 年，中央财政投入农业综合开发资金 102.4 亿元，用于扶持农业产业化经营。

⑥"六小"工程。主要包括：

——2003—2006 年，中央财政共安排农村公路建设的投资 986.31 亿元。2007 年安排 50 亿元国债项目资金和 324 亿元车购税用于农村公路建设。

——2003—2006 年，中央财政共安排 127 亿元，主要工程措施包括打井提取地下水、引地表水和集蓄雨水。

——2006 年，中央财政投资 16 亿元，对 270 多个大型灌区进行节水改造。

——2003—2006 年，中央财政共安排 55 亿元，其中，2006 年安排国债资金 25 亿元，可新增农村沼气用户约 250 万户。

——2003—2006 年，国家实施小水电代燃料生态保护工程，总投资 1273 亿元，涉及 2830 万户、1.04 亿人口，新建小水电代燃料电站 2400 万千瓦。水电扶贫开发项目：在全国建设 400 个水电农村电气化县，规划总投资 543 亿元，涉及 2 亿人口，面积 200 万平方公里。近年来，中央预算每年基本建设投资安排 3 亿元。送电下乡光明工程：规划投资 40 亿元，计划 2010 年前解决边境地区乡村用电问题。

——根据《全国草原生态保护建设规划（2003—2007 年）》，国家财政投入 232.5 亿元，实现 5 年围栏面积 10.26 亿亩的目标。2003—2006 年中央财政已安排资金 76 亿元。2003 年在西部 7 省（自治区）启动了退牧还草工程试点，计划 5 年完成天然草原退牧还草 10 亿亩，共需中央补助投资 120 亿元左右。

⑦小型农田水利工程。

中央财政结合农村实际情况，借鉴以前的经验，提出了以"民办公助"盘活"小农水"的新思路。

⑧农民专业合作组织。

从 2003 年起，中央财政设立支持农民专业合作组织发展专项资金，为农民专业合作组织开展的专业技术、管理培训和提供信息服务、组织标准化生产等方面提供资金支持。截至 2005 年年底，共安排资金 1.5 亿元，在全国 31 个省（自治区、直辖市）支持农民专业合作组织 800 多个。

⑨阳光工程。

2004 年，阳光工程启动之时，中央财政设立了专项资金，目前已累计安排资金 21.5 亿元，支持各地特别是农村劳动力输出大省、革命老区、贫困地区开展农村劳动力转移培训，支持农民根据自己的意愿，学习机械制造、电子电器、焊工、计算机应用、驾驶与维修、服装缝纫与加工、建筑装饰、餐饮旅游服务业等行业技能。

⑩科技兴农。主要措施有：

——2006 年，中央财政安排"科普惠农兴村计划"专项资金 5000 万元，对评选的 100 个农村专业技术协会、100 个农村科普示范基地、100 名农村科普带头人和 10 个少数民族科普工作队进行了奖励。

——"科技富民强县专项行动计划"。2005 年，中央财政安排专项资金 1 亿元，支持了 89 个试点县（市）；2006 年安排了 2 亿元，支持了 134 个试点县（市）。

——从 2005 年起，国家安排专项资金，积极推进测土配方施肥工作。财政主要是对承担测土配方施肥任务的农业技术推广机构和加工配方肥的企业进行测土、配方、配肥等环节所发生的费用给予适当补贴。

⑪税收优惠。

从 1996 年开始实施的良种进口税收优惠政策，主要是对进口种子（苗）、种畜（禽）、鱼种（苗）和非营利性种用野生动植物种源免征进口环节增值税。2001—2006 年，我国免税引进的水产苗种数量超过 16 亿尾（只/枚/粒），总金额 1.8 亿美元，免征进口环节增值税 0.234 亿美元。

⑫发展农村金融事业。

2003 年开始，国家决定进行深化农村信用社改革试点工作，并批准对 1994—1997 年亏损农村信用社实际支付的保值储蓄补贴息，由国家财政分 3 年予以补贴，29 个试点地区共补贴了 88.01 亿元。

从 2003 年 1 月 1 日起至 2005 年年底，对中西部地区试点的农村信用社一律暂免征收企业所得税；对东部地区试点的农村信用社，一律按其应纳税额减半征收企业所得税等一系列优惠政策。此项政策在到期后又延长 3 年。另外，从 2003 年 1 月 1 日起，对改革试点地区的农村信用社减按 3% 的税率（法定为 5%）征收营业税。

2007 年，中央财政安排了 10 亿元资金，在内蒙古、吉林、江苏、湖南、新疆和四川等6个省（自治区）开展中央财政农业保险保费补贴试点工作。中央财政确定的补贴险种以"低保障、广覆盖"为原则确定保障水平，在试点省份省级财政部门承担25%的保费后，中央财政再承担25%的保费。

⑬财政扶贫。

2003—2006年，中央财政累计投入财政扶贫资金503亿元，年均增长6.62%。同期，地方财政投入扶贫资金140亿元左右。同时，设立了支持贫困少数民族地区的专项资金，对这些地区给予特别照顾。2003—2006年，中央财政预算安排少数民族地区发展资金19.4亿元，用于推进兴边富民行动、扶持人口较少民族发展、改善少数民族群众生产生活条件等。

⑭"万村千乡"市场工程。

从2005年起，中央财政安排专项资金2.04亿元，支持"万村千乡"市场工程项目建设。2006年，又拨付3.29亿元用于这一工程建设。

⑮基层组织活动场所建设。

2006—2007年，中央财政投入资金14.5亿元，直接支持村级组织活动场所建设。

（2）社会保障

2003—2006年，全国财政社会保障支出由2656亿元增加到4338亿元，年均增长18%，占财政支出的比重约为11%。

①基本养老保险。

从2003到2006年，中央财政累计补助养老保险基金2321亿元，年均增长17.4%。1999—2006年，国家连续6次调整企业离退休人员基本养老金的标准，每次养老金标准调整中央财政都给予了补助。以2006年为例，中央财政对中西部地区和老工业基地调整标准所需资金给予40%补助，共计补助179亿元。

②城市最低生活保障。

从1999年起，中央财政不断加大城市低保资金的投入力度，重点对中西部地区和老工业基地给予支持。2003—2006年，各级财政共拨付城市低保资金 774 亿元，其中中央财政 442 亿元。

③下岗职工再就业。

国家先后制定出台了税费减免、小额担保贷款、社会保险补贴等一系列的财税政策，全方位帮助下岗失业人员实行再就业。同时还通过相关税费政策，鼓励企业吸纳就业，创造更多的就业岗位。

全国各级财政就业再就业资金从 2003 年的 99 亿元增加到 2006 年的 339 亿元，年均增长 51%。其中中央财政共支出 428 亿元。

④国有企业下岗职工基本生活保障。

为保证下岗职工基本保障生活资金来源，国家明确规定，独立核算的盈利企业和国有参股、控股企业，原则上都由本企业负担；亏损的国有企业，实现财政预算、企业负担和社会募集（包括从失业保险基金中调剂）各分担 1/3。中央财政对中西部地区和老工业基地给予一定的支持，2003—2005 年，各级财政共支出下岗职工基本生活保障资金 524.09 亿元，其中中央财政支出 421.83 亿元。

中央财政还千方百计安排破产补助资金，妥善解决破产企业职工的切身利益问题。1999—2006 年，中央下放地方的煤炭、有色金属和军工企业，共实施关闭破产企业 1000 多户，中央财政累计拨付关闭破产补助资金逾 1000 亿元，妥善安置了破产企业职工 322 万人。

⑤农村最低生活保障。

截至 2006 年年底，全国已有 25 个省（自治区、直辖市）2133 个县（市），建立了农村最低生活保障制度，其他省份正在部分试点的基础上加快建设步伐，全国农村最低生活保障对象已达 1509 万人；地方各级财政全年累计发放保障金 41.6 亿元，比 2005 年增加 16.3 亿元，增长 64%，月人均补助水平为 33.2 元，比 2005 年增加 3.2 元，增长 11%。

⑥农村五保供养。

2006 年 1 月 21 日，国务院颁布了新修订的《农村五保供养工作条例》。相比原条例，新条例将五保供养经费由乡村农村集体经济组织负担转变为列入政府财政预算，实现了五保供养从传统农民互助共济模式向现代社会保障模式的转变。

2006 年，各级地方财政共支出农村五保供养资金 41.1 亿元。

⑦灾害救助。

1999 年，财政部、民政部开始着手建立中央救灾物资储备，中央财政安排资金共计 9.7 亿元，用于采购帐篷、衣被等救灾物资。据统计，2003—2006 年中央财政共计安排救灾支出 175 亿元。

⑧农民工和失地农民。

2006 年，中央财政在安排地方的就业补助资金中，就包括了向进城农民工提供免费职业介绍和职业培训补贴的资金。

⑨计划生育奖励。

从 2004—2006 年，中央财政共安排资金 10.11 亿元，中西部地区开展农村计划生育奖励扶助制度，受益人群已由 2004 年的 35.3 万人增加到 2006 年的 185.6 万人。

2006 年，国家决定在内蒙古、海南、四川、云南、甘肃、青海、宁夏、新疆等 8 个省（自治区）全面实施西部地区计划生育"少生快富"工程，并进一步明确了"少生快富"工程的实施范围、目标人群、奖励标准、资格审核、资金管理等基本政策和基本要求。同时，设立了"少生快富"工程财政专项资金，由中央和地方财政纳入年度预算予以安排。中央财政按每对夫妇奖励 3000 元的标准负担 80%，地方财政负担 20%。截至 2006 年年底，中央和地方财政共安排 5.6 亿元资金组织实施"少生快富"工程。其中，中央财政安排了 2.19 亿元。

⑩库区移民安置。

从 2006 年 7 月 1 日起，国家决定对大中型水库移民实施统一的后期扶持政策，加大后期扶持力度。

⑪军转干部和军队退役人员安置。

2003—2006 年，中央财政安排抚恤事业费共计 265.6 亿元，同时安排医疗补助资金 16.3 亿元。

从 1980 年起，军队离退休干部、无军籍退休退职职工移交地方政府安置。各级财政及时安排资金落实安置对象待遇，2006 年，中央财政安排资金 92 亿元，用于移交政府安置的军队离退休人员的离退休费、医疗保障、服务管理等，保障其生活待遇与军队同职级人员同步增长。中央财政还安排了安置培训等补助经费，对农村住房困难的伤病残退役士兵给予补助。

在税收政策方面，对安置随军家属、军队转业干部以及城镇退役士兵达到一定比例并符合其他规定条件的企业，给予 3 年内免征营业税、企业所得税等照顾；对从事个体经营的随军家属、军队转业干部以及城镇退役士兵，给予 3 年内免征营业税、个人所得税等照顾。

（3）教育

①教育投入。

据统计，全国财政性教育经费从 1991 年的 617.83 亿元，增长到 2005 年的 5161.08 亿元，增长了 7.35 倍，年均增幅达 16%。特别是从 2003 年开始，中央财政除了在年初预算安排时，教育经费的增长达到法定增长的要求以外，在年度预算执行中再根据超收情况，相应追加了教育经费。2004 年，财政部又明确要求各级财政部门加大财政投入力度，以确保全国预算执行结果实现预算内教育经费拨款的增长高于财政经常性收入的增长。

②农村义务教育经费保障机制改革。

2006 年起，在公共财政的支持下，我国开始了农村义务教育经费保障机制改革。2006—2010 年，不包括教师工资增长因素，中央和地方各级政府 5 年间将累计新增经费 2182 亿元。

2006 年，中央财政落实改革资金 150 亿元，包括免学杂费资金 62 亿元、补助公用经费资金 14 亿元、校舍维修改造资金 34 亿元、免费提供教科书资金 28 亿元等，对西部地区体现了"中央拿大头"的原则。各地也确定了地方各级政府应承担的比例，共落实改革资金 211 亿元。

这次改革构建了公共财政支持农村义务教育的基本框架和管理系统，通过"分项目、按比例"的方式，明确了中央与地方在经费投入方面的责任，且中央财政对中西部地区以及东北地区不同的分担比例，充分体现了对地方的支持。

③"两基"攻坚计划。"两基"是基本普及九年义务教育和基本扫除青壮年文盲的简称。近年来的主要措施是：

——农村寄宿制学校建设工程。2004年起，用4年左右时间，中央财政投入100亿元，帮助西部地区新建、改扩建一批以农村初中为主的寄宿制学校。同时，在合理布局、科学规划的前提下，加快对现有条件较差的寄宿制学校和不具备寄宿条件而有必要实行寄宿制的学校进行改扩建的步伐，使确需寄宿的学生能进入具备基本条件的寄宿制学校学习。

——农村中小学现代远程教育工程。为解决我国中西部地区农村在教学条件、教育资源、教师水平和教学质量等方面与发达地区存在巨大差距的问题，国家决定从2003年起，用5年左右的时间，中央投入50亿元，实施现代远程教育工程。工程通过运用现代信息技术，把优质教育资源送到偏远农村、山区学校，以促进城乡优质教育资源共享，提高农村教育质量和效益，加强教师培训提高教学质量，缩小东、中、西部的教育差距，实现基础教育的均衡发展。

2003—2004年，教育部、国家发改委、财政部共同实施了工程的试点，到2006年年底，总共投入资金80亿元（其中中央财政投入40亿元），覆盖农村中小学生1.2亿元。

——农村义务教育阶段学校教师特设岗位计划。为了尽快给西部"两基"攻坚县的农村学校培养出一批高质量的教师，按照党中央、国务院的部署，教育部、财政部、人事部和中央编办联合启动实施了农村义务教育阶段学校教师特设岗位计划。

中央财政设立专项资金，用于特设岗位教师的工资性支出，并按人均年1.5万元的标准，与地方财政据实结算。

——新农村卫生新校园建设工程。从2006年起，财政部、教育部和农业部联合启动"新农村卫生校园建设工程"试点工作，由中央财政安排资金2亿元，在河北、福建、江西、湖北、广西、海南、重庆、四川、云南、陕西等 10 省（自治区、直辖市）开展试点。

④困难学生资助政策体系。

义务教育阶段：农村已实现"两免一补"，2008 年将在城市逐步实行。

非义务教育阶段：中等职业学校困难学生可享受国家助学金的资助；普通高中困难学生可享受地方政府以及各种社会力量设立的奖学金等资助。就读普通本专科学校和高等职业学校的困难学生，可享受国家奖学金、国家励志奖学金、国家助学金、国家助学贷款和勤工助学等多种方式并举的资助政策。

初步统计，在义务教育阶段"两免一补"政策之外，公共财政每年至少还有安排资助家庭经济困难学生的专项经费 308 亿元左右。

⑤职业教育。

2002 年，中央财政安排了 2.1 亿元职教专款，重点用于支持示范性职业院校教学、实习和实训所必需的图书、仪器设备的购置，以提高其实习实训等实践教学的水平。2003 年，中央财政进一步加大了支持力度，增加了示范校数量，支持建设部分职教实训基地和骨干专业。同时，对职业学校设立的主要为在校学生提供实习场所、由学校出资自办、由学校负责经营管理、经营收入归学校所有的企业，实行了税收优惠政策。2004 年，教育部、财政部等七部委联合发文，设立专项资金支持各地的职业教育基地建设。

"十一五"期间，中央财政将重点支持职业教育基础能力建设。主要包括：一、实施职业教育实训基地建设计划。二、实施县级职教中心建设计划和高水平示范性中等职业学校建设计划。三、实施高水平示范性高等职业院校建设计划。四、实施职业院校教师素质提高计划。

⑥大学教育。

"十五"期间，中央财政分别安排"211 工程"和"985 工程"专项资金 60 亿元和 158.86 亿元。"十五"期间，中央财政总计安排中央高校修购专项资金、中央与地方共建高校专项资金、中央在京高校学生宿舍建设资金 177.6 亿元。从 2006 年起，实施高等学校本科教学质量与教学改革工程，"十一五"期间公共财政预算投入为 25 亿元左右。

（4）医疗卫生

①卫生投入。

2005 年政府卫生投入比 1980 年增长了 29 倍，而同期财政收入增长了 26 倍，政府卫生投入增长速度快于财政收入增长速度。特别是 2003 年"非典"疫情以后，政府卫生投入增长更为明显。2006 年全国财政卫生支出为 1312 亿元（不含基本建设支出），比 2002 年增长了 107%，4 年年均增长约 20%，高于同期财政支出年均增长速度。主要有：

——加大公共卫生投入。2003—2006 年，中央财政共安排公共卫生专项资金 143 亿元，支持地方公共卫生体系建设。从 2007 年起，中央财政对中西部地区按城市人口人均一定经费安排补助，地方各级财政也相应安排补助经费，建立城市社区公共卫生经费保障机制。

——支持建立健全基本医疗保障制度。2003 年国家推行了新型农村合作医疗制度和农村医疗救助制度建设，2005 年开始推行城市医疗救助制度试点，2007 年推行城镇居民基本医疗保险的试点。

——强化基层卫生服务体系建设。2006 年，国家制定了《农村卫生服务体系建设与发展规划》。中央重点支持的建设项目总投资 216.84 亿元，其中中央财政安排投资 147.73 亿元，其余 69.11 亿元由地方安排。中央财政重点支持西部地区的乡镇卫生院，贫困县、民族自治县、边境县的县医院、县中医院、民族医院和县级妇幼保健机构的建设。

②免费防治重大传染病。

2003 年起，国家出台实施了"四免一关怀"政策，支持防治艾滋病。国家连续制定并实施了三个《全国结核病防治十年规划》。财政部门与有关部门一起，密切配合、分工协作、群防群控，逐步形成了"政府领导、部门配合、社会参与"的血吸虫病防治工作机制。国家陆续下发血防规划，财政全力保证血防经费投入，有力地保障了血吸虫病防治工作的开展。

③财政应急保障机制。主要措施有：

——2003 年，国家建立了 20 亿元的"非典"防治专项基金。财政部门共拨付了"非典"防治经费 14.9 亿元。中央财政还以各种形式的优惠、免费、补助政策，确保防治工作的顺利进行。对受到影响的行业、企业，出台了相关的税收优惠政策措施。

——禽流感疫情发生后，国家设立了 20 亿元的高致病性禽流感防控基金。2005 年，中央财政除了安排 1.01 亿元禽流感等重大动物疫病监测经费外，还安排了疫苗补助费、扑杀补助费、消毒无害化处理及边境隔离措施建设补助费、禽流感新型疫苗研制费、人防禽流感费、野生候鸟监测费等禽流感防治经费 6.8 亿元。2006 年，中央财政安排禽流感强制免疫、强制扑杀补助、消毒无害化处理、边境隔离带建设等方面支出 9.1 亿元。2005 年，中央财政出台了禽流感贴息政策，明确由国家对家禽企业向银行贷款的利息，给予一定程度的补贴，对确定的重点家禽养殖、加工企业，国家财政对其流动资金贷款给予贴息。2006 年，财政部两次延长贴息期限，并且将贴息范围扩大至禽流感疫苗定点生产企业，全年共对 260 户重点家禽养殖、加工和疫苗生产企业贴息 3.8 亿元。

④新型农村合作医疗制度。

2003 年，新型农村合作医疗制度建立之初按照三个"10 元"的标准筹资，即农民个人每年缴费标准不低于 10 元，地方财政资助标准不低于 10 元，中央财政对中西部地区除市区外的参合农民每年按人均 10 元安排补助资金的标准进行筹资。从 2006 年开始，为了进一步提高农民参合的积极性和保障水平，中央和地方财政对参合农民每人每年补助提高到 20 元，而农民缴费水平不变。2003—2006 年，中央财政安排新型农村合作医疗补助资金达 55 亿元。

⑤城镇居民基本医疗保险。

城镇居民基本医疗保险借鉴新型农村合作医疗的成功做法，通过个人或家庭筹资、政府财政补助、特殊困难群体政府救助，发挥政府财政资金的引导作用，发挥合作医疗的相互帮扶作用，主要集中解决居民住院、大病等费用负担较重的问题。

⑥城乡医疗救助。

2003年和2005年，我国分别在农村和城市开展了医疗救助试点工作。截至2006年年底，全国所有有农业人口的县（市、区）都已基本建立了农村医疗救助制度，有1865个县（市、区）进行了城市医疗救助试点，约占全国总数的65%。2006年，中央财政安排补助地方城乡医疗救助资金14.3亿元，比上年增长138%；地方财政预算安排医疗救助资金27亿元，较上年增长66%。当年，全国累计支出农村医疗救助资金15亿元（其中资助参加新型农村合作医疗2.5亿元），比上年增长39%；累计支出城市医疗救助资金10.2亿元，比上年增长96%。

⑦提高农村卫生服务能力。主要包括：

——公共卫生项目建设。从2003年起，中央财政设立了公共卫生专项资金，用于突发公共卫生事件医疗救治体系、疾病信息网络体系、卫生执法监督体系、疾病预防控制体系建设和重大疾病预防控制工作。2003—2006年，中央财政共投入了143亿元的公共卫生专项资金。

——"万名医师支援农村卫生工程"。2004—2006年，中央财政分别安排项目资金0.97亿元、1.35亿元、2.68亿元，用于对派出医院支付派出医生工资、津贴和适当补贴的补助。

⑧社区卫生服务。

各级财政新增城市卫生投入近几年主要用于发展社区卫生服务，从2006年起，中央财政开始支持实施社区卫生人才培养项目。从2007年起对中西部地区按社区服务人口人均3元或4元的标准给予了资金补助，帮助困难地区发展社区卫生服务。

⑨发展中医药技术。

多年来，国家逐年增加对中医事业的投入。中央财政除每年安排中医药事业正常经费外，自1986年开始还专门设立了中医专科，每年安排6500万元，用于全国的中医临床重点学科建设、中医人才培养及支持贫困地区和西部地区中医药事业发展。2004—2006年，中央安排农村中医药服务能力建设专项资金 5.5 亿元。

⑩食品药品监督管理。

中央财政安排了总额为 5 亿元的中央补助地方药品监督机构建设专项经费。从 2001—2006 年，共安排 12.5 亿元资金，专项用于地市级和县级药品监督管理机构的开办费和执法装备、重点地市级药检所检验装备、省级药品检验机构药品检验装备，为地市级和重点县级食品药品监督机构装备药品快速检测车及车载检测工具、农村药品"两网"建设、医疗器械检验机构检验能力建设等。中央和地方财政专门安排 2.89 亿元专项资金，为 290 个地市和 50 个药品监督任务重的县配备了药品快速检测车。此外，中央财政安排 1585 万元，用于药品快检车的前期开发、安排 166 万元用于药品快检车操作人员的培训。

（5）文化方面

①广播电视"村村通"。

1998—2002 年，中央财政共投入建设资金 4.5 亿元，对全国 592 个国家扶贫开发工作重点县给予补助，地方配套投入资金 13.1 亿元，解决了 11.7 个行政村 7000 多万农村群众收听中央一套广播和收看中央、省第一套电视的问题。2004—2005 年，中央财政共投入建设资金 7.5 亿元，对中部 11 省国家扶贫开发工作重点县和西部 12 省（自治区、直辖市）给予补助，地方配套资金 8.9 亿元，共完成 8.6 万个 50 户以上自然村和新通电行政村"村村通"工程建设任务，并修复了 1.2 万个"返盲"行政村"村村通"工程。2006 年，中央财政安排农村中央广播电视节目无线覆盖专项资金 5 亿元，2007 年计划投入 25 亿元，力争在 2008 年 6 月提前实现"十一五"中央广播电视节目无线覆盖目标，让广大农民群众收听收看到北京奥运会节目。

②文化信息资源共享工程。

2002 年 4 月，文化部、财政部正式启动文化共享工程。截至 2006 年年底，全国财政已累计投入资金 6.27 万元，其中，中央财政累计投入 2.44 亿元，地方财政累计投入 3.83 亿元，确保了共享工程的顺利实施。

2007—2010 年中央财政计划投入 24.7 亿元，力争 2010 年实现"村村通"的目标。

③农村电影放映工程。

"十五"时期，国家组织实施了农村电影放映工程，并将边疆民族地区农村电影放映纳入广播电视西新工程建设内容。2000—2005 年，中央累计投入资金 2.38 亿元，各省财政安排 8500 万元，重点扶持了中西部 22 个省（自治区、直辖市）的 632 个国家级贫困县和革命老区、边疆民族地区贫困县开展农村电影放映活动，帮助其购置电影设备和拷贝，同时为西藏、新疆等 8 个少数民族语译制中心更新了民族电影译制设备。2006 年，国家分别在东中西部 8 个省（自治区）所属地（市）开展了农村电影改革发展暨数字化放映试点。中央和试点省、市财政共计安排专项资金 1.27 亿元，主要用于购置数字放映设备和卫星接收设备、发放场次补贴等。

④送书下乡工程。

2002 年，国家决定实施送书下乡工程，实行"专家选书、财政埋单"，于 2002 年 12 月 8 日在革命圣地西柏坡正式启动。送书下乡工程实施以来，中央财政累计投入 8000 万元，已向 592 个国家扶贫开发工作重点县图书馆、6641 个乡镇文化站赠书 649 万册，平均每个县馆获赠图书 1 万余册，每个乡镇文化站获赠图书 1000 余册。

⑤流动舞台车工程。

流动舞台车工程是继国家实施广播电视"村村通"、全国文化信息资源共享、农村电影放映工程等农村文化工程之后的又一重大工程。为实施这些工程，2005 年和 2006 年中央财政两年共安排资金 1 亿元。2007—2010 年，中央将按照不低于现有资金规模量（每年 5000 万元）安排经费，即到"十一五"期末中央财政实施的流动舞台车工程专项资金将达到 3 亿元。

⑥扶持农村自办文化。

公共财政通过以奖代补的形式激励更多人参与农村自办文化建设。

2006 年中央财政下达农村文化以奖代补资金 6119 万元，地方财政也给予大力支持。

⑦扶持动漫产业。

根据《关于推动我国动漫产业发展的若干意见》（国办发［2006］32号）精神，中央财政设立扶持动漫产业发展专项资金，主要用于支持优秀动漫原创产品的创作生产、民族民间动漫素材库建设、动漫公共技术服务体系建立等我国动漫产业链发展的关键环节。

同时，采取鼓励国产动漫发展的财税政策。

⑧奥运会专项资金。

中央财政从 2002 年开始设立"备战 2008 年奥运会专项资金"共投入20.2 亿元，专项用于国家队运动员备战保障，体育总局直属奥运场馆维修改造。

⑨文化和遗产保护。

全国重点文物保护专项经费从"九五"期间的 6.08 亿元增加至"十五"期间的 12.57 亿元，大批濒危的古遗址、古墓葬、古建筑、石窟寺和重要的出土文物得到有效抢救和保护，在国内外产生重要影响。

2005 年，中央财政设立了大遗址保护专项资金，安排专项经费 2.5亿元，2006 年又进一步加大投入力度，安排大遗址保护专项资金 3.8 亿元。2005—2010 年，中央财政计划安排大遗址保护专项资金 22.5 亿元。

中央财政于 2002 年设立了国家重点珍贵文物征集专项经费。从 2002年起，每年拨付 5000 万元用于征集流失海外和民间的珍品文物。

国家专门实施了文物调查及数据库管理系统建设项目，在项目实施中，中央财政主要负担中央及省级数据库建设经费和数据采集设备经费，地方财政负担数据采集工作经费。

2002 年，财政部与文化部共同启动实施了中华再造善本工程，至2006 年累计投入资金 2 亿元，利用现代印刷技术仿真复制出版了 758 种8990 册唐宋金元时期珍稀古籍善本，并向省级以上公共图书馆和具备条件的大学图书馆分别赠送了 1 套。中央财政还设立了"中华古籍保护计划"专项资金。

自 2003 年起，中央财政设立了"中国民族民间文化保护专项资金"，至 2005 年共计安排 6500 万元，用于开展民族民间文化遗产普查，制定保护规划，建立健全保护制度等。此资金后更名为"国家非物质文化遗产保护专项资金"，2006 年，中央财政安排资金 8000 万元。

（6）住房方面

廉租房。截至 2006 年年底，全国用于城镇廉租住房保障资金达 70.8 亿元。其中，财政预算安排 32.1 亿元，占 45.3%；住房公积金增值收益安排 19.8 亿元，占 28.0%；土地出让净收益安排 3.1 亿元，占 4.4%；社会捐赠 0.2 亿元，占 0.3%；其他资金 15.6 亿元，占 22.0%。

（7）社会安全方面

①公安机关建设。

近 3 年来，中央财政专门下拨 15.37 亿元国债资金用于西部地区 6669 个无房派出所办公用房建设。2004—2006 年，中央财政拿出专项补助资金近 20 亿元，通过政府集中采购、统一配发的形式，为全国特别是中西部贫困地区的公安基层派出所配发警车 2 万多台。

②"148"法律热线。

中央财政先后拨款 4000 万元，用于"148"法律服务专用电话建设，地方财政将"148"法律服务电话维护费用列入预算，给予重点扶持。全国每年有 1000 余万元的财政支出专门用于"148"法律服务专线。

③普法宣传。

从 1998 年开始，中央财政每年安排补助地方专款用于普法宣传车和普法宣传设备的购置。2003 年，中央财政专款支持司法部开通中国普法网。2005 年，全国普法宣传费支出达到 1.6 亿元，比 2002 年增长 40%。

④人民监督员、人民陪审员工作经费。

2006 年 2 月，财政部在《关于印发政府收支分类改革方案的通知》中，将人民监督员经费列入"检察"支出，从而为解决人民监督员制度的经费保障问题提供了根本的政策和制度保障。

财政部、最高人民法院 2005 年联合下发了《关于人民陪审员经费管理有关问题的通知》，明确规定必须保障人民陪审员的交通补助费、培训费、资料费、无固定收入人民陪审员的生活补助费等经费的发放。

⑤基层人民法庭建设。

中央财政自 1998 年开始设立"中央政法补助专款"，同时，各地财政部门也设立了相应的配套资金。目前，仅中央财政每年拨付的专款总额已超过 10 亿元。

⑥司法救助和法律援助。

公共财政承担了诉讼费用减、缓、免交的成本，全国每年减、缓、免交诉讼费平均达 15 亿元。

2005 年和 2006 年，中央财政每年拿出 5000 万元的资金专门用于贫困地区的法律援助办案。

⑦调解。

1986 年，财政部和司法部联合出台文件，明确了调解工作业务费开支范围和调解人员补贴经费。2006 年出台的《关于基层司法行政机关公用经费保障标准的意见》，再次明确将人民调解工作经费纳入财政保障范畴。

（8）提高个人收入

为确保企业离退休人员调整基本养老金政策落到实处，对财政确有困难的中西部地区和老工业基地，由中央财政通过专项转移支付方式予以适当补助，为此，2006 年中央财政增加支出 179 亿元。1998—2005 年，优抚对象抚恤补助标准 7 年提高了 7 次。从 2006 年 1 月 1 日起，国家再次调整中央财政负担经费的优抚对象抚恤补助标准：一至十级残疾人员残疾抚恤金标准平均增幅达 30%；中央财政按月人均 20 元增加了在乡老复员军人生活补助资金；提高带病回乡退伍军人生活补助标准。为此，中央财政共增加支出 22 亿元。2006 年，进一步提高了城市居民最低生活保障补助水平，中央财政为此增加支出 24 亿元。

（9）生态环境建设

①生态建设和环境保护工程。

在退耕还林（草）、天然林保护、森林生态效益补偿等重大生态建设和环境保护工程方面，公共财政投入大量资金。截至 2006 年，累计为退耕还林（草）工程投入 1388.78 亿元，为天然林保护工程投入 753.91 亿元，为国家森林生态效益补偿基金投入 100 亿元。

②生物能源和生物化工。

公共财政综合运用投资、税收、补贴等手段，为生物能源和生物化工建立了财税政策保障机制，创造了良好的发展环境。主要措施涉及原料基地补助政策、弹性亏损补贴政策、非粮示范补助、税收优惠等。

总体看来，公共财政阳光越来越多地照耀到广大人民群众。2008 年财政将较大幅度增加对社会保障、卫生、教育、住房保障等方面的支出。这一年中，我国将全面实施城乡免费义务教育。教育部直属师范大学将继续实行师范生免费教育，普通本科高校、高等职业学校和中等职业学校家庭经济困难学生资助政策将全面落实。医疗卫生体制改革将成为 2008 年的重点任务。我国将推动深化医疗卫生体制改革试点工作，支持建立公共卫生、医疗服务、医疗保障、药品供应保障四个体系。中央和地方财政对新型农村合作医疗和城镇居民基本医疗保险的补助标准将从原先的 40 元提高到 80 元，城乡最低生活保障制度也将进一步完善，企业职工基本养老保险个人账户试点将扩大。中央财政将安排廉租住房保障专项补助资金，加快解决城市低收入家庭住房困难。

2. 从一些领域的年度数据看近年民生财政的力度

从 2003 年到 2007 年五年来公共财政的支出方向，可以清晰地看出党中央、国务院关注民生、重视民生、解决民生问题的进程①。其主要表现在如下几个方面的财政支出增长：

（1）"三农"投入逐年加大，农民得到真正实惠

——2003 年：全面推进农村税费改革试点范围由 20 个省份扩大到了

①《从五年公共财政支出看民生改善进程》，http://www.xinhuanet.com2008－03－07。

全国，农民平均负担减轻 30% 以上；北京、福建、广东等十几个省市基本取消了农业特产税；中央财政安排农业科技进步、农产品质量安全体系建设、农业综合开发、扶贫开发等投入 440 亿元；中央财政新增教育、卫生、文化支出 67 亿元，主要用在农村。

——2004 年：中央财政追加 156.04 亿元支农支出；中央财政落实"两减免三补贴"政策共安排补助支出 313.2 亿元；主动配合调增用于农业的国债项目资金，安排 380 亿元；下半年起提高企业退休人员基本养老金标准增支 22.5 亿元，追加城市低保补助资金 10 亿元等。

——2005 年：中央财政用于"三农"的支出达 2975 亿元，比 2004 年实际执行数增加 349 亿元，增长 13.3%。

——2006 年：中央财政用于"三农"的各项支出共 3397 亿元（不包括用石油特别收益金安排的对种粮农民综合直补 120 亿元），比 2005 年增加 422 亿元，增长 14.2%。

——2007 年：中央财政用于"三农"的各项支出合计 4318 亿元，增长 23%。

——2008 年：中央财政预算计划支出 5625 亿元，较 2007 年增长 30.3%。

（2）教育优先发展，上学不再"难"

——2003 年：中央财政教育、卫生、科技、文化、体育事业投入 855 亿元，比上年增加 94 亿元；安排专项投资 20 亿元，继续支持农村中小学危房改造工程等。

——2004 年：全国教育支出增加 421.89 亿元，增长 14.4%。其中，中央财政教育支出增加 43.23 亿元，增长 15%。

——2005 年：全国教育支出 3591.59 亿元，增长 17.4%。中央财政负担的教育支出 384.38 亿元，增长 15.9%。

——2006 年：全国财政教育支出 4752.7 亿元，增长 19.6%。其中，中央财政教育支出 536 亿元，增长 39.4%。

——2007 年：中央财政用于教育支出 1076.35 亿元，增长 76%。

——2008 年：中央财政预算计划用于教育的支出 1561.76 亿元，增长 45.1%。

（3）"看病难、看病贵"状况逐步得到改变

——2004 年：安排公共卫生专项资金 40 亿元，支持疾病预防控制体系、医疗救治体系、农村卫生服务体系能力建设等；安排补助资金近 2 亿元，实施"农村部分计划生育家庭奖励扶助制度"试点工作。

——2005 年：全国财政医疗卫生支出 1026.99 亿元，增长 20.2%。新型农村合作医疗制度试点范围由 2004 年全国县（市、区）的 11.6% 扩大到 2005 年的 23.5%。

——2006 年：中央财政医疗卫生支出 138 亿元，增长 65.4%。

——2007 年：中央财政用于医疗卫生支出 664.31 亿元，增长 296.8%。

——2008 年：中央财政安排用于医疗卫生的预算支出 831.58 亿元，比 2007 年增长 25.2%。

（4）就业社保投入持续增加，民生之本更坚实

——2003 年：中央财政设立再就业专项转移支付资金 47 亿元，促进了就业和再就业目标的超额完成；中央财政共安排"两个确保"补助资金 608 亿元，比上年增长 13.1%，安排"低保"补助资金 92 亿元，比上年增长 100%。基本保证了国有企业下岗职工基本生活费和企业离退休人员基本养老金按时足额发放，使 2235 万城镇低收入居民得到了政府最低生活保障补助。

——2004 年：中央财政增加再就业补助资金 22.25 亿元，增长 54.6%；中央财政用于下岗职工基本生活保障补助资金 144 亿元，确保了下岗职工基本生活费按时足额发放；中央财政用于养老保险专项转移支付资金 524 亿元，确保了企业离退休人员基本养老金按时足额发放。

——2005 年：全国财政就业和社会保障支出 3649.27 亿元，增长 17.1%。其中，中央财政社会保障支出 1623.59 亿元，增长 10%。

——2006 年：全国财政就业和社会保障支出 4337.65 亿元，增长

17.3%，完成预算的 109.1%。其中，中央财政社会保障支出 2010.02 亿元，增长 22.9%。

——2007 年：中央财政用于社会保障和就业支出 2303.16 亿元，增长 13.7%。

——2008 年：中央财政预算计划安排用于社会保障和就业支出 2716.61 亿元，增长 24.2%。

第三节　在科学发展观指导下和公共财政框架下完善民生财政的展望

构建和谐社会，要建设公共服务型政府，进一步健全和完善民生财政，让百姓共享社会和谐带来的实惠。

1. 财政支出重点要进一步倾向民生，努力实现既定的目标[①]

按照党的十七大提出的全面建设小康社会奋斗目标的新要求，结合我国具体国情和经济社会发展的可能趋势，我们设想的改善民生总体目标是：把为全国居民提供高水平、全覆盖、大致均等化的民生作为构建和谐社会的重要目标，力求实现民生与国民经济和社会事业同步发展，鼓励其适度超前发展；到 2020 年，基本建成覆盖城乡、功能完善、分布合理、管理有效的社会公共服务体系，民生福利事业较为发达，辐射能力增强，基本公共服务均衡发展，部分发达地区率先达到国际发达城市的公共服务平均水平。同民生相关的各主要领域具体目标，可定位如下：

（1）优先发展教育

2010 年教育发展的主要目标：全国人均受教育年限达到 10 年，城乡教育差距显著缩小；高标准、高质量均衡发展基础教育。小学、初中适龄

---

① 本节主要摘引自高培勇主编：《财政与民生》，中国财政经济出版社 2008 年版。

人口入学率分别达到99.9%、99.5%，高中阶段教育毛入学率达到90%，学前三年教育毛入学率达到90%；突出职业教育地位，办出职业教育的特色，新增劳动力接受职业教育培训比例达到95%以上；高等学校知识创新和社会服务能力进一步提高，高等教育毛入学率达到28%。

2020年教育发展的主要目标：全国人均受教育年限达到12年，教育事业总体水平处于世界先进行列；高质量、高水平普及学前三年到高中阶段的15年教育；健全职业学校教育与职业培训并举，与市场需求和劳动就业紧密结合，结构合理、灵活开放、协调发展的现代职业教育体系；高等教育毛入学率达到40%，办学水平和综合实力大幅度提高，教育供给服务能力、人才支持能力、知识贡献能力显著增强，建成与经济社会发展相适应的现代教育体系。终身教育体系逐步健全，形成全民学习、终身学习的学习型社会。

（2）加强公共卫生体系建设，不断提高国民素质

2010年公共卫生发展的主要目标：构建与我国国民经济和社会发展水平相适应的，与居民卫生服务需求相协调的有效、经济、公平的卫生服务体系，改善和提高卫生综合服务能力和资源利用效率，为居民提供公平、优质、便捷和负担合理的医疗、卫生、保健服务，居民主要健康指标保持世界中等发达国家水平。设立重大传染疾病防治专项资金，建立调控有力、运行高效的预防保健体系；整合公共卫生资源，切实解决农民看病难的问题；大力支持社区卫生服务建设，建立起政府领导、社区参与、以基层卫生机构为主体，满足基本卫生服务需求为目的，融预防、医疗、保健、康复、健康教育、计划生育为一体的基层卫生服务体系，做到"大病进医院、小病进社区"，提高公共卫生整体水平。主要健康指标应达到：传染病发病率控制在380人/10万人以内；食物中毒死亡人数趋于零；人均期望寿命达到75岁；婴儿死亡率小于15‰；儿童保健覆盖率达到97%以上；孕产妇死亡率小于0.2‰；市区社区卫生服务人口覆盖率90%以上；获得安全用水人口比重90%；每千人拥有的医生数2.8人；每千人拥有的病床数3.71张。

2020 年公共卫生发展的主要目标：建立制度完善、全面覆盖、水准一流的公共卫生服务体系，全国居民大致均等地享受医疗卫生资源和服务，达到发达国家水平。主要健康指标应达到：传染病发病率控制在 150人/10 万人以内；食物中毒死亡人数为"零"；人均期望寿命达到 82 岁；婴儿死亡率小于 6‰；儿童保健覆盖率达到 100% 以上；孕产妇死亡率小于 0.1‰；市区社区卫生服务人口覆盖率 100%；获得安全用水人口比重100%；每千人拥有的医生数 4.8 人；每千人拥有的病床数 7.2 张。

（3）积极拓展劳动就业

就业是民生之本，是改善人民生活的重要途径。我国人口多，就业压力大，未来五年甚至更长一个时期，劳动力供大于求的矛盾仍将存在。党的十六大、十七大都把积极拓展劳动就业和实现社会就业比较充分作为全面建设小康社会的重要目标。把就业摆在更加重要的地位，也是构建和谐社会和贯彻落实科学发展观的必然要求。

2010 年就业方面的主要目标是：把扩大就业摆在经济社会发展更加突出的位置，继续实施积极的就业政策，在重点解决体制转轨遗留的下岗失业人员再就业问题的同时，努力做好城镇新增劳动力就业和农村富余劳动力转移就业工作，探索建立社会主义市场经济条件下促进就业的长效机制，积极推进城乡统筹就业，逐步建立城乡统一的劳动力市场和公平竞争的就业制度。广开就业门路，增加就业岗位，改善就业结构，提高就业质量。加强失业调控，保持就业形势稳定。"十一五"期间，全国城镇实现新增就业 4500 万人，城镇登记失业率控制在 5% 以内，转移农业劳动力4500 万人。同时，要不断提高劳动者素质。形成面向市场、运行有序、管理高效、覆盖城乡的职业培训和技能人才评价制度与政策体系，进一步加大对各类劳动者的培训力度，基本建立起规模宏大、专业齐全、梯次合理的技能劳动者队伍。到 2010 年，全国技能劳动者总量达到 1.1 亿人。其中，技师和高级技师占技能劳动者总量的 5%，高级工占 20%。

2020 年就业方面的主要目标：建立健全与国民经济和社会发展相适应的比较完善的就业体系及运行机制，逐步实现就业更加充分、制度更加健全、管理服务更加规范、劳动关系更加和谐、劳动权益更加得到有效维护的发展目标，力争把城镇登记失业率控制在 4.2% 左右。要把逐步完善和强化失业保险促进就业的功能作为健全劳动就业事业的重要内容。确保按时、足额发放失业保险金和相关待遇，保障失业人员的基本生活。进一步完善促进失业人员再就业的措施，规范再就业专项资金的使用和支出，确保再就业资金及时拨付到位，同时制定恰当的失业保险金标准，促进失业人员再就业。

（4）不断完善养老保障体系

社会养老保障，是指国家和社会根据一定的法律和法规，为保障劳动者在达到国家规定的解除劳动义务的劳动年龄界限，或因年老丧失劳动能力退出劳动岗位后的基本生活而建立的一种社会保险制度。人人都会老，老年是人生必经的一个阶段。采用什么方式养老是人类一直面临的一个问题。当代社会，大多数国家已经实现由家庭养老向社会养老的过渡，都把实行社会养老保障看做是政府的基本职能之一。我国政府在建立基本养老保障体系方面有着义不容辞的责任。我国养老保障体系建设基础较薄弱，城乡分割的养老保障体系是一个历史积累问题，推进养老保障制度改革和完善养老保障体系只能是一个渐进的过程。

到 2010 年，建立健全社会养老保障制度和管理服务体系，逐步做实养老保险个人账户，实现资金来源多渠道、保障方式多层次、管理服务社会化。进一步扩大社会养老保障覆盖范围，基本实现城镇各类就业人员平等享有社会养老保障，逐步健全农村社会保障制度。到"十一五"期末，城镇基本养老、参保人数分别达到 2.23 亿人，参加农村社会养老保险和企业年金的人数逐步增长。

到 2020 年，建立全覆盖、城乡基本无差异的社会养老保障体系。提高养老保障鼓励和指导有条件的单位建立企业和职业年金制度，提倡职工参加个人储蓄性养老保险，形成多层次的养老保险体系，满足不同层次群体的需要。提高养老保障统筹的层次，实现养老保险费的统筹层次以省为主，充分发挥基本养老保险基金的调剂功能。建立独立的养老基金管理系统，加强养老基金与资本市场相结合，通过多元化的投资方式来实现养老基金保值增值。

（5）更加重视环境保护

生态环境保护是功在当代、惠及子孙的大事业和宏伟工程，也是提升民生福利水平的重要环节。全国生态环境保护目标是通过生态环境保护，遏制生态环境破坏，减轻自然灾害的危害；促进自然资源的合理、科学利用，实现自然生态系统良性循环；维护国家生态环境安全，确保国民经济和社会的可持续发展。

到 2010 年，基本遏制生态环境破坏趋势。建设一批生态功能保护区，力争使长江黄河等大江大河的源头区，长江、松花江流域和西南、西北地区的重要湖泊、湿地，西北重要的绿洲，水土保持重点预防保护区及重点监督区等重要生态功能区的生态系统和生态功能得到保护与恢复；在切实抓好现有自然保护区建设与管理的同时，抓紧建设一批新的自然保护区，使各类良好自然生态系统及重要物种得到有效保护；建立、健全生态环境保护监管体系，使生态环境保护措施得到有效执行，重点资源开发区的各类开发活动严格按规划进行，生态环境破坏恢复率有较大幅度提高；加强生态示范区和生态农业县建设，全国部分县（市、区）基本实现秀美山川、自然生态系统良性循环。加强城市垃圾处理设施建设，加大城市垃圾处理费征收力度，到 2010 年城市垃圾无害化处理率不低于 60%。

到 2020 年，全面遏制生态环境恶化的势头，使重要生态功能区、物种丰富区和重点资源开发区的生态环境得到有效保护，各大水系的一级支流源头区和国家重点保护湿地的生态环境得到改善；部分重要生态系统得到重建恢复；全国 50% 的县（市、区）实现秀美山川、自然生态系统良性循环，30% 以上的城市达到生态城市和园林城市标准，接近或达到国际水平。

（6）强化住房保障建设

近些年来，我国房地产市场迅猛发展，居民居住条件也有了不少改善，2006 年城镇居民人均居住面积已经达到 27 平方米。但我们也要正视发展中的问题，比如，房价偏高，居民对住房承载力明显下降，但最为突出的问题是没有有效区分住房政策和房地产政策，住房保障制度建设迟缓，保障性住房供应严重不足，基本住房保障严重缺位。国际经验表明，住房商品化是基本趋势，但商品化并不意味着所有的居民要进入市场渠道去买或者租商品房，还有一部分居民（大体20%）要通过政府的公共政策来居住低成本的廉租住房（包括经济适用房和限价房），用这样的方式来解决"住"这个基本的民生问题。

住房保障是改善民生的重要途径。由于我国住房保障的基础较差，住房问题又十分复杂，加强住房保障建设只能是一个渐进的过程，具体目标如下：（1）逐步扩大廉租住房制度的保障范围。按照《国务院关于解决城市低收入家庭住房困难的若干意见》的要求，2007年年底前，所有设区的城市要对符合规定住房困难条件、申请廉租住房租赁补贴的城市低保家庭基本做到应保尽保；2008年年底前，所有县城要基本做到应保尽保。"十一五"期末，全国廉租住房制度保障范围要由城市最低收入住房困难家庭扩大到低收入住房困难家庭；2008年年底前，东部地区和其他有条件的地区要将保障范围扩大到低收入住房困难家庭。各地"十一五"期末，应使农民工等其他城市住房困难群体的居住条件得到逐步改善。（2）明确地方政府对住房保障建设与提供的主体地位，多渠道筹集资金保障廉租住房的建设。廉租住房制度以财政预算安排为主，包括住房公积金增值部分、土地出让金纯收入的一定比例（目前要求为10%），多渠道筹措廉租住房资金，实行以住房租赁补贴为主，实物配租、租金核减为辅的多种保障方式。（3）严格界定保障性住房的标准，包括套内面积、地理位置、建筑档次等，要让穷人住得起，富人看不上，以免富人与穷人争夺有限的公共资源。（4）应根据财政经济发展和居民需求的变化，按照"动态调节"原则，逐步扩大保障范围、提高保障水平，保障重点应从最低收入者到中低收入者逐步调整。

2. 建立促进民生的财政保障机制

改善民生需要相应的财政保障能力。为此，政府理财应该始终把民生问题放在财政保障的首要位置，建立以人为本的地方公共财政支出体系，在预算编制和支出安排上，优先考虑民生、优先保障民生，不断提高民生支出占财政支出的比重，确保民生问题随着经济发展和财力增长逐步得到改善。

（1）深入研究民生财政的基础理论。党的十七大报告指出：思想理论建设是党的根本建设，党的理论创新统领各方面的创新。在构建民生财政的过程中，要特别注重相关理论研究，推进理论创新，逐步构建民生财政的理论基础，形成财政解决民生问题的长效机制。总体看，马克思主义经济学关于人的全面发展的理论是民生财政的基石；科学发展观是民生财政的思想基础和指导方针。经济建设、政治建设、文化建设、社会建设"四位一体"的理论，特别是新时期社会建设理论，人的需求层次理论，公共财政关于重视民生、关注民生、保障民生的基本理论等，需要深入研究。

（2）建立面向民生的公共财政支持体制。公共财政目标的实现，既要靠制度建设，还要靠新型财政精神的支撑，这种精神的精髓就是"宪政"理念。为保证公共服务供给长期、可持续实现，就必须建立面向民生的公共财政支持体制。财政在保障政府机构正常运转的前提下，要保障民生三个方面的需要。①切实保障民众的生存权。要支持加强扶贫开发，切实解决部分群众的温饱问题；大力加强基本医疗卫生制度建设，解决看病难问题；实施更加有利于促进就业的财税政策，加强对劳动者的职业技能培训；加快社会保障体系建设，大力支持义务教育和基本住房建设；建立健全城镇居民最低生活保障制度、建立全国农村最低生活保障制度，使民众的基本生存权得到切实保障。②努力保障民众的发展权。在保障生存权的基础上，解除人民群众生产生活中的后顾之忧，消除压力预期，增强消费信心，扩大当期消费，进一步提高生活水准。加强对职业教育、高等教育的投入，加强生态环境保护，安全生产，强化社会治安，确保人民的生命财产安全，进一步丰富人民群众的精神文化生活，有效保证人民依法行使民主权利。③适度保障民众的享乐权。享乐权从根本上说要通过个人禀赋和自我奋斗加以实现，但民生财政不排斥对民众享乐权的适度保障。

（3）优化财政支出结构，逐步提升民生支出比重。在建设公共财政的进程中，财政政策依然要支持经济发展，但介入的力度要逐步减弱，支持的方式方法要与时俱进。随着民间资本的壮大和自主增长机制的逐步巩固，财政资金直接用于经济建设的比重要逐渐降低，要限制在市场失灵和关系国民经济重大发展战略与布局的领域。当然，这一体制的形成需要一个过程，提高民生支出比重只能循序渐进，分步实施。

（4）建立财政收入可持续增长机制。在这方面，需要抓住以下四点：

——积极稳妥地推进税收制度改革。税收制度不仅是取得收入的手段，也是调节经济的杠杆，要充分发挥税收政策在财政中的积极作用。按照"简税制、宽税基、低税率、严征管"的原则，加强适应民生财政需求的税收制度建设。如增值税转型改革、内外资企业所得税"两法合并"、实行综合与分类相结合的个人所得税制度，以及资源税、城镇土地使用税、耕地占用税等税制改革都应当积极推进，并取得成效。要进一步落实减免税政策，鼓励高新技术和自主创新型经济发展。同时，着眼于社会经济的长远发展，着眼于财政的支出需求，开掘新兴财源。如，研究开征统一规范的物业税（财产净值税）；研究开征遗产税、赠与税、环境保护税、土地增值税等。

——切实加强非税收入征收管理。清理和取消不合法、不合理的收费基金项目，依法审批的收费基金要严格按规定纳入预算，实行规范化管理。切实将国有资产（资源）有偿使用收入、国有资本经营收益、特许经营收入等纳入非税收入管理范围，挖掘国有资源有偿使用收入的增收潜力，加强彩票收入、罚没收入及其他收入的收缴管理。特别要注重借助工业企业利润增长"黄金十年"，国有企业利润大幅增长并将保持持续增长的有利形势，推进国有资本经营预算改革，有效地将"国企分红"纳入财政收入体系。

——高度重视国库现金管理，积极扩展财政直接理财收益。国库现金管理是利用国库库底资金进行投融资并取得收益的一种财政直接理财模式，在发达市场经济国家财政管理中被广泛运用。随着我国财政国库单一账户制度的建立和完善，财政收入快速增长，各部门预算单位应支未支的资金暂时都保留在国库单一账户，使得国库库底资金不断增加。如何提高这部分资金的管理效益，使"钱能生钱"是摆在财政管理者面前的一个重要课题。2006 年至 2007 年上半年，财政部根据国务院批准的关于开展国库现金管理的请示，制定国库现金管理制度，在确保国库支出需要和国库现金安全的前提下，按照从易到难的原则，稳妥有序地开展国库现金管理工作。先后实施了买回国债、商业银行定期存款和减少国债发行三项操作，在确保国库支付需要和国库现金绝对安全的前提下，为国家财政增加了一笔净收益（或减少支出）。随着国库现金管理工作的加强，预料能取得更多的财政收入，既没有任何风险，也没有增加老百姓的负担，做到了"民不加赋而国用自饶"的理财境界。

——进一步加强政府债务管理。债务收入是财政收入的一个来源，要继续按照现有制度推进国债市场化改革与创新，增强债务市场的流动性和效益性。一方面为老百姓提供简便的投资品种，为更多群众拥有财产性收入创造条件。一方面稳定财政的收入规模。按照国债年度余额管理（2006 年开始实施）规定，合理安排国债期限、国债发行时间和节奏，使国债管理与国库库款更好地衔接，提高国债管理水平。

（5）完善财政转移支付制度，促进基本公共服务供给的全覆盖和大致均等化。基本公共服务是覆盖全体公民、满足公民对公共资源最低需求的公共服务，其属性在于它的公共性、普惠性和社会公平性。公共物品和公共服务基本均等化是指政府要为社会公众提供基本的、在不同阶段具有不同标准的、最终大致均等的公共物品和公共服务。公共服务均等化的主要实现手段是政府间转移支付制度。

（6）逐步落实民生财政的民主监督。主要是对预算编制的监督、预算执行的监督和财政决算监督。要通过建立健全预算绩效评价制度和考核体系，让全体人民考评民生财政的绩效。对面向广大人民群众提供公共产品和服务的投入，要通过问卷调查等方式直接由人民群众做出评价。

（7）加强和完善政府对居民收入差距的调控，以解决民生之"源"。市场经济越发展，政府对居民收入分配调控的意义就越重要。理想的分配应是各种要素有一个公平竞争的起点，在分配过程中按照市场贡献原则进行，而政府侧重于再分配，即对分配结果进行再调控。慈善组织等非政府机构还可发挥对收入分配的第三次调节作用。

（8）切实加强财政管理。科学管理财政，要依赖一整套科学的法规制度，借助电子信息技术手段。

——加强财政预算编制管理。进一步深化部门预算编制改革，强化部门预算的法制化，真正做到"一个部门一本预算"。要借鉴发达市场经济国家在公共预算编制程序上的规范做法，增加预算编制的提前估量，各级人民代表大会审查预算时，可纳入项目预算、专项转移支付的质询、辩论程序，对项目的必要性、可行性及其效果进行公开辩论：某个项目该不该上，什么时候上，建成以后有哪些好处，必须说得清楚明白，让人信服，方可列入预算。努力实现预算编制过程的规范、透明，让有限的财力真正用到改善民生上。一些地方试行"参与式预算"，把涉及群众切身利益的公共项目建设资金交给公众讨论，并由公众决定，已取得了一定效果，可予总结和推广。

——加强财政预算执行管理。进一步完善国库单一账户制度，创新财政预算执行管理新机制。在全国全面推行国库集中收付制度，建立健全财政国库管理法律法规制度体系。加强对预算支出执行进度的检查考核，确保重大民生项目支出尽早发挥效益，造福人民。强化预算执行动态监控机制，从源头上预防违纪行为的发生，确保民生财政资金使用的规范性、安全性和有效性。

——政府采购制度要关注民生政策的落实。政府采购也是改善民生的一项重要制度。注意从单纯强调节约资金的目标向节约资金和保障民生的双重目标迈进。如，政府采购要明确规定有一定的份额是采购劳动密集型的中小企业生产的产品，有时甚至付出优惠价格购买社会福利企业的产品，强制采购节能、环保产品等，在落实经济政策功能方面，政府采购可以更好地照顾民生。

——加强对国民收入初次分配的监督管理。1987 年以来，我国逐步形成了"按劳分配为主体、多种分配方式并存、各种生产要素按贡献参与分配"的国民收入初次分配制度。党的十七大报告中明确指出：要提高劳动报酬在初次分配中的比重。由于我国现阶段劳动力供过于求的局面将会存在相当长一段时间，一些企业往往压低工资招收工人，劳动力要素在分配中所得的份额与贡献具有不对称性。资产所有者赚得超额利润，工人的收入则只能或不足以维持工人自身的再生产（劳动力再生产），广大工人（农民工）的生计问题包袱甩给了政府。因此，财政要强力介入初次分配的监督管理，通过制定国家最低法定工资标准，建立正常的工资增长机制和劳动保护制度，严肃执法，防止初次分配中资本所有者凭借资本的强势地位，压低工资福利，攫取超额利润的行为发生，阻止劳动报酬占国民收入比重下降的趋势。只要财政提前介入初次分配，保护劳动力要素在分配中的地位，解决民生问题就会收到事半功倍的效果。

——建立健全财政管理信息系统。"金财工程"作为支撑财政运行的信息系统，必须按照民生财税体制改革与发展的总体要求，统筹规划，统一领导，加强系统整合，实现信息互通互联，提高信息系统的管理效果。例如，在落实最低生活保障制度等民生问题时，建立保障对象（补贴对象）数据库，进行动态管理；采取给每个补贴对象发放银行信用卡的方式，相关补贴资金通过国库集中支付系统直接支付到收款人信用卡。同时，对仅享受低保待遇者，可规定其信用卡只能用于购买解决温饱问题的食品、衣服及少量提现，而这些制度规范都在信息系统中预先设置相关程序，可以有效防止虚报冒领现象发生，为那些真正需要帮助的贫困群众"雪中送炭"。

随着有利于科学发展的民生财政制度建设的不断深入推进，党和政府为人民服务的宗旨进一步融合到财政职能之中和更加制度化，我们的社会将越来越和谐。

第八章

财税体制改革30年的
主要成就和未来
发展趋势

1978 年以后开始的经济体制改革，在宏观层面是以财税体制改革为先导而启动的，财政制度改革也是经济体制改革的核心内容之一。

1978 年到 1993 年间，财税体制改革以"放权让利"、分级包干为主线，经过了艰难的探索阶段。1994 年的分税制改革是一个分水岭，从此财税体制改革的方向明确地定位于构建与市场经济体制相配套的分税分级财政体制基本框架，初步理顺了中央与地方、国家与企业的分配关系。经过 30 年的改革，财政制度建设已经取得了显著的成绩，适应社会主义市场经济需要的公共财政框架已经基本确立，现正处于进一步完善的阶段。

财税体制改革 30 年以来，我国国民经济持续增长，人民生活水平不断提高，各项事业全面进步，取得了辉煌的成就。不论是产业结构优化，还是国有企业改制，财政都发挥了重大作用。没有财政收支的配合和国家财力的大力支持，改革势将举步维艰。

在这一章中，我们将对财税体制改革 30 年的成就做一回顾，并根据过去工作的经验和当前面临的主要问题，对财税体制改革未来的发展趋势做简要的探讨。

第一节　财税体制改革 30 年的主要成就

经过 30 年改革开放，中国发生了翻天覆地的变化，为举世所瞩目。1978 年，中国 GDP 为 3645.2 亿元，到 2007 年，达到 246619 亿元，年均增长 9.7%，总计增加近 70 倍。城镇居民人均可支配收入从 1978 年的 343.4 元，增加到 2007 年的 13786 元，增加 40 余倍。

在经济体制改革中，财税体制改革发挥了重要的作用，取得了一系列的成就，主要体现在以下几个方面：

一、促进国民经济持续稳定发展

改革开放后,我国经济在总体上保持了持续快速发展,综合国力明显提高,由一个欠发达的农业国转变为初步实现工业化的发展中国家,跻身于世界经济大国行列。国内生产总值在 1987 年提前 3 年实现比 1980 年翻一番的目标,到 1995 年,又提前 5 年实现了再翻一番的目标。从 1998 年到 2002 年,中国克服了亚洲金融危机的不利影响,GDP 的平均年增长率仍达到 7.7%。2002 年,我国 GDP 规模突破 10 万亿元大关,达到 104790.6 亿元。2003 年以来,GDP 增速一直在 10% 以上,2007 年达到 11.9%。

促进国民经济保持持续稳定发展状态，是财政的重要目标。在计划经济转轨为市场经济的过程中，国家从直接调控转为愈益依靠间接的调控手段来实现经济稳定和发展。财政政策和货币政策就是国家使用的两个主要宏观调控手段。30 年来，财政调控经历了不同的阶段（见表 8-1）。各个阶段实行不同的财政政策，都是力求与当时的经济环境相适应来追求又好又快的发展。

财政政策的转变，伴随着我国宏观调控能力的不断提高，调控方式的成功转型。财政的改革与政策调整，发挥了重要的作用，成为国民经济稳定健康发展的有力保障。

表 8-1　改革以来各时期财税体制改革、财政政策及
经济增长率、通货膨胀率

年份	GDP 增长率（%）	通货膨胀率（%）	财政体制改革	政策选择
1978	11.5	0.7	『分灶吃饭』多种形式的财政包干	从扩张为主转向从紧
1984	15.2	2.8		
1985	13.5	8.8		
1986	8.8	6.0		
1987	11.6	7.3		
1988	11.3	18.5		
1989	4.1	17.8		
1990	3.8	3.1	分税制	适度从紧的财政政策
1991	9.2	3.4		
1992	14.2	6.4		
1993	13.5	14.7		
1994	12.6	24.1		
1995	10.5	17.1		
1996	9.6	8.3		
1997	8.8	2.8	继续完善分税制	积极的（扩张性的）财政政策
1998	7.8	-0.8		
1999	7.1	-1.4		
2000	8.4	0.4		
2001	8.3	0.7		
2002	9.1	-0.8		
2003	10.0	1.2		
2004	10.1	3.9		稳健的（中性取向的）财政政策
2005	9.9	1.8		
2006	10.7	1.5		
2007	11.9	4.8		

（资料来源：《中国统计年鉴 2007》和历年《国民经济和社会发展统计公报》）

二、支持各项改革顺利进行

改革解放生产力，但其解放生产力有一个过程，在各项改革启动和开展的初期，往往还表现出一定的代价和成本，有必要垫付这种成本，以等待改革的正面效应在一个或长或短的时滞后发挥出来。财政通过公共资源（财力）的收支安排做这种成本垫付，就是对于改革的支持。

我国政府推动的每项改革，都是在财政的配合下进行的。改革开放初期，国家提高农产品收购价格以鼓励农业的发展，同时城镇粮食销价不变，是以增加财政支出为前提的；政府对国营企业实行企业基金制和利润留成制以支持企业的自主发展，是以财政支持国营企业的财务管理体制改革实行放权让利为前提的。以后通过两步"利改税"促进政府与国营企业分配关系的规范化，使国营企业有了更多的自主权。"税利分流"改革则是在明确区分政府的社会管理者身份与财产所有者身份的基础之上进行，进一步提高了政府与国有企业分配关系的规范化。价格改革是市场化改革的重要内容，从来都是在财政支持下进行的。1978 年，政策性补贴支出占我国财政支出的比重仅为 0.99%；1980 年，该比重上升到 9.58%；在 20 世纪 80 年代，该比重一直维持在 12% 以上。政策性补贴给财政支出带来了巨大压力，但正因为如此，价格改革才得以顺利进行。关于国家财政大力支持改革，在方方面面众多的改革事项中，重点列举如下几个方面：

1. 支持国有企业改革和实行国有经济战略性调整

改革开放 30 年，财政在支持国有企业改革方面发挥了巨大作用。党的十一届三中全会以后，国家对经济管理体制逐步推进全面改革，要求财政、财务管理体制改革先行一步。从 1978 年到 1993 年，国家财政对国营企业先后进行企业基金制度、利润留成制度、盈亏包干、"以税代利"的试点和新税收制度改革，为国家、企业分配制度改革进行了有益的探索，并在 1983—1984 年实行了利改税，以后又在利改税基础上推行和完善承包经营责任制。按照国务院的部署，国家财政通过减税让利等各项政策，支持搞活企业，扩大企业财权。以实行利润留成的1980年为基数，"六五"、"七五"10年间，国家财政通过各项减税让利政策给企业的好处为4200亿元，扣除财政通过征收能源交通重点建设基金和预算调节基金等方式收回来的1100亿元，国家财政支持国有工交企业的净财力累计约3100亿元。

在此基础上，"八五"时期，国家财政为进一步支持企业改革和发展，不仅在资金上，而且从政策、体制等方面，全方位地采取有力措施：(1) 增提折旧。为了推进大中型企业技术进步，增强企业活力，财政部、国家计委、国家经贸委下达了实行加速折旧的部分大中型骨干企业名单，这些企业可在原规定的折旧年限基础上加速10%—30%，从1991年开始，企业每年可增提折旧31亿元。(2) 增提技术开发费。自1991年1月起执行这一政策，企业每年可增提技术开发费34亿元。(3) 补充企业自有流动资金。在"八五"期间，对1109户国有大中型工交企业实行按销售收入1%提取补充流动资金的办法；对石化总公司调减指令性计划产品产量，转议价销售部分增加的价差收入用于补充流动资金。执行这一项政策，企业每年可增补流动资金20亿元。(4) 折旧基金免征"两金"（能源交通重点建设基金和预算调节基金）。从1992年起，用三年时间分期分批地免去国有大中型工交企业折旧基金交纳的"两金"。(5) 对部分国有大中型企业所得税税率从55%降至33%。仅1992年降低所得税税率的减税额度就有10亿元。(6) 从1993年7月起实行新财会制度，为国有企业卸下潜亏、挂账等历史性包袱2000多亿元；通过允许企业快速折旧、允许从企业留利中开支的奖金计入成本，允许长期借款进财务费用，允许提取坏账准备金等，使企业自有财力每年增加800多亿元。

1995年，国务院办公厅发出通知，转发了国家经贸委《关于深化企业改革搞好国有大中型企业的意见》。根据通知精神，1995年国有企业改革主要包括以下内容：选择一批国有大中型企业进行现代企业制度的试点，对三家全国性行业总公司进行国家控股公司的试点，并继续抓好国务院确定的56家企业集团的试点。同时，把城市改革与企业改革结合起来，选择 18 个城市进行企业"优化资本结构"试点。为落实《国有企业财产监督管理条例》,分期分批向 1000 户国有大中型企业派出监事会。在上述改革试点的同时,研究实施"抓大放小"战略,着眼于搞好国有经济的战略性调整和重组。

在上述国有企业改革中,财政部门会同有关部门采取一系列措施给予积极支持。一是针对企业债务负担重、资产负债结构不尽合理的问题,财政部下发了《关于"优化资本结构"试点城市国有工业企业补充流动资本有关问题的通知》,允许 81 个试点城市的中央和地方国有工业企业享受按上缴所得税的 15% 返还的政策,用以补充国家资本金;经国务院同意,财政部与国家计委、国家经贸委下发了《关于将部分企业"拨改贷"资金本息余额转为国家资本金的意见》,允许 18 个"优化资本结构"试点城市和综合配套改革试点城市每市 2 户企业、百家现代企业制度试点企业、国务院确定的 56 家企业集团,将 1979 年至 1988 年由财政拨款改为贷款的国家预算内基本建设投资的资金本息余额,转为国家资本金。二是针对企业办社会包袱重、富余人员多的问题,财政部与国家经贸委、劳动部等五个部门联合下发了《关于若干城市分离企业办社会职能,分流富余人员的意见》,规定试点城市和试点企业,在企业自办的学校、卫生机构分离以后,经费增加的部分由财政负担;为安置富余人员兴办的第三产业,可享受财政部和国家税务总局有关减免税的优惠政策。三是为鼓励企业兼并和结构调整,财政部与中国人民银行、国家经贸委下发了《关于鼓励和支持 18 个试点城市优势企业兼并困难国有工业生产企业后有关银行贷款及利息处理问题的通知》,对被兼并企业的银行贷款和利息允许采取挂账和停息、免息办法。

为了配合国有企业改革,财政部门把下岗职工再就业培训和生活安置作为最重要的配套部署之一。1990 年预算调整方案中,专门增拨了国有企业下岗职工基本生活费保障支出等 168 亿元。近些年,中央财政每年安排 400 多亿元专项资金,用于国有企业政策性关闭破产补助,支持国有企业分离办社会职能等方面。

此外，近年间通过积极调整和完善相关财税政策，支持加快铁道、邮政体制改革，促进电力、电信、民航等行业改革重组。逐步建立健全支持中小企业发展的财税政策体系，加大对中小企业的扶持力度。

2007年上半年，贯彻国务院《关于推进国有资本调整和国有企业重组的指导意见》精神，有关部门加快推进国有经济战略性调整，实行并入式重组，使中央企业数量由2006年年底的159家减少为156家。建立和完善中央企业董事会的试点扩大到19家，其中17家试点企业的外部董事全部到位。国有资产经营管理体制继续完善，国资委管理范围内的企业开始试行国有资本经营预算。

2. 支持推进金融体制改革

现代金融业居于国民经济的核心领域，财政与金融的关系密不可分。金融业的发展可以支持国民经济健康发展并从而做大财政"蛋糕"；财政实力的增强又可以有力地支持金融改革深化和支持金融机构的调整与发展。改革开放以来，财政大力支持我国金融改革，对新型金融体系的建立和发展发挥了积极作用。一方面大力支持中央银行体系的建立和完善，恢复和发展专业银行并促使其向商业银行转化；另一方面适时改革金融财务制度，调整银行业税收政策，鼓励公平竞争。1998年以后，财政进一步从资本再生方面采取重大支持措施，发行2700亿元特别国债补充原国有独资商业银行资本金，提高了原国有独资商业银行的资本充足率；先后出台扩大呆账准备计提和呆账核销范围等财务政策，增强了国有商业银行防范风险的能力和市场竞争力；近些年配合有关方面用国家外汇储备作为政府注资，支持国有商业银行进行股份制改造和上市。同时，大力支持国有保险企业改革。近年来，财政在各方面下大力气支持国有商业银行深化改革，消化历史包袱。2003—2005年，财政部通过核销代表国家持有的所有者权益、建立共管基金等方式处理了部分改制国有商业银行的不良资产，与此同时，还为国有商业银行改制上市提供信用支持。比如，财政部和人寿集团设立了共管基金，明确在共管基金存续期内不足以支付1999年以前承保的老保单给付时给予支持等等。这一系列措施大大提高了境内外投资者的信心，对国有金融机构公开上市起到了积极的推动作用。

在国有金融机构股份制改革的过程中，财政部门始终注重在确保国有资产不流失的情况下实现保值增值。2004 年以来，财政部在给予改制银行所得税优惠政策的同时，及时落实有关改制银行结余国有权益上缴问题，明确上市银行国有股减持政策；并在总结引进境外战略投资者经验教训的基础上，对改制银行引进外资的核心条款严格把关，维护国家合法权益。

随着国有重点金融机构重组改制工作不断深入，财政参与金融机构改革的角度也随之从单纯支持财务重组逐渐转为支持财务重组和完善各种机制并重，督促国有金融机构建立良好的治理结构、完善的内控机制，以提高金融企业的竞争能力和适应能力。

2003 年以来，中央财政大力支持农村金融体制改革：首先，帮助农村信用社减轻历史包袱。国家批准从 2003 年至 2005 年，对西部地区试点的农村信用社一律暂免征收企业所得税；对其他地区试点的农村信用社，一律按其应纳税额减半征收企业所得税；从 2003 年起，对试点地区所有农村信用社的营业税减按 3% 的税率征收。2006 年，又将试点地区农村信用社所得税减免政策再延长 3 年。国家还决定对 1994—1997 年间因开办保值储蓄业务多支付利息而出现年度经营亏损的农村信用社进行补贴，自 2005 年起分 3 年补贴 88.01 亿元。在各项政策的支持下，农信社整体资产质量进一步提高，经营状况继续改善，有助于发挥其作为农村金融主力军的作用。

3. 支持社会保障体系的建设和完善

改革开放以来，财政一方面不断加大扶贫力度，有效减少了贫困人口，另一方面通过合理安排社会保障投入和建立健全预算管理体系、加强社保基金的管理，大力促进社会保障体系改革。目前，我国已初步建立起与社会主义市场经济体制相适应的以职工基本养老保险、失业保险、基本医疗保险和国有企业下岗职工基本生活保障、城市居民最低生活保障为重点的社会保障体系，保障覆盖范围不断扩大，保障能力逐年增强。到

2005 年年底，全国参加基本养老、失业和医疗保险的人数分别约为 17487 万人、10648 万人和 13783 万人；享受城市最低生活保障的人数达到 2241 万人。近几年，积极推行农村新型合作医疗，提高中央、地方财政对"新农合"的出资标准，扩大其覆盖面；在部分地区试行农村养老保险，以及农村地区的最低生活保障制度。截至 2006 年年底，养老、医疗、失业、工伤、生育保险参保人数分别达到 18766 万人、15732 万人、11187 万人、10268 万人和 6459 万人，参加农村社会养老保险人数为 5347 万人。全国 31 个省份已建立农村最低生活保障制度，覆盖贫困农民 2068 万人。2008 年，实现全国城乡义务教育全免费；以廉租房为主要形式的基本住房保障制度正在城镇区域积极推进。财政部门正与各有关部门配合，全力打造与中国现阶段发展水平相适应的较全面的社会保障体系。

4. **支持收入分配制度改革**

为了公平分配，财政一直致力于整顿和规范分配秩序，加大收入分配调节力度。1999 年以来，先后四次提高了机关事业单位干部职工工资标准，建立了艰苦边远地区津贴制度和特殊岗位津贴制度，并在实践中不断规范和提高了艰苦边远地区津贴标准。着力清理规范津贴补贴制度。促进增加城乡居民收入，特别是中低收入者收入。

5. **支持健全要素市场的改革**

建立社会主义市场经济需要构建全国统一的市场。改革开放前面 20 年，财政重点支持了商品流通市场的发展。在通过财政补贴支持价格改革，通过财政直接支出兴建商品流通市场等方式有力地支持物资流通体制改革的同时，通过建立重要商品储备和风险基金制度给予商业和粮食流通企业深化改革的配套条件。1998 年以来，随着我国商品市场的日渐成熟，财政支持的重点逐步转向土地、资源和劳动力等要素市场。近年来，财政配合有关部门明显加强对土地、资源和劳动力等要素市场的整顿和规范，促使要素市场进一步完善：

（1）土地市场规范发展。配合有关方面采取的措施包括：落实工业用地出让最低价标准，积极推进工业用地"招拍挂"出让；强化省级政府对城市建设用地的责任，减少审批环节；加强城市分批次建设用地批后供应监管力度，进一步完善建设用地备案制度。自 2007 年之后，明确规定地方政府的土地出让收入全部进入地方预算管理。

（2）深化矿产资源管理体制改革。对新设探矿权、采矿权全面实行有偿取得制度，并调整了国家出资形成的探矿权、采矿权价款收入的中央、地方分成比例。

（3）促进城乡劳动力市场逐步统一。有关部门和地区继续推进城乡统筹就业试点；完善公共就业服务制度，加快农村劳动力转移就业服务体系建设；加快建立保障农民工工资支付的长效机制，全国大部分省份建立了农民工工资保证金制度。

三、促进社会事业的发展进步

财税体制改革以来，随着国家财力的增强，对各项社会事业的投入逐年提高，促进了我国社会事业的全面进步。

1. 教育

增加教育投入是落实"科教兴国"战略的根本措施之一，为保证教育投入的增长，国家一方面在《教育法》和许多有关教育的重要文件中，对教育经费的增长及有关比例提出了具体目标和要求，另一方面改革和完善教育投资体制，扩展教育投入渠道，增加教育经费，促进教育发展。1978 年我国财政的社会文教费支出为 146.96 亿元，占当年 GDP 的 4.03%，到 2006 年，社会文教费达到 10846.20 亿元，占 GDP 的比重达到 4.39%。中央财政历来重视教育投入，特别是从 2003 年开始，除了在年初预算安排时使教育经费的增长达到法定增长的要求以外，在年度预算执行中再根据超收情况，相应追加教育经费。2004 年，财政部又明确要求各级财政部门加大财政投入力度以确保全国预算执行结果实现预算内教育经费拨款的增长高于财政经常性收入的增长。国家财政性教育经费投入占 GDP 的比重，可望在近年 2.8% 左右的水平上进一步得到提高（见表 8-2）。

表 8-2 1991—2005 年全国教育经费增长情况

年份	全国教育经费总计		国家财政性教育经费		财政预算内拨款		国家财政性教育经费占 GDP 比重（%）
	金额（亿元）	环比增长（%）	金额（亿元）	环比增长（%）	金额（亿元）	环比增长（%）	
1991	731.51	10.94	617.83	9.55	459.73	7.88	2.86
1992	867.07	18.53	728.76	17.95	538.74	17.19	3.37
1993	1059.94	22.24	867.76	19.07	644.39	19.61	2.51
1994	1488.78	40.46	1174.74	35.38	883.98	37.18	2.51
1995	1877.95	26.14	1411.52	20.16	1028.39	16.34	2.41
1996	2262.34	20.47	1671.70	18.43	1211.91	17.85	2.46
1997	2531.73	11.91	1862.54	11.42	1357.73	12.03	2.50
1998	2949.06	16.48	2032.45	9.12	1565.59	15.31	2.59
1999	3349.04	13.56	2287.18	12.53	1815.76	15.98	2.79
2000	3849.08	14.93	2562.61	12.04	2085.68	14.87	2.87
2001	4637.66	20.49	3057.01	19.29	2582.38	23.81	3.19
2002	5480.03	20.86	3491.40	14.21	3114.24	20.60	2.90
2003	6208.26	13.29	3850.62	10.29	3453.86	10.91	2.84
2004	7242.60	16.66	4465.86	15.98	4027.82	16.62	2.79
2005	8418.84	16.24	5161.08	15.58	4665.69	15.84	2.81

（资料来源：根据《中国统计年鉴》2007 年的数据整理）

在财政的大力支持下，教育事业得到大发展。到 2007 年年底，实现"两基"（"两基"是基本普及九年义务教育和基本扫除青壮年文盲的简称）验收的县（市、区）累计达到 3022 个（含其他县级行政区划单位 205 个），占全国总县数的 98.5%，"两基"人口覆盖率达到 99%。小学学龄儿童净入学率达到 99.49%，初中毕业生升学率为 80.48%，高中阶段毛入学率为 66%，高等教育毛入学率达到 23%。2007 年全国共扫除文盲 95.78 万人，另有 103.76 万人正在参加扫盲学习。扫盲教育教职工 7.23 万人，其中专任教师 2.79 万人。

办学条件也得到很大改善。2007 年全国普通中小学校舍建筑面积为135320 万平方米，比上年增加 2210.5 万平方米。小学体育运动场（馆）面积达标校数的比例为 55.24%，体育器械配备达标校数的比例为49.35%，音乐器械配备达标校数的比例为 44.68%，美术器械配备达标校数的比例为 43.12%，数学自然实验仪器达标校数的比例为 54.27%。普通初中体育运动场（馆）面积达标校数的比例为 69.23%，体育器械配备达标校数的比例为 66.40%，音乐器械配备达标校数的比例为 59.34%，美术器械配备达标校数的比例为 58.04%，理科实验仪器达标校数的比例为 73.54%。

国民素质得到很大提高。教育人口比重由 1990 年的 22.2% 上升到2002 年的 26.2%，增长了 4 个百分点，高中程度文化人口占总人口的比重从 1990 年的 8.04% 提高到 2006 年的 12.93%（见表 8-3）。

表 8-3　1990—2006 年各种文化人口占总人口比重

（单位:%）

年份 文化 程度	1990	1995	1996	1997	1998	1999	2000	2001	2002	2003	2004	2005	2006
大专	1.42	2.03	2.05	2.53	2.58	2.87	3.61	4.09	4.71	5.49	5.77	5.56	6.22
高中	8.04	8.26	8.73	9.59	9.87	9.94	11.15	11.53	12.45	13.37	13.40	12.44	12.93
初中	23.34	27.31	28.90	29.62	30.57	31.85	33.96	34.35	37.65	38.04	39.29	38.34	36.99
小学	37.06	38.43	37.93	37.56	36.81	35.72	35.70	33.83	34.96	33.42	32.38	33.28	33.07

（资料来源:《中国统计年鉴》2007 年）

2003—2007 年，全国财政用于教育支出累计达到 2.43 万亿元，相比1983—1987 年的 1131.6 亿元，增加了近 20 倍。

2004 年起，逐步扩大了农村义务教育阶段"两免一补"政策的实施范围；2007 年，将农村义务教育全部纳入了财政保障范围，各级财政投入专项资金 361 亿元。

逐步建立了相对完善的贫困生资助体系，包括国家助学贷款、助学金、奖学金等资助手段，对家庭经济困难学生进行扶助。

2. 科技

改革开放以来，特别是党的十三届四中全会以来随着我国科技体制改革的不断深化和科教兴国战略的全面实施，我国的科技实力显著增强，与发达国家的差距缩小。科技事业的蓬勃发展，为我国社会主义现代化建设注入了强大的动力。其中，财政的大力支持是至关重要的（见表 8-4）。

1978 年我国财政用于科学研究的支出为 52.89 亿元，2006 年上升到 1688.50 亿元，增长近 32 倍。经过 30 年的发展，科技事业飞速进步。2007 年，全年研究与试验发展（R&D）经费支出 3664 亿元，占国内生产总值的 1.49%，其中基础研究经费 180 亿元。国家安排了 1540 项科技支撑计划课题，2541 项"863"计划课题。新建国家工程研究中心 9 个，国家工程实验室 6 个。国家认定企业技术中心达到 499 家。省级企业技术中心达到 4023 家。受理国内外专利申请 69.4 万件，其中国内申请 58.7 万件，占 84.5%。受理国内外发明专利申请 24.5 万件，其中国内申请 15.3 万件，占 62.4%。授予专利权 35.2 万件，其中国内授权 30.2 万件，占 85.7%。授予发明专利权 6.8 万件，其中国内授权 3.2 万件，占 47.0%。共签订技术合同 21 万项，技术合同成交金额 2200 亿元。成功发射卫星"神舟五号"、"神舟六号"载人航天飞船，开创了我国航天事业的新阶段，嫦娥一号绕月探测卫星也成功发射。

表 8-4 近年来我国 R&D 经费及占 GDP 的比重情况

年份	1995	1996	1997	1998	1999	2000	2001	2002	2003	2004	2005	2006
R&D 经费支出（亿元）	348.7	404.5	509.2	551.1	678.9	895.7	1042.5	1287.6	1539.6	1966.3	2450.0	3003.1
占 GDP 的比重（%）	0.57	0.57	0.64	0.65	0.76	0.90	0.95	1.07	1.13	1.23	1.33	1.42

（资料来源：根据《中国统计年鉴》2007 年数据整理）

3. 文化

社会主义现代化建设是物质文明和精神文明共同进步的现代化，发展文化事业，满足人民日益增长的精神文化需要，对于提高国民整体素质，促进经济发展和社会进步，具有重要意义。改革开放以来，文化事业得到迅速发展，财政的支持功不可没。"十年动乱"曾对文化造成了极为严重的破坏，经过若干年的恢复，文化事业重新焕发生机，涌现出了一大批优秀的文艺作品，新一代的文艺人才也成长起来。到 21 世纪以后，随着互联网的日益普及，文化传播速度得到前所未有的提高，人民获得文化信息的渠道大大拓宽，一种新颖的、富有生命力的文化形式"网络文化"也在逐渐成熟，进一步促进了文化事业的全面发展。

2007 年年末全国共有艺术表演团体 2856 个，文化馆 2921 个，公共图书馆 2791 个，博物馆 1634 个。广播电台 263 座，电视台 287 座，广播电视台 1993 座，教育台 44 座。有线电视用户 15118 万户，有线数字电视用户 2616 万户。年末广播综合人口覆盖率为 95.4%；电视综合人口覆盖率为 96.6%。全年生产故事影片 402 部，科教、纪录、动画和特种影片 58 部。出版各类报纸 439 亿份，各类期刊 29 亿册，图书 66 亿册。年末全国共有档案馆 3952 个，已开放各类档案 6787 万卷（件）。

4. 体育

体育事业的发展，对于人口素质的提高具有重要意义。改革开放以来，在财政的大力支持下，经过 30 年的发展，我国体育事业取得了辉煌成就，各级各类群众体育组织不断完善，"社区体育"在城市迅速兴起，"农村文化中心"、"文化站"和"青年之家"等成为农村开展体育活动的重要场所。1985 年之后，全国开展了"争创体育先进县"活动，1986 年，经国务院批准，成立了中国农民体育协会，各省（自治区、直辖市）、地（市）、县（区）均建立了农民体协，有的地方还配备了专（兼）职体育干部。这一系列管理措施，对农村体育工作的开展起到了推动作用。随着我国市场经济体制的建立，1993 年 4 月，国家体委提出"六化六转变"的改革举措。"六化"即体育要实现生活化、普遍化、社会化、科学化、产业化和法制化。"六转变"即个人的体育费用从福利型向消费型转变；体育活动从一家（体委）办向大家（社会）办转变；体育组织形式从行政型向社会型转变；体育干部从经验型向科学型转变；体育事业从事业型向经营型转变；体育工作从"人治"向"法治"转变，并专门对群众体育提出了 7 项改革措施。1995 年 6 月，国务院颁布了《全民健身计划纲要》，同年 10 月 1 日，《中华人民共和国体育法》正式实施，从而使我国的群众体育进入了一个全新的发展阶段。群众体育蓬勃发展。各种健身演练、展示、会操活动连续不断，声势浩大。《社会体育指导员技术等级制度》和《中国成年人体质测定标准》的颁布实施，标志着全民健身计划正沿着规范化轨道发展。全国工人运动会、农民运动会、大学生运动会和残疾人运动会的成功举办，有力地促进了群众体育活动的开展。2006 年，按照国家标准，群众体育标准达标人数为 11024 万人，比 1990 年的 7478 万人增加了 47.4%。我国 7 到 70 岁人群中经常参加体育锻炼的人口占 37%，各级各类社会体育指导员达 43 万余人，比 2000 年翻了一番。根据第五次全国体育场地普查的结果，我国共有各类体育场地 85 万个，平均每万人拥有体育场地 6.58 个，人均体育场地面积为 1.03 平方米。

"十五"期间（2001—2005）的五年间，我国运动员共获得 493 个世界冠军，创 98 项世界纪录。在 2002 年盐湖城冬季奥运会上实现了冬季奥运会金牌零的突破；在 2004 年雅典奥运会上以 32 枚金牌，金牌总数第二、奖牌总数第三的成绩再创历史新高。2001 年 7 月 13 日，北京成功赢得 2008 年奥运会的举办权。

中国体育的国际交往也日益频繁，到 1989 年，中国已加入 74 个国际体育组织和 38 个亚洲体育组织，同 150 多个国家和地区进行了八千多次体育交往，共达十多万人次。

5. 卫生

公共卫生保健事业是关系国计民生的重要社会事业。财政经费保障是卫生事业得以迅速发展的重要条件之一。

经过30年的发展，2007年年末全国共有卫生机构31.5万个，其中医院、卫生院6.0万个，妇幼保健院（所、站）3007个，专科疾病防治院（所、站）1400个，疾病预防控制中心（防疫站）3540个，卫生监督所（中心）2590个。卫生技术人员468万人，其中执业医师和执业助理医师204万人，注册护士147万人。医院和卫生院床位327.9万张。社区卫生服务中心（站）2.4万个。乡镇卫生院3.9万个，床位67.5万张，卫生技术人员86.3万人。全年报告甲、乙类传染病发病人数358.1万例，报告死亡12954人；报告传染病发病率272.4人/10万人，死亡率0.99人/10万人。

"十五"时期，特别是在抗击"非典"斗争之后，国家显著加大了对公共卫生体系建设的投入。截至2005年5月底，疾病预防控制体系建设项目投资达106亿元，突发公共卫生事件医疗救治体系建设投资达114亿元。为加强农村卫生工作，"农村三项建设"、"贫困县医院建设"和"农村卫生服务体系建设"五年间累计投资50多亿元。

四、初步建成适应社会主义市场经济的财税制度

30年的改革，尤以1994年带有里程碑意义的分税制改革为代表，我国已经初步建立了一套适应市场经济发展的财税制度。财税体制改革支持了财政收入与支出的增长，从1978年到2007年，我国财政收入年均增长14.5%，这是与财税体制改革与制度创新分不开的。财税体制改革的重大进展，可简单概括为"两改两建"：

一是改革国家与国有企业之间的分配关系。这一改革的基本目标是：打破计划经济下财政的高度集中和按照"条块分割"的企业行政隶属关系组织财政收入的制度安排，建立企业自我发展、自我约束、自负盈亏、公平竞争机制。以前面十余年的探索为基础，1994年的改革力度较大：取消国有企业与非国有企业（当时不包含外资企业）在所得税方面的差别，统一按33%税率征收，取消各种包税办法，取消对国有企业的调节税，使所有企业不分大小，不论身份，不讲行政级别，站到了依法纳税、

公平竞争的"一条起跑线"上。2002 年开始，中央政府和省、市两级地方政府设立国有资产管理机构，实行中央与地方国有资产层管理，政企分开，所有权和经营权分开，并在部分企业试行国有资本经营预算制度。2007 年，两法合一的新《企业所得税法》出台，将归并后的内、外资企业所得税标准税率统一为 25%，并统一了税前列支标准和税收优惠规定。这是改革开放以来，我国企业所得税税率首次完全实现"一税同企"，标志着中国经济进一步与市场经济的国际规则接轨。

二是改革中央与地方之间的分配关系。从 1980 年实行"划分收支、分级包干"的体制到 1994 年实行分税制改革，中央与地方分配关系得到不断的调整和改进。1994 年按税种划分了中央税、地方税、中央与地方共享税，并建立地方和中央两套税务机构分别征管。2002 年起，实施所得税收入分享改革。除少数特殊行业或企业外，绝大部分企业所得税和全部个人所得税实行中央和地方按比例分享，分享范围和比例全国统一。所得税增量收入，2002 年中央与地方按"五五"比例分享，2003 年以后按"六四"比例分享。中央从所得税增量中多分享的收入，全部用于增加对地方主要是中西部地区的转移支付。2003 年到 2007 年，中央财政对地方的转移支付累计 4.25 万亿元，87% 用于支持中西部地区。1994 年建立的分税制框架，使中央与地方分配关系终于跳出了过去"几年一定"的循环和困扰，使中央政府在有效形成宏观调控主动权和调节地区差异能力的同时，地方政府也形成相对规范的长期行为，并由粗到细地构建中央与地方间财力、财权与合理的事权划分相匹配的全套财税体制。

三是初步建立了适应社会主义市场经济发展的现代税收体系。改革开放以来，我国通过两步"利改税"和一系列税制建设，尤其是 1994 年与分税制相配套的税制改革，初步建立了适应社会主义市场经济体系的现代复合税制为框架的税收制度，规范了政府与市场、企业、社会成员的关系，使我国社会主义市场经济体制的建立和发展有了一个必备的重要支柱。

四是建立了公共财政的基本框架。1998 年年底全国财政工作会议上，正式提出建立与社会主义市场经济发展相适应的公共财政。公共财政的核心理念可概括为：公共资金资源的配置，是取之于公众，用之于公益，定之于预算公决，受监督于全体公民。1998 年以来，先后进行了部门预算改革、政府采购制度改革、国库集中收付制度改革、"收支两条线"改革、健全税收管理体制和税费改革等。经过 10 年努力，公共财政框架已经建立，并将在运行中不断丰富和改进、完善。

五、财政能力不断提高

随着改革的逐步深化，综合国力提升，财政收入和支出总额 30 年来也经历了巨大的变化。1978 年国家财政收入总额为 1132.26 亿元，支出总额为 1122.09 亿元。到了 1994 年，财政收支总额分别增长为 5218.10 亿元和 5792.62 亿元。1999 年财政收支均突破万亿元大关，分别为 11444.08 亿元和 13187.67 亿元。2007 年财政收入达到 5.13 万亿元，与 1978 年相比增长了 40 多倍。近五年来财政支出一年一个台阶，飞速发展，表明我国财政能力在不断提高（见图 8-1）。

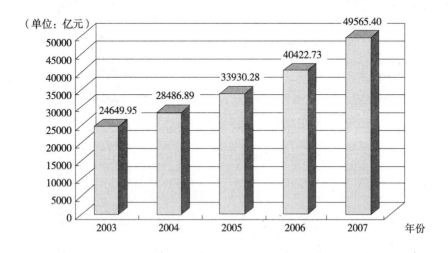

图 8-1　2003—2007 年全国财政支出情况

（资料来源：财政部官方网站）

财政能力的提高，使国家在提供公共物品和服务、改善人民生活、促进科教文卫事业的发展等方面，能够更好地发挥作用；在处理突发事件时也更具应变能力。

以近 5 年为例，中央财政用于农村基础设施建设近 3000 亿元，用于重点建设投资 2800 多亿元，包括青藏铁路、三峡工程、西电东送、南水北调、京沪高速等在内的一批重大工程相继建成或顺利推进；投资支持重点流域水污染防治项目 691 个，基础设施和生态环境建设取得明显进展。全国财政用于教育支出五年累计 2.43 万亿元，比前五年增长 1.26 倍；用于医疗卫生支出五年累计 6294 亿元，比前五年增长 1.27 倍；用于文化体育事业支出五年累计 3104 亿元，比前五年增长 1.3 倍；用于社会保障支出五年累计 1.95 万亿元，比前五年增长 1.41 倍。五年间，中央财政安排就业补助资金累计 666 亿元。全部取消了农业税、牧业税和特产税，每年减轻农民负担 1335 亿元。

2003 年，"非典"疫情爆发以后，中央财政很快建立了 20 亿元的"非典"防治专项基金，其后加大对医疗卫生事业的投入，平均每年支出 1200 亿元，还以各种形式的优惠、免费、补助政策，确保卫生防治工作顺利进行。对受到疫病影响的行业、企业，出台了相关的税收优惠政策措施。

2008 年 5 月 12 日汶川大地震发生后，当晚中央财政向四川紧急下拨地震救灾资金 7 亿元，其中：综合财力补助资金 5 亿元，统筹用于各方面抢险救灾工作；地震灾区自然灾害生活补助应急资金 2 亿元，用于受灾群众紧急转移安置。5 月 13 日，又向甘肃、陕西、云南、重庆紧急下拨地震灾区自然灾害生活补助应急资金 1.6 亿元，其中甘肃、陕西各 5000 万元，云南、重庆各 3000 万元。2008 年中央财政安排地震灾后恢复重建基金 700 亿元，其来源包括：从中央预算稳定调节基金中调入 600 亿元，从车辆购置税中调整安排 50 亿元，从彩票公益金中调整安排 10 亿元，从国有资本经营预算调入 40 亿元。

可见，我国财政能力的提高，对于实现经济持续发展，维护社会安定团结，使人民群众安居乐业，应对突发灾害，都有重要的保障作用。

六、财政保障重点在公共财政导向下发生重大变化

财税体制改革的一个重要内容就是合理实现财政保障重点的变化。随着我国财政由生产建设财政向公共财政转变，财政支出结构发生了重大变化，逐步减少和退出了对一般竞争性和经营性领域的财政直接补贴与投资，改为通过加强社会保障、财政贴息等间接的和比较规范的财政税收政策手段，支持国有经济改组和经济社会发展。我国财政在转型中显著增加了对社会保障、教育、科技、医疗卫生、生态环境等重点公共需要的支出。

1978 年财政基本建设支出为 451.92 亿元，占当年财政支出总额的 40.3%，文教、科学、卫生支出为 112.66 亿元，社会保障支出为 18.91 亿元，分别占财政支出总额的 10.0% 和 1.7%。到了 2006 年，财政基本建设支出为 4390.38 亿元，占当年财政支出总额的 10.9%，文教、科学、卫生支出为 7425.98 亿元，社会保障支出为 4361.78 亿元，分别占财政支出总额的 18.4% 和 10.8%，可以看到，基本建设支出的比重下降了 29.4 个百分点，科教文卫支出的比重已经超过了基本建设支出，社会保障支出大幅度提高，几乎与基本建设支出相等。这充分说明财政保障的重点已发生了重大变化。在 2006 年的财政分项目支出中，科教文卫支出已成为重中之重（见表 8-5）。

表 8-5 我国财政支出结构的变化

（单位：亿元）

年份 支出项目	1978	1994	2006	2006 年支出中的占比（%）
基本建设支出	451.92	639.72	4390.38	14.2
挖潜改造资金和科技三项费用	63.24	415.13	1744.56	5.7
工、交、流通部门事业费	17.79	100.77	581.25	1.9
文教、科学、卫生支出	112.66	1278.18	7425.98	24.1
国防支出	167.84	550.71	2979.38	9.7
政策性补贴支出	11.4	314.47	1387.52	4.5

续表

年份 支出项目	1978	1994	2006	2006 年支出中 的占比（%）
增拨企业流动资金		17.33	16.58	0.1
地质勘探费	20.15	64.13	141.82	0.5
支农支出	76.95	399.70	2161.35	7
社会保障支出	18.91	95.14	4361.78	14.1
行政管理费	49.09	729.43	5639.05	18.3

（资料来源：《中国统计年鉴（2007）》）

第二节　财税体制改革和发展的基本经验

30 年来，在计划经济体制向社会主义市场经济体制转变和发展完善市场经济的历史进程中，财政体制的重大改革给我国国民经济注入生机和活力，成为推动改革开放、保证国民经济持续稳定增长的强大支柱。在此过程中，有值得认真总结的基本经验。

一、坚持党的基本路线、坚定不移推进改革

在经济社会转轨中正确处理财政问题的基点，是服务大局，紧紧围绕"一百年不动摇"的党的基本路线和"三步走"现代化战略目标，坚定地不断推进和深化财税体制改革。

刚刚过去的30年，是深刻影响中华民族历史命运的转轨时代，这一转轨还远没有结束，但其基本路径已经愈益清晰：紧紧扭住经济建设为中心和发展的硬道理不放，通过改革开放中"三步走"战略的实施和完成经济体制模式和经济发展方式的"两个转变"，我们必将实现生产力的极大解放，迎来21世纪中叶由中国特色社会主义所缔造的中华民族伟大复

兴。财政作为一个国家政权体系"以政控财，以财行政"的分配系统，是服务于国家现代化战略的基本目标的。因此，在经济社会转轨中正确处理好财政问题的基点，是立足财政而胸怀全局、服务大局，把握财税体制改革与通盘改革的内在联系及改革与发展的不可分割性质，依照党的基本路线和国家现代化的战略目标，坚定不移地探索、推进和深化财税体制改革。这是由时代的客观要求、财政分配的功能定位和制度与发展的基本关系所决定的。

党的十一届三中全会以来，我国财税体制改革走过了积极进取、勇于探索的不平凡历程。国家财政正是根据经济发展对于改革的迫切需要，针对过去传统体制的弊端，从分配环节的下放财权入手，持续进行了财政分配制度的改革和财政政策的调整，从而促进了生产力的解放和经济社会的发展。财政体制是经济体制的重要组成部分，因而财税体制改革也必然成为整个经济体制改革的重要组成部分，不断推进和深化财政的改革，是确立市场公平竞争机制、塑造统一市场环境和完善宏观调控的关键内容之一，是促进国民经济持续高速发展的必由之路。30 年来的实践，反复证明了体制的改革在中国现代化转轨过程中具有统领全局的重要性，坚持财税体制改革和整体配套改革要坚定不移，停滞和倒退没有出路，只有深化改革，才能完成财政服务全局的历史使命。

二、正确处理改革、发展和稳定的关系，协调各方面的利益

财税体制改革的内在哲理：必须解放思想，贯彻中国特色社会主义理论体系，正确处理财税体制改革与经济、社会发展、稳定的关系和各方面的利益分配关系。

同其他各项经济体制改革一样，没有现成的方案，必须解放思想、勇于创新、尊重实践、实事求是，在贯彻中国特色社会主义理论的过程中，逐步理清思路和操作方案，正确处理互相联系的基本关系。

财税体制改革的最终目的，是为了解放和发展生产力，实现国民经济又好又快发展，增强综合国力，提高人民物质文化生活水平。因此，从根

本上来说，改革与发展是相互适应、相互促进的关系。正是改革开放给我国国民经济增加了生机和活力，带来了经济迅速发展和市场繁荣的大好形势。同时，经济发展也为国家财政提供了可靠的财源基础，社会总财力的大幅度增长给中国的改革开放注入了新的强大动力，从而也为推进财税体制改革创造了条件。但在短期视野上，改革与发展也存在一定的矛盾，主要表现在财政分配上：一定时期国家财政组织的收入总是有限的，难以同时满足改革与发展中多方面的需要。收入既定的条件下，如果过多增加改革的支出，就会减少发展的支出；或者过多安排发展支出，就会降低对改革的支撑力。在国民收入分配格局发生重大变化、财政收入占国内生产总值的比例大幅度下降的情况下，体制改革与经济发展的矛盾表现得更为突出，这就是人们常说的改革与发展的需要与国家财政承受能力之间的矛盾。实践告诉我们，处理这一矛盾，从根本上说仍然要靠推进改革。一是通过改革，为企业经营创造一个良好的外部环境，并引导企业转换经营机制，提高经济效益，从而夯实经济发展与财税体制改革的根基。二是通过改革，强化征收管理，堵塞收入漏洞，努力增加财政收入。三是通过改革，调整和优化财政支出结构，压缩行政经费等开支，使财政资金逐步退出一般竞争性领域，保证国家重点建设支出，支持农业生产支出、教育科学支出等事关国家发展大局和发展重点的开支和保证公共服务。四是通过改革，拓宽理财领域，适当举借内外债，合理调度社会资金的流向，使之运用到国家政策急需支持的项目和急需发展的产业上来，缓解国家预算紧张的状况。

在推进财税体制改革的过程中，如何通盘正确处理中央与地方、国家与企业、国家与个人之间的分配关系，始终是十分重要的问题。在中央与地方的分配关系上，过去曾进行了多次改革，下放财权和财力，试行过各种形式的财政包干办法，以求改变中央对地方统得过死、管得过多的状况，并终于走上了适应市场经济要求的分税制为基础的分级财政轨道。在国家与企业、个人的分配关系上，逐步扩大了企业的自主权，试行多种形式的责任制，破除分配中普遍存在的平均主义现象，通过建立现代意义的多层次复合税制，以企业所得税、个人所得税及其他税收形成了处理国家、企业、个人分配关系的法制框架，处理中央与地方、国家与企业和个人之间的分配关系，实际上也是处理全局利益、长远利益和局部利益、眼前利益的关系问题。要保护和照顾局部利益和眼前利益，以调动地方、企业和职工个人的积极性，也要注重全局利益和长远利益，引导和促使局部利益和眼前利益服从全局利益和长远利益。因此，在财力划分上，要适当集中财力，保证重点建设，保证中央的主导地位，同时要给地方、部门和企业适当的权限，调动和发挥他们的积极性。根据我国的国情和历史经验，过分集中，统得过多过死不好；过于分散，把国家有限的财力分得过散也不行。中央财政不仅担负着全国性的重点建设投资和国防、外交等方面的开支，而且还担负着调节地区差异、促进地区经济平衡发展的任务。所以，国家财政尤其是中央财政必须集中与其承担的职责相适应的财力。正确处理集权分权、集中分散关系的关键，是按照市场经济新体制的客观要求，理顺相关的制度安排框架，集中分散"度"的掌握必然是动态调整的，但各方面利益关系的处理所依托的制度框架，应当是相对稳定、内洽的和可持续的。

三、财税体制改革要与其他各项改革、发展协调配套

财税体制改革和财政发展中的基本要领：在科学发展观指导下注重统筹协调，与其他各项改革、发展相配套。

在中国改革开放的发展实践中提炼而成的科学发展观告诉我们，发展是一个综合性概念，其内涵应是全面、协调和可持续发展。我国和世界各国的经济社会发展实践都告诉我们，经济发展了，未必一定是协调和可持续的发展，需要找到贯彻落实科学发展观的手段和方式。正因为如此，公共财政履行促进发展的职能，必须坚持用统筹兼顾的科学发展观来促进经济与社会之间、人和自然之间、城乡之间、区域之间、内部和外部之间的全面、协调、可持续的发展，发挥统筹协调重要工具的作用。作为发展强有力引擎的改革，是一项复杂的系统工程，因为各项改革是相互联系的，

单项突进往往难以奏效，改革越深化，越必须注重综合配套进行。从以往改革情况看，由于财税体制改革在整个经济体制改革中所居的重要地位，它与其他各项改革的配套尤为重要。一方面，财税体制改革涉及方方面面的利益，没有其他方面的改革配套，财税体制改革会无法到位或达不到预期的效果。另一方面，各项体制改革也都会涉及财力和财权的分配问题，改革的步子迈多大，要看财力的大小和财政的承受能力。可以说，国家财力在一定程度上制约着其他方面改革的步伐，超越国家财力可能而进行的改革也是难以成功的。各项体制改革的进行要求财政与之相配套，这些改革的效益最终要反映到财政上来。因此，财政应在积极推进自身改革的同时，主动地搞好与其他各项体制改革的配套，形成合力，以提高改革的综合效应。发展也是同样的道理，方方面面的发展事项都有其必要性，但特定时期国家可用于发展的财力和资源毕竟是有限的，所以必须通过公共财政的合理收支安排，来掌握瞻前顾后，区别轻重缓急，做好事项的排序，实现科学发展观指导下的统筹兼顾、可持续发展。

四、在改革中不断提高财政的宏观调控水平

财税体制改革与发展中，必须适应经济形势的变化改善和提高财政宏观调控水平，并加强财政政策与货币政策的协调配合。

财政是国家宏观调控和政府经济调节的重要部门。随着经济体制改革的深化，财政的宏观调控方式逐步由直接调控为主向间接调控为主转变。改革开放以来，国家愈来愈多地依靠运用财政政策和各种经济手段，通过改变物质利益关系来引导被调节者的行为，实现宏观调控目标。财政的间接调控逐步形成了由税收、投资、国债、补贴等构成的调控体系：这些手段都具有本身特定的调节功能，既可以调节总供需，也可以调节结构。由各种财政手段组成的这个调控体系的运行，必须顺应经济形势的变化和不同改革阶段的制约条件而寻求其改进与完善。在改革开放以后的 30 年里，国家开始重新审视财政政策与货币政策的协调原则与方式；开始重视对宏

观经济波动的研究分析和财政调控在经济周期波动中所起的反周期调节作用。实践证明，财政调控的目标和侧重点必须随形势的发展而变化，这既是实现国民经济良性运转的必要条件，也是取得财政主动的必要条件。财政政策与货币政策协调是实施宏观经济政策的重要环节和间接调控最基本的政策搭配。改革开放以来，随着我国财政金融体制的改革，财政货币政策在国民经济宏观调控中的地位和作用都发生了较大的变化。

实践反复表明，财政政策与货币政策应当有大致明确的分工，进而合理形成财政政策与金融政策在宏观调控中的配合关系。经济总量和经济结构是宏观经济运行中不可忽视的两个重要方面。对经济总量的调控主要是处理货币供给与货币需求的关系，主要属于货币政策的调控范围。而对经济结构的调控主要是调整存量和增量：通过存量重组，抽多补少；调整增量主要是调整投资结构。无论是存量重组还是增量调整，基本都属于财政政策调整的范围。因此，要正确认识和把握财政政策与货币政策在宏观调控中的地位和分工配合关系，这是改进宏观调控的基本前提。

在合理分工的基础上，应实施财政政策与货币政策的协调运作。中央银行以稳定币值为首要目标，调节货币供应总量和银根的松紧；财政运用预算、税收等手段，着重调节经济结构和社会分配，并促进国际收支平衡。同时，在运用货币政策与财政政策调节社会总需求与总供给的操作中，应主要依靠财政政策与产业政策和政策性金融手段相配合，促进国民经济结构优化。

五、现代化导向下的法治化、民主化、宪政化是财政制度安排的发展方向

中国现代化的总目标所要求的财政制度安排的发展方向，必然是财政的法治化、民主化、宪政化。

党中央对于在改革开放和经济建设中加强法制建设历来十分重视。党的十二届三中全会提出："经济体制的改革和国民经济的发展，使越来越多的经济关系和经济活动准则需要用法律形式固定下来"。党的十三大强

调："我们必须一手抓建设和改革，一手抓法制。法制建设必须贯穿于改革的全过程"。党的十五大指出："宏观调控主要运用经济手段和法律手段"。财政法制是社会主义法制的一个重要组成部分。财政作为国家参与国民收入分配与再分配的重要工具，作为国家宏观调控的重要手段，处于各种利益分配关系的焦点上，涉及面广，政策性强。因此，在推进财税体制改革的过程中财政法制建设要同步进行，各项改革措施要通过法制加以规范，以巩固改革成果。但由于事物在不断发展变化，人们对这些变化的认识往往需要有一个过程，财政法制建设往往滞后。在这种情况下，财政立法不能过于求全求细，应抓住重点，先建立基本框架，在以后的实践中不断加以完善，并要根据发展的需要，及时对各项财政法规进行清理，以保障改革的顺利进行。

在多年来的实践中，我们已把法制建设的总体要求，提升到了"依法治国"、"法治经济"的"法治化"高度，法治化要求的实质，是通过民主化的、规范的公共选择机制，决定和不断改进法制及其所规范的社会生活与公共事务；中国以社会主义市场经济走向现代化的制度安排基本逻辑和路径，对于财政而言，必然是要求在财政分配中走向依法理财、民主理财、科学理财的宪政化框架。建设公共财政，必然是建设民主财政、法治财政——这代表着基本的历史潮流和大方向。

第三节　财税体制改革未来的发展趋势

30 年间，财税体制改革取得了重大的成就是有目共睹的，但改革不会从此画上句号，未来深化改革要做的工作还很多。分税制的进一步完善，公共财政体系的全面建立，预算管理体制的进一步改革，财政的法制化、信息化建设和绩效管理等等，都是今后财税体制改革中需要重点关注的方面。

一、财政体制的深化改革

今后几年的财税体制改革，将以进一步完善分税制为基础的分级财政为主线，其中的重点包括以下几个方面：

1. 进一步明确中央与地方政府的事权划分，调整、优化各级政府支出结构

合理界定中央、地方各级政府事权与支出责任，是正确处理财政体制问题的始发环节，党的十七大明确要求健全中央、地方财力与事权相匹配的财税体制。为达此目的，需要结合市场经济中政府职能的合理定位，进一步明确中央、地方政府间的事权划分。原则地说，全国性公共产品和服务，以及具有在统一市场中调节收入分配、实施基本社会保障和"反周期"经济稳定性质的支出责任，主要由中央承担，中央政府应负责提供国防、外交、司法、本级行政，以及国家基础科研、重大基础设施等；同时，对地方负责的社会保障事项和农村义务教育等给予引导和补助。地方性公共产品和服务的支出责任应主要由地方承担，地方政府以提供区域内社会公共服务为主要目标，做好本地区行政、教育、基本医疗卫生服务、社会治安、公共事业发展的支出管理。对中央与地方共同承担的事务，要明确各自负担的比例。对具有跨地区性质的公共产品和服务的提供，要分清主次责任，由中央政府与地方政府共同承担，或由中央政府委托地方政府承担。应在初期粗线条的事权划分框架下，逐步由粗到细地形成中央、地方各级政府间的事权明细单。以明晰事权、合理界定政府与市场边界为基础，要进一步调整各级政府的支出结构，落实政府提供产品的责任。

凡是市场能够解决的资源配置问题，要充分发挥市场机制的作用，政府相应退出；凡属于社会公共领域事务、市场无法解决或解决不好的资源配置问题，政府就必须承担责任；对于准公共物品的提供，财政要积极引导社会资金投入和参与。对一般竞争性、经营性领域的投资，地方政府应该完全退出，中央政府则只适当参与一些特大型、长周期、跨地区的项目，以及对优化生产力布局和增加国民经济发展后劲有战略性意义的项目，并按照市场化运作、专业化管理方式，转变政府投资运作机制。财政支出的优化结构方面，应以增加"三农"支出为重点，促进城乡协调发展；以增加教育、卫生、科技支出为重点，促进经济社会协调发展；以增加节能减排支出为重点，促进人与自然协调的可持续发展；以增加社会保障支出为重点，促进经济与社会生活的稳定和谐；以增加对欠发达地区的财力支持为重点，促进区域协调和各民族和睦团结。

2. 积极深化省以下财税体制改革，进一步健全和完善转移支付制度

我国政府层级较多，建立规范的省以下分税制财政体制不可能通过简单的收支划分解决，必须依靠政府体系框架改造和预算管理体制创新。下一阶段需要加快县乡财政管理体制改革，积极推进"省直管县"和"乡财县管"的改革试验，在先不触动行政级别的前提下，尽可能先在财政层级上"扁平化"为三级预算，划分三级税基。在条件成熟后，可考虑借鉴国外市场经济国家的经验，减少政府层级，成为三级政府架构，并精简行政机构和人员编制，同时发展和完善中央、省级两级自上而下的转移支付制度，促使省以下的财政体制真正落实分税制。

政府间转移支付制度是一种有效的财政均衡制度。今后，完善政府间转移支付制度将要突出三项内容：一是继续扩大一般性转移支付资金规模，对一些名不副实的专项资金进行撤并。二是清理整合专项转移支付项目，尽可能减少项目支出的交叉、重复，严格控制新设项目，必须设定的项目要做到资金安排和制度建设同步进行。同时，进一步完善"三奖一补"政策，调动地方克服县乡财政困难的潜力，强化基层政府服务"三农"的能力。三是完善现行的因素法转移支付，尽量采用客观的量化公式，将能够反映各地客观实际的因素，针对各地区不同的主体功能，把对于农业区域、生态区域的转移支付支持，进一步制度化、规范化。

3. 进一步加强地方财源建设，优化地方政府行为模式

建立健全地方税体系，特别是改进其中的房地产税制，合理设计房产建设、占有、转让和收益各环节的税收负担，把纳税义务人限定为房屋所有人，以不动产评估价值为计税依据按累进制征税，并把内、外资企业双轨的不动产税调整归并为统一的物业税。这样不仅有利于完善财产税收体系，增加地方收入，而且有利于转变地方政府的行为模式、发展观念和发展方式，使其将工作重点由偏重办工业项目转到优化投资环境上来，通过辖区不动产增值实现财政增收。同时，进一步改进资源税，将财产税和资源税培育成为地方财政的税源支柱，解决地方财政"无税可分"的问题。此外，要加强地方政府非税收入管理，把全部政府收入纳入预算管理，为分税制财政体制的高效运行提供制度环境和条件。

二、推进预算规范、透明、民主化与法治化

预算制度改革的前置问题是预算编制制度改革。通过科学、规范、透明的预算编制和审议批准程序，形成便于管理和具有制约机制的预算，才能进而追求实现预算的规范管理、依法执行和加强监督。因此，必须改进、细化预算的编制。预算的主要部分，一是基本预算，即人员工资和公用经费部分；二是项目预算，即专项经费部分；另外还有上级政府对下级政府的补助和转移支付部分。提高编制水平，需要在绩效导向下细化到各个相关因素的标准量值，把经费和绩效目标挂钩，进而加强对资金使用的管理和监督。应积极利用现代化的技术手段和预测方法，不断细化预算编制，并改进预算程序，使之尽可能细致、透明、合理。

今后我国预算改革的主要内容，是进一步完善部门预算和综合预算制度，在预算编制、管理中引入公共决策和选择机制，发展绩效预算，健全复式预算，并试行多年（中期）滚动预算编制等，力求达到预算的完整、规范、民主。

预算民主化、理财法治化是今后改革的一个方向。财政预算规定着政府向社会提供公共产品和服务的规模与结构，以及需要全体社会成员担负的成本即税收数量，属于公共资源、公共利益的配置问题。那么，每年提供公共产品和服务的规模以及社会负担的成本由谁来决定，提供公共产品与服务的结构和类型又由谁来选择，即财政预算管理中内含的公共事务决策机制问题。我国今后财政预算管理改革的重要趋向，就是在预算管理中

引入公共决策和选择机制。比如进一步发挥人大预算工作委员会的作用；在预算编制过程中，建立广泛征求意见的机制；通过听证会、"参与式预算"等形式，增加预算的透明度，扩大预算编制和执行的社会监督，构建纳税人的意见反馈机制等。

三、把保障基本民生作为财政保障的核心

公共财政的一个基本立足点是满足公共需求，这也是财政政策的着眼点，今后继续进行的公共财政体系建设，将使财政保障的核心进一步转移到保障基本民生方面来。我国改革之前的财政是生产建设型财政，即财政主要为经济建设服务，这是由当时特定的经济环境决定的。经过改革开放30年的经济建设，国民经济飞速发展，国家财力大幅度提高，市场经济所要求的从生产建设型财政向公共财政转变，正是通过政府职能转变，让广大人民群众更好地共享改革和发展的成果。正在建设中的公共服务型政府，其本质就是以公民权利、社会公益为本，以为全体公民服务作为其职能的出发点和归宿。公共财政合乎逻辑地成为公共服务型政府在财政领域的集中和具体的体现。

今后保障基本民生的主要表现将在如下两大方面：

1. 优化财政支出结构，进一步提升保障基本民生的支出比重

近年在满足基本民生方面的支出增长较快，今后财政支出的重点仍将放在社会保障、教育支出、卫生事业上。这并不意味着财政政策不支持经济发展，只是直接介入建设项目将限于数量有限的重点，支持的方式也要改进。在退出一般竞争性领域后，财政对经济建设的支持，主要是为微观经济主体创造一个公平、宽松、具有企业自主发展能力的财税环境。

今后一段时期财政支出具体将向以下几个方向倾斜：

（1）"三农"。主要用于安排粮食、生猪、奶牛、油料、良种的补贴，支持这些人民群众基本生活必需的农副产品的生产和供应。并增加农业、水利基本建设支出，支持农业生产和农村基础设施建设。

（2）教育。主要是加强和完善农村义务教育经费保障机制，全面落

实寄宿生生活费政策，巩固和完善城乡义务教育阶段学生全免费制度，提高农村中小学生公用经费标准，提高校舍维修改造补助标准。

（3）医疗卫生。主要用于医疗卫生体制改革、建立健全基本医疗保障制度和增加新型农村合作医疗制度改革补助支出。

（4）社会保障。主要用于补充全国社保基金、确保企业退休人员养老金支出及时足额发放、进一步推进社保体系改革，并对部分困难地区政策性关闭破产企业拖欠职工工资适当给予补助等。

（5）环境保护。主要用于支持清洁生产、节能降耗减排的技术改造、建设污水处理设施建设、"三河三湖"及松花江等流域水污染治理、十大节能工程及建筑节能、淘汰落后产能、加强环境监管能力建设等方面。延长退耕还林补助，并将安排一定规模的巩固退耕还林成果专项资金，加强口粮田建设、农村能源建设、生态移民等方面。

（6）公共安全。主要用于增加产品质量和食品安全监管经费，检验检疫仪器设备购置、出口产品质量安全监管、质量抽查打假和专项整治等方面。增加对地方法院诉讼费补助和地方公检法部门装备经费补助等与维护社会治安与公平正义相关的经费。

2. **促进基本公共服务均等化，完善财政转移支付制度**

逐步实现基本公共服务均等化是公共财政的基本目标之一。政府要在为社会公众提供基本的、在不同阶段具有不同标准的公共物品和公共服务方面，渐进地实现全体社会成员待遇上的均等。基本公共服务均等化的主要困难是各地供给能力存在明显差异，因而主要实现手段是政府间转移支付制度。未来的转移支付制度改革将首先把地方政府的教育和公共卫生等基本公共物品、服务的保障能力作为基本因素引入均等化转移支付机制，以求保证不同地区的居民获得大致相当的基本公共服务。

四、加快财政法治化进程

随着依法治国进程方针的贯彻，依法行政、依法理财已经成为新时代财税体制改革的基本要求。改革以来财政立法已经取得了明显的进步，相继颁布了一系列财经法规，如《预算法》、《会计法》、《审计法》、《企业所得税法》、《个人所得税法》等，但在这方面，依然任重道远。今后，财政立法要按照党的十七大精神，围绕完善公共财政体系、深化预算制度改革、健全中央和地方财力与事权相匹配的体制、形成统一规范透明的财政转移支付制度、完善省以下财政体制、实行有利于科学发展的财税制度等要求，在广泛借鉴国外财税法治理论和实践的有益成果和立法经验、结合我国国情的基础上，加快财政税收法律的制定和改进工作，形成有利于发挥财政税收职能，定位科学、配套合理并与其他法律相协调，适应我国社会主义市场经济需要的较完备的财税法律体系。为此，需从思想上和理论上提高对公共财政、财政税收立法、财政法定主义、税收法定主义等的认识，进一步完善财政税收的立法制度，加强财政税收立法规划的研究和制定工作，为构建和完善财税法律体系提供依据。应当从构建科学、完备的财政税收法律体系出发，从完善宪法相关规定、加快财政税收基本法律的研究和起草、着力加强财政税收实体法的制定和进一步完善财政税收程序法等几个方面着眼，加快建立科学完备的财政税收法律体系。加强财政税收法律的制定和修改，主要内容将能够包括财政基本法或收入支出划分法、预算法、国库法、税收基本法、各单项税收法、国债法、国有资产法、财政转移支付法、政府采购法、财政投资法、政府贷款法、社会保障资金法、财政监督法、会计法、审计法等。

五、财政信息化管理和绩效管理将寻求突破性进展

财政部门作为国民经济的综合管理部门，其收支情况反映着政府的活动范围和方向。在国家大力推进电子政务建设的背景下，财政部门需要率先实现信息化。

财政信息化建设的目标和规划统称为"金财工程"。它是经国务院批准、由财政部负责统一组织实施的政府财政管理信息系统，利用先进的信息处理技术，以预算编制、国库集中收付和宏观经济预测为核心，覆盖各级政府管理部门和财政资金使用部门，全面支撑部门预算管理、国库单一

账户集中收付、政府采购、宏观经济预测和办公自动化等方面的财政管理综合系统。

财政信息化建设有利于发挥财政宏观调控职能。财政是市场经济条件下政府调控经济的重要手段。"金财工程"以大型数据库为基础，将详细记录每个单位每一笔财政资金收支的来龙去脉，涵盖财政收支的全过程，对宏观经济运行态势进行跟踪分析，这将为财政部门更好地履行宏观调控职能、研究制定财政经济政策提供条件。

财政信息化建设有利于促进公共财税体制改革，加强财政管理。随着社会主义市场经济体制的发展完善和政府职能的转变，客观上要求建立科学、规范、透明、高效的公共财政。"金财工程"不仅是公共财政运行的技术支撑，同时也是公共财税体制改革的重要内容。它从根本上改变财政系统多年来粗放的管理模式，使财政业务逐步发展到计算机处理，减少手工操作的随意性，防止财政资金的体外循环，从源头上治理腐败。

财政信息化建设有利于适应电子政务的要求。按照国务院提出的有关要求，要加快政府及金融部门联网步伐，实现整个社会的信息化。财政信息化建设是政府信息化的重要组成部分，为适应电子政务建设的要求，必须加快财政信息化建设步伐，实现与政府及税务、银行和部门之间的有效对接，增加财政工作的透明度和财政信息的使用范围。

财政信息化建设的主要目标是，建成覆盖全国各级财政管理部门、财政资金使用部门的财政信息网络系统和以部门预算编制、国库集中收付等核心业务网络化管理为运行模式的财政业务应用系统。财政信息化建设的努力方向是：一是建成覆盖全国各级财政和相关部门的"三纵两横"信息网络系统。纵向网络包括国家财政部到省级的一级骨干网，省级到市级的二级骨干网，市级到县级的三级骨干网，开通省、市、县数据传输和IP内部电话等多项业务；横向网络分级建设，建成覆盖各级财政管理层次的全域网，联接财政、税务、人行国库、商业银行相关部门和全部预算单位。二是建成以部门预算、国库集中收付等财政核心业务网络化管理为运行模式的财政业务应用系统。三是建立和完善各级财政数据网络管理中心。随着市场经济的发展和财税体制改革的不断深入，财政业务信息量日益增大，对财政信息处理手段的要求越来越高。财政信息化已经成为推动改革进程、提高工作效率和树立政府形象必不可少的重要条件。应在网络基础建设、财政业务应用、办公自动化等方面搞好统筹规划，为财税体制改革有效进行提供技术支撑。

从我国财税体制改革的进程看，随着公共财政体制框架基本建立和财政规模不断扩大，对财政资金使用效益进行评价和提高财政运行效率日益受到各方重视。然而，财政绩效评价是一项庞大的系统工程，涉及部门多、技术要求高、政策性强、影响范围大，因此，必须积极地逐步建立规范统一的财政绩效评价制度，制定规范的评价指标和合理的评价标准，将财政绩效评价制度纳入财政管理制度之中。这方面的工作要点应包括：

（1）加快财政绩效管理的立法，为财政绩效评价体系提供法律和制度保证。我国在财政绩效评价方面尚没有一部统一的法律。所以，中央与地方之间、部门之间、项目之间很难推行规范约束和纵向与横向的规范比较。法律的制定和实施需要一个较长的时期，因而，当前和下一段时期切实可行的方案是通过试行条例来发挥对财政绩效管理的法律约束，试行过程中不断完善和调整，最终形成符合实际的财政绩效评价法律。

（2）构建财政绩效评价工作系统和指标体系。我国财政绩效评价体系要结合实际，选取适合我国特点的方法，设立专门机构和工作流程。如，在财政项目绩效评价中，项目立项时通过方案比较法，选择最佳方案；项目执行过程中，选择动态指标进行监控和管理；项目验收时，选择综合评价法和公众评判法对项目结果进行评估和反馈。通过对项目不同阶段的不同方法评价，形成一个开放的评价系统，以力求促使资金效率提高。财政绩效评价不仅涉及经济效益指标，而且涉及社会效益指标；不仅要考虑全国性的总体指标，而且要有区域和地方性的特定指标；不仅有项目、部门、单位的分类指标，而且反映整体绩效的综合指标。财政绩效评价指标体系比较复杂，需要借鉴国际经验，在我国实践中积极发展合理、可行、细化的绩效评价指标体系。

参考文献

1. 陈如龙主编：《当代中国财政》，中国社会科学出版社 1988 年 9 月版。

2. 项怀诚主编，贾康、赵全厚编著：《中国财政通史·当代卷》，中国财政经济出版社 2006 年 6 月版。

3. 项怀诚主编：《中国财政 50 年》，中国财政经济出版社 1999 年 12 月版。

4. 刘佐：《中国税制五十年》，中国税务出版社 2001 年 7 月版。

5. 姜维壮：《当代财政学主要论点》，中国财政经济出版社 1987 年版。

6. 叶振鹏、黄中发、柳靖编著：《中国财税体制改革与发展》，广东高等教育出版社 1992 年版。

7. 许廷星、陈显昭主编：《社会主义财政学》，四川教育出版社 1987 年版。

8. 邓子基主编：《财政与信贷》（修订本），中国财政经济出版社 1986 年版。

9. 陈共等编著：《财政学教程》，中国财政经济出版社 1985 年版。

10. 王绍飞编著：《改革财政学》，中国财政经济出版社 1989 年版。

11. 项怀诚主编：《中国财政通史·大事记》，中国财政经济出版社 2006 年 7 月版。

12. 于国安主编：《政府预算管理与改革》，经济科学出版社 2006 年 2 月版。

13. 叶振鹏、梁尚敏主编：《中国财税体制改革二十年回顾》，中国财政经济出版社 1999 年 5 月版。

14. 刘尚希主持：《财政风险及其防范问题研究》，经济科学出版社 2004 年 8 月版。

15. 宋新中主编：《当代中国财政史》，中国财政经济出版社 1997 年 10 月版。

16. 项怀诚编著：《中国财政管理》，中国财政经济出版社 2001 年版。

17. 楼继伟著：《政府采购》，经济科学出版社 1998 年版。

18. 项怀诚主编：《领导干部财政知识读本》，经济科学出版社 1999 年版。

19. 项怀诚主编：《中国财税体制改革》，中国财政经济出版社 1994 年 3 月版。

20. 楼继伟主编：《中国政府预算——制度、管理和案例》，中国财政经济出版社 2002 年版。

21. 贾康主编：《税费改革研究文集》，经济科学出版社 2000 年版。

22. 贾康著：《转轨时期的执着探索——贾康财经文萃》，中国财政经济出版社 2003 年 7 月版。

23. 刘国光主编：《中国十个五年计划研究报告》，人民出版社 2006 年 3 月版。

24. 何盛明、梁尚敏主编：《财政学》，中国财政经济出版社 1987 年版。

25. 赵云旗著：《中国分税制财政体制研究》，中国财政经济出版社 2005 年 6 月版。

26. 贾康、赵全厚编著：《中国经济改革 30 年·财政税收卷》，重庆大学出版社 2008 年 5 月版。

27. 李晓西主编：《中国经济改革 30 年·市场化进程卷》，重庆大学出版社 2008 年 4 月版。

28. 王广谦主编：《中国经济改革 30 年·金融改革卷》，重庆大学出版社 2008 年 6 月版。

29. 白永秀主编：《中国经济改革 30 年·资源环境卷》，重庆大学出版社 2008 年 4 月版。

30. 张文魁、袁东明著：《中国经济改革 30 年·国有企业卷》，重庆大学出版社 2008 年 4 月版。

31. 高培勇主编：《财政与民生》，中国财政经济出版社 2008 年 1 月版。

32. 中华人民共和国财政部综合司等编：《财政管理体制改革》，中国方正出版社 2004 年 9 月版。

33. 刘积斌主编：《我国财税体制改革研究》，中国民主法制出版社 2008 年 1 月版。

34. 张维迎主编：《中国改革 30 年——10 位经济学家的思考》，上海人民出版社 2008 年 6 月版。

35. 中国发展研究基金：《公共预算读本》，中国发展出版社 2008 年 3 月版。

36. 贾康等主编：《新世纪中国财税改革大思路》，经济科学出版社 2005 年 7 月版。

37. 李萍主编：《政府间财政关系图解》，中国财政经济出版社 2006 年 9 月版。

38. 财政部干部培训中心组编：《财政工作研究与探索》2007 年 11 月版。

39. 赵全厚著：《论公共收费》，经济科学出版社 2007 年 12 月版。

40. 全国干部培训教材编审指导委员会组织编写：《中国公共财政》，人民出版社 2006 年 6 月版。

41. 中华人民共和国财政部编著：《公共财政与百姓生活》，中国财政经济出版社 2007 年 6 月版。

42. 顾明主编：《中国改革开放辉煌成就十四年·财政卷》，中国经济出版社 1993 年 2 月版。

43. 朱志刚著：《财政政策与宏观经济若干问题的思考》，中国财政经济出版社 2008 年 5 月版。

后 记

2008 年在中国历史上必将是特殊的一年。这一年，从年初的南方冰雪灾害到 5 月份的汶川大地震，给中国人民，乃至于世界人民带来巨大痛楚、无限感慨和萦绕不断的回忆。"多难兴邦"，中华民族也因此进一步得到凝聚和升华；这一年，是中国历史上第一次举办奥林匹克运动会，即北京 2008 年第 29 届奥运会，中国再一次成为世界瞩目的焦点；这一年，还是中国改革开放的第 30 年。在 30 年间，中国社会经济发展波澜壮阔，取得的伟大成就为全球所瞩目。为了进一步深化改革和加快现代化的前进步伐，我国理论和实际部门将掀起一轮回顾、总结、反思和展望的热潮，为改革历程留照，为开创未来献策。

本书就是在这样的特殊年份里应邀编撰而成的。值此继往开来之际，全面回顾和总结中国财税体制改革的历程和经验，是一件很有意义的事。本书主要是在贾康、赵全厚编著的《中国经济改革 30 年·财政税收卷》等研究成果的基础上，参阅了其他大量相关资料编写而成。财政部科研所研究生部王志雄博士研究生、李永斌硕士研究生为本书的编撰搜集了大量文本材料，并进行了部分章节的整理工作，在此特表示由衷的谢意。另外，还要特别感谢人民出版社给我们提供的机会，没有郑海燕编辑同志的鼓励与督促，本书是很难如期出版的。书中引用的文字材料，在参考文献和脚注中已一一列出，这里不再赘述，对有关作者一并致谢！

尽管作者做出了努力，但深感总结和提炼中国改革开放 30 年中的财税改革历程，仍然是一个巨大的挑战，难免存在遗漏和粗疏不当之处，敬请专家和读者批评指正。

策划编辑:郑海燕
责任编辑:陈　登　沈宪贞　万　琪
装帧设计:曹　春
责任校对:王　惠

图书在版编目(CIP)数据

中国财税体制改革30年回顾与展望/贾康　赵全厚编著.
－北京:人民出版社,2008.11
ISBN 978－7－01－007361－3

Ⅰ.中…　Ⅱ.①贾…②赵…　Ⅲ.①财政管理体制-经济体制改革-概况
－中国-1978～2008②税制改革-概况-中国　Ⅳ.F812

中国版本图书馆CIP数据核字(2008)第150537号

中国财税体制改革30年回顾与展望
ZHONGGUO CAISHUI TIZHI GAIGE 30 NIAN HUIGU YU ZHANWANG

贾　康　赵全厚　编著

人民出版社 出版发行
(100706　北京朝阳门内大街166号)

北京瑞古冠中印刷厂印刷　新华书店经销

2008年11月第1版　2008年11月北京第1次印刷
开本:700毫米×1000毫米 1/16　印张:28.25
字数:410千字

ISBN 978－7－01－007361－3　　定价:50.00元

邮购地址 100706　北京朝阳门内大街166号
人民东方图书销售中心　电话 (010)65250042　65289539